EUROPAVERLAG

KLEMENTYNA SUCHANOW

DAS IST KRIEG

Die geheimen Strategien
radikaler Fundamentalisten zur weltweiten
Abschaffung der Menschenrechte

Aus dem Polnischen von
Antje Ritter-Miller

EUROPA VERLAG

INHALT

Seite 7 ___ Klementina Suchanow
DAS IST KRIEG von Martin Sander

Seite 10 ___ VORWORT

Seite 16 ___ Kapitel 1
MITTELALTER IM 21. JAHRHUNDERT?

Seite 30 ___ Kapitel 2
FANGEN WIR MIT SPANIEN AN

Seite 38 ___ Kapitel 3
DIE SEKTE EL YUNQUE ODER
WIE DIE SPANIER AUS DEM SÜDEN
IN DEN OSTEN KAMEN

Seite 57 ___ Kapitel 4
WILLKOMMEN IM KREML

Seite 87 ___ Kapitel 5
DIE RUSSISCH-AMERIKANISCHE ALLIANZ

Seite 111 ___ Kapitel 6
WORLD CONGRESS OF FAMILIES

Seite 164 ___ Kapitel 7
FRAUEN GEHEN AUF DIE BARRIKADEN

Seite 180 ___ Kapitel 8
RUSSLAND IN BERLIN

Seite 189 ___ Kapitel 9
DAS RUSSLAND DER FRAUEN

Seite 216 ___ Kapitel 10
AGENDA EUROPE – 2013

Seite 240 ___ Kapitel 11
TRADITION, FAMILIE UND PRIVATEIGENTUM

Seite 276 ___ Kapitel 12
ANKÖMMLINGE AUS BRASILIEN

Seite 289 ___ Kapitel 13
FRAUENSTREIK IN BERLIN – 8. MÄRZ 2019

Seite 301 ___ Kapitel 14
DIE URSPRÜNGE VON ORDO IURIS

Seite 326 ___ Kapitel 15
VERONA STATT CHIŞINĂU

Seite 344 ___ Kapitel 16
DER HERRGOTT UND DAS GELD

Seite 375 ___ Kapitel 17
EXPANSION

Seite 393 ___ Nachwort
DISKREDITIERUNG UND AUSLÖSCHUNG

Seite 399 ___ NAMENSREGISTER

KLEMENTYNA SUCHANOW: DAS IST KRIEG

Der schmale Körper einer Frau liegt auf dem Boden, gegen ihren Kopf drückt ein schwarzer Polizeistiefel: Dieses Foto der polnischen Schriftstellerin, Literaturwissenschaftlerin und Bürgerrechtlerin Klementyna Suchanow ist zum Sinnbild des Protestes gegen die autoritäre Herrschaft der Warschauer PiS-Regierung unter Jarosław Kaczyński geworden. Polens Nationalkonservative haben in den vergangenen Jahren den Rechtsstaat aus den Angeln gehoben, die Medien bis auf wenige Ausnahmen gleichgeschaltet und eine Wirtschaftsoligarchie von staatlichen Gnaden etabliert. Gemeinsam mit den tonangebenden Bischöfen der katholischen Kirche des Landes intonieren sie das hohe Lied von der Verteidigung des christlichen Abendlandes, wettern gegen Überfremdung und einen angeblich neomarxistischen Liberalismus. Im Mittelpunkt der Propaganda stehen Nation und Familie. Diskriminiert werden nicht-heteronormative sexuelle Orientierungen und Frauen, sofern sie nicht ins Bild passen. Mithilfe des regierungshörigen Verfassungsgerichts hat man 2020 in Polen ein praktisch vollständiges Abtreibungsverbot durchgesetzt. Dieser Tage machte ein Fall Furore, bei dem eine Frau ein Abtreibungsmittel eingenommen und kurz darauf eine Ärztin konsultiert hatte. Die Ärztin verständigte die Polizei, diese nahm Ermittlungen gegen die Patientin auf, beschlagnahmte ihren Computer und ihr Telefon.

Klementyna Suchanow erzählt in ihrem Buch zunächst von ihren Erfahrungen als Vordenkerin und Organisatorin des »Frauenstreiks«, der mächtigsten Protestbewegung gegen die autoritäre PiS-Herrschaft, die seit 2016 immer wieder Hunderttausende, keineswegs nur Frauen, auf Polens Straßen gebracht hat. Zugleich schreibt sie – teils analytisch, teils in Reportageform – über den neuen Autoritarismus in anderen Ländern Europas und Amerikas. Im Vordergrund sehen wir inbrünstige Gläubige, Lebensschützer, Abtreibungsgegner oder Liebhaber traditioneller Lebensweisen sowie konservative Gerechtigkeitsfanatiker. Im Hintergrund all dieser Gruppen, Parteien und Initiativen agiert der Kreml. Eindrucksvoll zeigt die Autorin, wie die Denkfabriken von Wladimir Putin den Rechtspopulismus seit vielen Jahren länderübergreifend mit Schlagworten beliefern. Putins Rede vom verweichlichten Westen, dem »Gejropa«, dient der nationalen Rechten vieler Länder dazu, die offene Gesellschaft der liberalen Demokratien infrage zu stellen. Nach der Lektüre dieses Buchs besteht kein Zweifel: Den internationalen Weltanschauungskrieg gegen die sogenannte Gender-Ideologie hat Russland entfacht.

Erstaunlich ist die Ignoranz, mit der weite Teile der deutschen Öffentlichkeit diesem Phänomen begegnen. Zwar lässt sich PiS in antirussischer Propaganda kaum übertreffen; würde diese Partei nicht so vorgehen, hätte sie in der traditionell antirussisch und antisowjetisch eingestellten Gesellschaft Polens wenig Chancen. Klementyna Suchanow zeigt indes, wie hinter den Kulissen die Zusammenarbeit zwischen den Warschauer Machthabern und dem Kreml über viele Jahre aufs Beste gedieh. In Deutschland haben sich politische Beobachter, Ost-West-Entspannungsexperten und Medien, einschließlich der öffentlich-rechtlichen Programme, lange gescheut, dieses heiße Eisen anzufassen. Auch deshalb erwies sich die Suche nach einem Verlag für die deutsche Ausgabe von *Das ist Krieg* als schwierig.

Es ist höchste Zeit, sich mit Suchanows Themen in Deutschland vertraut zu machen, zumal in einer Zeit, in der die AfD Zustimmung in Rekordhöhe erreicht. Ihr rückwärtsgewandtes Verständnis von Nation und Kultur, ihre faschistischen Sozialtechniken der Diffamierung von Fremden und Andersdenkenden unterscheiden sich nicht von anderen rechtspopulistischen Parteien, die die demokratiefeindliche Agenda von Putins Russland unters Volk bringen.

Wer also erfahren will, wie wir gerade dabei sind, in einen großen Schlamassel zu geraten, und welche Auswege dennoch möglich wären, dem sei dieses spannende und mutige Buch ans Herz gelegt.

Martin Sander, im Juli 2023

VORWORT

Seit die polnische Originalausgabe dieses Buches im Februar 2020 erschienen ist, ist etwas Zeit vergangen. Als ich *Das ist Krieg* schrieb, war mir nicht bewusst, dass dem Frauenstreik Ende 2020 noch so viele Ereignisse folgen würden. Im Jahr 2016 war es im Sejm nicht gelungen, den Gesetzentwurf zum Abtreibungsverbot durchzubringen, deshalb versuchte man es über eine andere Institution: über das polnische Verfassungsgericht, das inzwischen von der Regierungspartei PiS gänzlich übernommen wurde und bezüglich dessen Legalität ernste juristische Vorbehalte bestehen. Ähnlich wie in den USA im Fall Roe gegen Wade gegenüber dem Supreme Court.[1] Das »Urteil« des sogenannten Verfassungsgerichtes vom 22. Oktober 2020 rief die in der Geschichte Polens größten Demonstrationen und Proteste hervor, die über 100 Tage dauerten. Wenn ihr also von uns gehört habt, dann war dies wahrscheinlich der Grund dafür. Das vorliegende Buch beschreibt, wie diese neue Frauenbewegung in Polen entstanden ist. Sie heißt Polenweiter Frauenstreik, und ich bin von Anfang an Teil dieser Bewegung. Allerdings berichtet mein Buch über beide Seiten, nämlich über die religiösen Extremisten, die seit etwa einem Jahrzehnt versuchen, Frauen und LGBT-Personen zu entrechten, und über diejenigen, die ihnen Widerstand leisten und uns alle damit vor der Entstehung von Autoritarismus schützen.

---

1 Der Supreme Court kippte 2022, besetzt mit konservativen Richtern, die von Donald Trump nominiert wurden, das Urteil Roe v. Wade von 1973, das ein verfassungsmäßiges Recht auf Abtreibung garantierte. (Anm. d. A.)

Denn die Entrechtung von Frauen und LGBT-Personen geht einher mit der Entstehung von Autoritarismus. Dass wir die Kirche für deren Teilnahme an der Schikanierung polnischer Bürgerinnen verurteilen, hat zur wachsenden Kritik an dieser Institution und zu vielen mentalen Veränderungen beigetragen. Polen ist im Ausland bekannt als katholisches Land, aber wenn ihr 2020 hier bei uns gewesen wäret, hättet ihr euch sehr gewundert. Das enorme Engagement junger Menschen, oft noch minderjähriger, die ihre Schülerausweise vorzeigten, wenn ihre Personalien von der Polizei festgestellt wurden, deren Aggressivität uns gegenüber von Woche zu Woche wuchs, führte dazu, dass Polen seit 2020 mental ein vollkommen anderes Land ist, in dem die Jugend den Religionsunterricht in der Schule zuhauf verweigert. Die Losung »Das ist Krieg«[2], von meinem Buchtitel inspiriert, fand und findet sich wieder auf Mauern, auf Transparenten, in Slogans und Symbolen als Zeichen für Protest und Widerstand. Innerhalb der letzten Jahre hat die Regierung der der katholischen Kirche nahestehenden PiS-Partei die Gesellschaft in revolutionärem Tempo verändert. Doch sie ignoriert einfach die Menschen, die auf die Straße gehen und protestieren, selbst wenn es 200 000 sind. Wenn ich mir ansehe, was in Belarus los ist, wundert mich das nicht, aber Polen gehört doch zur Europäischen Union. Es ist ein europäisches Land, aber mit einer Ost-Regierung.

Ja, seit mein Buch in Polen erschienen ist, hat sich einiges verändert. Zum Beispiel ist Trump nicht mehr Präsident der USA. Aber vieles ist noch beim Alten geblieben. Die fundamentalistische »Agenda Europe« wird weiterhin von verschiedenen Organisationen umgesetzt, die auf internationaler Ebene miteinander vernetzt bleiben. Ihre Tätigkeiten sind der Gegenstand dieses Buches. Sofort nach den Versuchen, in Polen das Abtreibungsrecht zu verschärfen, wurde mir klar, dass dieser Gesetzentwurf, der wie ein Meteorit auf uns gestürzt ist, nicht allein eine polnische Idee ist. Gleichzeitig gin-

---

2 Polnisch: To jest wojna

gen sowohl in Russland wie auch in Argentinien ähnliche seltsame Veränderungen vor sich. Ich wollte verstehen, was hier genau los ist. Warum müssen Frauen plötzlich ihre Rechte verteidigen, hier und dort, in Europa und in Übersee, was ist passiert? Recht schnell stellte sich heraus, dass alle Spuren immer indirekt oder direkt zum Kreml führen, aber trotzdem konnten viele nicht verstehen, dass der Konservatismus unserer Zeit sich den ehemaligen kommunistischen Staat zum Verbündeten gemacht hat, den die gleichen Konservativen vor noch wenigen Jahrzehnten verbissen bekämpft haben. Als am 24. Februar 2022 Russland die Ukraine überfiel, veränderte sich die Perspektive vollkommen, und die Politik des russischen Regimes wurde selbst für den Normalbürger verständlich. Dieser Krieg hat mir als Autorin dieses Buches vergegenwärtigt, wie nah ich an den Kern des Problems gekommen war, indem ich die Verbindungen zwischen den religiösen Fanatikern und dem Kreml aufgezeigt habe. Kürzlich trat bei einer Lesung eine Leserin mit der Bitte um ein Autogramm an mich heran und gestand, dass sie, als sie mein Buch las, insgeheim gedacht hatte, dass ich vielleicht übertreibe. Der Krieg in der Ukraine habe ihr jedoch gezeigt, dass das keine Übertreibung war. Es gab Taktiken, die zum Aufbau der kommunistischen Internationale eingesetzt wurden. In unserer Zeit nutzte man sie zur Bildung der sogenannten schwarzen Internationale – nationalistischer und religiös-fundamentalistischer Bewegungen.

Die Jahre, in denen sich die polnische Gesellschaft von unten mobilisierte, waren nicht umsonst, und die Fähigkeit, sich zu organisieren, machte sich in dem Moment bezahlt, als die ukrainischen Flüchtlinge und ihre Kinder versorgt werden mussten. Wir wussten, dass die Regierung nicht viel tun würde, deshalb begannen wir sofort damit, die östlichen Nachbarn in unsere Häuser und Wohnungen aufzunehmen, sie von unserem Geld zu ernähren und sie mit unseren Sachen einzukleiden. In dieser Zeit kritisierte die PiS das Verhalten von Regierungen anderer Länder, selbst aber stimmte sie im Sejm gegen den Importstopp von russischem Flüssiggas nach Polen und zögerte mit der Einführung von Sanktionen. In Polen haben wir keinen Zweifel daran, dass unsere Regierung nur scheinbar antirussisch eingestellt ist, so präsentiert sie sich medial, bei ihren konkreten Entscheidungen aber ist sie recht zweideutig.

Seit Kriegsbeginn beobachte ich, wie die von mir beschriebenen Organisationen reagieren, welche Überlebensstrategie sie annehmen. Die polnische Stiftung Ordo Iuris, die 2016 hinter dem Gesetzentwurf zum Abtreibungsverbot stand, hat einen Vertrag mit einem ukrainischen Partner unterschrieben, mit der Organisation Vsi Razom [All together], und zwar mit dem Ziel, Ordo Iuris Ukraine zu gründen. Noch Anfang Februar 2022 war der Vorstandsvorsitzende von Ordo Iuris, Jerzy Kwaśniewski, in Kiew. Ähnliche Besuche machte der Chef des von Russen infiltrierten World Congress of Families, Brian Brown, mit Halt in Budapest. Das sind interessante Orte und ein interessantes Timing. Ordo Iuris sagt, dass sie die Ukraine unterstützt, gleichzeitig kritisiert sie die EU, für die die Ukraine gerade kämpft. Ordo Iuris will in der Ukraine – so schreibt sie – Zusammenarbeit »zum Ziel der Verteidigung gemeinsamer Werte, deren Ursprung in den christlichen Wurzeln Europas liegt, unter anderem das Recht auf Leben ab der Zeugung, die Ehe als Verbindung zwischen Mann und Frau, und auch eine europäische Integration, die auf der Zusammenarbeit starker Nationalstaaten beruht«. Wie ist das alles zu verstehen? Polen ist ein Land, wo Russophilie den öffentlichen Tod bedeutet. Deshalb versucht Ordo Iuris, eine zweite Front aufzumachen: Wir sind für die Ukraine, soll sie ruhig der EU beitreten, aber wir machen aus ihr ein fundamentalistisches Land, wie Polen und Ungarn. Wenn die Russen verlieren, können sie immer auf Ordo Iuris zählen, die es (legislativ) schon geschafft hat, aus Polen ein Land des fundamentalistischen Spießbürgertums zu machen. Polen begrüßt dich, liebe Ukraine, in Europa, während es selbst im Begriff ist, die Gemeinschaft zu verlassen. Und euch führen wir auch aus diesem Europa heraus.

Überraschenderweise begannen die Organisationen, denen indirekt (wie Ordo Iuris), oder direkt (wie dem World Congress of Families) Verbindungen zum Kreml vorgeworfen werden, nach dem 24. Februar 2022 damit, über finanzielle Probleme zu klagen. Ordo Iuris sprach sogar davon, dass ihre Zukunft auf dem Spiel stehen könne. Brian Brown, der Chef des World Congress of Families und von International Organization for the Family (IOF), führte Ende 2022 ein intensives Fundraising durch, indem er täglich mehrere Mails verschickte: »Unless we can turn this around right away, we will go into 2023 in terrible financial shape and have no choice but to consider devastating cuts to our programs.« IOF entstammt dem Jahr 2014, in dem der WCF-Kongress im Kreml stattfand, und war als zukünftiger Organisator kommender Kongresse vorgesehen. Mitglied dieser neuen Körperschaft wurde neben Brown das russische Verbindungsglied zwischen dem Oligarchen Konstantin Malofejew und der westlichen »Far-Right« – vor allem der italienischen Lega und konservativer Kreise – Alexej Komow. Eine interessante Taktik der Offenheit und der naive Glaube daran, dass kein Mensch diese Dinge in einen Zusammenhang bringt.

Gleichzeitig wurde damit begonnen, Daten zu löschen. Ordo Iuris löschte Beweise, die auf ihre Unterstützung Putins hinweisen. Von der Internetseite von Ordo Iuris ist eine Analyse von Alliance Defending Freedom von 2013 zur als Kinderschutz dargestellten homosexuellenfeindlichen Kampagne in Russland verschwunden, wo folgende Sätze fielen: »Offene Kritik an der Russischen Föderation ist nicht nur irreführend, sondern auch heuchlerisch und zeigt nur ›eine Seite der Medaille‹. Deshalb muss hervorgehoben werden, dass es in jedem europäischen Land normative Lösungen für die Einschränkung der Meinungsfreiheit gibt.« Oder: »Die Pressematerialien vermitteln ein verzerrtes Bild von Zweck und Anwendungsbereich des fraglichen Gesetzes. Die Russische Föderation, die sich um den Schutz von Kindern und Familienwerten bemüht, ist demokratisch legitimiert, in diesem Bereich Gesetze zu erlassen.« Der Text wurde entfernt, aber auf dem Profil von Ordo Iuris wurde nach dem Aufruhr, der deswegen auf Twitter ausbrach, angekündigt, der Text werde mit einem entsprechenden Kommentar wieder eingefügt. Doch weder der Text noch der Kommentar sind erschienen.

Andere Organisationen gehen ähnlich vor. Die spanische Organisation Profesionales por la Ética löschte ihr Unterstützungsschreiben für Putin zu den homosexuellenfeindlichen Gesetzen aus dem Jahr 2013, das damals auch von Ordo Iuris, der Piotr-Skarga-Stiftung, CitizenGO, HazteOir, dem World Congress of Families und vielen anderen Organisationen unterzeichnet worden war. CitizenGO wiederum entfernte von seiner Webseite in allen Sprachen den Namen von Alexej Komow, der dort seit Jahren als Vorstandsmitglied aufgeführt war. Sie gaben auch eine Meldung heraus, in der sie bestritten, russisches Geld zu erhalten. Und am 4. April 2022 verschwand die Webseite der Organisation Dialogue of Civilizations aus dem Internet, einer Organisation von Wladimir Jakunin, einem Oligarchen und wichtigen Förderer konservativer Bewegungen; ebenso verschwanden die Webseiten seiner Stiftung. Es werden weiter Spuren verwischt. Damit wird die Gefahr, in der wir uns seit einigen Jahren befinden, größer. Denn jetzt werden diese Dinge noch weniger transparent und viel verschleierter vor sich gehen. Und obendrein sterben Menschen, denn das ist Krieg – wie die Mitstreiter fundamentalistischer Organisationen seit Jahren sagen. Und jetzt haben sie mit diesem Krieg wirklich begonnen.

Kapitel 1

MITTELALTER IM 21. JAHRHUNDERT?

Ich weiß noch, dass ich es nicht glauben konnte, als im September 2016 in Polen ein Gesetzentwurf eingebracht wurde, der eine Gefängnisstrafe für Abtreibung vorsah, auch für natürliche Fehlgeburten. Ich weiß noch, wie einsam ich mich in den Tagen vor dem »schwarzen Montag« fühlte, zu dem es eine Woche später am 3. Oktober kam. Damals saß ich in Warschau an den letzten Korrekturen für meine Gombrowicz-Biografie, aber ich musste die Arbeit beiseitelegen, ich konnte mich nicht konzentrieren. Ich fühlte mich, als würde jemand einen Anschlag auf mein Leben verüben, vor allem auf das Leben meiner heranwachsenden Tochter. Die unbedingte Notwendigkeit, sie zu schützen, zwang mich dazu, mich den Vorbereitungen für die Protestaktionen anzuschließen. Viel Zeit hatte ich nicht, um mich voll zu engagieren, aber wie jede von uns tat ich, was ich konnte. Nachts klebte ich die Stadt mit Plakaten zu. In meinem Fahrradkorb transportierte ich private Ausdrucke mit dem charakteristischen weißen Frauenkopf vor schwarzem Hintergrund, den ich von der Seite der frisch gegründeten Gruppe Ogólnopolski Strajk Kobiet [Landesweiter Frauenstreik] heruntergeladen hatte. Dazu Klebestreifen und Schere. Ich fuhr in die Koszykowa-Straße, dann zum Platz der Konstitution, in die Nähe der Technischen Universität und weiter. Bei einer Tour schaffte ich es, hundert Plakate anzukleben. Ich wusste zwar nicht, ob das strafbar ist, aber nichts hätte mich aufhalten können.

Heute, nachdem ich bereits Geldstrafen für das Blockieren von

Straßen und für politische Graffiti erhalten habe, niedergeschlagen und in Handschellen gelegt wurde, Stunden in Streifenwagen verbracht und wegen aktivistischer Tätigkeiten vernommen wurde, mehrere Gerichtssachen und Verfahren in der Staatsanwaltschaft am Hals sowie einen Besuch der Agentur für Innere Sicherheit zu Hause mit einer sogenannten Verwarnung hinter mir habe, kommt mir das lächerlich vor. Aber damals, als der Gesetzentwurf »Stoppt Abtreibungen« von der Stiftung *Institut für Rechtmäßige Kultur Ordo Iuris* vorgelegt wurde, begann der Prozess, der mich – eine Frau, Autorin, Mutter, Tochter, Bürgerin – zu einer »Verbrecherin« werden lassen sollte, obwohl ich etwas verteidigte, was bis dahin als zivilisatorische Norm galt. Manchmal wird einem erst klar, was man hat, wenn es einem weggenommen werden soll. Bis dahin hatte ich nicht viel über Feminismus nachgedacht. Als ich aber vor der Wahl stand: das Mittelalter oder meine Rechte – war die Sache klar. Wie viele von uns hatte ich keine Wahl, ich musste Feministin werden.

◻ ◻ ◻

Der Marathon der Ereignisse, dessen Höhepunkt der »schwarze Montag« war, begann im Herbst 2015, kurz nachdem die Partei Recht und Gerechtigkeit (PiS) an die Macht gekommen war. Es entwickelten sich verschiedene Bürgerbewegungen in Opposition zur Regierung, unter anderem wurden Frauen immer aktiver. Man konnte den konservativen Atem der neuen Machthaber regelrecht im Nacken spüren. Auch das Episkopat meldete sich zu Wort. Die polnischen Bischöfe riefen das Parlament dazu auf, ein vollständiges Abtreibungsverbot einzuführen. Jarosław Kaczyński, Chef der PiS-Partei, der de facto die Funktion des Staatsoberhauptes ausübt, erklärte, er werde als Katholik ein solches Gesetz natürlich unterstützen.

◻ ◻ ◻

Aber am Anfang der Geschichte, die ich erzählen will, steht eine Begegnung, die nicht weit weg von meinem Zuhause stattfand. Ich hatte keine Ahnung davon. Niemand wusste davon, denn sie war geheim. Während die Polinnen um ihre Gesundheit und ihr Leben und das ihrer Nächsten fürchteten, empfing die Stiftung Ordo Iuris in Warschau nach den Wochenenddemonstrationen gegen den Gesetzentwurf zum Abtreibungsverbot in mehreren polnischen Städten ihr ähnliche fundamentalistische Organisationen aus verschiedenen Ländern. Die perfekte Zeit, den von ihnen erwarteten Sieg zu zelebrieren: In einigen Tagen sollte der Sejm über den Entwurf »Stoppt Abtreibungen« abstimmen. Diese Menschen dachten seit mehreren Jahren darüber nach, wie sie unsere Welt so verändern könnten, damit sie ihren konservativ-rechten Fantasien entspräche. Ihr Projekt nannten sie »Agenda Europe«.

Von der *Agenda* erfährt die Öffentlichkeit etwas später, weil Unterlagen durchsickern, die beim französischen Fernsehsender Arte landen. Aber damals wussten wir nicht, dass sich dieser internationale Kreis seit 2013 trifft, um die Einführung von Abtreibungsverboten, Verhütungsverboten und auch Scheidungsverboten sowie Einschränkungen der Rechte von LGBT-Personen zu diskutieren und zu planen. Man hätte meinen können, dass niemand, der über gesunden Menschenverstand verfügt, heutzutage solche Ideen vorantreiben wird. Deshalb hat man versucht, Informationen über ähnliche Gespräche geheim zu halten, denn diese hätten sonst die *Agenda* bereits zu Beginn kompromittieren können. Als in Polen jedoch das Projekt »Stoppt Abtreibungen« gelungen war, war das für diese Kreise ein enormer Schritt nach vorn. Es war ein Präzedenzfall in der Europäischen Union entstanden.

An diesem Montag im September, der für die Frauen unter dem Zeichen der Unsicherheit stand, begannen die seltsamen Gäste aus dem engen Kreis der »Antichoicer«, die sich selbst gern »Pro-lifers« nennen, ihr Treffen damit, Schritte zu planen, die Europa im Bereich der Menschenrechte zurückwerfen sollten. Doch bereits am nächsten Montag kam es zum ersten Frauenstreik in Polen, sprich zu einem allgemeinen Wutausbruch, weil uns Rechte aberkannt und wir für natürliche biologische Vorgänge bestraft werden sollten. Damals wussten wir nicht, wer dahinter steht. Und die Leute von Agenda Europe wussten nicht, dass sie gerade unsere Kraft erweckt hatten.

Dieses Buch erzählt genau diese Geschichte. Die Geschichte des Zusammenpralls zwischen Ultrakonservativen und Frauen. Streckenweise handelt es sich hier um Enthüllungsjournalismus, denn es werden diejenigen aufgedeckt, die hinter diesem Angriff auf unsere Rechte stehen. Sie werden sich ungern auf ein Gespräch einlassen oder gar nicht auf meine Mails antworten. Deshalb habe ich Informationen über sie meist aus Hacker-Lecks und aus mühevollen Recherchen in Archiven und im Internet zusammengetragen. Ich zeige auch die Gesichter derer, die ihnen Widerstand leisten, darunter mein eigenes. Dies ist nicht die Zeit, um »objektiven Journalismus« zu kultivieren, wo der Autor nicht Partei ergreifen darf. Im Gegenteil – ich verberge mein Engagement nicht, denn es muss meiner Rechtschaffenheit als Wissenschaftlerin nicht widersprechen. Autorin zu sein schließt nicht aus, Aktivistin zu sein.

Wir müssen uns gleich am Anfang darüber klar werden, dass es hier nicht nur um einen Weltanschauungskrieg geht. Die sogenannten Weltanschauungsfragen sind nämlich zu Instrumenten für die Betreibung von Geopolitik geworden und werden heute in unterschiedlichen Breitengraden eingesetzt, von Nord- und Südamerika über Europa bis hin zu Asien. Das hat zu tun mit der Entstehung einer neuen Weltordnung nach dem Kalten Krieg und mit Putins Russland, das »sich von den Knien erhebt«. Aus diesem Grund werde ich gelegentlich die Leserin und den Leser durch die Mäander der aktuellen politischen Realien führen, die sich in einem rasenden Tempo vor unseren Augen abspielen. Ich gebe mich nicht mit halben Antworten zufrieden, sondern versuche, die Gesamtheit des Phänomens zu verstehen. Krieg bedeutet nicht, eine Auseinandersetzung mit einem Bataillon zu haben, dahinter stehen Stäbe und Generäle, eine ganze Maschinerie, auch Geld für Waffen.

Warum ich das Wort »Krieg« benutze? Weil sie, die religiösen Fundamentalisten, davon sprechen. Deshalb sollten wir uns keine Illusionen machen und die Dinge beim Namen nennen. Wenn es bisher hieß, dass der Feminismus eine politische Angelegenheit ist, dann muss es heute heißen, dass der Feminismus eine geopolitische Angelegenheit ist.

Der Zorn der Frauen

Dieser »Kulturkrieg«, über den ich schreibe, hat beinahe unbemerkt zwischen 2012 und 2013 in einem Land begonnen, das östlich von Polen liegt. In Polen ist er richtig in Erscheinung getreten, seitdem 2016 die Idee aufkam, Abtreibung strafbar zu machen.

Kurz nachdem im Sejm die Gesetzesinitiative »Stoppt Abtreibungen« offiziell registriert wurde, ist im Frühjahr 2016 die Internetgruppe »Dziewuchy Dziewuchom« [Von Mädels für Mädels] entstanden. Schnell schlossen sich ihr hunderttausend Frauen an, überwiegend aus Großstädten. Alle haben das Gleiche empfunden: erst Unglauben, dann Empörung und schließlich Entschlossenheit.

Damals galt in Polen der sogenannte Abtreibungskompromiss – ein Begriff, den die Politiker gern benutzten, die für die Einführung des Gesetzes im Jahr 1993 verantwortlich waren, sprich Leute von der Solidarność-Bewegung. Sie hatten, nachdem sie an die Macht gekommen waren, beschlossen, ihre Schuld bei der Kirche für deren Unterstützung in kommunistischen Zeiten mit den Körpern der Frauen zu begleichen. Die gebürtige Ukrainerin Oksana Litwinenko lebt in Toruń (sie wurde später bald zu einer der Aktivistinnen des Landesweiten Frauenstreiks und meine Freundin) und beschreibt das aus ihrer Sicht folgendermaßen: »Ich lebte in der Überzeugung, dass die Polinnen mit diesem Kompromiss einverstanden sind. Das war für mich eine Überraschung, denn ich komme aus einem Land, in dem Abtreibung immer legal war. Deshalb dachte ich sogar ein bisschen boshaft: ›So, jetzt werden sie was erleben.‹«

Wir wussten, dass das aktuelle Gesetz, das in drei Fällen die Abtreibung erlaubt, reine Fiktion ist. In polnischen Krankenhäusern ist es zunehmend schwierig, dieses Recht einzufordern. Doch unseren Protest auf das Thema Abtreibung zu reduzieren wäre eine enorme Vereinfachung. Hier ging es um Würde. Wir protestierten dagegen, dass wir wie Gegenstände behandelt werden und dass ohne uns über unser Schicksal entschieden wird.

◻ ◻ ◻

Im Herbst 2016 konnte man kaum glauben, dass jemand ernsthaft über Bestrafung für eine Fehlgeburt nachdenkt. Es herrschte allgemeine Bestürzung. Millionen Polinnen durchlebten das, was Aśka Wolska aus Bielska-Biała empfand: »Als das alles losging, hatte ich das Gefühl zu platzen! Buchstäblich! Wie in Trance surfe ich im Internet und lese zwanghaft alle möglichen Nachrichten. Ich bin stinkwütend und entsetzt! Ich habe ein Gedankenfieber, Chaos und Leere im Kopf ... Ich spüre das verdammte Bedürfnis, etwas zu tun, irgendetwas, irgendwie meinen Widerstand auszudrücken, irgendwie der Welt zu zeigen, dass ... holla, holla – ICH BIN DAMIT NICHT EINVERSTANDEN!«

Wir suchten nach Informationen und nach Interpretationen und Erläuterungen der juristischen Formulierungen, die der Gesetzentwurf enthielt. Im Netz brodelte es. Langsam dämmerte uns, dass sie DAS wirklich machen können.

An diesem Septemberwochenende, als die Gäste von Ordo Iuris von *Agenda Europe* nach ihrem Treffen in Warschau bereits abgereist waren, fanden Protestkundgebungen statt, die größtenteils von Leuten aus der linken außerparlamentarischen Partei *Razem* organisiert wurden. Dank ihrer Initiative kam es zu einer Facebook-Aktion mit dem Hashtag #SchwarzerProtest. Gocha Adamczyk, die Initiatorin, sagte damals: »Den polnischen Frauen wurde der Krieg erklärt. [...] Die Rechte von Frauen werden oft als zweitrangig dargestellt, als weniger wichtige Fragen, weil sie angeblich eine Frage der Weltanschauung sind. Nur dass das für Millionen Frauen und Mädchen in diesem Land weder ein zweitrangiges Thema noch eine Frage der Weltanschauung ist, denn von diesem Gesetz hängen ihre Gesundheit und ihr Leben ab.«[3] Die Farbe Schwarz wurde zum Erkennungszeichen des Widerstandes. Aber vorerst fand die Aktion nur im Internet statt.

◻ ◻ ◻

Angefeuert und unterstützt von ihrer Partnerin Natalia Pancewicz, rief Marta Lempart bei einer Kundgebung, die auf dem Marktplatz in Wrocław von *Razem* veranstaltet wurde, zum Streik auf. Schwarz gekleidet stellte sich die große Frau mit Brille und zerzaustem schwarzen Haar an den Breslauer Pranger und kam direkt zum Punkt: »Ich wende mich an alle Frauenmörder, weil ich weiß, dass sie uns hören und sehen. [...] Hört auf zu lügen«, sprach sie deutlich ins Mikrofon, wobei sie jedes Wort betonte. Dann hob sie ihre Stimme. »Das Recht auf Gesundheit und Leben ist keine Frage der Weltanschauung. Das ist ein Menschenrecht, und dieses Recht ist in der Verfassung festgeschrieben. Das Recht auf Intimität und auf Wahrung der Privatsphäre ist keine Frage der Weltanschauung, das ist ein Menschenrecht, das in der Verfassung festgeschrieben ist. Hört auf zu lügen.«[4] Dann nahm sie Bezug auf den Streik der Isländerinnen und donnerte: »Lasst uns einen ›schwarzen Protest‹ machen. Ich rufe auf zum Streik am 3. Oktober.«

Eine vergleichbare Stimme, die keinen Widerspruch duldete, war bis dahin bei den Demonstrationen nicht zu hören gewesen. Aber genau dieser Ton und die Wortwahl bildeten unsere Stimmung ab. Darauf hatten die Frauen gewartet. Marta bekam tosenden Beifall.

---

3   Autorka »Czarnego Protestu«: Wypowiedziano nam WOJNĘ, ein Gespräch für »Super Express« mit Małgorzatą Adamczyk, 11. November 2016, https://polityka.se.pl/wiadomosci/autorka-czarnego-protestu-wypowiedziano-nam-wojne-aa-geda-Kugf-QooD.html, letzter Zugriff am 19.04.2023. (Alle Übersetzungen von Zitaten stammen, sofern nicht anders angegeben, von der Übersetzerin dieses Buches.)

4   Siehe: https://www.youtube.com/watch?v=B_LCh2asdh0, letzter Zugriff am 19.04.2023.

Der Frauenstreik veränderte die brave und »demokratische« Sprache der Proteste. Lempart fügte noch provozierend hinzu: »Wir haben keine Angst. Frauenmörder, ihr glaubt, dass das ewig so weitergehen wird. Dass ihr immer die Macht haben werdet. Dass ihr mit uns machen könnt, was ihr wollt. Das werden wir sehen! Wir machen euch einen ›schwarzen Montag‹! Und dann den nächsten, und dann noch einen! Bis ans Ende, unser Ende oder euer Ende!« Und dann skandierte sie: »Baut doch das Gefängnis, es wird euch zum Verhängnis!«

In dieser Stimme war keine Angst, sondern das war eine offene Kriegserklärung. Lemparts Haltung verlieh ihren Worten Glaubwürdigkeit und Bedeutsamkeit.

Der Streik sollte eine Woche darauf stattfinden, und zwar an einem Werktag und nicht am Wochenende, wie bisher die Proteste. Das war neu. Wenn jedoch nicht gleich nach der Kundgebung Sonntagnacht der Streik als Veranstaltung auf Facebook angekündigt worden wäre, hätten wir vielleicht von Marta und ihrer Initiative nie erfahren. Die Aktion wurde »Landesweiter Frauenstreik« genannt. Schnell und überraschend wurde sie zu einer lebhaften weiblichen Bürgerbewegung mit regierungskritischem Charakter. Jede von uns hatte ihre ganz persönliche Motivation, sich der Bewegung anzuschließen. Schnell fand ich die Streikgruppe auf Facebook. Mir gefiel dieser neue entschlossene Ton. Einige Jahre zuvor hatte ich ein Buch über die Kubanische Revolution geschrieben. Ich hatte genau untersucht, wie dieses Phänomen funktioniert. Und ich spürte, dass das der Moment war, wo man mehr und etwas anders machen muss. Stärker. Innerhalb von vierundzwanzig Stunden stieg die Zahl der Personen, die ihre Teilnahme am Streik zusagten, auf fast hunderttausend. Eine Lawine war ins Rollen gekommen.

Auf den Seiten des Landesweiten Frauenstreiks gab es verbissene Diskussionen über die Form des Protestes. Es entstand eine Liste der Städte, in denen Frauen – und viele von ihnen hatten keine blasse Ahnung von feministischen Organisationen (ich hatte auch keine) – sich im Netz kennenlernten und sich dann in der Realität trafen, um das Organisatorische zu besprechen. Ohne Geld. Alles entstand von Grund auf neu, aus eigener Kraft. Die Gesamtorganisation übernahmen die Frauen aus Wrocław, womit sie Warschau den gewohnheitsmäßigen Vorrang nahmen.

❑ ❑ ❑

Als zentral für die Organisation des Landesweiten Frauenstreiks erwies sich eine Namensliste und Liste der Städte, aus denen die Frauen stammten, die sich für die Beteiligung am Protest interessierten. Daraus gingen später die Organisatorinnen und die zukünftigen lokalen Anführerinnen hervor. Hatten sie einmal Feuer gefangen, wurden sie zu echten Aktivistinnen.

Die Struktur des Streiks blieb fließend. Alles brodelte. Es war neu, der Bewegung die volle Autonomie zu lassen. Jede Ortschaft entschied selbst, was und wie sie es macht. Die Frauen vor Ort wussten am besten, mit wem sie zusammenarbeiten wollten und mit wem nicht und warum. Es vereinte sie der Gegner und das gemeinsame Ziel: das Gesetz aufhalten, gemeinsame Symbole, der Hashtag und die Gruppe auf Facebook. Ein Minimum. Nachdem mehrere Tage lang heiße Debatten geführt worden waren, fasste Marta die Ideen für »den schwarzen Montag« zusammen:

»Am 3. Oktober: wir nehmen ›Urlaub auf Verlangen‹[5] – wir nehmen einen freien Tag für die Kinderbetreuung – wir gehen nicht zur Uni – wir nehmen unbezahlten Urlaub – wir nutzen eine andere legale Möglichkeit – wir gehen nicht zur Arbeit oder zur Uni!«

Wir haben nicht einmal die Option diskutiert, uns mit den Gewerkschaften zu verständigen, die aus juristischer Sicht für die Organisation von Streiks zuständig sind. Schließlich geht die größte von ihnen, die Solidarność, an der Leine der Regierung. Dafür haben sich

---

5 In Polen haben Arbeitnehmerinnen und Arbeitnehmer das Recht, vier Mal im Jahr aus den ihnen zur Verfügung stehenden Erholungsurlaubstagen direkt vor Arbeitsbeginn und ohne Berücksichtigung betrieblicher Urlaubspläne einen Tag »Urlaub auf Verlangen« zu nehmen. Arbeitgeberinnen und Arbeitgeber dürfen dem nicht widersprechen, denn »Urlaub auf Verlangen« wird nicht beantragt, sondern der Arbeitgeberin oder dem Arbeitgeber lediglich angezeigt. (Anm. d. Übers.)

oft Privatfirmen gemeldet, Chefs haben ihren Mitarbeiterinnen in Ämtern, Cafés, Hochschulen, Theatern, Buchhaltungsbüros, Stiftungen, Zeitungen, Designstudiengängen, Geschäften, Kindergärten, Krankenhäusern, Schulen, Verlagen und Museen freigegeben.[6] Wer nicht in der Lage war, am Streik teilzunehmen, konnte ein Plakat aufhängen, sich schwarz kleiden und die Hausarbeit verweigern. Erst später wurde uns klar, dass wir mit diesem spontanen Vorgehen den Begriff »Streik« des 20. Jahrhunderts für das 21. Jahrhundert neu definiert hatten. Wir, die Generation Kinder der Solidarność.

»Der schwarze Montag«

Am 3. Oktober 2016, eine Woche nach der Zusammenkunft von Agenda Europe in Warschau, gingen wir schwarz gekleidet auf die Warschauer Straßen, bestimmt auf die gleichen, durch die man kurz zuvor die Gäste der Tagung geführt hatte. Die streikenden Frauen konnten sich in der Hauptstadt ab dem frühen Morgen an verschiedenen Stellen treffen. Ich begann um acht Uhr mit der Blockade des Fußgängerüberganges an der U-Bahn-Station Świętokrzyska. Ich stehe ungern früh auf, aber an diesem Tag war ich motiviert. Jetzt sehe ich das vor meinem inneren Auge wie einen Schwarz-Weiß-Film. Ich befestigte an meinem Fahrradkorb ein Pappschild, das ich mit Folie umwickelt hatte (es regnete schon morgens) und auf das ich mit dickem Textmarker geschrieben hatte: »Frauenstreik«. So ausgerüstet fuhr ich in die Stadt. Ich freute mich, dass es noch radikale Ideen gab, dass die Straßenblockade tatsächlich stattfinden würde. Und ich beschloss, sofort damit zu beginnen, und fuhr ostentativ langsam die Marszałkowska-Straße entlang. Keine von uns hatte jemals solche Dinge getan, aber wir wussten, dass genau das getan werden musste. Dass wir penetrant werden müssen, uns sogar den Flüchen der Autofahrer aussetzen müssen. Aber die Menschen

---

6 Die vollständige Liste siehe: https://www.facebook.com/permalink.php?story_fbid=664208173753227&id=664203450420366&__tn__=K-R, letzter Zugriff am 06.03.2023, letzter Zugriff im Februar 2020.

in den Autos reagierten gar nicht aggressiv, obwohl wir uns auf Konfrontation eingestellt hatten.

Zusammen zu gehen und zu sehen, wie immer mehr Frauen schwarz gekleidet aus den U-Bahnhöfen kamen, gab uns Selbstsicherheit. Es kamen ältere Frauen, Mütter mit Kindern in Kinderwagen und Oberschülerinnen. Ich weiß noch, dass ich die Verkäuferin aus meinem Gemüseladen sah, der sich unweit von einem PiS-Büro befindet. Am Tag zuvor hatte ich ein Streikplakat an ihren Laden geklebt. Leise, damit die anderen Kunden es nicht hörten, flüsterte sie, sie sei dafür, könne das aber nicht öffentlich sagen. Ähnlich konspirativ verhielten sich Frauen in ganz Polen. Katarzyna Józefowska aus Złotów war in der Schule, um ihren Sohn abzuholen, »weil wir ein Fahrrad kaufen wollten, und da traf ich eine andere Mutter in einer schwarzen Jacke. Die sagte zu mir: Protestieren Sie auch in Schwarz? Als ich das bejahte, küsste sie mich.«

◻ ◻ ◻

Besonders beliebt wurde die Losung »Brav waren wir früher«, aber noch fühlten wir uns allein und schauten uns ängstlich um. Wir waren aufgeregt, hatten sogar Angst, aber trotz des starken Regens kamen gegen 18 Uhr aus allen Richtungen schwarz gekleidete Frauen mit Regenschirmen. Als wir sahen, wie wir immer mehr wurden, richteten wir uns auf, freuten uns über unsere Präsenz und die Menschenmenge, die den gesamten Warschauer Schlossplatz und die anliegenden Gassen füllte, wo der Haupttreffpunkt war. Dicht an dicht standen Menschen, und die vielen nassen Schirme verdeckten die Sicht. Zur gleichen Zeit versammelten sich in ganz Polen in hundertsiebenundvierzig Städten Frauen auf Marktplätzen, Straßen und Plätzen. An etwa sechzig Orten außerhalb Polens organisierten Polinnen und Nicht-Polinnen Proteste: Lyon, Kopenhagen, Berlin, Toronto, Porto und Bratislava. 90 Prozent der Proteste fanden in Ortschaften mit weniger als 500 000 Einwohnern statt. Der Slogan war #WirSindÜberall. Die Großstädte waren an Demonstrationen gewöhnt. Anders sah es in kleinen Ortschaften aus, wo man nicht auf Anonymität hoffen konnte, wo mit dem Finger auf die Frauen gezeigt wurde, wo sie »Mörderinnen« genannt und angespuckt wurden, wo ihre Kinder in der Schule Probleme bekamen. Manche verloren ihre Arbeit. Wer dort auf die Straße ging, musste wirklich Mut haben. Die Teilnehmerinnen dieser Protestaktionen schrieben Geschichte.

❏ ❏ ❏

Der Frauenstreik wurde zum größten allgemeinen Aufstand seit 1989. Nicht die Renten, nicht die Bergarbeiter, nicht die Verfassung, sondern die Rechte der Frauen und die Missachtung ihres Bedürfnisses nach Sicherheit riefen eine gesellschaftliche Revolution hervor. Laut dem Statistischen Amt haben »von den schwarzen Protesten« fast alle gehört, das erklärten 90 Prozent der Befragten.[7] Wir kamen verschreckt und einsam, wir gingen gestärkt. Wenn ich meine Freundinnen nach ihren Gefühlen an diesem Tag frage, zählen sie auf: Angst, Stinkwut und Zorn, die sich am Ende in Stärke und Effektivität verwandelt haben. Das Gefühl, vereinigt zu sein, gab uns Kraft.

Die Demonstration ganz normaler Frauen, die aufgehört hatten, sich zu fürchten, machte den Regierenden Angst. Bei der einzigen Umfrage zur Streikbeteiligung an diesem Tag »hat die Hälfte der Befragten angegeben, an diesem Tag nicht zur Arbeit gegangen zu sein (51 Prozent), unter Schülerinnen und Studentinnen waren es 64 Prozent«.[8] Laut CBOS hat sich jede sechste Polin schwarz gekleidet. Das war vor allem unter jungen Frauen verbreitet (18 bis 24 Jahre). Aber unterstützt wurde der Protest von 58 Prozent der Polinnen und Polen.

Drei Tage später, am 6. November, wurde der Gesetzentwurf zum Verbot von Abtreibung und Bestrafung mit Gefängnis von der Mehrheit der PiS-Abgeordneten abgelehnt.

---

7 Umfrage vom Centrum Badania Opinii Społecznej [Zentrum für Meinungsforschung] vom 4.–13. November 2016.
8 Daten aus: Radosław Nawojski, *Transgraniczność w perspektywie socjologicznej. Europa – podzielona wspolnota?*, Zielona Gora 2018.

◻ ◻ ◻

Als der Entwurf »Stoppt Abtreibungen« vom Sejm abgelehnt wurde, machten die Juristen von Ordo Iuris lange Gesichter. Aber sie versicherten weiterhin, die Bestrafung für Abtreibung sei »internationaler Standard« (die Worte von Jerzy Kwaśniewski in einer Fernsehsendung)[9]. Sie behaupteten, die »schwarzen Proteste« seien »Anti-Regierungs-Demonstrationen« und »Propaganda der Linksextremisten der Partei Razem und der Tageszeitung *Gazeta Wyborcza*«[10] gewesen.

Inzwischen hatte die PiS ihr Narrativ verändert: Die Abgeordneten der Partei hätten den Entwurf abgelehnt, weil sie gegen die Bestrafung der Frauen seien. Sie teilten mit, ihren eigenen Gesetzentwurf zu verfassen, der Abtreibung aus »Euthanasiegründen« ausschließt. Jarosław Kaczyński kündigte in einem Interview für die Polnische Presseagentur an: »Wir werden uns darum bemühen, dass es selbst bei schwierigen Schwangerschaften, wo das Kind nicht lebensfähig ist, wo es fehlgebildet ist, dass selbst diese Schwangerschaften mit einer Geburt enden, denn das Kind könnte dann getauft und beerdigt werden und hätte einen Namen.«[11] Das Geld, das dazu anregen sollte, leblose Embryos auszutragen, bekam auf der Straße schnell den Taufnahmen »trumienkowe«[12].

Schon bald sollte sich aber herausstellen, dass das erst der Anfang war. Die Staatsanwaltschaft begann, nach den Organisatorinnen des »schwarzen Protestes« – so wurde der Streik allgemein genannt – zu suchen. Als Antwort zeigten sich Tausende Frauen selbst bei der

---

9 Michał Płociński, Interview mit Jerzy Kwaśniewski, Chef von Ordo Iuris: Karanie kobiet za aborcje to światowy standard, »Rzeczpospolita«, 5. November 2016, https://www.rp.pl/plus-minus/art10846381-szef-ordo-iuris-karanie-kobiet-za-aborcje-to-swiatowy-standard, letzter Zugriff am 23.02.2023.
10 Ebd.
11 https://web.archive.org/web/20190220081426/https://www.tvn24.pl/wiadomosci-z-kraju,3/aborcja-oswiata-zmiany-w-rzadzie-caly-wywiad-z-kaczynskim,683608.html, nur im Archiv, letzter Screen am 20.02.2019.
12 dt. etwa: Särgleingeld (Anm. d. Übers.)

Staatsanwaltschaft an und behaupteten, die Organisatorinnen des »schwarzen Protestes« gewesen zu sein. In der Zwischenzeit wollte die Gewerkschaft Solidarność die »Organisatorinnen« für die Verunglimpfung des Solidarność-Logos auf ihren Plakaten verklagen. Der in Spanien ausfindig gemachte Grafiker Jerzy Janiszewski, der die Rechte am Solidarność-Logo besitzt, reagierte folgendermaßen auf die Versuche, Angst zu verbreiten: »Als Autor spreche ich mich gegen die Verfolgung und Bestrafung der Personen aus, die das Logo zu friedlichen Zwecken nutzen, für die meiner Überzeugung nach richtigen Demonstrationen für die Rechte der Frauen in Polen. Das Logo der Solidarność ist vor allem ein Symbol für den Kampf um die Freiheit, um Menschenrechte, um Bürgerrechte. […] Ich persönlich habe nichts dagegen, dass es für die Demonstrationen der Frauen genutzt wird, es freut mich sogar, dass es noch immer Freiheit symbolisiert.«[13]

Doch wir hatten keine Ahnung, wie viele Jahre Kampf uns noch bevorstehen würden, dass der Höhepunkt der Streiks erst einige Jahre später eintreten würde und dass wir ihn dann anführen würden, in Zeiten einer weltweiten Epidemie, die größte Demonstration in der Geschichte Polens, oft mit unseren bereits großen Kindern als Protagonisten.

Es stellte sich nämlich heraus, dass unser Gegner nicht nur eine Regierung oder eine Organisation ist, sondern dass wir es mit einem neuen Internationale-Typ zu tun hatten und dass das, was wir gerade durchmachten, auch die Argentinierinnen, Russinnen, Koreanerinnen und die Bürgerinnen von Ruanda und den Vereinigten Staaten durchmachten. Eine sonderbare Mixtur aus Osteuropa und Asien, Afrika, Amerika und Lateinamerika, bei der alle Spuren zwangsläufig in den Kreml führen. Begleitet wird das von leicht veränderten Szenarien und gelifteten Hauptdarstellern, aber der Slogan klingt überall ähnlich: Fundamentalisten aller Länder vereinigt euch!

---

13 Anna Dąbrowska, *Do kogo naprawdę należy logo Solidarności*, https://www.polityka.pl/tygodnikpolityka/kraj/1681218,1,do-kogo-naprawde-nalezy-logo-solidarnosci.read, letzter Zugriff am 05.03.2023.

Kapitel 2
FANGEN WIR MIT SPANIEN AN

Juli 2018. Nicht grundlos beginne ich dieses Buch in Madrid zu schreiben. Seit dem Streik beobachte ich christliche fundamentalistische Bewegungen. Ich habe das Gefühl, dass es nicht genügt, auf die Straße zu gehen. Dass ich nicht gegen diejenigen protestiere, gegen die ich protestieren müsste. Dass mir das Böse in der polnischen Version bekannt ist, sein Kern aber woanders liegt. Früher waren Organisationen, mit denen wir uns heute konfrontiert sehen, allerhöchstens eine Art Folklore, die keiner Aufmerksamkeit wert waren. Bis sie plötzlich mit großer Kraft aus dem Untergrund kamen. Einerseits greifen ihre Vertreter Einwanderer und Muslime an, andererseits versuchen sie, die eigene Ursprungsbevölkerung einem ähnlichen soziokulturellen Terror auszusetzen. Wo ist da die Logik? Achtung! Hier gibt es keine Logik. Nachdem ich mehrere Recherchen unternommen und einige Artikel zu diesem Thema veröffentlicht hatte, beschloss ich, endlich ein Buch darüber zu schreiben. Mir war klar geworden, dass ich es mit einem Phänomen zu tun habe, dessen Studium mehr Zeit und Aufmerksamkeit erfordert. Ich nahm mir vor, diese plötzliche Verstärkung in Polen, in Argentinien, in den USA und in Russland zu entwirren, denn dort überall wurde auf einmal damit begonnen, Rechte anzugreifen, die als unumstößlich galten. Ist das Zufall oder handelt es sich dabei um koordinierte Maßnahmen? Es gab zu viele Ähnlichkeiten zwischen diesen Bewegungen und ihren Aktionen, um diese als Werke des Zufalls ansehen zu können. Und wenn es sich nicht um Zufälle handelt – koordiniert dann jemand diese ganzen Aktionen?

Woher kommen plötzlich im 21. Jahrhundert mittelalterliche Ritter und was wollen sie? Die erste Spur führt mich nach Spanien, das sich im Juni 2018 gerade auf die Gleichheitsparade vorbereitet. An den Laternen entlang der Straße, die zum Museum Prado führt, an Bussen und auf Plakaten in der U-Bahn, selbst auf einer gigantischen Großleinwand an der Gran Vía steht: »Wen immer du liebst – Madrid liebt dich«. Auch im malerischen Toledo hängt am Stadtamt eine Regenbogenfahne. Als ich das Haus von Cervantes in Alcalá de Henares besuche, sehe ich sie am Kirchturm auf dem von der Sonne versengten Hauptplatz des Städtchens.

»Die Spanier gehören zu den fortschrittlichsten Gesellschaften in Europa«, erzählt mir David Alandete, Journalist der Tageszeitung *El País*, selbst Homosexueller, mit dem ich mich zu einem Gespräch verabredet habe. Das bestätigen die neuesten Umfragen.

Dennoch kursieren in dieser Gesellschaft gefährlich rückwärtsgewandte Ideen, von denen Personen fasziniert sind, die Geld und Einfluss auf Machthaber haben.

HazteOir: Verschaff dir Gehör

Ich bin mit meiner Tochter nach Spanien gefahren, zum einen, um Urlaub zu machen, zum anderen, um herauszufinden, woher die seltsamen lateinamerikanischen Anteile in der Geschichte der Juristen von der polnischen Stiftung Ordo Iuris kommen, für die ich mich im Zusammenhang mit dem Gesetzentwurf »Stoppt Abtreibungen« interessiere. Polen hat, historisch gesehen, keine engen Beziehungen zu Lateinamerika, woher also diese plötzlichen originellen Verbindungen? Das Element, das Lateinamerika mit Polen verbindet, ist bis zu einem gewissen Grad in Spanien zu finden. Wenn auch nicht nur.

Die Hauptkraft, die den Boden bereitet hat und konservative Kreise zu Demonstrationen gegen Abtreibung mobilisierte, war die in Spanien seit fast einem Jahrzehnt aktive Organisation HazteOir

(Verschaff dir Gehör). Das erste Mal hat die Öffentlichkeit von ihr im Jahr 2005 erfahren, als die Regierung von José Luis Rodríguez Zapatero ein Gesetz zur gleichgeschlechtlichen Ehe einführte. HazteOir mobilisierte auf spektakuläre Weise die Menschen gegen das neue Gesetz, indem es offen homophobe Losungen verbreitete.

Entgegen allem Anschein ist HazteOir jedoch keine kirchliche Organisation. Ganz im Gegenteil, ihre Leader empfahlen, dass die Verbindungen der Mitglieder zur Kirche »moralisch, nicht aber juristisch« sein sollten. Es ging darum, dass sie autonom funktionierten und niemand für ihre Ziele und Vorgehensweisen von ihnen Rechenschaft verlangen konnte.

◻ ◻ ◻

HazteOir entstand 2001 durch die Initiative einer Clique ehemaliger Studenten, die noch in den Neunzigerjahren katholische Jugendorganisationen gegründet hatten. Gesicht und Vorsitzender der Organisation war zunächst Luis Losada Pescador, Jahrgang 1971. Abgelöst wurde er von Ignacio Arsuaga, Jahrgang 1973. Leute meiner Generation. Es werden viele von ihnen in dieser Geschichte vorkommen. Das überrascht mich. Während ich in der Oberschule Witold Gombrowicz las, in seinen Tagebüchern seine provokanten und arroganten Phrasen unterstrich, fuhr der siebzehnjährige Arsuaga nach Częstochowa zum Weltjugendtag.[14] Begleitet wurde er von einer Gruppe junger Menschen, die während ihres Studiums und danach mit ihm zusammen in Spanien eine ultrakatholische Organisation gründeten. Das war im August 1991. Ich erinnere mich dunkel, was damals geschah. Natürlich war es nicht die Politik, die mich zu diesem Zeitpunkt am meisten beschäftigte, trotzdem drang etwas zu mir durch. Im August, in der Zeit des misslungenen Putsches von Janajew, brannte in Moskau die Luft. Doch der

---

14 Siehe: Santiago Mata, *El Yunque en Espana. La sociedad secreta que divide a los catolicos*, Madrid 2015, S. 182.

Lauf der Geschichte war nicht zu stoppen. Die Sowjetunion zerfiel, und die kommunistische Partei wurde aufgelöst. Die Konsequenzen der Lawine an Ereignissen, die ins Rollen gekommen war und zwei Jahre lang an Fahrt gewonnen hatte (1989 beendete ich die Grundschule in dem einen System und begann nach den Ferien die Oberschule in einem anderen), waren kaum sofort zu begreifen. Am 20. August 1991, als der Putsch in Moskau fehlschlug, verkündete Estland seine Unabhängigkeit. Einen Tag später verließen die sowjetischen Truppen Litauen, obwohl sie noch im Januar auf Demonstranten geschossen hatten, die am Fernsehturm Vilnius die Unabhängigkeit gefordert hatten. Am selben Tag nahm auch Lettland die Unabhängigkeitserklärung an. Drei Tage später, am 24. August, schloss sich die Ukraine den unabhängigen Staaten an, am Tag darauf Belarus, und am 6. September, als für mich die dritte Klasse in der Oberschule begann, wurde Leningrad wieder zu Sankt Petersburg. Für einen Teenager war es nicht leicht, all diese Ereignisse zu verstehen. Umso mehr als schon bald die Nachricht kam, die mich am meisten schockierte: Auf dem Balkan war Krieg ausgebrochen. Zum ersten Mal sah ich Kriegsbilder nicht aus einer fernen Vergangenheit, sondern von einem Krieg, der beinahe nebenan, fast vor meinen Augen stattfand. Ein echter moderner Krieg, in dem Menschen einander im Namen einer Religion, einer Ideologie oder eines Volkes töteten.

Damals fuhr ich zum ersten Mal in den Westen. Vielleicht wusste ich dadurch mehr, denn ich sah die Nachrichten im deutschen Fernsehen, die nicht so mit dem Papst beschäftigt waren wie das polnische Fernsehen: die ersten Szenen von Bombardierungen, Gesichter von Frauen mit Kopftüchern, die mit Kindern auf den Armen panisch flüchteten, Krieg live und in Farbe. Angesichts dieser Bilder interessierten mich die Pilgerfahrt des Papstes und der Weltjugendtag kein bisschen. Dabei lastet das, was dort zwischen einer Gruppe junger Menschen aus Polen und einer Gruppe aus Spanien passierte, heute viel stärker auf meinem Leben als der Krieg auf dem Balkan, der mich damals so erschütterte.

Wie leicht man doch die Momente übersehen kann, in denen sich Geschichte herausbildet.

◻ ◻ ◻

In Częstochowa »schlossen sich der polnischen pilgernden Jugend zahlreiche Gruppen ausländischer Jugendlicher an«, schrieb Priester Marian Duda, der Organisator des Weltjugendtages.[15] Die Spanier erinnern sich so: »Wir lernten nicht nur, den Namen Częstochowa zu schreiben […], sondern es war vor allem eine außergewöhnliche Erfahrung, den Wegen Polens zu folgen, das sich erst zwei Jahre zuvor aus dem Kommunismus befreit hatte und dank eines geheimnisvollen Planes zum ersten Stein des totalitären Dominos wurde, das umfallen sollte. Die Polen, blass und hellhaarig, gaben uns am Wegesrand Wasser und bewirteten uns in ihren bescheidenen Küchen mit Suppe.«[16]

Zu der Jugend, die sich auf dem Klarenberg versammelt hatte, sprach Johannes Paul II.: »Diese Begegnung erweist sich als eine historische Begegnung zwischen der Jugend der östlichen und der westlichen Kirche.«[17] Das Organisationskomitee der Weltjugendtage widmete im Sinne der päpstlichen Idee von der Ökumene unter dem katholischen Schild den Russen und der Jugend aus den Ländern der ehemaligen Sowjetunion besondere Aufmerksamkeit. Kraft eines Abkommens konnten die Jugendlichen aus dem Osten die Grenze mit ihrem Personalausweis und einer von den Pfarräm-

---

15 Priester Marian Duda, *VI Światowy Dzień Młodzieży. Częstochowa '91. Spotkanie Młodych Wschodu i Zachodu*, »Veritati et Caritati«, 2014, Nr. 3, S. 263, https://wydawnictwo.wit-czestochowa.pl/Editor/assets/tom%203/247-268.pdf, letzter Zugriff am 05.03.2023.

16 Eintrag auf der Seite Profesionales por la Etica vom 1. Mai 2011, *Juan Pablo II y nosotros*, https://web.archive.org/web/20220125133843/https://profesionaleseica.org/juan-pablo-ii-y-nosotros/, nur im Archiv, letzter Screen am 25.01.2022.

17 Priester Marian Duda, *VI Światowy Dzień Młodzieży. Częstochowa '91. Spotkanie Młodych Wschodu i Zachodu*, »Veritati et Caritati«, 2014, Nr. 3, S. 247, https://docplayer.pl/11713277-Vi-swiatowy-dzien-mlodziezy-czestochowa-91-spotkanie-mlodych-wschodu-i-zachodu.html, letzter Zugriff am 19.04.2023.

tern ausgestellten Liste überschreiten. Es wurden Sonderzüge und Reisebusse eingesetzt, die sie zum Klarenberg fuhren. Die Teilnahme der Russen bezeichnet der Organisator, Priester Marian Duda, als »besonders bewegend«. Die Russen »waren offen für den Glauben und verwundert über die Gastfreundlichkeit, die ihnen auf dem Weg sowohl von anderen Pilgern als auch von der lokalen Bevölkerung entgegengebracht wurde«.[18]

Der Krieg nach dem Kalten Krieg

Im Jahr 1991 endete mit dem Aus der UdSSR symbolisch der Kalte Krieg. Dafür begann ein anderer Krieg, ein *Kulturkampf*. Dieser Begriff tauchte wieder auf im Zusammenhang mit der Frage nach dem »Sinn der Kämpfe um Familie, Kunst, Bildung, Recht und Politik«, wie der Untertitel des Buches *Culture Wars: The Struggle to Define America* von James Davison Hunter lautet. Doch der Kulturkampf von Otto von Bismarck betraf den Versuch, die Einflüsse der katholischen Kirche in einem protestantischen Staat zu beschränken, was in Polen mit der Germanisierung im preußischen Teilungsgebiet einherging. Hunter beschrieb jetzt die Vereinigten Staaten als Schlachtfeld zwischen den »Orthodoxen«, sprich den Konservativen, die Unterstützung in einer autoritären Regierung und in Grundsätzen aus der Vergangenheit suchen, und den liberalen »Progressiven«, die sich auf den Verstand berufen und versuchen, die Welt inklusiver und toleranter zu machen.

Die Orthodoxen sind der Meinung, die moralische Wahrheit sei konstant, die Progressiven hingegen, dass sich die Wahrheit je nach dem historischen, ökonomischen und sozialen Kontext entwickelt. Der Untertitel des Buches *(Making sense of the battles over family, art, education, law, and politics)* beschreibt die Schlachtfelder dieses Kulturkampfes: nicht zufällig steht die Familie an erster Stelle. Hunter schrieb auch über die Abtreibung, bei der die Einstellungen

---
18 Ebd., S. 263.

Gläubiger und Nichtgläubiger aufeinanderprallen. Auch über Homosexualität, in der die religiösen Orthodoxen weiterhin eine Perversion sehen. Und über das Beten in der Schule. Er war der Meinung, dass der Kampf um diese Bereiche die Menschheit die nächsten Jahre beschäftigen wird.[19] Und in diesem Kampf würden sich sowohl amerikanische orthodoxe Juden als auch evangelische Fundamentalisten und katholische Konservative vereinigen.

Kurz darauf wurde die These seines Buches von Patrick Buchanan in dessen Rede für den Kandidaten für das Amt des Präsidenten der Vereinigten Staaten, George W. Bush, aufgegriffen: »[…] bei dieser Wahl geht es um mehr als darum, wer was bekommt. Es geht darum, wer wir sind. Es geht darum, was wir glauben und wofür wir als Amerikaner stehen. In diesem Land findet ein Religionskrieg statt. Es ist ein kultureller Krieg, der für die Art der Nation, die wir sein werden, genauso entscheidend ist wie der Kalte Krieg selbst, denn in diesem Krieg geht es um die Seele Amerikas.«[20]

◻ ◻ ◻

Die zukünftigen Krieger in diesem neuen Kulturkampf gingen in Częstochowa auseinander und fuhren in ihre Heimatstädte in ganz Europa. Die Spanier kehrten vom Weltjugendtag voller neuer Energie zurück. Im Falle von Arsuaga, dem zukünftigen Leader von HazteOir – so werden es später seine Mitstreiter erinnern –, war das auch »Stolz, Herablassung anderen gegenüber, ein herausfordernder Ton«.[21] Sie alle waren damals Schüler und Studenten prestigeträchtiger Schulen und Hochschulen in Madrid. Später durchliefen man-

---

19 In einem späteren Artikel nennt er es einen Kampf zwischen Pluralismus und Dogmatismus. Siehe: James Davison Hunter, *The Culture War and the Sacred/Secular Divide: The Problem of Pluralism and Weak Hegemony*, »Social Research«, 2009, Nr. 4, S. 1307–1322.
20 Siehe: https://www.bunkhistory.org/resources/revisiting-a-transformational-speech-the-culture-war-scorecard, letzter Zugriff am 06.03.2023.
21 Santiago Mata, *El Yunque en Espana. La sociedad secreta que divide a los catolicos*, Madrid 2015, S. 182.

che von ihnen das amerikanische Phoenix Institute, die University of Arizona, das Pan American Institute for Political Studies in Notre Dame – ultrakatholische oder protestantische Brutstätten des Neokonservatismus. »Einige von den Gründern von HazteOir.org lernten sich bei Sommerkursen im Phoenix Institute in den USA kennen. […] Hinter dem Phoenix Institute und HazteOir.org steht nicht mehr als eine Gruppe von Bürgern, mehrheitlich jung, die keine Lust hatten, mit verschränkten Armen dazustehen, sondern sie wollten die Welt verändern« – diese romantische Geschichte erzählt Ignacio Arsuaga.[22] Das sei ein Ort, wo Menschen sich weiterbilden, über das Schöne und über Mozart diskutieren und »Freundschaften« aufbauen, die ihnen dabei helfen, eine »humanistische« Vision von der Welt zu verbreiten. Das klingt unschuldig, aber dieses Institut haben Leute durchlaufen, die uns heute die neue fundamentalistische Welt vermitteln.

Aus den Vereinigten Staaten bringen die Spanier neben der Ideologie auch das entsprechende Know-how mit: Wissen, wie man sich organisiert, wie man Mittel für seine Vorhaben akquiriert, wie man beim ideologischen Kampf und bei der Propaganda neue Technologien anwendet. Sie lernen von den amerikanischen Neokonservativen, wie man Druck auf die Rechtsetzung ausübt. Unter anderem geht es um sogenannte *legislative alerts*, die normalerweise bei Kampagnen der christlichen Rechten eingesetzt werden. Man baut eine breite Basis von Usern auf und überflutet sie dann regelmäßig mit Informationen über neue Vorschriften und Gesetze, die »die Würde« oder wahlweise »die Freiheit« der Bürger antasten. Die Datenbank der *alerts* dient dann später als Basis für das Akquirieren von Geldern. Arsuaga wusste genau, was die gehackten und dann im Sommer 2021 auf Wikileaks veröffentlichten Dokumente bedeuten. Das Wichtigste ist die Datenbank, dann das Marketing, Marketing und noch mal Marketing.

---

22 Ebd., S. 191.

Kapitel 3
DIE SEKTE EL YUNQUE
ODER WIE DIE SPANIER AUS DEM SÜDEN IN DEN OSTEN KAMEN

Die ersten Anzeichen dafür, dass HazteOir ein Problem hat mit ihrer eigenen Geschichte und ihrer Identität, gab es bereits 2006. Damals verließen mehrere Personen die Organisation. Sie waren sich nämlich darüber klar geworden, dass HazteOir als Tarnung für die Arbeit der mexikanischen paramilitärischen Sekte El Yunque (Der Amboss) diente. Unter anderem trat das Vorstandsmitglied von HazteOir Ignacio García Juliá zurück. Grund war ein Angebot, das ihm Eduardo Hertfelder – ein anderes Vorstandsmitglied der Organisation – gemacht hatte. Er wollte, dass Juliá und dessen Gattin Ehrenmitglieder bei El Yunque werden. »Es war uns klar, dass wir manipuliert werden. Der Vorstand wurde von El Yunque-Mitgliedern geleitet, und wir waren nützliche Idioten [...]«, wird er später vor Gericht aussagen.[23]

Um zu verstehen, was El Yunque ist und warum die Sekte so viele Kontroversen auslöst, müssen wir von Spanien nach Mexiko schauen. Und ein paar Stereotype revidieren.

◘ ◘ ◘

Wir sind es gewohnt, Lateinamerika als katholisch und konservativ wahrzunehmen. Doch seit der zweiten Hälfte des 19. Jahrhunderts

---

23 Santiago Mata, *El Yunque en Espana. La sociedad secreta que divide a los catolicos*, Madrid 2015, S. 241.

sind dort sehr heftige laizistische Prozesse vor sich gegangen. Als Papst Johannes Paul II. drei Monate nach seiner Wahl zum ersten Mal nach Mexiko reiste, war er als Tourist dort. Mexiko pflegte damals keine offiziellen diplomatischen Beziehungen mit dem Vatikan. Warum? Im Jahr 1859 hatte Benito Juárez, ein Nachkomme indianischer Bauern, als Vorsitzender des mexikanischen Obersten Gerichtes beschlossen, die Besitztümer der katholischen Kirche zu konfiszieren. Später sollte Benito Juárez der erste antiklerikale Präsident von Mexiko werden, und auf dem Flughafen, der seinen Namen trug, landete später Johannes Paul II.

Der mexikanische Weg zur Unabhängigkeit bedeutete nicht nur, von der spanischen Krone unabhängig zu werden. Auch von der Kirche, die nicht nur Kolonisator war, sondern nach den Gutsbesitzern und der Armee als dritte Macht im Land figurierte. Die Kirche beutete die Peonen aus, aber sie zahlte keine Steuern. Sie war in Mexiko de facto eine größere ökonomische Macht als der Staat. Ein Historiker für Lateinamerika schrieb: »Die Kirche war (ähnlich wie die Armee) ein Staat im Staat, genauer gesagt war sie ein Staat, der den offiziellen weltlichen Staat dominierte. Vielsagend ist folgende Tatsache: Der Bischof von Mexiko erhielt jährliche Bezüge, die fast viermal so hoch waren wie das Gehalt des Präsidenten der Republik.«[24]

Die Reformatoren, die das Land säkularisierten, waren selbst Katholiken, aber sie waren der Meinung, dass »die Revolution Demokratie und Christentum harmonisch verbindet«.[25] Deshalb sorgten sie für den Verkauf der kirchlichen Güter (Priester und Nonnen bekamen hohe Entschädigungen), für die Schließung der katholischen Universität, für die Einführung von standesamtlichen Trauungen und für das Gebot, den Armen die Sakramente unentgeltlich zu verleihen. Die mexikanische Verfassung von 1917 verbot das öffentliche Tragen von Soutanen und nahm den Klerikern das

---

24 *Dzieje Ameryki Łacińskiej*, Hrsg. Tadeusz Łepkowski, Bd. 1, Warschau 1977, S. 285.
25 Ebd., S. 296.

Wahlrecht. Viele Kirchen wurden zu Scheunen oder Garagen. Aus Wut über die Ungerechtigkeit kam es zu Morden an Priestern durch Peonen. Die Lage stabilisierte sich erst in den Jahren von 1940 bis 1946, das heißt während des Zweiten Weltkrieges und zu Beginn des Kalten Krieges.

❑ ❑ ❑

Es war die Dominanz des Kommunismus in Osteuropa, die die katholischen Bewegungen in Lateinamerika mobilisierte und zu ihrer Entwicklung beitrug. Der Antikommunismus als Idee und als Ziel hat die Sekte El Yunque, aber auch die berühmten Legionäre Christi geprägt. Und er führte den Papst aus Polen näher an das Thema heran. Johannes Paul II. fand in diesen dubiosen Bewegungen Verbündete für seinen Kampf gegen den Kommunismus. Leider war er gleichzeitig blind für die dortigen pathologischen Entwicklungen. Der Gründer der Legionäre Christi, Marcial Maciel Degollado, machte nicht nur seine »Legionäre« abhängig und missbrauchte sie sexuell, sondern sogar seine eigenen Söhne.[26]

El Yunque entstand 1955. Sie arbeitete geheim, war bewaffnet, schreckte nicht vor Gewaltanwendung zurück und rekrutierte und indoktrinierte hauptsächlich junge Männer. Ein Treueschwur hielt sie zusammen, und für seinen Bruch drohte ein Femegericht, dessen Richter andere Mitglieder der Organisation waren. In ihrem Mitgliederhandbuch beschreibt sich El Yunque selbst als »zivilpolitische«, katholische, erneuernde und kontrarevolutionäre Organisation. Die Mitglieder dürfen ihre Zugehörigkeit zur »Organisation«, oder einfach »O.« – wie sie selbst sagen – nicht zugeben. Sie sind auch zu absolutem Gehorsam verpflichtet. Die Verpflichtungen gegenüber El Yunque stehen sogar über den Verpflichtungen gegenüber dem Staat.

---

26 Siehe zum Beispiel: Frederic Martel, *Sodoma. Hipokryzja i władza w Watykanie,* Warschau 2019, Kapitel *Legioniści Chrystusa,* S. 297–322.

Der mexikanische investigative Journalist Álvaro Delgado, Autor des im Jahr 2003 erschienenen und von Journalistenkreisen ausgezeichneten Bestsellers *El Yunque. La Ultraderecha En El Poder* (El Yunque. Die Ultrarechte an der Macht), beschrieb darin das Ziel der Organisation unmissverständlich: Das ist ein »Kampf gegen die Kräfte des Satans«. Er nannte El Yunque auch eine christlich-faschistische Organisation und betonte ihren »rasenden Antisemitismus«.[27] In ihrem Kampf sei Gewaltanwendung zulässig, selbst Mord. Alles, um das »himmlische Königreich« auf Erden einzuführen.

El Yunques Strategie besteht in der Infiltrierung von Machtkreisen. In Mexiko waren die Mitglieder der Organisation in der christdemokratischen konservativen Partei Partido Acción Nacional (PAN). Sie bekamen auch exponierte Posten zu Zeiten der Regierung der Rechtspopulisten unter Präsident Vicente Fox (2000–2006).

Diese »satanistische Sekte« oder »ultrarechte Sekte«, wie El Yunque von spanischen Journalisten genannt wird, funktioniert seit mehreren Jahrzehnten in etwa zwanzig Ländern Süd- und Nordamerikas und Europas.[28] In Spanien gab es sie schon Mitte der Siebzigerjahre, während der Übergangsphase nach dem Niedergang des Franco-Regimes. Sie ist auf den Philippinen tätig – mit einem Wort in Ländern mit stark verankertem Katholizismus und mit starken konservativen Parteien auf der politischen Bühne.

El Yunque arbeitet immer unter dem Deckmantel anderer Organisationen. Sie nimmt die verschiedensten Namen an. In Spanien haben sich ihre Funktionäre unter anderem hinter HazteOir verborgen. Sie versuchen, so viel Lärm wie möglich zu machen, obwohl das in

---

27 Bei der Literatur, die den Mitgliedern empfohlen wurde, handelte es sich um rein faschistische Literatur, siehe: Álvaro Delgado, *Yunque. La Ultraderecha En El Poder*, Mexiko 2005, S. 67.

28 Der erste Journalist ist Enrique de Diego, *Mi experiencia con la secta satanica El Yunque* vom 26. April 2019, in: RamblaLibre, http://ramblalibre.com/2019/04/26/mi-experiencia-con-la-secta-satanica-el-yunque/, letzter Zugriff am 23.02.2023; der zweite Luis Gonzalo Segura in *El Yunque y Vox, la intima relacion de una secta ultracatolica mexicana y la ultraderecha espanola*, Actualidad, 28. Mai 2019, https://actualidad.rt.com/opinion/luis-gonzalo-segura/316154-yunque-vox-relacion-secta-mexicana-ultraderecha-espana, letzter Zugriff am 23.02.2023.

Wirklichkeit in der Regel eine kleine, gut organisierte und gut finanzierte Gruppe ist, die in verschiedenen Konfigurationen »unechte« Organisationen leitet. »Sie sind nicht viele, vielleicht nicht mehr als hundert, in einem Land [...], in dem Opus Dei 35 000 Mitglieder hat, die Legionäre Christi 5000 [...]. Sie sind wenige, aber sie haben große und einflussreiche Tentakeln. Sie haben eine Nische bei 2,5 Prozent der Katholiken gefunden, die bereit sind, sich für sie einzusetzen«, fasst der Journalist José Luis Barbería von *El País* zusammen.[29]

❏ ❏ ❏

In Spanien wurden für die Sekte Oberschüler und Studenten geworben. Darunter die drei Kinder von García Juliá. Seine Tochter Inmaculada wurde von El Yunque einverleibt, als sie sechzehn Jahre alt war. Ihrem Vater konnte sie das nicht erzählen. Sie sagte später vor Gericht aus: »Bei uns zu Hause waren manchmal Bekannte meiner älteren Brüder, die ich auf einer Demonstration kennengelernt hatte [...]. Später riefen sie mich an, schickten Nachrichten, um zu sagen, wie schön es war, und dass man das Treffen wiederholen sollte [...]. Ich fühlte mich wie der geliebteste und glücklichste Mensch auf der Welt [...].«[30]

Von da an musste sie ihre Eltern belügen, spionieren, alles berichten, was im Haus vor sich ging, auch Geld stehlen. Sie fuhr an Wochenenden zu Trainingscamps, die von der Sekte organisiert wurden. Bei geheimen Kursen für die Jugend von El Yunque tauchte unter anderem Ignacio Arsuaga, der Chef von HazteOir, auf. Die

---

29 Jose Luis Barberia, *Los secretos del Tea Party espanol*, »El Pais«, 2. Januar 2011, https://elpais.com/diario/2011/01/02/domingo/1293943954_850215.html, letzter Zugriff am 23.02.2023.
30 Von »El Plural« veröffentlichter Pressebericht, Jose Maria Garrido, *La hija del director del Foro de la Familia relata a la Justicia el »infierno« de su paso por Hazte Oir y el Yunque*, 4. Mai 2014, https://www.elplural.com/politica/espana/la-hija-del-director-del-foro-de-la-familia-relata-a-la-justicia-el-infierno-de-su-paso-por-hazte-oir-y-el-yunque_40055102, letzter Zugriff am 19.04.2023. Auch die folgenden Zitate von Inmaculada García Juliá stammen aus dieser Quelle.

Kinder standen vierundzwanzig Stunden lang unter Aufsicht, und die Betreuerin schrie sie an und beschimpfte sie. »Das war eine schlimme Erfahrung«, erzählte Inmaculada. »Sie wollten mich abhärten wie einen Soldaten, den man kampfbereit macht. Sie haben uns Hunger, Kälte und Schlafentzug ausgesetzt, ein Leben in ständiger Bereitschaft. Sie schrien mich an, zwangen mich zum Rennen bei Temperaturen unter null Grad, zu Nachtwachen, zu Streit untereinander. Einmal musste ich barfuß rennen, weil ich zu langsam gewesen war. Am ersten Tag gaben sie uns nur ein hartes Ei und salzige Suppe zu essen, wir durften kein Wasser trinken.«

Das waren die Vorbereitungen auf den Eid. Als der Tag dafür gekommen war, wurde die junge Frau zunächst allein in einem Zimmer gelassen, in dem sie ein dafür vorgesehenes Gewand anziehen und beten sollte. Dann wurde sie zu der Zeremonie in den Salon gerufen. »Alicia, die Zeremonienmeisterin, stand mir gegenüber«, beschrieb sie. »Vor uns waren drei Flaggen aufgestellt, darunter die Flagge Spaniens. Die anderen beiden waren Flaggen von El Yunque. Außerdem stand dort ein Tisch mit einem Kruzifix und zwei Kerzen, ein Mini-Ambos [sprich *el yunque*], Papiere und ein Kugelschreiber. […] Ich weiß noch genau, dass mein erster Gedanke war: Weglaufen. Aus mehreren Gründen: Das war wirklich seltsam, wir waren alle gleich gekleidet, das sah aus wie eine Sekte. Das Symbol von El Yunque, das auf der Flagge und das, was sie mir um den Hals hängten, das aussah wie ein umgekehrtes Kreuz, machten mir Angst. Aber etwas hielt mich zurück, etwas, das – so scheint mir – bei El Yunque das schädlichste, schmerzlichste und gefährlichste ist: Alle meine Freundinnen waren dort. Meine ganze Welt einer Sechzehnjährigen, die einzigen Mädchen, die ›mich wirklich liebten‹ und ›mich verstanden‹.«

Inmaculada schwor El Yunque die Treue, auf ihr Vaterland und auf ihre Ehre. Sie unterschrieb die Papiere, sie bekam einen neuen Namen. Sie wurde auch gewarnt, dass sie für Verrat eine harte Strafe erwartet. Heute bereut sie am meisten, damals ihre Freundinnen für El Yunque angeworben zu haben. Sie selbst ist gegangen, ihre Freundinnen sind geblieben.

❏ ❏ ❏

Im Jahr 2009 verließ noch ein wichtiges Mitglied HazteOir: Alejandro Campoy. Er war der Sprecher von HazteOir. Er bestätigte, dass hinter HazteOir die mexikanische Sekte El Yunque steht.

Die Aufdeckung der Methoden von El Yunque erschütterte die Eltern, die bis dahin HazteOir unterstützt hatten. Menschen, die sich bei Demonstrationen von Abtreibungsgegnern und Aktionen gegen die gleichgeschlechtliche Ehe eingesetzt hatten, mussten plötzlich erkennen, dass sie zugunsten einer Sekte tätig waren. »Jetzt müssen wir erfahren, dass die Bewegung, der wir angehören, von Anfang an eng verbunden ist mit Menschen, die Teil einer Art Geheimorganisation oder -vereinigung sind, deren Arbeit und Reichweite uns unbekannt ist«, zitiert Campoy ihre Aussagen.[31]

Wegen des Skandals um El Yunque, zu dem es 2009 kam, wurde HazteOir gezwungen, das Spanische Familienforum (Foro Español de la Familia) zu verlassen, das zehn Jahre zuvor alle katholischen Organisationen vereinigt hatte. Ein Jahr darauf entstand im Auftrag der spanischen Bischofskonferenz eine Analyse der Verbindungen – auch der finanziellen – einiger Mitglieder von HazteOir mit El Yunque, aber auch der Infiltrierung spanischer Medien, spanischer Politik und spanischer christlicher Organisationen durch die mexikanische Organisation. Die Analyse machte Fernando López Luengos, Professor für Philosophie an der Universität in Toledo, eine in katholischen Kreisen bekannte Persönlichkeit. »Wir hatten den Verdacht, dass manche Leute, mit denen wir zusammenarbeiteten und denen wir blind vertrauten, Dinge tun, die nichts mit Logik zu tun haben«,[32] sagt López Luengos in einem Interview für das Portal

---

31 Jose Luis Barberia, *Los secretos del Tea Party espanol*, »El Pais«, 2. Januar 2011, https://elpais.com/diario/2011/01/02/domingo/1293943954_850215.html, letzter Zugriff am 23.02.2023.
32 Gabriel Ariza, *Lopez Luengos sobre Yunque: »Su juramento les prohibe reconocer su pertenencia«*, Infovaticana, 5. Juni 2014, https://infovaticana.com/2014/06/05/entrevista-fernando-lopez-luengos/, letzter Zugriff am 02.03.2023.

Infovaticana. Ich erreiche ihn telefonisch in einer Pause zwischen zwei Versammlungen an der Universität. Er will sich nicht zu einem Gespräch verabreden: »Ich bin ein gläubiger Mensch, ich gehöre der kirchlichen Gemeinschaft an. Der Bericht über El Yunque betrifft viele Menschen, denen ich nicht schaden will.«

◻ ◻ ◻

López Luengos hat Zeugen aufgetan, ehemalige Mitglieder von El Yunque, und hat ihre Berichte gesammelt. Das Bild, das daraus hervorgeht, ist schockierend. Es bestätigt die These, dass El Yunque über ein Netz von »unechten« Organisationen tätig ist. »Ohne ihre Identität und Intentionen zu offenbaren, nutzt sie zahlreiche Etiketten, über die sie auf die Gesellschaft Einfluss nimmt.« Sie hat eine klare Strategie ihrer Vorgehensweise, die darin besteht: 1. Besetzung von politischen Posten in den Machtstrukturen, 2. Ausübung von Druck und Destabilisierung der Politik, 3. Aufbau eines Rekrutierungsnetzwerks unter Jugendlichen.

Luengos beschrieb, wie in Kurien, Gemeinden, an Universitäten, unter Bekannten und Politikern Personen gesucht werden, die sich als nützlich für El Yunque erweisen könnten. Die Rekrutierung verläuft sowohl bei Erwachsenen als auch bei Jugendlichen in drei Phasen. Die jungen Kandidaten werden unter Mitgliedern sogenannter guter Familien ausgesucht, wobei darauf geachtet wird, dass sie keine jüdischen Wurzeln haben. Der Kandidat wird auf Gehorsamkeit getestet. Beispielsweise befiehlt man ihm, die Wand einer Abtreibungsklinik mit einem toten Tier oder mit Eiern zu bewerfen oder einen hasserfüllten Spruch darauf zu sprühen.

Sie lernen, wie man Fundamentalist wird: »Fundamentalist zu sein bedeutet, die Realität einem bestimmten Weltbild, Prinzipien, Emotionen und Gefühlen unterzuordnen«, schreibt López Luengos in seinem Bericht. Vor der Vereidigung werden die Kandidaten einzeln in einen dunklen Raum geführt, hier befinden sich Personen, vor denen sie den Eid ablegen.

López Luengos' Bericht war ausschließlich für die spanischen Bischöfe bestimmt. Er enthält unter anderem Informationen über die Ausspionierung des Erzbischofs von Madrid. Doch über einen der Zeugen sickerte der Bericht durch. Zunächst wurde ihm mit Skepsis begegnet, als man sich aber damit vertraut gemacht hatte, spalteten sich die Katholiken, und viele Menschen, die HazteOir unterstützt hatten, verließen die Organisation. Es kam zu Gerichtsverhandlungen, Vernehmungen und schließlich zum Bruch mit den katholischen Kreisen. Einige Bischöfe distanzierten sich von HazteOir. Viele damalige Verbündete waren der Meinung, hintergangen worden zu sein.

Ich schickte eine Mail an die Presseabteilung von HazteOir mit der Bitte um ein Interview mit Ignacio Arsuaga. Man fragte zurück, in welchem Medium ich es veröffentlichen wolle. Ich antwortete, dass ich es bei der *Gazeta Wyborcza* probieren würde. Nach zwei Tagen kam die Antwort: »Leider kann Ignacio Arsuaga aufgrund zahlreicher Verpflichtungen in den nächsten Monaten ihrer Bitte um ein Interview nicht nachkommen.«

Die Sekte in der Familie

In dem ganzen Skandal um HazteOir und ihre Verbindungen zu El Yunque sind die Familiengeschichten der dramatischste Teil. Zu einer dieser Geschichten hat Santiago Mata recherchiert. Es ging darin um Victoria Uroz, die Ehefrau eines der wichtigsten Mitglieder der Organisation: Luis Losada. Von seiner Zugehörigkeit zu El Yunque erfuhr Victoria Uroz von ihm selbst aus Anspielungen, und sie war Zeugin seiner Aktivitäten, noch bevor sie sich 2003 verlobten bis zu ihrer Scheidung 2012. Zwar bevorzugen die Leute von El Yunque, untereinander zu heiraten, aber Victoria Uroz wurde nicht Mitglied der Organisation. Mit Sicherheit aber war sie eingehend überprüft worden.

Victoria Uroz hörte 2009 von ihrem Mann, dass die Organisation infiltriert wurde. »Sie beginnen uns aufzudecken«, soll er gesagt haben. »Mein Mann gestand, dass seine Aktivitäten geheim und illegal sind, deshalb verlangte er auch von mir, das geheim zu halten und zu lügen. Ich musste seine Eltern anlügen, seinen Bruder, meine Eltern. Er war der Meinung, dass die Menschen nicht das Recht haben zu wissen, wer wir in Wirklichkeit sind, und dass unser Ziel ist, Christus auf der Erde zum Herrscher zu machen, deshalb müssten wir lügen.«[33]

Das stärkste Argument dafür, dieses obligatorische Schweigen zu brechen, war für Victoria die Tatsache, dass El Yunque Jugendliche unter achtzehn Jahren anwarb. Dafür war unter anderem ihr Mann verantwortlich. So wie die erwachsenen Mitglieder hatten die Jugendlichen in El Yunque die Pflicht zu wöchentlichen Treffen, bei denen sie Informationen über ihre Freunde und sogar über ihre eigenen Eltern austauschten. Diese Informationen landeten später im Dokumentationszentrum. Das ist ein sehr wichtiges Element der Organisation: In diesem Zentrum wird kompromittierendes Material gegen alle möglichen Leute aufbewahrt. Das ist nützlich bei Verhandlungen mit Personen der Öffentlichkeit, mit Bischöfen, Priestern, aber auch mit Personen im Ausland. Man weiß, mit wem man sprechen muss, vor wem man sich fürchten muss, wen man erpressen kann und wen es sich lohnt zu gewinnen. Ein Junge, der mit sechzehn Jahren angeworben wurde – seine Eltern waren aktive Abtreibungsgegner –, sagte vor Gericht aus: »Sie haben mir eine Gehirnwäsche verabreicht, aber ich war mir dessen nicht bewusst. Was macht es schon, dass ich meine Familie, meine Freunde, die ganze Welt anlügen musste, wenn ich mich dafür als Leader, Auserwählter

---

[33] Juan Francisco Jimenez Jacinto, Entrevista a Victoria Uroz (I): »*El Yunque es el mayor problema al que se enfrentan los laicos catolicos en Espana*«, Forum Libertas, 9. Januar 2015 (https://web.archive.org/web/20220517063758/http://www.forumlibertas.com/hemeroteca/entrevista-a-victoria-uroz-i-el-yunque-es-el-mayor-problema-al-que-se-enfrentan-los-laicos-catolicos-en-espana/, nur im Archiv, letzter Screen am 17.05.2022). Ebenso das darauffolgende Zitat. Der zweite Teil des Interviews wurde veröffentlicht unter: *Entrevista a Victoria Uroz (II): »El Yunque es un desafio que no tiene precedentes en la historia de la Iglesia«*, https://web.archive.org/web/2022012 8112355/https://www.forumlibertas.com/hemeroteca/entrevista-a-victoria-uroz-ii-el-yunque-es-un-desafio-que-no-tiene-precedentes-en-la-historia-de-la-iglesia/, nur im Archiv, letzter Screen am 28.01.2022. Alle Zitate von Victoria Uroz stammen aus diesem Interview.

und Erlöser fühlen konnte? Ich betrachtete meine Mitschüler von oben herab; alle kamen mir dumm und naiv vor. Ich ging so weit, dass ich meine Eltern belog, ich habe sie sogar ausspioniert, aber die Organisation war mir wichtiger.«[34]

◻ ◻ ◻

Die Mitglieder von El Yunque instrumentalisieren kirchliche Gruppen, selbst Opus Dei. Sie analysieren sie, um sie für ihre Ziele auszunutzen. Viele Menschen wissen nicht einmal, dass sie für diese geheime Organisation arbeiten und Geld einzahlen. Dazu dient das ganze Organisationsnetz, unter anderem HazteOir. Victoria Uroz sagt, dass manche Menschen, bevor sie bei El Yunque aufgenommen werden, in Suborganisationen landen, wie beispielsweise die von Gádor Joya geleitete *Derecho a vivir* [Recht auf Leben]. Dort werden diese Menschen in Aktion geprüft. Sie hat auch berichtet, dass »alle Zahlen, die von HazteOir angegeben werden, eine große Lüge sind: Sei es die Anzahl der Unterschriften unter Petitionen, die Mitgliederzahl, die Zahl von Demonstrationsteilnehmern, die Zahl von in einer Kampagne versendeten E-Mails. Sie haben versucht, mir das Lügen beizubringen. […]. Lius hat darauf bestanden, dass ich die Zahlen ›aufblase‹.«

◻ ◻ ◻

Um El Yunque gab es nach den Gerichtsprozessen viel Wirbel. Die stärkste Reaktion kam von HazteOir mit einer Klage gegen López Luengos, dem Autor des Berichtes für die spanische Bischofskonferenz. Es ging um Rufschädigung der Organisation. Aber die Richterin sprach ihn nicht schuldig. Stattdessen sagte sie, »die Informatio-

---

34 Jose L. Lobo, *Una jueza destapa los vinculos entre la secta secreta El Yunque y ›ultras‹ de Hazte Oir*, »El Confidencial«, 30. Mai 2014, https://www.elconfidencial.com/espana/2014-05-30/una-jueza-destapa-los-vinculos-entre-la-secta-secreta-el-yunque-y-los-ultras-de-hazte-oir_138569/, letzter Zugriff am 02.03.2023.

nen, die er aufgedeckt hat, sind absolut wahr und bedeutsam für die Öffentlichkeit« und »keine der in dem erwähnten Bericht genannten Informationen enthält verletzende Aussagen«.[35] Zwar stellt der Bericht die Methoden, Vorgehensweisen und Ziele von El Yunque dar, aber der Autor des Berichtes verbindet in keiner Weise beide Organisationen miteinander, dafür »bestätigt er die Verbindungen mancher Mitglieder von HazteOir mit El Yunque«, was keine Schädigung des Rufs der Organisation ist.

Die zweite Zivilklage im Jahr 2014 von Pedro Leblic Amoroso in Sachen Verbot von HazteOir wurde vom Gericht abgewiesen, das der Meinung war, dass Fragen der Zugehörigkeit zu verbotenen, geheimen und paramilitärischen Gruppierungen von anderen Behörden geklärt werden müssten. Aber »andere Behörden« taten in dieser Sache nichts.

Ignacio Arsuaga gab auf Fragen des katholischen Portals *Infovaticana* nach den Aussagen von Victoria Uroz und Inmaculada García Juliá folgende Antwort: »Das, was Victoria Uroz und García Juliás Tochter über mich persönlich sagen, ist gelogen. Das sind Falschaussagen. Man kann hier davon sprechen, dass falsches Zeugnis abgelegt wurde, deshalb sprechen wir mit Juristen über die Möglichkeit, diese Personen zu verklagen.«[36] Arsuaga hatte dafür ein Jahr Zeit, aber er klagte nicht.

Der Erzbischof von Madrid Rouco Varela und Bischof von Getafe José Rico Pavés schlugen bei einem Treffen mit ranghohen Mitgliedern von HazteOir folgende Lösung vor: Sie sollten alles zugeben, erklären und sich entschuldigen. Nichts davon ist geschehen.

❑ ❑ ❑

---

35 Ebd.
36 Gabriel Ariza, Ignacio Arsuaga sobre Yunque: »No tengo constancia de que exista«, Infovaticana, 3. Juni 2014, https://infovaticana.com/2014/06/03/ignacio-arsuaga-sobre-yunque-tengo-constancia-de-que-exista/, letzter Zugriff am 02.03.2023.

Das erste Mal hörte ich von El Yunque und ihren internationalen Verbindungen von Neil Datta vom *European Parliamentary Forum for Sexual & Reproductive Rights* im Herbst 2017. Ich hätte ihn für leicht verrückt gehalten, wäre da nicht seine präzise Ausdrucksweise gewesen. Ich notierte mir einige Informationen, um sie später zu prüfen. Zwar habe ich mich nicht gleich in das Thema vertieft, aber nach ein paar Artikeln über Ordo Iuris und das internationale Netz dieser »Krieger für das Himmelreich« begann ich, die Dinge miteinander zu verbinden.

Heute, nach mehreren Jahren Recherche, vermute ich, dass Arsuaga vielleicht im Zusammenhang mit dem Skandal um HazteOir und El Yunque damit begann, einen neuen Patron zu suchen. Dieses Mal fand er ihn nicht in Südamerika, sondern in Osteuropa, in einem postkommunistischen Land, gegen das einst die Arbeit von El Yunque gerichtet war. Kommunismus, Antikommunismus – einerlei. Alles war durcheinandergeraten. Der neue Patron hatte etwas, was Arsuaga fehlte, nämlich Geld. Und darüber hinaus redete er schön von »traditionellen Werten«. Diese Worte kamen aus dem Mund des Präsidenten dieses Landes: Wladimir Putin.

Über Vox

Als ich im Januar 2019 meine Notizen aus Spanien durchging, fand in Andalusien gerade ein Massenprotest statt, der von einer Frau initiiert und angeführt wurde. Der Protest war die Reaktion auf die Tatsache, dass die nationalistische Partei Vox in ein Provinzparlament eingezogen war. Vox ist die erste ultrarechte Formation, die nach dem Krieg von General Franco im Jahr 1975 eine größere Rolle auf der spanischen politischen Bühne zu spielen beginnt. Sie wurde 2013 nach einer Abspaltung von der spanischen Volkspartei Partido Popular gegründet. Seit 2014 steht Santiago Abascal an ihrer Spitze. Vox ist, genauso wie die italienische Lega (Liga), gegen Einwanderer, sie kritisiert die Europäische Union, sie steht auch für das Abtreibungsverbot und widersetzt sich dem Kampf gegen gewaltvolles Machoverhalten gegenüber Frauen. Gerade die Frage der Gewalt gegen Frauen ist der Hauptgrund für die größten Proteste der Spanierinnen. Der Protest der Andalusierinnen ist ein Beispiel dafür, wie heftig Frauenbewegungen auf die immer stärker werdende Präsenz von Faschisten reagieren, die unter anderem Thesen von der untergeordneten Rolle der Frau im öffentlichen Leben verbreiten. Deshalb sind Frauenbewegungen führend im Kampf gegen Fremdenhass und die Faschisierung des öffentlichen Lebens.

Ignacio Arsuaga erklärte seine volle Unterstützung für die Partei Vox. Das tut er beispielsweise mittels einer Tabelle in einem Flyer, der anlässlich der Wahlen von HazteOir erstellt wurde. Vox bekommt in dieser Tabelle als einzige Partei die maximale Punktzahl. Von der Vox-Liste startet eine Freundin von Arsuaga, die elegante und kultivierte Frau Dr. Gádor Joya, die »den stummen Schrei Tausender Kinder hört, die täglich in Spanien sterben«, aber kein Problem hat mit dem Hassgeschrei ihrer Partei. (Die Phrase »Stummer Schrei« ist der Titel eines bekannten pseudowissenschaftlichen Filmes aus dem Jahr 1984 darüber, wie ein Embryo, dessen Nervensystem noch nicht ausgebildet ist, bei seiner Abtreibung Schmerz empfindet und schreit.) Ende Mai 2018 wurde Gádor Joya in den Stadtrat von Madrid gewählt. Sie erklärte, sie würde für Donald Trump stimmen, wenn dieser in Spanien kandidieren würde.

Trump und Vox verbindet die Idee vom Bau einer Mauer. Für die Mauer im Süden Spaniens sollte Marokko zahlen. Wie gelingt es der Kinderärztin, derartige Postulate mit der Tatsache in Einklang zu bringen, dass sie drei Kinder hat, darunter eins, das zu Ehren des Papstes Juan Pablo heißt, und die sie aus Äthiopien adoptiert hat?[37]

◻ ◻ ◻

---

[37] Siehe: Interview auf dem Blog estaesnuestracasa.blogspot.com, *Se llama Gador Joya*, 28. März 2009, http://estaesnuestracasa.blogspot.com/2009/03/se-llama-gador-joya.html, letzter Zugriff am 23.02.2023.

Die plötzliche Aktivierung von Vox hängt mit der Tatsache zusammen, dass sich Steve Bannon anderthalb Jahre lang für die spanischen faschistischen Bewegungen interessiert hat.[38] Bannon, die rechte Hand von Donald Trump, war Mitte 2017 aus dem Weißen Haus entlassen worden (dort war er für zahlreiche kontroverse Entscheidungen verantwortlich, wie den Rückzug der USA aus dem Pariser Klimaabkommen oder das Einreiseverbot für Bürgerinnen und Bürger muslimischer Länder in die USA). Er eröffnete in Brüssel den Thinktank The Movement, der kurz vor den Wahlen zum Europaparlament im Mai 2019 für nationalistisch-populistische und europaskeptische Bewegungen werben sollte.[39] Dieser Angriff auf Europa ist zwar nicht recht gelungen, hat aber europaskeptischen Parteien Aufschwung verliehen. Es kam damals zur offenen, öffentlich manifestierten Vereinigung von Abtreibungsgegnern und faschistischen Bewegungen, die bis dahin versucht hatten, sich mit erklärter gegenseitiger Unterstützung zurückzuhalten. 2019 wurde diese Schambarriere durchbrochen.

Als Gádor Joya bei den Wahlen für Vox startete, wurden ihre Verbindungen zu HazteOir publik gemacht. Wie wir bereits wissen, hat sie persönliche Beziehungen zu El Yunque. Auch Ignacio Arsuaga wurden Verbindungen zu dieser Sekte nachgesagt. Santiago Mata beruft sich auf Zeugen, die direkt von seiner Zugehörigkeit zu El Yunque sprechen. HazteOir soll ein Deckmantel für die mexikanische Sekte in Spanien gewesen sein. Ein zentraler Moment sollen auch die von mir bereits beschriebenen Begegnungen von Jugendlichen aus dem Westen und dem Osten in Częstochowa gewesen sein. Aus der mexikanischen Presse ist zu erfahren, dass manche der Teilnehmer der Weltjugendtage in Częstochowa erzählen, El Yunque habe dort viele junge Leute geworben oder damit angefangen zu werben.

---

38 Natalia Junquera, *Que tienen en comun Vox, el jefe de campana de Trump y Le Pen*, »El Pais«, 5. Dezember 2018, https://elpais.com/politica/2018/12/04/actualidad/1543949909_697562.html, letzter Zugriff am 23.02.2023.

39 Pablo de Llano, *El agitador Bannon avanza en el frente europeo*, »El Pais«, 6. August 2018, https://elpais.com/internacional/2018/08/05/actualidad/1533500025_422189.html, letzter Zugriff am 23.02.2023.

»Manche der heutigen Mitglieder dieser Geheimorganisation waren in Polen«, sagt eine Person, die damals in Częstochowa war, aber heute anonym bleiben will. »El Yunque hat sie angepeilt, ausgefragt und angeworben«, sagt ein anderer Zeuge, der ebenfalls anonym bleiben möchte.[40] Es gibt mexikanische Journalisten, die behaupten, unter der »Częstochowa-Beute« von El Yunque sei auch Ignacio Arsuaga gewesen.

◻ ◻ ◻

Dieses Buch schreibt sich wie von selbst. Als ich das erste Kapitel fertig hatte, kamen immer wieder neue Informationen, und so ist es die ganze Zeit. Als ich Ende 2016 mit dem Buch begann, war ich der Meinung, dass ich mich an ein eher unbekanntes Thema mache, dass das die Peripherien der Realität sind. Aber damals waren wichtige Beweise für die Zusammenarbeit zwischen fundamentalistischen und ultrarechten bzw. faschistischen Bewegungen noch nicht aufgedeckt worden, obwohl für uns auf den Straßen von Warschau diese Verbindungen gut zu sehen waren. HazteOir, El Yunque und Vox sind die ersten, aber nicht die letzten Beispiele dieser Allianz. Es werden immer mehr Artikel veröffentlicht und es werden in verschiedenen Ländern immer mehr Recherchen gemacht, die diese Beziehungen aufdecken. Journalisten, die anfangs den Alarm von Aktivisten für übertrieben hielten, haben ihren Rückstand aufgeholt, und so erfahren die Gesellschaften nach und nach, mit wem sie es zu tun haben.

Infolge von Recherchen und aus Berichten ehemaliger Mitglieder von El Yunque haben wir erfahren, dass zwei Kandidaten von der Liste der Partei Vox, die bei den spanischen Kommunalwahlen im Mai 2019 antraten, sich mit der Anwerbung von Jugendlichen für El Yunque befasst hatten. Das heißt, die paramilitärische Orga-

---

40 Alejandro Gutierrez, *Vazquez Mota, apoyada por El Yunque*, »Proceso« (Mexico), 14. April 2012, https://www.proceso.com.mx/304336/vazquez-motaapoyada-por-el-yunque, letzter Zugriff im Februar 2020.

nisation, die gleichzeitig eine Sekte ist, ist mit einer europäischen politischen Partei verwoben. Diese beiden Herren sind José Manuel Menéndez und Santiago Ribas. Sie starteten für die Vox-Liste, waren aber gleichzeitig in Frontorganisationen tätig (in ihrem Fall ist die Rede von Jóvenes por una Causa [Jugend für eine Sache], die 2014 registriert wurde). In deren Rahmen befassten sie sich mit dem Anwerben. Die Methoden kennen wir schon. Alles beginnt normalerweise mit einem Treffen während einer Veranstaltung. Dann nehmen die Männer die jungen Leute mit auf ein Bier, »damit wir direkten Kontakt mit der jeweiligen Person aufnehmen und uns mit ihnen anfreunden, vorgetäuscht natürlich« berichtete »Pedro«.[41] »Pedro« ist das Pseudonym eines ehemaligen Mitgliedes von El Yunque, das darum gebeten hat, bei den Ermittlungen, die von *Avaaz* geführt wurden – eine internationale soziale Bewegung und Petitionsplattform – anonym zu bleiben.

Ausgangspunkt für die Anwerbung war also das gemeinsame Trinken von Alkohol. Erst als sich die Atmosphäre gelockert hatte, begann man damit, persönlichere Fragen zu stellen. Aufgabe der Anwerber war es, wie ich in dem Bericht lese, »Informationen über junge Menschen zu sammeln, die konservative Wertvorstellungen haben«, die Kandidaten sein könnten für die Teilnahme an paramilitärischen Trainings und bereit wären, El Yunque einen rituellen Treueeid abzulegen, »dass sie Spanien mit ihrem Leben dienen«. Der ganze Prozess dauerte, so meine Quelle, mehrere Monate. In dieser Zeit weiß der junge Mensch noch nicht, dass er für eine Frontorganisation tätig ist. Dafür werden sein Leben und seine Ansichten unter die Lupe genommen. »Man muss einen drei- oder vierseitigen Bericht mit allen Informationen über den Jugendlichen erstellen, du machst ihn nackt, du musst alles wissen, insbesondere in drei Angelegenheiten: Ansichten, Ziele, Familie«, so »Pedro«.

---

41 Adolfo Moreno, *An investigation by an NGO indicates that Vox leaders captured young people for the El Yunque sect,* 24. Mai 2019, https://www.elmundo.es/espana/2019/05/24/5ce7e81a21efa0bf108b4611.html, letzter Zugriff am 06.03.2023.

Avaaz hat auch einen Fragebogen veröffentlicht, der an die Kandidaten verschickt wird. Darin wird gefragt, was ihrer Meinung nach aktuell die vorrangigsten Probleme sind und worin sie die Gründe dafür sehen. Was sie über Verhütung denken, welche Ansichten sie bezüglich homosexueller Beziehungen, Scheidungen, der Situation der katholischen Kirche, Einwanderern und zu vorehelichem Sex haben. Hier werden geschickt Themen, die für Abtreibungsgegner typisch sind, mit Themen verbunden, die für Programme von ultrarechten Bewegungen charakteristisch sind. Diese und andere Informationen werden ohne das Wissen der befragten Personen von den Organisationen notiert und dann systematisiert und aufbewahrt (was gegen das Gesetz verstößt). Eines der Dokumente, zu dem der Autor der Recherchen Zugang hatte, enthält Informationen über einen Kandidaten und dessen Eltern, ihre Arbeit, ihre politischen Ansichten und über ihre finanzielle Situation. In zugänglich gemachten Mails schreibt Ribas über »Ausflüge ins Gebirge«, sprich über Trainings, und Menéndez schickt den Jungen eine Lektüreliste. Dem »Vorgesetzten« mussten wöchentlich Informationen über potenzielle Kandidaten vorgelegt werden (so steht es auch in dem Bericht von López Luengos).

❏ ❏ ❏

Avaaz bedeutet auf Persisch »Stimme«. Genau wie *vox* auf Latein. Die Nachforschungen von Avaaz haben über Vox Dinge aufgedeckt, die von Personen, die das Thema recherchierten, seit Langem vermutet wurden. Aber derzeit ähneln sich all diese Organisationen, und die Dinge gleichen sich gefährlich schnell einander an und durchdringen sich.

❏ ❏ ❏

Nach dem Skandal verschwand HazteOir nicht etwa aus der Öffentlichkeit. Sie gab sich ein neues Branding und nahm ein »europäischeres« Gesicht und einen neuen Namen an: CitizenGO. Chef von CitizenGO und HazteOir ist dieselbe Person: Ignacio Arsuaga. CitizenGO sollte in Konkurrenz zu *Avaaz*, das man für »links« hielt, eine Petitionsplattform werden. Schon die Gründung von CitizenGO im Jahr 2013 hängt mit einem reichen und mächtigen Patron aus dem Osten zusammen. Die Geschichte, die in Mexiko begann und dann in Spanien weiterging, verschob sich nun in die Gegend um den Roten Platz. Wie war das möglich?

Im offiziellen spanischen Register von CitizenGO tauchen bereits internationale Namen auf: der Amerikaner Brian Brown, Vorsitzender des World Congress of Families [Weltfamilienkongress], und der Russe und Botschafter des Kongresses Alexej Komow, der für einen der Oligarchen um Putin arbeitet.[42] Später werden wir mehr über sie erfahren. Aber zunächst noch ein paar Worte über CitizenGO. Die Plattform hat nämlich internationale Ambitionen. Es gibt sie in mehreren Sprachen als Form des Internet-Aktivismus. Mit ihrer Vermittlung können Menschen, die wir als Mitglieder von HazteOir und El Yunque schon kennen, mit weißen Handschuhen verschiedene Sektoren in fünfzig Ländern infiltrieren. Hinzu kommt – im Hinblick auf die Präsenz von Russen in der Organisation, die mit dem Kreml verbunden sind –, dass CitizenGO im Interesse der geopolitischen Ziele von Moskau handelt. Weil aber die Zentrale von CitizenGO Spanien bleibt, kommen die Weisungen und natürlich auch die Gelder für die zahlreichen Niederlassungen aus dem Zentrum in Madrid, aber der Gründungsfonds kam aus Moskau.

---

42 Die Registrierung von CitizenGO ist hier einsehbar: https://fundosbuscador.mjusticia.gob.es/fundosbuscador/DetalleFundacion.action?idFundacion=15646&index=1&lang=es_es, letzter Zugriff am 23.02.2023.

Kapitel 4
WILLKOMMEN IM KREML

Es ist bekannt, dass Putins Präsidentschaft mit dem Beginn des 21. Jahrhunderts startete, als Boris Jelzin ihn zu seinem Nachfolger machte. Der kränkliche Jelzin sprach noch zu seinem Volk, aber die traditionelle Neujahrsansprache für das Jahr 2000 hielt bereits Putin. Einige Monate später sollten in Russland Präsidentschaftswahlen stattfinden. Putin, der als junger, entschlossener KGBler vorgestellt wurde, war das Versprechen einer neuen Qualität in der Politik und sollte den Russen, die erschöpft waren von den »miesen« Neunzigerjahren, Hoffnung geben.

Im Frühjahr 2000 wurde Putin zum ersten Mal zum Präsidenten der Russischen Föderation gewählt. Während seiner ersten Amtszeit versuchte er, sich mit dem Westen »anzufreunden«. George W. Bush sagte nach einem Treffen mit ihm im Jahr 2001 folgende denkwürdigen Worte: »Ich sah dem Mann in die Augen. Ich empfand ihn als sehr direkt und vertrauenswürdig. Wir hatten ein sehr gutes Gespräch. Ich konnte ein Gefühl für seine Seele bekommen; ein Mann, der sich seinem Land und den besten Interessen seines Landes zutiefst verpflichtet fühlt. [...] Ich hätte ihn nicht auf meine Ranch eingeladen, wenn ich ihm nicht vertrauen würde.«[43]

Aber zu dieser Zeit zerfiel Russland zusehends, der Krieg in Tschetschenien ging weiter, und Russland kam dem Westen gegen-

---

43 https://www.theatlantic.com/politics/archive/2014/03/why-putin-plays-our-presidents-for-fools/461055/, letzter Zugriff am 23.02.2023.

über in die Position des Schwächeren und darüber hinaus des Gedemütigten.

Ich erinnere mich noch gut an die Katastrophe im Zusammenhang mit dem Atom-U-Boot »Kursk« zu Beginn von Putins Präsidentschaft. Es versank mit der gesamten Besatzung, und obwohl die Chance bestanden hatte, die Leute zu retten, machte sich Russland mit einem misslungenen Rettungsversuch lächerlich. Und Putin kompromittierte sich mit seinen Lügen. Und so gewöhnten wir uns daran, über Russland zu spotten, während sich nach und nach, aufgrund der Konjunktur auf dem Brennstoffmarkt, die Lage der russischen Wirtschaft verbesserte. Russland schloss sogar zu den G8-Staaten auf, zu den reichsten Ländern der Welt. Doch Putins Politik wäre nicht so erfolgreich gewesen ohne sein geschicktes Management mittels Konflikten und dem Feindbild, das er seinem Volk präsentierte. Die perfekte Vorlage dafür war einerseits der Krieg in Tschetschenien, andererseits der Krieg gegen die Oligarchen. Aber mit der Eskalation dieser Konflikte wurden Russland immer öfter Menschenrechtsverletzungen vorgeworfen. Und Putin mochte es nicht und mag es nicht, wenn man »demütigende« Kommentare über ihn abgibt. Er wollte, dass Russland »sich von den Knien erhebt« und vom Westen als gleichberechtigter Partner behandelt wird. Stattdessen wurde ihm hier ständig etwas vorgehalten.

Im Jahr 2002 wurde Putins romantische Beziehung zum Westen durch die Aufnahme ehemaliger Ostblockländer in die NATO zerstört. Öl ins Feuer goss das Vorgehen der Amerikaner im Irak. Derselben Amerikaner, die so oft mit den Menschenrechten langweilten.

2007 kam es zu einem Durchbruch. Putin, der nicht nur von Bush, sondern auch von dessen Regierung enttäuscht war, übte auf der Sicherheitskonferenz in München eine denkwürdige Kritik. Er warf den USA vor, eine »monopolare« Welt aufzubauen. Die Vereinigten Staaten waren in seiner Vision nicht mehr Freund und Verbündeter, sondern Rivale und Feind. Ein Jahr darauf griff Putin das von den USA stark unterstützte Georgien an. Die optimistische Politik vom »Reset« in den Beziehungen zwischen den Vereinigten

Staaten und Russland, das die Regierung Obama während der Präsidentschaft von Dmitri Medwedew (2008–2012) lancierte, war nur ein Zwischenspiel.

Als im Jahr 2011 in den arabischen Ländern die Revolutionen ausbrachen, schaute Putin beunruhigt zu, wie ein Diktator nach dem anderen gestürzt wurde. Umso mehr als er im September des Jahres verkündet hatte, dass er wieder bei den Wahlen antreten werde. Er hatte bereits zwei Amtszeiten hinter sich (acht Jahre Regierung) plus vier Jahre hinter dem von ihm ernannten Medwedew, während er selbst offiziell das Amt des Ministerpräsidenten bekleidete. Dass Putin erneut antreten werde, wurde von einem Teil der Bevölkerung Russlands widerwillig aufgenommen, nämlich von denen, die Veränderungen wollten. Auf den Straßen vieler Städte fanden Massenproteste statt. Das waren schon zwölf Jahre mit Putin. Und es lief darauf hinaus, dass er seine »Mission weiterführen« würde, und zwar weitere sechs Jahre (die Verfassung war geändert und die neue Amtszeit des Präsidenten verlängert worden). Das hieße insgesamt achtzehn Jahre mit Putin, nach denen er das Recht hatte, sich für weitere sechs Jahre wählen zu lassen, was insgesamt vierundzwanzig Jahre im Kreml ergeben würde. Nur Stalin hatte länger regiert: dreißig Jahre.

Viele Russen, Vertreter der entstehenden Mittelklasse, die bis dahin nicht viel mit Politik zu tun haben wollten, gingen jetzt auf die Straße. Sie riefen: »Russland ohne Putin!« oder »Putin raus!« Sie wurden von der Polizei festgenommen und von Gerichten verurteilt. Putin nahm der Gesellschaft die Proteste übel und begann, Repressionen anzuwenden. Biografen und Journalisten sagen, Putin habe panische Angst vor diesen Protesten. Er verfolgte nicht nur seine Leute, sondern griff auch Mitarbeiter der Botschaft der USA an und beschuldigte Amerika, die russische Bevölkerung aufgewiegelt zu haben.

Als die Wahlergebnisse verkündet wurden – natürlich hatte Putin gewonnen –, trat der neue alte Präsident auf die Bühne, um seinen Landsleuten zu danken. Er vergoss eine Träne, behauptete aber hinterher, das sei der Wind gewesen. Doch es war keine Zeit für Rührseligkeiten, denn es gab Proteste, Unzufriedenheit und dazu eine Wirtschaftskrise. Putin musste sich neu erfinden. Diese Metamorphose beschreibt Michail Zygar humorvoll. Er ist russischer Journalist und Gründer des unabhängigen TV-Senders Doschd sowie Autor des Buches *All the Kremlin's Men: Inside the Court of Vladimir Putin*, eine Sammlung von Porträts von Leuten, die Putin nahestehen: »Putin befand sich gerade in einer Phase zwischen Putin der Schreckliche III. und Putin der Heilige IV.«[44] Putin der Schreckliche führt Kriege: in Syrien und in der Ukraine. Putin der Heilige lässt die jungen Frauen der feministischen Punkrock-Band Pussy Riots wegen religiös motivierten Rowdytums verurteilen.

Damit kommen wir zum Kern der Sache. In Polen wiederholt man gern wie ein Mantra, dass Russland gleichzusetzen ist mit dem Kommunismus, als wären seit 1989 nicht dreißig Jahre vergangen. Ungern nimmt man dabei zur Kenntnis, dass Russland seit 2012 zur Wiege eines anderen Internationalismus geworden ist. Die kommunistische Internationale ist ersetzt worden durch einen ultrarechten Internationalismus, unterfüttert mit religiösem Fundamentalismus. Moskau ist seine Hauptstadt geworden, der ehemalige KGBler Putin aber ist der »neue internationale Leader des Konservatismus«, wie Ende 2013 eine der einflussreichsten russischen Denkfabriken bekannt gab.[45]

---

44 Michail Zygar, *Wszyscy ludzie Kremla. Tajne życie dworu Władimira Putina*, Warschau 2017.
45 Christian Neef, Matthias Schepp, *How Putin Outfoxed the West*, »Spiegel Online«, 16. Dezember 2013, https://www.spiegel.de/international/europe/how-vladimir-putin-ruthlessly-maintains-russia-s-grip-on-the-east-a-939286.html, letzter Zugriff am 23. 02.2023; Auch: Brian Withmore, *Vladimir Putin, Conservative Icon. The Russian president is positioning himself as the world's leading defender of traditional values*, »The Atlantic«, 20. Dezember 2013, https://www.theatlantic.com/international/archive/2013/12/vladimir-putin-conservative-icon/282572/, letzter Zugriff am 23.02.2023.

Pussy Riot kontra Putin

Am 21. Februar 2012, kurz vor den Präsidentschaftswahlen, dringen seltsame Gestalten in die Moskauer Christ-Erlöser-Kathedrale ein. Eine junge Frau mit einer hellgelben Strickmaske, in einem grünen kurzen ärmellosen Kleid und bordeauxfarbenen Strumpfhosen bekreuzigt sich vor einer Christus-Ikone und kniet nieder. Ein verwirrter Mann versucht, sie wegzuziehen. Hier beginnt das Bild zu zittern. Diesen Film kann man sich heute auf YouTube anschauen. Zu sehen sind ältere Frauen in Jacken und zwei weitere junge Frauen mit Strickmasken, die immer wieder auf das Podest vor der Ikonostase springen und von Wachmännern heruntergezogen werden. Einer reißt einer Frau die Maske herunter, eine andere Frau spielt auf einer Gitarre, die übrigen tanzen. Die Jagd geht weiter, eine Frau mit einem weißen Kopftuch versucht, an die Kamera zu gelangen. Vier junge Frauen sind auf der »Bühne« zu sehen, aber es stehen weitere, darunter die Gitarristin, seitlich vom Altar. Alle in bunten Kleidern und farbigen Strickmasken. Sie tanzen zur Musik, die vom Kirchengesang zu einem Punkrock-Song wechselt. Die jungen Frauen rufen: »Mutter Gottes, verjage Putin«, und fordern sie dazu auf, Feministin zu werden.

Es handelt sich um eine Performance des Kollektivs Pussy Riot. Und es ist nicht ihre erste Performance. Schon früher hatten die Aktivistinnen ähnliche Aktionen gemacht, auch in Kirchen. In farbigen Strickmasken sangen sie auch auf dem Roten Platz den Song »Aufstand in Russland – Putin macht sich in die Hose«. Gleichzeitig nahmen sie Videoclips auf, die sie dann bei YouTube hochluden. Wenn sie tausend Aufrufe erreichten, waren sie zufrieden. Dieses Mal waren es viel mehr. Und dieses Mal hatte das auch andere Folgen.

Drei der Bandmitglieder wurden dafür, dass sie in der Christ-Erlöser-Kathedrale einen vierzig Sekunden langen Song gesungen hatten, in dem Putin dafür kritisiert wird, dass er die Kirche für die Präsidentschaftswahlen instrumentalisiert, die einige Tage später stattfinden sollten, für ihren »Rowdy«-Exzess festgenommen. Es handelte sich um die dreiundzwanzigjährige Nadeschda Tolokonnikowa, die vierundzwanzigjährige Marija Aljochina und die neunundzwanzigjährige Jekaterina Samuzewitsch. Alle drei wurden zu »Volksfeinden« erklärt. Ultrarechte und religiöse Portale begannen damit, Daten der Aktivistinnen bezüglich ihrer Familien, ihrer Wohnorte und der kleinen Kinder von Tolokonnikowa und Aljochina zu veröffentlichen. Das erste Programm des öffentlichen Fernsehens zeigte skrupellos Bilder der kleinen Tochter von Tolokonnikowa und ihrem damaligen Ehemann Pjotr Wersilow, der ebenfalls politischer Performer ist. Jekaterina Samuzewitsch wurde später entlassen, aber die beiden Mütter, Nadeschda Tolokonnikowa und Marija Aljochina, wurden zu zwei Jahren Gefängnis verurteilt. Nach einundzwanzig Monaten in der Strafkolonie wurden sie im Dezember 2013 entlassen. Putin begnadigte sie kurz vor Ende ihrer Strafe. Tolokonnikowa schreibt in ihrem Buch *Read & Riot. A Pussy Riot Guide to Activism* höhnisch: »Jeder einzelne Vernehmungsbeamte, der nach unserer Verhaftung mit uns sprach, empfahl uns, (a) aufzugeben, (b) den Mund zu halten und (c) zuzugeben, dass wir Wladimir Putin lieben. ›Niemand kümmert euer Schicksal; ihr werdet hier im Gefängnis sterben, und niemand wird etwas davon erfahren. Seid nicht dumm – sagt, dass ihr Putin liebt.‹ Wir bestanden jedoch darauf, ihn nicht zu lieben. Und viele unterstützten uns in unserer Standhaftigkeit.«[46]

Im Vorwort zu ihrem Buch schreibt Tolokonnikowa: »Ich wurde ein paar Tage vor dem Fall der Berliner Mauer geboren. Damals hätte man denken können, nach der vermeintlichen Aufhebung der Paradigmen des Kalten Krieges würden wir in Frieden leben. Hmm …«[47] Wenn sie gefragt werden, ob sie glauben, dass ein neuer Kalter Krieg beginnt, antwortet Tolokonnikowa, er habe nie aufge-

---

46 Nadezhda Tolokonnikova, *Read&Riot. A Pussy Riot Guide to Activism,* HarperOne, 2018, S. 6.
47 Ebd, S. 5.

hört: »die Menschen, die unser Land regieren, stammen aus Sowjetzeiten«.[48] Und weiter: »Die Proteste des Arabischen Frühlings haben uns sehr inspiriert. Das hat uns wirklich gefallen.«[49]

Die Frauen von Pussy Riot wurden zum Symbol für die Veränderungen, die sich während Putins dritter Präsidentschaft ereigneten. Der Macho-Machthaber kontra zwanzigjährige Frauen in bunten Kleidern. Putin vermeidet es, den Namen der Gruppe auszusprechen, und sie lachen ihn dafür aus. »Er hat einen magischen und technozentrischen Denkansatz, das heißt, er glaubt, wenn er etwas ausspricht, beginnt es zu existieren und wird für ihn zur Bedrohung. Deshalb vermeidet er es, Dinge zu benennen, die er nicht mag«, erklärt Tolokonnikowa.[50]

Pussy Riot ist eine ausschließlich weibliche Gruppe. Ihre Mitglieder haben dies so beschlossen, weil sie aus Erfahrung wussten, dass, sobald ein Mann auftaucht, dieser für den Anführer gehalten wird. Ihre illegalen Aktionen, die sie 2011 durchgeführt haben, prangerten die Verachtung der politischen Eliten gegenüber der protestierenden Zivilgesellschaft an. Sie richteten sich aber auch gegen Sexismus, als dessen Inbegriff der als Macho posierende Putin gilt. Die Strickmasken bei den Aktionen ermöglichten es, dass jede Frau Teil dieser Gruppe werden konnte. Auf diese Weise kann überall auf der Welt Pussy Riot auftauchen, denn die Gesichter spielen keine Rolle.

»Wenn wir in andere Länder fahren, begegnen wir immer Menschen, die Pussy Riot sind. Ich finde das super. Es sollte keine Mit-

---

48 Siehe: https://www.youtube.com/watch?v=ruMclx5Gy7M, letzter Zugriff am 23.02.2023.
49 Carole Cadwalladr, Pussy Riot: ›*When friendly people like us become enemies of the state, it is very strange*‹, 16. November 2014, https://www.theguardian.com/music/2014/nov/16/pussy-riot-russia-opposition-political-activism-putin, letzter Zugriff am 23.02.2023.
50 Cait Munro, *Pussy Riot on Art, Activism, and Their Name's Hilarious Russian Translation,* ArtNet, 3. November 2014, https://news.artnet.com/art-world/pussy-riot-on-art-activism-and-their-names-hilarious-russian-translation-152590, letzter Zugriff am 23.02.2023.

gliedschaft geben. Du kannst einfach eine Maske über dein Gesicht ziehen und protestieren«, sagte Aljochina.⁵¹

Die Aktivistinnen betonen den stark feministischen Charakter der Gruppe. Sie wollen bei der Gelegenheit »eine neue Rolle für die Frau« schaffen. Bei ihren Protesten wollen sie Spaß haben und nicht demütig sein. Doch nicht alle in Russland haben auf ihren »Auftritt« so positiv reagiert wie der Westen, wo im Rahmen des Protestes Madonna mit einer Strickmaske auf die Konzertbühne trat und auf ihrem Rücken »Free Pussy Riot« geschrieben stand.

Der heilige Putin

Russland nach 1989 war eine spirituelle *tabula rasa*. Nachdem jahrelang die Religion verfolgt worden war, kamen freiheitliche Zeiten, in denen die Menschen religiöse Inspiration regelrecht aufsogen. Ein riesiges Feld tat sich auf, das es zu bearbeiten galt, gleichzeitig entstand ein großartiges Instrument für die Kreation staatstragender Mythen. Die Verfassung der Russischen Föderation von 1993 garantierte den Bürgern »Gewissensfreiheit und Religionsfreiheit«. Doch das war noch die Epoche des postsowjetischen Chaos. Zwei Jahrzehnte später ist es für den Staat so weit, sich der Religion anzunehmen.

Ich lese *Krajobraz po odwilży* [Landschaft nach dem Tauwetter] von Jędrzej Morawiecki.⁵² Es ist seine Habilitationsschrift, in der er die Stellung der Religion in Russland während der Revolution, während des Stalinismus, zu Chruschtschows Zeiten und ihre Wiedergeburt nach 1989 untersucht. Ich kenne Jędrzej vom Sandkasten unserer Kinder. Während Klara und Hesia spielten, sprachen wir über Russland. Später fuhren wir in den Ferien gemeinsam in die

---

51 Cait Munro, *Pussy Riot's Maria Alyokhina on Her Plans for a Women's Museum*, Art-Net, 16. Dezember 2015, https://news.artnet.com/market/pussy-riot-womens-museum-whitebox-show-393189, letzter Zugriff am 23.02.2023.
52 Jędrzej Morawiecki, *Krajobraz po odwilży. Poradziecka tożsamość religijna mieszkańcow współczesnych miast syberyjskich*, Krakau 2018.

Ukraine, dann nach Russland. Jędrzej war dort als Wissenschaftler unterwegs, er forschte zu Sekten, führte Interviews mit Schamanen, ich fuhr, um mich etwas umzuschauen.

Seit eh und je steckt Russland tief in mir. Meine Großmutter war Russin, sie stammte aus Kiew. Sie heiratete einen Polen, dessen Vater sich einst Piłsudski angeschlossen hatte. Auf Familienbildern sieht man auf der einen Seite meinen Urgroßvater mit Schnurrbart und in Uniform der polnischen Legion, auf der anderen meine stolze Urgroßmutter mit Perlenkette. Walentyna und Aleksander stritten sich oft über Geschichte. Ich erinnere mich an diese unschönen Streitereien, aber ich verstehe sie erst heute. Die Familie meiner Großmutter war aus Kiew geflohen, als während des Krieges gegen die Bolschewiken Piłsudskis Truppen vor der Stadt standen. Für meinen Großvater war Piłsudski ein Held, für meine Großmutter ein Tyrann.

Jędrzej war in Moskau, als der bereits 2014 begonnene Krieg gegen die Ukraine schon im Gange war. Als er aus Moskau zurückkam, war er geknickt, das Ausmaß der Propagandalügen erschütterte ihn. Es sei schwer gewesen, sich zu unterhalten, selbst russische Akademiker seien vollkommen vergiftet. Ich habe Jędrzejs Posts auf Facebook immer mit viel Interesse gelesen, er schrieb über seine Fortschritte bei der Arbeit oder veröffentlichte Informationen über Russland. Seit Herbst 2015, als Polen von »der guten Veränderung« einverleibt wurde, beunruhigte mich der Eindruck, dass das, was ich aus seinen Posts erfahren hatte, zur Projektion für das wurde, was jetzt in Polen geschah. Mit umso größerer Unruhe lese ich heute, wo klar ist, woher der Wind weht, seine Posts.

Unter Beiträgen über den Krieg in der Ukraine und die Annexion der Krim befanden sich auch solche, in denen es hieß, die russisch-orthodoxe Kirche und ihr Oberhaupt Patriarch Kirill hätten begonnen, gegenüber dem Kreml eine Rhetorik der Loyalität zu verwenden. Dass die Kirche mit dem Staat zusammenarbeitet, war nichts Neues, denn als die KGB-Archive geöffnet wurden, erwies sich, dass ähnlich wie in Polen viele Geistliche mit dem Geheimdienst zusammengearbeitet hatten. Aber Putin der Heilige erneuerte, so schreibt der russische Journalist Michail Zygar, das Bündnis mit dem Altar. Er brauchte die orthodoxe Kirche als »nationale Idee, die das Volk besser vereinigt als eine politische Partei«.[53] In Putins Diskurs kommt seit 2012 der Begriff »духовные скрепы«, »spirituelle Klammern« vor. Obwohl Kirill vorher – für orthodoxe Standards – ein liberaler Anhänger des Westens war, konnte er als Kirchenoberhaupt die Avancen des Präsidenten nicht ausschlagen. Der Staat brauchte die Kirche. »Nach seiner [Kirills] Wahl [2009] wurde die orthodoxe Kirche faktisch staatliche Ideologie, ein Mittel, um Putins Wählerschaft zu vereinigen.«[54]

◻ ◻ ◻

Im Punk-Gebet von Pussy Riot kommt Kirill in einer Strophe vor: »Der Patriarch glaubt an Putin. Besser sollte er, der Hund, an Gott glauben.«[55] Angeblich hat der Patriarch persönlich Putin gedrängt, die jungen Frauen zu inhaftieren.[56] »Während Putins dritter Amtszeit hatte der Patriarch Kirill bereits unglaublich leichten Zugang zum Kreml. Er konnte Putin jederzeit kontaktieren […]«, schreibt Zygar.[57] Im Jahr 2009 war nämlich zwischen der Regierung und der orthodoxen Kirche eine Vereinbarung getroffen worden, die dem Patriarchen das Recht einräumt, die von der Duma behandelten Gesetze zu überprüfen und Änderungen vorzuschlagen.

Marija Aljochina von Pussy Riot spottete über den Patriarchen in einem Interview, das sie nach ihrer Entlassung aus dem Gefängnis gab: »Jeder kann sich den Raum unten in der Kathedrale [die Kathe-

---

53 Michail Zygar, *Wszyscy ludzie Kremla. Tajne życie dworu Władimira Putina*, Warschau 2017, S. 321.
54 Ebd., S. 323.
55 https://www.focus.de/politik/ausland/mutter-gottes-vertreibe-putin-punk-gebet-von-pussy-riot-im-wortlaut_id_2097651.html, letzter Zugriff am 23.02.2023.
56 https://www.youtube.com/watch?v=-8mY2lECa_Y, letzter Zugriff am 02.03.2023.
57 Michail Zygar, *Wszyscy ludzie Kremla. Tajne życie dworu Władimira Putina*, Warschau 2017, S. 323.

drale hat zwei Etagen] für eine Party mit Musik, Mädels und allem anderen mieten. Die Preise dafür stehen auf der offiziellen Internetseite!«

Christliche Werte und die Geopolitik

Seit März 2012 verfolge ich die aktuellen Informationen bezüglich Nadeschda Tolokonnikowa, Marija Aljochina und Jekaterina Samuzewitsch. Ich schaue mir Berichte über den Schauprozess im Gerichtssaal an, bei dem die Frauen in einer Glasbox sitzen mussten. Es wurden ihnen oft das Mikrofon und die Lautsprecher ausgeschaltet, sodass sie nicht einmal wussten, was man ihnen vorwarf. Ich weiß noch, wie ich auf die Urteilsverkündung wartete, während ich den abstrusen Erklärungen der Machthaber lauschte. Dann kamen die ersten Nachrichten, dass Tolokonnikowa und Aljochina Strafen abzusitzen hatten. Ich schrieb über sie für das damals für kurze Zeit linke Magazin *Przekrój*, als dieses von Roman Kurkiewicz geleitet wurde. Ich tat das, obwohl Russland weit weg zu sein schien und wir uns in der Europäischen Union in Sicherheit wähnten. So lernte ich unter anderem die Mechanismen des Kremls kennen. Und deshalb konnte ich sie später in Polen leicht identifizieren. Ähnlich leicht fiel es den Frauen von Pussy Riot, sie in den USA zu erkennen, als sie beobachteten, wie Donald Trump an die Macht kam. Es fiel ihnen leichter als der amerikanischen Öffentlichkeit.

❏ ❏ ❏

Zur selben Zeit, als die drei Mitglieder von Pussy Riot vor Gericht standen, erklärte sich Putin selbst zum Beauftragten für christliche Werte. Das sagte der vom Westen enttäuschte russische Präsident im September 2013 auf einer Konferenz des »Waldai«-Klubs, einem jährlichen Treffen von Experten und Politikern, auf dem Ausländer mit der aktuellen offiziellen Linie der Regierung bekannt gemacht werden (ein echtes russisches Davos):

»Eine weitere ernsthafte Herausforderung für Russlands Identität sind«, so Putin, »die Ereignisse auf der Welt. [...] Wir sehen, wie viele euroasiatische Länder derzeit ihre Wurzeln ablehnen, darunter christliche Werte, die die Grundlage der westlichen Zivilisation bilden. Sie sagen sich los von moralischen Grundsätzen und allen traditionellen Identitäten: der nationalen, der kulturellen, der religiösen und selbst der sexuellen. Sie führen Gesetze ein, die große Familien mit gleichgeschlechtlichen Partnerschaften gleichstellen, die den Glauben an Gott mit dem Glauben an den Satan gleichsetzen.

Die Auswüchse der politischen Korrektheit haben einen Punkt erreicht, an dem man ernsthaft darüber nachdenkt, politische Parteien zuzulassen, deren Ziel es ist, Pädophilie zu fördern. In vielen europäischen Ländern ist es den Menschen peinlich, oder sie haben Angst, über ihre Religionszugehörigkeit zu sprechen. Feiertage werden abgeschafft oder sogar umbenannt; ihr Wesen und ihre moralische Grundlage werden verheimlicht. Und es wird aggressiv versucht, dieses Modell in die ganze Welt zu exportieren. Ich bin überzeugt, dass dies einen direkten Weg zu Degradierung und Primitivismus eröffnet, der zu einer tiefen demografischen und moralischen Krise führt.«[58]

Bereits 2005 hatte Putin den Zerfall der UdSSR in seinen berühmten Worten als »die größte geopolitische Katastrophe des Jahrhunderts« bezeichnet. In seiner Ansprache redete er über den Zerfall des Kommunismus als Aneinanderreihung chaotischer Ereignisse, in der die Identität Russlands verloren gegangen sei. Er wolle Russland neu definieren, um voranzukommen. Einen Monat später kam es zum Euromaidan und dem Krieg, der von »grünen Männchen«[59] begonnen wurde. Damit schlug der Kreml einen neuen Kurs

---

58 Putins Rede am 19. September 2013, Valdai International Discussion Club, http://en.kremlin.ru/events/president/news/19243, letzter Zugriff am 23.02.2023.

59 militärische Spezialkräfte der russischen Streitkräfte in grünen Uniformen ohne Hoheitszeichen, die Russland 2014 zur Besetzung und Annexion der Krim einsetzte. (Anm. d. Übers.)

ein. Die dritte Amtszeit Putins begann im Jahr 2012 also mit zwei Flaggprojekten: mit der Rückkehr zu den christlichen Wurzeln und traditionellen Werten und mit der Invasion in der Ukraine.

Zur gleichen Zeit entstand eine neue russische Militärstrategie, die sogenannte Gerassimow-Doktrin. General Waleri Gerassimow wirkt nicht wie jemand, den man ernst nehmen muss, das heißt, würde man ihm seine Uniform und die Auszeichnungen abnehmen, käme wohl niemand auf die Idee, dass er ein Militär oder überhaupt eine wichtige Figur ist. Dieser »nicht ernst zu nehmend scheinende« Gerassimow hat sich aber etwas durchaus Ernstes ausgedacht, nämlich, dass es keine klare Grenze zwischen Krieg und Frieden gibt. Was das bedeutet? Dass ein Krieg nicht unbedingt ein Krieg sein muss, wie wir ihn kennen, mit Panzern, Hubschraubern und Blut. Man kann andere Mittel einsetzen, das beste Mittel ist das Chaos. Heute wird das »hybride Kriegsführung« genannt. Der im November 2012 neu ernannte Chef des Generalstabes Gerassimow konnte diese Strategie gleich in der Ukraine testen.

Ein Jahr später veröffentlichte Gerassimow im russischen *Militärindustrie-Kurier* seine Theorie zu einem neuen Kriegstypus. Die Publikation wurde anfangs im Westen nicht wahrgenommen. Dabei schrieb Gerassimow: »Die Regeln des Krieges haben sich geändert. Die Rolle nichtmilitärischer Mittel zur Erreichung politischer und strategischer Ziele, die sich in vielen Fällen als wirksamer erweisen als militärische Macht, hat zugenommen. (...) Diese Maßnahmen werden durch verdeckte militärische Mittel ergänzt.«[60] Das Chaos soll einen permanenten Unruhezustand erzeugen: Weil nicht genau klar ist, wer der Feind ist, kann man sich auch nicht wirksam vor ihm schützen.

»Unter Experten herrscht die Überzeugung, dass das Hauptmerkmal [der hybriden Kriegsführung] der koordinierte Einsatz

---

60 Übernommen aus: *Doktryna Gierasimowa, czyli rosyjski sposob na wojnę: chaos, a nie bomby*, Onet, 6. September 2017, https://wiadomosci.onet.pl/swiat/doktryna-gierasimowaczyli-rosyjski-sposob-na-wojne-chaos-a-nie-bomby/svh4p0h, letzter Zugriff am 23.02.2023.

diplomatischer, militärischer, humanitärer, ökonomischer, technologischer und informationeller Mittel ist«, schreibt Michał Wojnowski im polnischen *Przegląd Bezpieczeństwa Wewnętrznego* [Überblick Innere Sicherheit].[61] Zu diesen Mitteln gehöre auch das »Potenzial von Protesten«, schließt Gerassimow aus der Analyse der »farbigen Revolutionen«. Auf diese Weise verbindet der hybride Krieg militärische und nichtmilitärische Mittel. Keiner erklärt dabei irgendjemandem den Krieg, er beginnt einfach langsam von selbst. Und zwar mit den Händen anderer.

◻ ◻ ◻

Als 2014 der Krieg in der Ukraine begann, konnte man sich schwer vorstellen, dass die Gerassimow-Doktrin auch in den westlichen Staaten eingesetzt werden würde. Dennoch hatte der amerikanische Geheimdienst entsprechende Informationen. Informant war ein hochrangiger russischer Beamter mit Zugang zu Putins engsten Kreisen. Als im Frühjahr 2013 bereits der Euromaidan im Gange war, sagte dieser Informant »seinem amerikanischen Kontakt, dass der Kreml eine umfassende, breit gefächerte Kampagne plane, um westliche Institutionen und westliche Demokratien zu unterminieren«,[62] schreiben Michael Isikoff und David Corn in ihrem Buch *Russisch Roulette*. »Die versteckte Operation sollte Cyberangriffe, Informationskrieg, Propaganda und Social-Media-Kampagnen beinhalten. Das war die Umsetzung der Gerassimow-Doktrin.«[63]

Niemand machte sich über diese Informationen Gedanken, weil sie außerhalb des Vorstellbaren lagen. Erinnern wir uns noch einmal daran, dass zur gleichen Zeit, als der hybride Krieg in der

---

61 Michał Wojnowski, *Koncepcja »wojny nowej generacji« w ujęciu strategow Sztabu Generalnego Sił Zbrojnych Federacji Rosyjskiej*, »Przegląd Bezpieczeństwa Wewnętrznego«, 13/15, S. 13.
62 Michael Isikoff, David Corn, *Russisch Roulette. Ein Insiderbericht über Putins Angriff auf die USA und die Wahl von Donald Trump*, übers. v. Silvia Kinkel, München 2018, S. 90 (e-book).
63 Ebd.

Ukraine begann, im Restaurant *Sowa & Przyjaciele* in Warschau Gespräche von Politikern abgehört wurden. Die Folge war – und das hat Grzegorz Rzeczkowski in seinem Buch *Obcym alfabetem* [Mit fremder Sprache] dokumentiert – dass es der Partei von Jarosław Kaczyński gelang, den Gegner zu schwächen und 2015 die Wahlen zu gewinnen. Auch Trump siegte 2016 unter anderem dank der Hilfe aus dem Kreml.

Die Ziele in diesem vom Kreml geführten Krieg sind: die Zerstörung des geopolitischen Kräfteverhältnisses, die Schwächung der NATO, der Position der USA und der Europäischen Union. Das kann unterschiedlich vor sich gehen. Über die Entmenschlichung der Ukrainer, ihrer Kultur und ihrer Sprache; durch die Verbreitung eines faschistischen Narrativs und Antisemitismus; durch Angriffe auf die ukrainische Regierung, indem sie als inkompetent, korrupt und der Unterstützung durch den Westen unwert dargestellt wird. Auch durch die Revision der sowjetischen Geschichte und die Beschönigung der Figur Stalins oder die Negierung von Massenverbrechen und die Betonung der Rolle der Sowjetunion beim Sieg über das nationalsozialistische Deutschland. Aber unter anderem auch durch die Glorifizierung Russlands als internationalen Verteidiger wahrer christlicher Wertvorstellungen, der Moral und der Familie.

Bei der Gelegenheit beschuldigt Russland den Westen auch gern, einen »kalten Krieg« zu führen, und stellt die auferlegten Sanktionen wegen des Angriffs auf die Ukraine und die Annexion der Krim als Rückkehr zu dieser Zeit in der Geschichte dar. Es wirft dem Westen vor, den »moralischen Kompass verloren« zu haben und degeneriert zu sein, es macht sich lustig über die westliche Demokratie und das Konzept der Menschenrechte und prangert die Anwendung doppelter Standards an. Eine wirksame Methode der Propaganda-Kriegsführung besteht darin, ökonomische Probleme des Westens publik zu machen, Anti-Establishment-Gruppen und rechts- oder linksextreme (je nach der Geschichte und der Beziehungen im jeweiligen Land) Gruppierungen zu unterstützen. Ausgezeichnet funktionierte beispielsweise, in den Syrienkrieg einzutreten, damit gleichzeitig eine Flüchtlingswelle auszulösen und dann zu behaupten, der Westen sei den globalen Herausforderungen, wie Terrorismus und Migration, nicht gewachsen. Diese lange Liste habe ich aus einem Bericht von Kateryna Smagliy und Ilya Zaslavskiy. In Wirklichkeit ist sie noch wesentlich länger.[64] All das ist – wie Grzegorz Rzeczkowski im Wochenmagazin *Polityka* noch vor Erscheinen seines Buches schrieb – »kein hybrider Krieg mehr, wo die Anwendung von militärischen Mitteln begleitet wird von Informations- und Cyberangriffen, sondern ein totaler Krieg, der hinter den Kulissen geführt wird, und der zu einem permanenten Zustand der Unsicherheit und des Chaos führen soll und damit zur Schwächung und zum Zerfall politischer und gesellschaftlicher Systeme«.[65]

Die Schwarze Madonna von Częstochowa als Waffe

In diesem »Krieg hinter den Kulissen« ist sogar die Schwarze Madonna von Częstochowa zu einer Waffe geworden. Benutzt hat sie Igor Iwanowitsch Beloborodow (Jahrgang 1980), ein Analyst, der seit 2013 für das Russische Institut für Strategische Studien (RISS) tätig ist.[66] Das ist wichtig, denn es wird sich zeigen, dass RISS das Kettenglied ist, das viele Stränge in diesem Buch miteinander verbindet. Aber eins nach dem anderen.

RISS gilt als Hirn vieler Operationen der Geheimdienste der Russischen Föderation. Dazu gehört auch die Einmischung in die US-Wahlen. Eine hochgestellte Person im amerikanischen Geheimdienst hat Reuters einmal gesagt: »Putin hatte das Ziel von Anfang

---

64 Kateryna Smagily und Ilya Zaslavskiy, *Hybrid Analytica: Pro-Kremlin Expert Propaganda in Moscow, Europe and the U.S.: A Case Study on Think Tanks and Universities*, Institute of Modern Russia, Oktober 2018, https://static1.squarespace.com/static/59f-8f41ef14aa13b95239af0/t/5c6d8b38b208fc7087fd2b2a/1550682943143/Smagliy_Hybrid-Analytica_10-2018_upd.pdf, letzter Zugriff am 24.02.2023.
65 Grzegorz Rzeczkowski, *Jak Putin stworzył nową Armię Czerwoną*, »Polityka«, 26. Juni 2018.
66 Profil von Igor Iwanowitsch Beloborodow (Игорь Иванович Белобородов) im Russischen Institut für Strategische Studien (RISS): https://web.archive.org/web/20160728171230/http://riss.ru/profile/beloborodov/, nur im Archiv, letzter Screen am 06.10.2016.

an vor Augen, und er bat das Institut, ihm einen Fahrplan zu erstellen.«[67] Eigentlich zwei. Einer sollte zum Sieg des Kandidaten führen, der Russland am wohlsten gesinnt ist. Der zweite bereitete einen Angriff auf die Legalität der Wahlen vor, wenn gemäß der allgemeinen Erwartungen Hillary Clinton gewonnen hätte. Ähnliche Aktionen hatte RISS in Bulgarien durchgeführt, wo es bei den Wahlen 2016 und 2020 gelang, den prorussischen Rumen Radew als Präsidenten zu installieren. Auch in Bosnien, wo RISS einen Serben unterstützte, der die serbischen Verbrechen negierte. Diese Vorgehensweisen funktionierten auch bei den Vorbereitungen des misslungenen Staatsstreiches in Montenegro 2016, als Russland dem kleinen Land auf dem Balkan damit drohte, jegliche Zusammenarbeit auf Eis zu legen, sollte Montenegro der NATO beitreten.

Doch zuerst führte RISS zum Jahreswechsel 2012/2013 eine Operation in Polen durch. Und zwar mithilfe von Beloborodow. An der Spitze von RISS stand damals Generalleutnant Leonid Reschetnikow, derzeit in Rente. Davor war er Chef der Abteilung für Information und Analyse im russischen Auslandsgeheimdienst gewesen und der Hauptberater des Kremls in Sachen Außenpolitik.[68] Er war es, der mit seinen Kollegen Putins erste aggressive Rede gegen den Westen vorbereitete, die dieser 2007 in München hielt.

Igor Beloborodow ist im RISS kein kleiner Fisch. 2013 wurde er Direktor der Abteilung Demografie, verantwortlich für Fragen, die unter anderem mit Migration und ethno-religiösen Problemen zusammenhängen. Themen, die in unserer Zeit ganz und gar nicht zweitrangig sind. Zuvor (2005 bis 2013) war er Direktor des Институт демографических исследований [Institut für Bevölkerungsstudien] in Moskau beim Präsidenten der Russischen Födera-

---

67 Ned Parker, Jonathan Landay, John Walcott, *Putin-linked think tank drew up plan to sway 2016 US election – documents*, 19. April 2017, https://www.reuters.com/article/us-usa-russia-election-exclusive/putin-linked-think-tank-drew-up-plan-to-sway-2016-us-election-documents-idUSKBN17L2N3, letzter Zugriff am 24.02.2023.
68 Biogramm von Leonid Reschetnikow auf der Seite von RISS: https://web.archive.org/web/20161122025657/http://riss.ru/profile/prime/, nur im Archiv, letzter Screen am 22.11.2016.

tion[69], und auch Redakteur der Internetseite www.demographia.ru. Hier wie dort war er jemand, der für den Kreml arbeitete.

Einige Monate später, am 15. November 2011, registriert sich Beloborodow bei Facebook und veröffentlicht sein erstes Foto. Es handelt sich um die Reproduktion eines Anti-Abtreibungs-Plakates, auf dem in den Händen einer Frau ein Schwangerschaftstest zu sehen ist, ein Baby im Hintergrund und die Aufschrift »Ты еще думаешь, а я уже люблю тебя. Подари мне жизнь.« [Du überlegst noch, und ich liebe dich schon. Schenk mir das Leben][70]. In den darauffolgenden Monaten geschieht auf dem Profil nichts. Bis zum Frühjahr 2012. Einen Monat nachdem in Russland Putin zum dritten Mal zum Präsidenten gewählt wird (am 4. März), taucht Beloborodow auf einer Konferenz auf, die vom polnischen Human Life International in Łódź organisiert wird.[71] Diese internationale Organisation hat einen Standort in Polen, ist aber hauptsächlich auf dem Gebiet Russlands tätig. An ihrer Spitze steht Ewa Kowalewska, die jahrelang zahlreiche Kontakte zu Russen pflegte.

Nach der Konferenz in Łódź wird es auf Igor Beloborodows Profil lebendig. Er wirbt hier aktiv für eine Wallfahrt der Ikone der Schwarzen Madonna von Częstochowa im Rahmen der »Internationalen Aktion zur Verteidigung des Lebens von Ozean zu Ozean«.[72]

---

69 Hier sind einige seiner Artikel zu finden: https://riss.ru/author/reshetnikov-leonid-petrovich/?sphrase_id=20285, letzter Zugriff am 24.02.2023.

70 Post von Igor Beloborodow auf Facebook (Igor Belobodorow) vom 15. November 2011, https://www.facebook.com/photo.php?fbid=187793637973513&set=ecnf.100002286345890&type=3&theater, letzter Zugriff am 23.02.2023.

71 Siehe Post von Igor Beloborodow vom 7. Mai 2012: https://www.facebook.com/photo.php?fbid=297349687017907&set=ecnf.100002286345890&type=3&theater, letzter Zugriff am 19.04.2023.. Tu drugie zdjęcie z Częstochowy: https://www.facebook.com/photo.php?fbid=297345447018331&set=ecnf.100002286345890&type=3&theater, letzter Zugriff am 23.02.2023.

72 Beloborodows Post vom 9. Mai 2012 mit der Beschreibung: »International pro-life team in the second meeting of the Organizing Committee of the world campaign in defense of life ›From Ocean to Ocean‹«. 5. Mai 2012. Częstochowa. Poland. Nach: Igor Romanovski, Игорь Дмитриев und Igor Beloborodov und einer zusätzlichen Beschreibung von Beloborodow im Kommentar: »›From Ocean to Ocean‹ is the Pilgrimage of the Icon of Our Lady ›Częstochowa‹. From the border of Russia through Europe the route will be about six thousand km. and will ran through Belarus, Latvia,

Die Unterschrift unter einem der Fotos legt nahe, dass Beloborodow zum Organisationskomitee dieser internationalen Lebensrechtskampagne gehört.

Am 11. Mai 2012 wird die Ikone in einem Van von Polen nach Moskau gebracht.[73] An diesem Tag besucht Beloborodow in Minsk die serbische Botschaft.[74] Einige Tage später ist er in Rostow am Don. An der dortigen Universität hält er einen Vortrag, der von Wladimir Jakunins Sankt-Andreas-Stiftung organisiert wird. Jakunin ist ein Freund Putins aus alten Petersburger Zeiten.[75] Wir werden von ihm und seiner Stiftung in diesem Buch noch öfter lesen.

Doch zurück zur Wallfahrt der Schwarzen Madonna. Hier ist alles, was für die Geschichte, die in diesem Buch erzählt wird, charakteristisch ist, im Keim vorhanden. Denn hier wird ein Vertreter einer Institution, die mit dem Kreml verbunden ist, plötzlich zum religiösen Aktivisten. Wir haben auch ein urpolnisches Symbol, nämlich die Ikone der Schwarzen Madonna, die für gemeinsame Werte von Polen und Russen stehen soll. Und wir haben es mit einem überraschenden Wandel zu tun. Normalerweise äußert sich die orthodoxe Kirche skeptisch, zuweilen sogar feindlich über die Anwesenheit der katholischen Kirche auf ihrem Gebiet. Hier aber startet überraschenderweise die Replik eines für die polnischen Katholiken heiligen Abbildes in Wladiwostok seine Reise um die Welt.

Lithuania, Poland, Czech Republic, Slovakia, Hungary, Romania, Slovenia, Croatia, Italy, Austria, Lichtenstein, Switzerland, Germany, Belgium, Great Britain, Ireland, France, Spain and Portugal ... and in spring will go to America«, https://www.facebook.com/photo.php?fbid=298396536913222&-set=ecnf.100002286345890&type=3&theater, auf dem Foto ist Ewa Kowalewska vom polnischen Human Life International zu sehen, letzter Zugriff am 23.02.2023.

73 Post von Igor Beloborodow (Beloborodov Igor) vom 11. Mai 2012, https://www.facebook.com/photo.php?fbid=299441823475360&set=ecnf.100002286345890&type=3&theater, letzter Zugriff am 23.02.2023.

74 Post von Igor Beloborodow (Beloborodov Igor) vom 11. Mai 2012, https://www.facebook.com/photo.php?fbid=299435090142700&set=a.187793634640180&type=3&theater, letzter Zugriff am 23.02.2023.

75 Post von Igor Beloborodow (Beloborodov Igor) vom 15. Mai 2012, https://www.facebook.com/photo.php?fbid=302044176548458&set=a.187793634640180&type=3&theater, letzter Zugriff am 23.02.2023.

Und zwar zu einem Zeitpunkt, als 2010 nach der Flugzeugkatastrophe im russischen Smolensk, bei der der polnische Präsident Lech Kaczyński (Zwillingsbruder von Jarosław Kaczyński, dem Vorsitzenden der PiS-Partei) und Polens First Lady umkommen, die Russophobie in Polen auf dem Höchststand ist. Alle konzentrieren sich auf Millers Kommission, auf Macierewicz' Wahnsinn, auf die Birken und die Verschwörungstheorien von angeblichen Bomben an Bord der Tupolew.[76] Trotzdem ist es sehr leicht, die Polen zu erreichen. Igor Beloborodow, *spiritus movens* der Operation, fotografiert sich an verschiedenen Orten dieser Wallfahrt, und die Fotos stellt er auf seine Facebook-Seite. Die Wallfahrt geht von Wladiwostok nach Krasnojarsk, Minsk, Riga, nach Marijampolė, durch Russland nach Warschau, dann in den Süden, nach Portugal und verbreitet auf währenddessen organisierten Symposien und Jugendbegegnungen ihre »Prolife«-Botschaft.[77] Die Schwarze Madonna von Częstochowa wird eingespannt für eine geopolitische Mission: Leute von Putins Institut bereisen mit ihr Russland, Europa und dann die Welt.[78]

---

[76] Die Rede ist hier von auf das Unglück folgenden Ermittlungen (Untersuchungskommission des polnischen Innenministers Jerzy Miller) sowie Theorien zum Hergang des Unfalls (Verschwörungstheorien und ein Bericht einer Parlamentariergruppe unter Vorsitz von Antoni Macierewicz, der die Ergebnisse der Kommission anzweifelte und die polnische Regierung der Mitwisserschaft bezichtigte sowie widersprüchliche Theorien verbreitete: ein Zusammenstoß mit einer Birke habe zur Katastrophe geführt bzw. sei der Absturz auf einen Bombenanschlag russischer Geheimdienste zurückzuführen). (Amn. d. Übers.)

[77] *Częstochowa Madonna in Vladivostok: praying »from ocean to ocean« for life against demographic winter*, »AsianNews« 14. Juni 2012, https://www.asianews.it/news-en/Cz%C4%99stochowa-Madonna-in-Vladivostok:-praying-from-ocean-to-ocean-for-life-against-demographic-winter--25030.html, letzter Zugriff am 25.02.2023. Con la Madonna di Czestochowa: si prega per la vita, contro l'inverno demografico, »Corrispondenza Romana«, 15. Juli 2012, https://www.corrispondenzaromana.it/con-madonna-di-czestochowa-da-oceano-ad-oceano-si-prega-per-la-vita-contro-linverno-demografico/, letzter Zugriff am 25.02.2023. От Владивостока до Португалии пройдет крестный ход против абортов, primorye24.ru, 22. Mai 2012, http://primorye24.ru/news/post/51540-ot-vladivostoka-do-portugalii-proydet-krestnyy-hod-protiv-abortov, letzter Zugriff am 25.02.2023.

[78] Hier befindet sich eine Liste der Staaten und Orte, die besucht wurden: https://fromoceantoocean.org/en/1037-documentary-films-english-version, letzter Zugriff am 25.02.2023.

Einige Monate nach Beginn der Wallfahrt kommt es Mitte August 2012 auch zur historischen Reise des Patriarchen Kirill nach Polen. In der Geschichte Polens ist das der erste Besuch eines derart hohen Vertreters der russisch-orthodoxen Kirche. Kirill wurde im großen Stil empfangen, nicht nur von der polnischen Bischofskonferenz, sondern auch vom damaligen polnischen Präsidenten Bronisław Komorowski. Es zeigt sich, dass Erzbischof Józef Michalik, der mit Kirill einen Beschluss über die Zusammenarbeit der Kirchen unterzeichnet, etwas später damit beginnt, immer häufiger den Begriff »Genderideologie« zu benutzen. Die Forscherin und meine Mitstreiterin vom Landesweiten Frauenstreik, Elżbieta Korolczuk, erläutert dies: »Dieser Begriff entstand etwa zwischen 2010 und 2012. In Polen tauchte er circa 2013 in Texten auf katholischen Internetseiten auf, und 2014 wurde er von Michalik benutzt.« Anstatt von Gender Studies zu sprechen – wissenschaftliche Forschungen zum kulturellen Geschlecht, sprich zur Manifestation von Weiblichkeit und Männlichkeit in der Kultur – begann man damit, von »Gender-Ideologie« zu sprechen. Die »Gender-Ideologie«, die der Patriarch als diplomatisches Gepäck mitbrachte und die im polnischen Episkopat Einzug hielt, und dann sogar zum Vatikan gelangte, ist ein cleveres Instrument, mit dem der Kreml Geopolitik betreibt. Dieser Begriff sät Hass und macht Gesellschaften kaputt, gleichzeitig ist er nicht erkennbar als etwas, das mit dem Kreml und dessen Politik zusammenhängt. Aber was wurde eigentlich aus der Annäherung der polnischen und russischen Gläubigen nach dem Besuch des Patriarchen? Ich frage Jędrzej Morawiecki danach. Er sagt: »In den Regionen Russlands, in denen ich war, war das überhaupt nicht sichtbar. Dafür weiß ich, dass 2012 die patriotische Mobilisierung begann und die russisch-orthodoxen Geistlichen für Kontakt mit Katholiken bestraft wurden; ich kenne einen, der aus diesem Grund sein Gemeindehaus verloren hat und zur Untermiete wohnt. Lokale Offiziere des FSB verstärkten ihre Zusammenarbeit mit russisch-orthodoxen Geistlichen, man hat damit begonnen, ›nicht-traditionelle‹ Religion als Konkurrenz für den russisch-orthodoxen Glauben zu verfolgen.«

◻ ◻ ◻

Die Ikone der Schwarzen Madonna von Częstochowa reist durch ganz Russland, kommt nach Polen, um dann weiter in den Westen zu ziehen. Zu diesem Zeitpunkt, am 4. April 2013, ist Beloborodow in Warschau.[79] In welcher Funktion? Bereits als Mitarbeiter des RISS? Mir ist nicht bekannt, in welchem Monat er vom Demografischen Institut zu RISS gewechselt hat, aber auf der Seite der Institution steht, dass Beloborodow seit 2013 für sie tätig ist. In Warschau steigt er in der Nowogrodzka-Straße 49 ab, im Haus des Katholiken, wo sich unter anderem das Warschauer Metropolitangericht, das Institut für natürliche Empfängnisregelung nach der Methode von Prof. Dr. J. Rötzer und die Stiftung für den Bau des Tempels der Göttlichen Vorsehung sowie die Warschauer Redaktion des katholischen Nachrichtenmagazins *Gość Niedzielny* befinden. Auf diese Adresse verweist ein von Beloborodow gepostetes Foto verschneiter Dächer mit Blick auf die nahe gelegene St.-Barbara-Kirche. Eine knappe Woche später gelangt die Ikone mit dem Auto ins portugiesische Fátima. Auf dem Foto vor dem Hotel Domus Pacis hinter dem Sanktuarium ist Beloborodow zu sehen, ähnlich wie auf dem nächsten Foto direkt am Ozean. Das ist die letzte Etappe der europäischen Wallfahrt. Die Ikone ist – so der Russe – 65 000 Kilometer gereist, war in vierhundert Städten in dreiundzwanzig Ländern und ist unterwegs vier Millionen Menschen begegnet.[80]

Die Wallfahrt ermöglichte es Beloborodow, bestimmte Kreise kennenzulernen, Beziehungen zu vertiefen, und bei der Gelegenheit war er »einer der russischen Hauptkontakte bei der geplanten Veränderung des Narrativs bezüglich der Rechte von LGBT-Personen

---

79 Post von Igor Beloborodow (Beloborodov Igor) vom 5. April 2013: https://www.facebook.com/photo.php?fbid=442950829124458&set=ecnf.100002286345890&type=3&theater, letzter Zugriff am 23.02.2023.

80 Post von Igor Beloborodow (Beloborodov Igor) vom 9. und 10. April 2013, https://www.facebook.com/photo.php?fbid=444972908922250&set=ecnf.100002286345890&type=3&theater; letzter Zugriff am 19.04.2023; https://www.booking.com/hotel/pt/domus-pacis-blue-army-pl.html, letzter Zugriff am 23.02.2023.

in Mitteleuropa«, schreibt über ihn der Wissenschaftler und LGBT-Aktivist Rémy Bonny.[81] Für welches Narrativ wirbt Beloborodow? Er sagt, dass »Homosexualität die neue Diktatur unserer Zeit ist« oder dass »Homosexualität schlimmer ist als Faschismus«. Dabei lobte Beloborodow in Interviews immer wieder Polen, beispielsweise als Land, das bereits 1933 den Zugang zu Abtreibung eingeschränkt hat.[82] Unterstützt wird er von *Sputnik*, einem sogenannten weißen Agenten der russischen Dienste, sprich das Propagandaorgan des Kremls für das Ausland, das die Aktionen von Ordo Iuris und der Kreise um die Zeitschrift *Polonia Christiana*, die gegen LGBT-Personen gerichtet sind, aufbläht:[83] »Im 21. Jahrhundert fürchten sich die Polen mehr vor LGBT als vor der russischen Gefahr. Zu diesem Ergebnis kommt man, schaut man sich die Ergebnisse einer Meinungsumfrage von *OKO.press* an.«[84] Die Smolensker Russophobie der Regierung Polens innerhalb von ein paar Jahren in Homophobie umzuwandeln ist ein enormer Erfolg. Beloborodow schreibt unverhohlen: »Hoffnung liegt nur in Polen, Ungarn und Italien, die sich der Gendertheorie entgegenstellen, ohne sich um den enormen Druck seitens der Europäischen Union (Евросоюз) zu scheren.« Oder: »Polens Haltung spiegelt die Ansichten des offiziellen Russlands wider. Trotz der offiziellen polnischen Russophobie stehen die traditionellen familiären Werte für beide Länder un-

---

[81] Remy Bonny, *Russia's Homophobic Ideology Infiltrated In Polish Politics,* 28. Oktober 2019, https://remybonny.com/2019/10/28/russia-poland-lgbti/, letzter Zugriff am 03.03.2023.

[82] Игорь Белобородов, О демографической ситуации, 16. Juni 2011, https://web.archive.org/web/20170810065407/https://echo.msk.ru/blog/beloborodov/785109-echo/, nur im Archiv, letzter Screen am 04.03.2022.

[83] Petition an den Ministerpräsidenten Mateusz Morawiecki, siehe: MA, Stop dyktaturze LGBT! Stań w obronie naukowca zwolnionego za wykład Homoseksualizm a zdrowie, PCh24, https://pch24.pl/stop-dyktaturze-lgbt-stan-w-obronie-naukowca-zwolnionego-za-wyklad-homoseksualizm-a-zdrowie/#ixzz67AC9sWx9, letzter Zugriff am 19.04.2023. Die Rede ist vom Ordo-Iuris-Newsletter vom 17. Oktober 2019, unterschrieben von Jerzy Kwaśniewski.

[84] Anna Sanina, *LGBT czy Rosji? Kogo bardziej obawiają się Polacy,* »Sputnik«, 25. September 2019, https://web.archive.org/web/20191001230339/https://pl.sputniknews.com/opinie/2019092511099021-lgtb-czy-rosji-kogo-bardziej-obawiaja-sie-polacy-sputnik-polska/, nur im Archiv, letzter Screen am 16.06.2021.

bestritten im Vordergrund, und das zeichnet das heutige Polen im gesamteuropäischen Kontext aus.«[85] Im Fernsehsender Tsargrad, der dem Oligarchen Konstantin Malofejew gehört, behauptet Beloborodow, die Menschen würden massenhaft aus Westeuropa in den Osten fliehen vor der Jugendgerichtsbarkeit, der aggressiven sexualisierenden Erziehung und der homosexuellen Diktatur.[86] In Russland, so sagt er, »ist es Gott sei Dank gelungen, dank der Haltung des Präsidenten, des Parlaments und der Gesetzgebung, die homosexuelle Expansion und Propaganda unter Kindern und Jugendlichen abzuwehren«.[87] Im Westen sei die Familie untergegangen, und es sei jetzt »Mode, Russe zu sein«.

War die Wallfahrt der Schwarzen Madonna von Częstochowa ein zynischer Plan, den sich das RISS oder das Demografische Institut ausgedacht haben, um die polnischen und europäischen Lebensrechtsaktivisten für sich zu gewinnen?

❏ ❏ ❏

Beloborodow ist in Moskau geboren, aber er lebt in Tiraspol. Das ist die Hauptstadt von Transnistrien, dem vom Kreml kontrollierten Teil von Moldawien, dessen Unabhängigkeit von der internationalen Gemeinschaft nie anerkannt wurde. Die Einwohner reisen auf der Suche nach Arbeit und einem besseren Leben massenhaft aus. Was macht ein Mann dort, der eine gute Stelle in Moskau hatte? Seinem Facebook-Profil ist zu entnehmen, dass er seit 2014 für ein von RISS gegründetes Analyse- und Informationszentrum ar-

---

85 Игорь Белобородов, Европейцы бегут в Россию, спасаясь от ювенальной юстиции и »гомосексуальной диктатуры« – эксперт, Tsargrad.tv, 13. Februar 2019, https://tsargrad.tv/news/evropejcy-begut-v-rossiju-spasajas-ot-juvenalnoj-justicii-i-gomoseksualnoj-diktatury-jekspert_184178, letzter Zugriff am 25.02.2023.
86 Игорь Белобородов, Европейцы бегут в Россию, спасаясь от ювенальной юстиции и »гомосексуальной диктатуры« – эксперт, Tsargrad.tv, 13. Februar 2019, https://tsargrad.tv/news/evropejcy-begut-v-rossiju-spasajas-ot-juvenalnoj-justicii-i-gomoseksualnoj-diktatury-jekspert_184178, letzter Zugriff am 25.02.2023.
87 Татьяна МЕДВЕДЕВА, Модно быть русским, 21. April 2015, https://portal-kultura.ru/articles/country/99198-modno-byt-russkim/, letzter Zugriff 25.02.2023.

beitet und heute dessen Executive Director ist. Auf seiner Facebook-Seite gibt er an, in einer regionalen Abteilung des »Zweiköpfigen Adlers« zu arbeiten (der zweiköpfige Adler ist das Wappen Russlands). Im November 2019 wurde bekannt, dass er damit beauftragt wurde, eine neu gegründete, »patriotische« Trollfabrik in Russland voranzubringen.[88] Die Organisation soll »Russlands Geschichte von Unterstellungen und Verzerrungen reinigen« und unter der Jugend Geschichtsbildung im monarchistischen Sinne verbreiten. An ihrer Spitze steht Malofejew zusammen mit Beloborodows emeritiertem Chef von RISS, Leonid Reschetnikow.[89] Eine interessante Konstellation.

Aber das ist noch nicht alles. Das russische Portal Open Media hat herausgefunden, und beruft sich dabei auf einen Politologen, der für Putins Regierung arbeitet, dass der »Zweiköpfige Adler« Verbindungen zu Neonazis einer Organisation tätowierter Verfechter der Überlegenheit der »weißen Rasse« hat, die Väterchen Frost heißt. Im November 2019 verbreiteten polnische Medien die Information, dass der polnische Inlandsgeheimdienst (ABW) ein Mitglied dieser Gruppe, den Bodybuilder Konstantin B., der versucht hatte, neonationalistische Gruppen in Niederschlesien zu radikalisieren, des Landes verwiesen hat.[90] Einige Monate zuvor, im September, war der Leader der mit dem »Zweiköpfige Adler« verbunde-

---

[88] Das meldete Open Media: Вячеслав Яковлев, «Двуглавый орел» и православные тролли: как медиаимперия бизнесмена Малофеева пытается захватить интернет, »Открыте медиа« (OpenMedia), 15. November 2019,: http://web.archive.org/web/20221203233931/https://openmedia.io/infometer/dvuglavyj-orel-i-pravoslavnye-trolli-kak-mediaimperiya-biznesmena-malofeeva-pytaetsya-zaxvatit-internet/, nur im Archiv, letzter Screen am 03.12.2022.; Siehe auch: Klementyna Suchanow, Po co Rosji nowa patriotyczna fabryka trolli, »Polityka«, https://www.polityka.pl/tygodnikpolityka/swiat/1933926,1,po-co-rosji-nowa-patriotyczna-fabryka-trolli.read, letzter Zugriff am 23.02.2023.

[89] Die Mitgliederliste der Organisation ist einsehbar auf der Seite des »Zweiköpfigen Adlers«: https://web.archive.org/web/20190425152830/https://rusorel.info/spisok-chlenov-soveta/, nur im Archiv, letzter Screen am 16.01.2021.

[90] Siehe: *Grupa Dziadka Mroza. Rosyjski neonazista werbował członków spośród polskiej skrajnej prawicy?*, »Dziennik«, 26. November 2019, https://wiadomosci.dziennik.pl/wydarzenia/artykuly/613781,grupa-dziadka-mroza-neonazista-rosja-skrajna-prawica.html, letzter Zugriff am 25.02.2023.

nen Gruppe »Rusofile« in Bulgarien wegen Spionage angeklagt worden. Zuvor hatte Reschetnikow selbst, der perfekt Bulgarisch spricht und sich wissenschaftlich mit der Geschichte des Landes befasst hat, die Beziehungen zwischen den Organisationen gefestigt. Es sieht danach aus, dass Beloborodow in einen neuen Bereich versetzt wurde.

Journalisten an vorderster Front

Wie war das noch mal mit Trump? Seit Jahren hatten die Russen ein Augenmerk auf ihn. Auch er war daran interessiert, mit ihnen Geschäfte zu machen. Zum ersten Mal besuchte er Moskau 1987. Dann kam er 1996 wieder, auf der Suche nach einem Grundstück, auf dem er ein Hotel bauen wollte. Seth Abramson schreibt in seinem Buch *Proof of Collusion. How Trump Betrayed America*, dass die von Donald Trump 2002 veranstaltete Miss-Universe-Wahl eine Frau gewinnt, die vielleicht Putins Geliebte, zumindest aber Objekt seiner Faszination war. Es handelt sich um Oksana Fiodorowa, eine Polizistin und einstige Miss Petersburg. Laut einem Zeugen, der sich bei Abramson gemeldet hatte, hat Trump selbst über ihren Sieg entschieden.

Im Jahr 2013 fand die Miss-Universe-Wahl in Moskau statt. Trump kam mit dem Flieger. Kurz darauf wird der Bau des Trump Tower Moscow angekündigt. Während seines Besuchs hatten die russischen Dienste ein sogenanntes Kompromat (Exzesse mit Prostituierten) finden sollen, also Material, das den zukünftigen Präsidenten der USA kompromittieren könnte. Ein Instrument, das vom KGB seit Jahrzehnten eingesetzt wird und immer zuverlässig ist.

Danach umgibt sich Trump – bereits Kandidat für den Sitz im Weißen Haus – mit interessanten Menschen. Sein Wahlkampfchef wird Paul Manafort. Er hatte zuvor für Wiktor Janukowytsch, den Präsidenten der Ukraine, gearbeitet. Davor wiederum war er unter anderem Berater von Mobutu Sese Seko im Kongo gewesen, einem Land, das nicht dafür bekannt ist, sich übermäßig um die Menschenrechte zu kümmern. Manafort beeinflusste schon als Berater von Janukowytsch gleichzeitig Politiker und Geschäftsleute in den Staaten und in Europa. Das Abhören der Telefone seiner Töchter ergab, dass er in der Zeit des Euromaidan für die gewaltsame Auflösung und den Einsatz der Spezialeinheit Berkut gegen die Protestierenden war.[91] Es konnte ihm nachgewiesen werden, dass er später, während der amerikanischen Präsidentschaftswahlen, Informationen und Daten an eine Person weitergegeben hatte, bei der laut dem FBI Verbindungen zum russischen Geheimdienst bestanden. Im März 2019 wurde Manafort von einem amerikanischen Gericht zu fast vier Jahren Gefängnis wegen Steuerhinterziehung und Bankbetrug verurteilt. Er wurde auch für schuldig befunden im Prozess wegen Verschwörung gegen die Vereinigten Staaten.

Die Autorin Sarah Kendzior forscht zu autoritären Regimen, ihr waren Manafort und dessen Tätigkeiten bekannt, und sie äußerte sich dazu in einer Fernsehsendung des MSNBC folgendermaßen:

»Jetzt wird er wegen Verbrechen angeklagt, die er vor einem Jahrzehnt begangen hat. Doch warum wurde er nicht früher angeklagt? Warum haben sich die Medien Manafort nicht gleich angesehen, als er Wahlkampfchef wurde, anstatt ihn zu *Sunday shows* einzuladen, als wäre das was ganz Normales? Hieran ist gar nichts normal. Die Menschen haben seltsame Vorstellungen von Normalität. Sie denken: ok, wenn es wirklich so schlimm ist, wenn er wirklich ein Verbrecher ist, dann muss jemand etwas tun. Und? Ratet mal! Niemand hat etwas getan und jetzt haben wir einen russischen Agenten als Präsidenten der Vereinigten Staaten, der von einem internationalen verbrecherischen Konzern in Form einer Regierung unterstützt wird. So sieht es aus, wenn man nicht rechtzeitig reagiert.«[92]

Gegen Trump, der das Amt des Präsidenten bekleidete, konnte nicht ermittelt werden, aber der Bericht des Staatsanwaltes Robert S.

---

91 Simon Ostrovsky, *Ukraine lawyer seeks probe of alleged hacked texts of Manafort's daughter*, CNN, 11. März 2017, https://edition.cnn.com/2017/03/10/politics/ukraine-manafort-hacked-texts/index.html, letzter Zugriff am 25.02.2023.
92 Sarah Kendzior, *AM Joy*, 23. Februar 2019 um 10.04, MSNBC.

Mueller (vierhundertachtundvierzig Seiten, das Ergebnis von zweiundzwanzig Monaten Arbeit) bezüglich der russischen Einmischung in die US-Wahl lässt keinen Zweifel daran, dass Russland seine Hand im Spiel hatte, damit der Kandidat, der dem Kreml genehm war, gewann.[93] Darüber hinaus beschloss das US-Repräsentantenhaus, ein Amtsenthebungsverfahren gegen Trump einzuleiten, nachdem es Mitte 2019 zu einem Skandal wegen seines Drucks auf den ukrainischen Präsidenten Wolodymyr Selenskyj gekommen war, dem er die Militärhilfe verweigern wollte, falls dieser kein Material gegen Joe Biden, seinen potenziellen Rivalen bei den Wahlen 2020, liefert. Außerdem sollte Selenskyj die Theorie unterstützen, dass die Ukraine, und nicht Russland, hinter den Einmischungen in die amerikanischen Wahlen steht.

Heute ordnet sich das alles zu einem logischen Ganzen, aber als einer der einstigen Direktoren der CIA drei Monate vor den Wahlen davon überzeugt worden war, dass »Mr. Putin Mr. Trump als einen ahnungslosen Agenten der Russischen Föderation angeworben hat«[94], wurde nichts unternommen. Die Bedrohung russischer Agenten und Einflussagenten wurde von Obamas Regierung nicht ernst genommen. Obama »wollte sicher sein, dass nichts getan wurde, was zu einer politischen Krise im eigenen Land führen konnte – und mit Trump war die Chance dafür groß« – erklären Michael Isikoff und David Corn in ihrem Buch *Russisch Roulette*. »Die Nation blickte auf über 200 Jahre freier Wahlen und friedlicher Machtübergaben zurück. Obama wollte nicht, dass das unter seiner Führung ein Ende fand.«[95]

---

93 Bericht von Robert S. Mueller, *Report On The Investigation Into Russian Interference In The 2016 Presidential Election*, U.S. Department of Justice, Washington, März 2019, einsehbar hier: https://www.documentcloud.org/documents/5955118-The-Mueller-Report.html, letzter Zugriff am 25.02.2023.
94 Timothy Snyder, *Der Weg in die Unfreiheit. Russland, Europa, Amerika*, übers. v. Ulla Höber u. Werner Roller, München 2018, S. 256.
95 Michael Isikoff, David Corn, *Russisch Roulette. Ein Insiderbericht über Putins Angriff auf die USA und die Wahl von Donald Trump*, übers. v. Silvia Kinkel, München 2018, S. 312 (e-book).

Der Gedanke, dass ein fremder Staat – Russland – Einfluss auf die Wahlen in einem Land wie die Vereinigten Staaten haben kann, schien Journalisten, und erst recht der breiten Bevölkerung, allzu fantastisch, um wahr sein zu können. Das Thema wurde ignoriert, weil man darin eine Verschwörungstheorie sah, die an eine Geschichte aus dem Kalten Krieg erinnerte. »Keiner wollte als Verrückter gelten«, erinnert sich Robby Mook (Wahlkampfleiter für Hillary Clinton). »Man konnte es kaum glauben. Es war Tom-Clancy-mäßig und fiktional.«[96] Vorher hatte man nicht glauben wollen, dass Russland die Ukraine angreifen würde. Diese beiden Dinge sind miteinander verbunden, denn laut Timothy Snyder »brachte [Manafort] jetzt die osteuropäische Taktik in die Vereinigten Staaten mit«.[97]

Als die Leute von Clintons Wahlkampfteam versuchten, Journalisten für das Thema zu interessieren, und von einem zum anderen liefen, ihnen erklärten, wer Manafort ist, und Beweise für Verbindungen zwischen Trump und Russland vorzeigten, begegneten sie »Reaktionen wie ›Das ist interessant‹«[98]. Dabei lassen die Ergebnisse der Untersuchungen zum russischen Einfluss auf die amerikanischen Wahlen einem die Haare zu Berge stehen, weil sie die Reichweite des Kremls sichtbar machen und gleichzeitig offenlegen, dass das amerikanische Imperium komplett unvorbereitet ist auf die Abwehr von solcher Art Angriffen. Craig Unger schreibt in seinem Buch *Trump in Putins Hand. Die wahre Geschichte von Donald Trump und der russischen Mafia* unmissverständlich, er berichte »von einer der größten Geheimdienstoperationen der Geschichte, einem Unterfangen, das jahrzehntelang vorbereitet worden war und durch das die russische Mafia und russische Geheimdienstagenten es schafften, ein entweder absichtlich unwissendes oder unerklär-

---

96 Ebd., S. 276 (e-book).
97 Timothy Snyder, *Der Weg in die Unfreiheit. Russland, Europa, Amerika,* übers. von Ulla Höber und Werner Roller, München 2018, S. 248.
98 Michael Isikoff, David Corn, *Russisch Roulette. Ein Insiderbericht über Putins Angriff auf die USA und die Wahl von Donald Trump,* übers. v. Silvia Kinkel, München 2018, S. 283 (e-book).

lich ahnungsloses Russian asset zu finden (mit ›asset‹ ist hier eine Person gemeint, die Einfluss auf die öffentliche Meinung hat), zu kompromittieren und dann als mächtigsten Mann der Welt im Weißen Haus zu installieren. Ohne einen einzigen Schuss abzugeben, schafften es die Russen durch diese Operation, einen Mann an die Macht zu bringen, der sich sofort daranmachte, das westliche Bündnis zu untergraben, das seit mehr als 70 Jahren das Fundament der nationalen Sicherheit der Vereinigten Staaten gebildet hatte: massive Handelskriege mit den langjährigen Verbündeten der Vereinigten Staaten vom Zaun zu brechen; gegen Zuwanderung agitierenden Populisten vom rechten Flügel Auftrieb zu geben und die rechtsstaatliche Verfasstheit der Vereinigten Staaten zu attackieren. Kurzum, in einer Zeit, in der die USA mit einer neuen Form der Kriegsführung konfrontiert waren – einem hybriden Krieg, der über Cyberkrieg, Hackerangriffe, Desinformation und Ähnliches mehr geführt wurde –, sollten sie von einem Mann geführt werden, der die Abwehr des Landes untergraben und ungewollt dem Kreml in die Hände spielen würde.«[99]

---

99 Craig Unger, *Trump in Putins Hand. Die wahre Geschichte von Donald Trump und der russischen Mafia,* übers. v. Helmut Dierlamm, Norbert Juraschitz, Karsten Petersen, Thomas Pfeiffer, Berlin 2018 (e-book).

Kapitel 5
DIE RUSSISCH-AMERIKANISCHE ALLIANZ

Diese Operation wurde wahrscheinlich ähnlich vorbereitet wie die Arbeit an Trump und daran, das Amt des Präsidenten der Vereinigten Staaten mit ihm zu besetzen. Das heißt, mit der entsprechenden Dosis an Geduld. Du säst ein Korn, schaust dir an, wie es wächst, und wenn das funktioniert, dann bumm. Es entsteht ein guter Einflusskanal. Trump wurde vom Kreml »mindestens fünf Jahre« bearbeitet, informiert einer der ersten Berichte zu diesem Thema, den das FBI von dem ehemaligen Agenten des britischen Geheimdienstes M16 Christopher Steele bekommen hat. Angeblich waren Trump und seine Geschäftspartner für Putin eine vertrauliche Informationsquelle über die Aktivitäten russischer Oligarchen in den Vereinigten Staaten. »Als Gegenleistung für ›das hohe Niveau an freiwilliger Kooperation‹ hatten die Russen ›versprochen‹, ihr Kompromat nicht gegen Trump einzusetzen.«[100] Neben Trump wurden noch andere potenzielle Kanäle erkundet. Ich nenne hier ein Beispiel, das wir als Modell nehmen können. Dadurch wird es leichter zu verstehen, wie russische Dienste an konservative und nationalistische Gruppierungen gelangen konnten. In der UdSSR selbst wurden Mitglieder derartiger Gruppen verfolgt. Doch im Ausland wurden dort gern Einflussagenten untergebracht. Selbst bei den deutschen Neonazis, und zwar um Deutschland der Rückkehr zum Nationalsozialismus zu beschuldigen.

---

100 Michael Isikoff, David Corn, *Russisch Roulette. Ein Insiderbericht über Putins Angriff auf die USA und die Wahl von Donald Trump,* übers. v. Silvia Kinkel, München 2018, S. 357 (e-book).

Die Infiltrierung faschistischer Bewegungen beschreibt der ukrainische Soziologe Anton Schechowzow. In seinem Buch *Russia and the Western Far Right: Tango Noir* analysiert er das Verbindungsnetz europäischer ultrarechter Bewegungen und die Operationen russischer Dienste bei der europäischen Ultrarechten.[101] Schechowzow widmet Aleksander Dugin viel Raum. Dieser einst russische Dissident ist zum Ideologen des russischen Neoimperialismus und Eurasismus geworden. Schechowzow zeigt, wie Dugin seit Beginn der Neunzigerjahre – als Wissenschaftler – Kontakt pflegte zu Vertretern europäischer faschistischer Bewegungen. Im Übrigen hatte Putin selbst als KGB-Agent in Dresden mit dem Neonazi Rainer Sonntag (so Schechowzow) zusammengearbeitet und Kontakte zur deutschen RAF gehabt (schreibt Masha Gessen), die in Dresden zu KGB-Trainings war.[102] Wie das oft der Fall ist, basierte Dugins ultrarechte Kehrtwende auf privaten Komplexen. Nach dem Zerfall der Sowjetunion verließ ihn seine Frau Jewgenija Debrjanskaja. Und zwar für eine Frau, und sie gründete einige Zeit später die erste Russische Gesellschaft Sexueller Minderheiten.[103] Der gedemütigte Dugin, dem Debrjanskaja auch den Sohn weggenommen hatte, ging einen anderen Weg. Er schloss sich der ultranationalistischen und antisemitischen Organisation Pamjat an, in der die Protokolle der Weisen von Zion gelesen wurden und in der man von der mystischen Wiedergeburt Russlands träumte. Das Auseinandergehen des Paares hat etwas Symbolhaftes. Debrjanskaja wählte mit dem Wandel in der UdSSR den libertären Weg mit einer anarchistischen Note, Dugin entschied sich für den Nationalismus. Das kann als ein Abbild unserer Zeit verstanden werden. Die Auswirkungen von Dugins Kontakten sind bis heute offensichtlich. So zum Beispiel die engen Beziehungen des Kremls zu der Französin Marine Le Pen,

---

101 Anton Shekhovtsov, *Russia and the Western Far Right: Tango Noir*, Routledge 2017.
102 Ebd., S. 42. Masha Gessen, *A man without a face. The unlikely rise of Vladimir Putin*, London 2014, S. 65.
103 Die Geschichte von Dugin und Debrjanskaja beschreibt Masha Gessen in *Będzie to, co było. Jak totalitaryzm odradza się w Rosji*, Warschau 2018.

dem Österreicher Heinz-Christian Strache und dem Italiener Matteo Salvini.

Nach europäischen Treffen mit mehreren Vertretern neonazistischer Bewegungen fuhr Dugin 1993 nach Spanien zu einer Konferenz der – wie sie interessanterweise bezeichnet wurden – »esoterischen Hitleristen« von der Thule Group. Bei seinem zweiten Besuch in Spanien, im Juni 1994, unterzeichnete er mit Vertretern der Alternativa Europea den *National-Bolshevik Act*. Dieses Dokument ist ein Mix aus paneuropäischem Faschismus, der Idee von einer spanischen konservativen Revolution und dem nationalen Syndikalismus. Die westlichen Nationalisten hofften, dass ihnen die russische Fraktion dabei helfen würde, eine internationale ultrarechte Revolution auszulösen, um Europa vom links-demokratischen Joch zu befreien. Damals mag das wie eine ideologische Verirrung und Paranoia von Dugin gewirkt haben. Heute wird das zu unserer Realität.

Dugin war bis zu einem gewissen Punkt eine marginale Gestalt. Für seine Idee vom Eurasianismus, also der Vorstellung, ein Imperium der asiatischen Länder unter der Führung Russlands aufzubauen, das sich dem transatlantischen System (USA, Großbritannien) entgegenstellte, interessierten sich in erster Linie Akademiker als Kuriosität. Wesentlich mehr Beachtung fand Wladimir Schirinowski[104], der als Vorsitzender der nationalistischen und populistischen Liberal-Demokratischen Partei Russlands und Vizevorsitzender der Duma in der Politik präsent war. Schirinowski hatte die Idee, einen World Congress of Patriotic Families zu veranstalten, der die internationalen ultrarechten Bewegungen vereinigen sollte. Das war 2003. Diese Idee wartete auf ihre Umsetzung. Schechowzow schreibt in *Russia and the Western Far Right: Tango Noir*: »Schirinowskis Initiative, die darin bestand, mithilfe der russischen Regierung eine funktionierende Internationale der extremen Rechten zu gründen, die in der Lage wäre, auf den Westen Einfluss zu nehmen, ist, wie es scheint,

---

[104] Im April 2022 verstorben (Anm. d. Übers.)

aus einem einzigen Grund gescheitert: schlechtes Timing.«[105] Als wesentlich ertragreicher erwies sich der zweite Anlauf zehn Jahre später. Schirinowski wurde damals von der orthodoxen Kirche und den Konservativen unterstützt. Das bedeutet nicht, dass der faschistische Pfad verlassen wurde. Im Gegenteil. Die Narrative werden zur gleichen Zeit weiterentwickelt, und jedes erreicht sein Publikum, bis sie sich irgendwann zwischen 2012 und 2013 vereinen.

Nach Dugins Philosophie soll Russland der »Erlöser« anderer Nationen sein, es soll die Verfechter des Konservatismus vereinigen. Putin selbst hingegen ist ein »Katechon«. Was bedeutet das? Mikołaj Ratajczak erklärt, dass dieser Begriff aus dem Zweiten Brief des heiligen Paulus an die Thessalonicher stammt, er wird heute in der politischen Theologie verwendet und bedeutet: »die Macht, das individuelle Böse in der Welt zu stoppen, und damit das Ende der Geschichte hinauszuzögern«.[106] Kurz gesagt soll Putin – laut Dugin – der Erlöser der Welt vom kommenden Antichrist sein.[107] Der Antichrist ist der Säkularismus in den westlichen Ländern, insbesondere in den USA.

Dugin war eine Zeit lang der Ideologe des Kremls und wurde dann aufgrund politischer Einflüsse abgezogen. Ersetzt haben ihn andere, ebenfalls nationalistische Ideologen. Dennoch konnte Dugin seine Position als Regisseur der ultrarechten internationalen Zusammenarbeit halten. Er wurde Professor an der Fakultät Soziologie der Moskauer Universität, wo er »wissenschaftliche Konferenzen« mit eindeutig politischer Ausrichtung organisierte. Seine Ansichten haben es in den Blutkreislauf geschafft und sind immer noch verbunden mit Putins Projekt, dem Aufbau einer asiatischen

---

105 Anton Shekhovtsov, *Russia and the Western Far Right: Tango Noir*, Routledge 2017, S. 59.
106 Mikołaj Ratajczak, *Powstrzymywać zło. Teologia polityczna kościoła wobec osób LGBT+*, »Codziennik Feministyczny«, 26. August 2019, http://codziennikfeministyczny.pl/ratajczak-powstrzymywac-zlo-teologia-polityczna-kosciola-wobec-osob-lgbt/, letzter Zugriff am 25.02.2023.
107 Robert Duncan, *Holy Russia? Believers debate Putin's record as a Christian leader,* »The Long Island Catholic«, https://web.archive.org/web/20220224223249/http://licatholic.org/holy-russia-believers-debate-putins-record-as-a-christian-leader/, nur im Archiv, letzter Screen am 07.12.2021.

Union als Alternative zur Europäischen Union. Derzeit hat Dugin Zuflucht an einem guten Ort gefunden: im Fernsehsender des Oligarchen Konstantin Malofejew, genannt Tsargrad, die »Zarenstadt«. Malofejew, der den Krieg in der Ukraine gesponsert hat, habe ich bereits erwähnt, aber wir werden noch mal auf ihn zurückkommen.

❐ ❐ ❐

Ähnlich wie die Kreise von Nationalisten und Faschisten wurden Organisationen ultrakonservativer amerikanischer Evangelisten infiltriert. Steven L. Hall, ein pensionierter CIA-Offizier mit dreißigjähriger Berufserfahrung bei Geheimoperationen in der UdSSR und in Ostblockländern, fiel auf, dass »russische Geheimdienstagenten amerikanische religiöse Organisationen als leicht ausnutzbar ansahen, weil die amerikanischen Staatsorgane sie vernachlässigen«.[108] Er war der Meinung, dass »religiöse Konservative ein interessantes Ziel sind, weil es ideologische Ähnlichkeiten zwischen der russischen Kultur und der amerikanischen historischen Abneigung gegen die Kontrolle religiöser Institutionen gibt«. Und weiter, dass diese Organisationen Teil russischer Einflussnahme sind. Betrachtet man die verstreuten Informationen, Interviews und Resultate von Ermittlungen des FBI zusammen mit Aussagen von Experten zu diesem Thema, lässt sich das kaum leugnen.

❐ ❐ ❐

In den Neunzigerjahren hat Russland sich für die Welt geöffnet, aber in den Geheimdiensten gab es die Tradition, die ein ehemaliger sowjetischer Offizier von GRU, dem Zentralorgan des Militärnachrichtendienstes, Wiktor Suworow, folgendermaßen beschrieb: »Da

---

[108] Jonathan Larsen, *CIA Vet: Russian Ties to Prayer Breakfast Part of Influence Operations*, TYT, 16. Januar 2019, https://tyt.com/reports/4vZLCHuQrYE4uKagy0oyMA/40yVZncN5BceZNONtLQpd9, letzter Zugriff am 25.02.2023.

sie nicht in der Lage waren, Ausländer in potenziell feindlichen Ländern anzuwerben, suchten und fanden die Offiziere des operativen Geheimdienstes andere Möglichkeiten, um mit den Personen, an denen sie interessiert waren, in Kontakt zu treten. Sie nutzten jede Möglichkeit, um sich für die Zusammenarbeit mit Ausländern zu engagieren, die die Sowjetunion und die Staaten des Warschauer Vertrages besuchten. Viel Aufmerksamkeit wurde Studenten an sowjetischen Hochschulen und Spezialisten geschenkt, die mit einer Auslandsdelegation in die UdSSR kamen.«[109]

In dem Fall, den ich beschreibe, begann man bei russischen Soziologen von der Lomonossow-Universität Moskau. Der dort tätige Anatolij Antonow trat in Briefwechsel mit dem amerikanischen Soziologen Allan Carlson, der zu ultrarechten Kreisen der evangelisch-lutherischen Kirche gehörte. Er ist Professor und Autor eines Buches, in dem steht, dass Feminismus und Homosexualität zur Entvölkerung der Vereinigten Staaten führen sowie zur Krise der Familie *(Family Questions. Reflections on the American Social Crisis)*. Ich frage Carlson per E-Mail, ob es ihn nicht gewundert habe, als er von Antonow eine Einladung nach Moskau erhielt. Er antwortete: »Ja, ich war verwundert, als ich Ende 1993 oder Anfang 1994 diese Einladung von Professor Antonow bekam. Ich freute mich, als ich erfuhr, dass sie an ein Exemplar von *Family Questions* gelangt waren und die Meinung vertraten, dass meine Überlegungen die Lage in Russland spiegelten.«

Die Wirkungskreise russischer Soziologen, Dugins und Antonows erweisen sich als zentral für dieses Vorgehen. Dabei gilt sich zu vergegenwärtigen, dass sich die Soziologie zur Zeit der UdSSR, aber auch heute, unter Sonderaufsicht des Staates befindet. »Die Soziologie als Wissenschaft im Dienste des Staates dominiert in Russland«, schreibt der Petersburger Soziologe Wiktor Woronkow. »Der Staat ist bestrebt, nicht nur die Hochschulbildung an den Uni-

---

109 Wiktor Suworow, *Szpieg, czyli podstawy szpiegowskiego fachu*, Poznań 2017, S. 89.

versitäten, sondern auch die Forschungsprogramme an den Hochschulen zu kontrollieren.«[110] Deshalb stehen Soziologen unter Druck und müssen die Staatspolitik umsetzen. So verhielt es sich in der UdSSR, so ist es auch heute in der Russischen Föderation. Hinzu kommt, dass in der UdSSR an Hochschulen Offiziere des Geheimdienstes arbeiteten, die besonders eifrig ausländische Studenten überwachten und versuchten, sie anzuwerben.

In der KGB-Schule wurde das Anwerben als Hausaufgabe geübt, es war die sogenannte Aufgabe sechs. Suworow beschreibt es humorvoll: »Man musste wirklich jemanden anwerben«, und das in seiner Freizeit, egal, ob Sonn- oder Feiertag. Die Studenten wurden aufgerufen, und jeder bekam seine Aufgabe: »Du – in der Fabrik, du – im Architekturbüro, du – im Hauptvorstand im Ministerium, und du – finde eine Person in einer bestimmten Institution, die Zugang zu geheimen Informationen hat, und hol diese geheimen Informationen aus ihr heraus. Du kannst der angeworbenen Person alles über dich erzählen. Außer der Wahrheit. Spiel, wie du willst, aber hole die Informationen heraus!«[111] Der die Geheimdienstschulungen leitende Wladimir Iwanowitsch »sagte mit Bedauern: Alle lassen sich nicht anwerben. Und fügte belehrend hinzu: Aber es sollte unser Ziel sein.«[112] Einer der Offiziere, die diese Schule absolviert hatten, der in Dresden kolumbianische Studenten angeworben hatte und Mitte der Neunzigerjahre als Experte für Auslandskontakte an der Petersburger Staatlichen Universität arbeitete, war Wladimir Putin. Das war, bevor er den entscheidenden Schritt in seiner Karriere machte und nach Moskau ging, wo er Chef des FSB wurde. An der Universität war er zuständig für internationale Kontakte,

---

110 Viktor Voronkov, *Russia's independent sociology under pressure*, »Zentrum für Osteuropa und internationale Studien«, Februar 2023, https://www.zois-berlin.de/en/publications/zois-spotlight/archiv-2018/russias-independent-sociology-under-pressure?tx_form_formframework%5Baction%5D=perform&tx_form_formframework%5Bcontroller%5D=FormFrontend&cHash=453bfb770fe254f9f599501bc76ef382, letzter Zugriff am 02.03.2023.
111 Wiktor Suworow, *Szpieg, czyli podstawy szpiegowskiego fachu*, Poznań 2017, S. 139.
112 Ebd., S. 222.

und »solche Posten waren üblicherweise reserviert für Personen, die der KGB bestimmte«.[113]

Was sagt uns das über den Besuch Carlsons an der Moskauer Universität? Mit Sicherheit konnte er nicht unbemerkt nach Moskau kommen, er wurde garantiert beobachtet.

Carlson hat kürzlich ein Tagebuch von diesem Besuch veröffentlicht.[114] Es erschien zusammen mit einem Artikel von Michael Casey als Ergebnis einer Recherche, die im Zusammenhang mit Trump gemacht wurde. Unterdessen präsentierte der investigative Journalist Glenn Simpson im Kongress die Ergebnisse seiner Nachforschungen: »Ich würde sagen, dass die russische Operation im Großen und Ganzen darauf ausgerichtet war, konservative Organisationen zu infiltrieren. Sie hatten es auf verschiedene konservative Organisationen abgesehen, religiöse und andere, und sie haben sich wohl sehr darum bemüht, in die National Rifle Association [Nationale Gewehr-Vereinigung] hineinzukommen.«[115]

Die Medien konzentrierten sich auf die Nationale Gewehr-Vereinigung, eine mächtige Lobbyorganisation, nachdem das FBI im Juli 2018 die neunundzwanzigjährige Maria Butina festgenommen hatte, eine russische Agentin, die als Studentin diese Kreise infiltriert hatte und während Trumps Wahlkampf tätig gewesen war. Aber als man sich auf den Präsidenten der USA konzentrierte, vernachlässigte man, wie Casey betonte, den Themenbereich konservativer und religiöser Organisationen. Die Veröffentlichung von Carlsons Tagebuch sollte mehr Licht in diese Sache bringen.

Casey gegenüber gestand Carlson, dass der Kontakt seitens der Russen für ihn überraschend kam, »out of the blue«. In seinem Tagebuch beschrieb er den gesamten Verlauf seines Besuchs in

---

113 Masha Gessen, *The man without a face. The unlikely rise of Vladimir Putin*, London 2014, S. 95.
114 Michel Casey, *Russians and the American right started plotting in 1995. We have the notes from the first meeting*, »ThinkProgress«, 21 Februar 2023, https://thinkprogress.org/history-of-christian-fundamentalists-in-russia-and-the-us-a6bdd326841d/, letzter Zugriff am 02.03.2023.
115 Ebd.

Moskau 1995. Zuerst ist da die Geschichte vom verlorenen Gepäck, dann die Beschreibung der winterlichen Hauptstadt, denn es ist Januar, es ist dunkel und kalt. Carlson wird von Anatolij Antonow, Professor und Chef der Soziologischen Fakultät an der Moskauer Lomonossow-Universität, in Empfang genommen. Carlson verbindet seine Notizen von Gesprächsinhalten mit der Beschreibung von Eindrücken bezüglich Personen und Orten. Er beschreibt das Studentenwohnheim, in dem er ein Zimmer mit gemeinschaftlichem Bad bekommt und wo man das Wasser nicht trinken kann. Es kommt auch eine fliehende Kakerlake vor. Antonow wird vorgestellt als »freundlicher fünfundfünfzigjähriger Mann mit leicht gebrochenem Englisch«. Er kümmert sich rührend um Carlson, »sein Interesse an meiner Arbeit ist, wie ich feststellen konnte, authentisch«. Die Herren kommen schnell zum Kern der Sache. Antonow ist beunruhigt von der demografischen Situation Russlands, aber »seine Meinung zum Thema Abtreibung ist komplex«. Der russische Professor erklärt, dass es »jetzt schwirig ist«, die neunzig Prozent der weiblichen Bevölkerung, die die Erfahrung der Abtreibung gemacht haben, Mörderinnen zu nennen. »Die durchschnittliche Lebenserwartung von Männern ist auf siebenundfünfzig Jahre gesunken. Wenn sich die aktuellen Zahlen über die nächsten fünfundzwanzig Jahre halten, sinkt die Bevölkerungszahl der Russischen Föderation um die Hälfte!«, alarmierte der Russe.

◻ ◻ ◻

Ich bin neugierig auf diesen Mann. Als ich vierundzwanzig Jahre nach Carlsons Besuch nach Moskau komme, unter ähnlichen winterlichen Umständen, rufe ich Antonow an. Er hebt schnell ab, sagt mit schwacher Stimme, er habe sich das Bein gebrochen und könne sich nicht mit mir treffen. Sein Englisch ist schlecht. Später versuche ich, in die Soziologische Fakultät an der Moskauer Universität zu kommen, werde aber von Wachleuten aufgehalten. Ich zeige meinen Pass, man muss ihn immer dabeihaben, denn man kann jederzeit dazu aufgefordert werden, sich auszuweisen. Doch das genügt nicht. Sie schicken mich für einen Passierschein zu einem Schalter, der aussieht, als wären die Achtzigerjahre nie vorbeigegangen. Dort blättert eine Frau sorgfältig ein Heft mit karierten Seiten durch und hält dabei meinen Pass in der Hand. Ich erfahre, dass sich Ausländer in allen staatlichen Institutionen mit Vorlauf anmelden müssen, um hineinzukommen. Mein Name steht nicht auf der Liste, deshalb darf ich nicht rein.

Seit 2012 gibt es in Russland ein Gesetz zu »ausländischen Agenten«. Jede Organisation, die aus dem Ausland Geld erhält, muss sich als »ausländischer Agent« registrieren. Der Begriff »ausländischer Agent« ist sehr breit gefasst. Als potenzielle Agentin darf ich ohne Ankündigung nicht das Gebäude der Moskauer Universität betreten, das so groß ist wie der Kulturpalast in Warschau. Ich darf nicht in die Bibliothek schauen, ich darf nicht einmal die Flure und die Gesichter der Studenten sehen und mich auch nicht an diesem eiskalten Januartag an einer Heizung aufwärmen.

Amerikanischer Transfer nach Osten

Im Laufe von Carlsons Besuch in Moskau entstand die Idee, den World Congress of Families (WCF) zu gründen. Carlson erzählt mir in einer E-Mail von dieser Initiative: »Das erste Treffen mit Antonow, [Wiktor] Medkow und [Iwan] Schewtschenko fand im Januar 1995 statt. Sie brachten die Idee von dem Kongress auf; das passte zu dem, was ich mir selbst überlegt hatte.« Das Gespräch wurde weitergeführt bei Schewtschenko, dem Künstler und Vorsitzenden von The Orthodox Brotherhood of Scientists and Specialists (FAVOR), der sich an Carlson wandte – wie dieser in seinem Tagebuch notierte – weil er »in einer gewissen Angelegenheit sprechen will«. Carlson schreibt: »Er bat um Hilfe bei der Organisation und Anwerbung von Teilnehmern für eine internationale Konferenz über Familienplanung, die im Sommer in einem orthodoxen Kloster in der Nähe von Moskau stattfinden sollte. Ich antwortete ihm, dass ich auch darüber nachgedacht hatte, eine Konferenz mit ähnlichen »Pro-Family«-Gruppen aus der ganzen Welt zu initiieren, eine Art informeller Familienkongress […].«

Ein seltsamer Zufall, nicht wahr? Ich bat Carlson um Erklärungen. Mich wunderte die Tatsache, dass die Zusammenarbeit von Wissenschaftlern zur Gründung aktivistischer Bewegungen führt. Er antwortete: »Anfangs tauchten rein akademische Fragen auf. Warum die Familie als System sowohl im kommunistischen Russland als auch im Westen zerfällt? Gibt es bei uns dafür andere Ursachen als bei ihnen? Welche demografischen Konsequenzen wird das haben? Meine Organisation – damals hieß sie The Rockford Institute – entstand, um die Wissenschaft mit kulturpolitischem Aktivismus zu verbinden.«

Nach seinem Besuch in Moskau fuhr Carlson noch nach Prag, wo er sich mit Pavel Bratinka traf, dem tschechischen Außenminister. In seinem Tagebuch schreibt er: »Bratinka sagte plötzlich, dass die Tschechische Republik sich ihrer Landwirte entledigen müsse, um der europäischen Gemeinschaft beitreten zu können. Ein Kobold muss mir die Antwort ins Ohr geflüstert haben, dass die Tschechen vielleicht besser daran täten, ihre Landwirte zu behalten und außerhalb der Europäischen Union zu bleiben. Er war entsetzt von diesem Gedanken.«

Der erste World Congress of Families fand 1997 in Prag statt. Er wurde hauptsächlich durch Anstrengungen von Carlson finanziert. Trotz des Engagements der Russen und des dichten Netzes internationaler Verbindungen gelangten nur Amerikaner in den WCF-Vorstand.

◻ ◻ ◻

Gleich nach dem Ende der atheistischen kommunistischen Herrschaft versuchten konservative Organisationen amerikanischer Protestanten in den neuen Teilen Europas Fuß zu fassen. Außer den Kreisen um den WCF begannen auch andere religiöse Organisationen damit, die spirituelle Leere der Russen zu füllen. Manche erschienen in Russland, aber die dortigen Bedingungen – Bürokratie und Korruption – zwangen sie dazu, nach Polen zu gehen, wie im Falle von Human Life International (HLI). Von hier aus sollten sie im ganzen Osten tätig werden. Dennoch schaffte es eine protestantische rechte Organisation, ein Moskauer Büro zu errichten. Das war das American Center for Law and Justice (ACLJ). Im Jahr 1990 eröffnete es parallel seine Sitze in Straßburg (European Center of Law and Justice – ECLJ) und in Moskau (Slavic Center of Law and Justice – SCLJ). Aus den USA kamen Hunderttausende Dollar nach Europa und nach Moskau. In den Staaten verteidigten Juristen der Organisation unter anderem das Recht von Abtreibungsgegnern, vor Abtreibungskliniken Reden halten zu dürfen. Sie kämpften auch gegen die Pufferzonen vor diesen Kliniken. In Russland riefen sie im Zuge des Pussy-Riot-»Skandals« zur Verschärfung der Rechte bezüglich religiöser Gefühle auf (bis dahin drohte dafür nur eine geringe Strafe). Mit Erfolg, wie sich herausstellte, denn die jungen Frauen bekamen zwei Jahre Straflager. Ein Moskauer Jurist vom SCLJ und protestantischer Aktivist, Wladimir Rjachowski, der seit Jahren für den Menschenrechtsrat und zur Medienregulierung bei Putin arbeitete, half dabei, den entsprechenden Gesetzentwurf zu erstellen.[116]

The Family

Penetriert wurde der »Wilde Osten« auch von Doug Coe, den Zuschauern bekannt aus der Dokumentarserie *The Family* (Regie: Jesse Moss), die ihre Premiere im Herbst 2019 auf Netflix hatte. Die Legende besagt, Coe – »der mächtigste Mensch der Welt, von dem noch nie jemand gehört hat« – hatte zu Beginn der Neunzigerjahre innerhalb von sechzehn Tagen sechzehn Länder Osteuropas bereist und sich mit deren Staatsoberhäuptern getroffen.

---

116 Siehe: https://www.rightwingwatch.org/post/religious-right-freedom-and-liberty-group-aclj-backed-russian-gay-propaganda-and-blasphemy-bans/, letzter Zugriff am 02.03.2023.

Die *Family* – so wird sie von ihren Mitgliedern genannt – ist eine elitäre, nicht offiziell existierende Organisation, die geheim arbeitet und zu der man nur mit einer Einladung oder über Empfehlung in Kontakt treten kann. Im Jahr 2006 wurde sie von etwa dreihundertfünfzig Männern gegründet – unter ihnen Präsidenten und hochgestellte Politiker der ganzen Welt. Ihr erklärtes Ziel ist ein »globaler geistlicher Kreuzzug«, eigentlich die Errichtung einer patriarchalen Herrschaftsform. In ihren Gesprächen kommt immer wieder das Wort »Krieg« vor. »Spiritueller Krieg«.

Die *Family*, offiziell bekannt als Fellowship Foundation, manchmal als Bruderschaft, meidet Scheinwerferlicht und Kameras, sie ist hinter den Kulissen aktiv. Die Welt erfuhr von ihrer Existenz erst aus Jeff Sharlets Buch, das 2008 unter dem Titel *The Family. The Secret Fundamentalism at the Heart of American Power* erschienen ist. Sharlet schreibt, die Fangarme der *Family* reichten bis Japan und Nigeria. Jeder neue amerikanische Präsident, angefangen von Dwight Eisenhower, drückte Doug Coe die Hand. Sogar Obama.

Die Leute von der Bruderschaft versuchten, an hochgestellte Politiker auf der ganzen Welt zu gelangen und sie in ihre Organisation zu holen, um ihr so Einfluss, Geld und Möglichkeiten für die Realisierung ihrer fundamentalistischen Ziele zu verschaffen. Bis 1989 gab es die Bruderschaft in Osteuropa nicht.

Die Mitglieder der Organisation ekeln sich vor »populistischem Fundamentalismus« und bezeichnen ihn als »Folklore« für die Massen. Sie, als Auserwählte, die zum engen Kreis um Jesus gehören, sind dazu bestimmt, direkte Befehle von Gott auszuführen. Also auch unter Nichtbeachtung der Demokratie. Bei *The Family* sind alle Brüder oder Freunde, sie schätzen Diskretion und sind fasziniert von autoritären Regierungsmethoden. Im Kampf gegen den Kommunismus beispielsweise übernahmen sie dessen Methoden. Sie teilten sich auf in konspirative »Zellen« mit je fünf Personen – ausschließlich Männer – vorgeblich zum gemeinsamen Gebet.

»Die Zelle hat das ›Vetorecht‹«, schreibt Jeff Sharlet, »bezüglich des Lebens eines jeden Mitglieds, und jeder schwört, die anderen zu kontrollieren, damit sie nicht von dem von Jesus vorgegebenen Weg abkommen. […] In konspirativen kommunistischen Parteien waren die Zellen das kleinste organisatorische Element. Die Mafia funktioniert genauso, und die elementarste Einheit bei der Marineinfanterie sind vier Personen. Hitler, Lenin und viele andere hatten die Kraft des kleinen, eng miteinander zusammenarbeitenden Kreises verstanden.«[117]

The Family lehnt das Gesetz, das von Menschen gemacht ist, sowie jegliche weltliche Regulierungen ab. Ihre Mitglieder interessieren weder Moral noch Ethik, das menschengemachte Gesetz betrachten sie als sündhaft. Klingt wie das Konzept für ein Regime? Ja. *The Family* ist der Meinung, dass ihre Mitglieder Soldaten in einem »spirituellen Krieg« sind.

◻ ◻ ◻

Die Geschichte von *The Family* reicht bis in die Dreißigerjahre des vergangenen Jahrhunderts zurück. Gegründet wurde sie von aufgeschreckten Unternehmern, die als Antwort auf die Streiks der Gewerkschaften begannen, enger zusammenzuarbeiten, mit dem Ziel, die Streiks einzudämmen. Ihr Mentor, der in Norwegen geborene methodistische Pastor Abraham Vereide, konzentrierte sich auf die Interpretation der Rolle Jesu als Beschützer nicht etwa der Armen, sondern der Reichen, die »auserwählt« wurden, um über die Durchschnittsmenschen zu regieren. In dieser Interpretation ist Jesus ein Revolutionär, der die starken Führungseinheiten unterstützt. Nach den Überzeugungen von Vereide, seinen Nachfolgern und seinen Schülern werden Anführer nicht von Wählern, sondern von Gott gewählt. Selbst wenn sie also etwas eindeutig Böses tun (Verrat, Vergewaltigung), schützt *The Family* sie, weil sie auserwählt sind und die irdischen Gesetze für sie nicht gelten.

---

[117] Jeff Sharlet, *The Family. The Secret Fundamentalism at the Heart of American Power*, Harper Collins, 2008, Kindle-Version.

Unter den »Freunden« von *The Family* sind unangenehme Typen. Der libysche Diktator Muammar al-Gaddafi und der »Schwarze Hitler« Idi Amin Dada, bekannt auch als »Schlächter von Afrika«, gehörten dazu. Ebenso südamerikanische, indonesische und koreanische Diktatoren. Die Assoziationen zu Hitler haben ihren Grund. Doug Coe bewunderte Hitlers, Lenins und bin Ladens Überzeugungskraft und den Gehorsam und die Loyalität, die bei der Mafia herrschen. Es stört *The Family* nicht, wenn jemand Blut an den Händen hat, alles, was böse zu sein scheint, wird mit dem Willen Gottes gerechtfertigt.

Ab 1953 begann Coe unter den Bedingungen des Kalten Krieges das jährliche nationale Gebetsfrühstück (National Prayer Breakfast) in Washington zu organisieren. Es war eine recht eigentümliche Reaktion auf den Atheismus in der UdSSR. Zu diesem Frühstück kamen der Reihe nach alle Präsidenten der USA und auch zahlreiche internationale Gäste. Diese informellen Begegnungen hatten den Zweck, lockere Beziehungen zu knüpfen und »religiöse Diplomatie« anzubahnen. Ab 2013 begann man auch in Moskau damit, solche Treffen zu organisieren – mit dem Segen des »bekehrten« Putin, der alljährlich den Teilnehmern seine Neujahrswünsche übermitteln lässt.[118] Putins Rede über den Zerfall des Westens und dessen Bruch mit der christlichen Tradition, die er im Waldai-Klub gehalten hatte, sind die wichtigste Botschaft auf der Internetseite dieser Veranstaltung.

Es handelt sich um eine ungewöhnliche Symbiose – die amerikanischen Protestanten werden in Moskau von der politischen *Crème de la Crème* des Landes hofiert, die an den Zusammenkünften teilnimmt. Die Amerikaner wiederum beginnen damit, den russischen Präsidenten in den westlichen Medien ausgiebig zu loben. Die antikommunistische Kalte-Kriegs-Rhetorik verschwindet, Russland ist nicht mehr böse. Putin wird zum »Löwen des Christentums«, zum »Verteidiger der Werte« (Bryan Fischer in American Family Radio),

---

118 Siehe: Internetauftritt der Nationalen Frühstücksgebete in Moskau, wo jedes Jahr Scans von Putins Neujahrsgrüßen veröffentlicht werden, so zum Beispiel 2015: https://www.fondnum.ru/english/articles/putin-01-2015, letzter Zugriff am 05.03.2023.

»Russland, Putin und die orthodoxe Kirche übernehmen die moralische Führung in der Welt« (Sam Rohrer, American Pastors Network), die Russen sind »Verteidiger der moralischen Wahrheit« (Franklin Graham, Samaritan's Purse).

Für Dugin ist Putin ein »Katechon«, für *The Family* »der König der Wölfe«, auserwählt von Christus.

❏ ❏ ❏

Der Kontaktmann zwischen *The Family* und Russland ist Doug Burleigh, der die Rolle Coes nach dessen Tod 2017 übernahm. Burleigh reiste bereits 1965 im Rahmen eines Stipendiums in die UdSSR und fährt bis heute regelmäßig dorthin. Er war es, der versuchte, Russland nach der Perestroika zu evangelisieren. »Gott schickte mich dort als Student hin«, erinnert er sich. »Über das, was ich dort tun konnte, entschied die Regierung. Man bekam einen Fremdenführer zugeteilt. Die [Bewegungs-]Möglichkeiten waren eingeschränkt.«[119] Welche Geschichte hat der Russisch sprechende Amerikaner zu erzählen, der weder der Beobachtung des KGB noch der CIA entgangen sein konnte?

Auf die russischen Einflüsse innerhalb von *The Family* wurde die Öffentlichkeit aufmerksam, als die Sache mit der neunundzwanzigjährigen »Studentin« Maria Butina herauskam, die – was damals der Aufmerksamkeit der Beobachter entgangen war – nicht nur in der National Rifle Association tätig war, sondern auch die Gebetsfrühstücke infiltriert hatte. Dank der gerichtlichen Feststellungen, der Einblicke in Butinas Korrespondenz, die dem FBI im Zusammenhang mit den Ermittlungen gegen sie in die Hände fiel, sowie der Presseveröffentlichungen und des Dokumentarfilms *The Family* lässt sich die Zusammenarbeit zwischen dem Kreml und der *Family* hinter den Kulissen in Teilen rekonstruieren. Das war nämlich so:

---

119 Doug Burleighs Worte in dem Dokumentarfilm *The Family*, Regie: Jesse Moss, Netflix, Folge 3.

Alexander Torschin, ein korpulenter Russe mit dem Erscheinungsbild eines provinziellen Apparatschiks, kam zu dem alten Doug Coe und sagte ihm (mit Sicherheit mittels eines Dolmetschers, denn er spricht kein Englisch): »Ich brauche deine Hilfe. Wir wollen, dass sich bestimmte Oberhäupter miteinander treffen. Nur du bist in der Lage, sie dazu zu bewegen.«[120]

Torschin ist einer der führenden Politiker in der Putin-treuen Partei Einiges Russland und stellvertretender Leiter der Russischen Zentralbank. Nicht zum ersten Mal kam er ums Gefängnis herum – die spanische Regierung hatte ihn 2013 festnehmen wollen, als er wegen seiner Verbindungen zur Mafia und wegen Geldwäsche angeklagt wurde. Doch statt hinter Gittern zu sitzen, wurde Torschin einer der Hauptsprecher der Gebetsfrühstücke. Er ließ sich aus über familiäre Werte, initiierte Gebete und sprach von der Notwendigkeit des Friedens auf der Welt: »Wir haben nicht viel Zeit, denn wir sehen, wie schnell die Welt sich auf den Abgrund eines neuen Weltkrieges zubewegt.« Schaut man sich Aufnahmen seiner Rede an, in der Jesus oft vorkommt, drängen sich Assoziation mit den Reden von Sekretären der Kommunistischen Partei auf Sitzungen und Tagungen auf. Allerdings wurde der Sozialismus durch Religion ersetzt und die düsteren Blicke unter buschigen Augenbrauen gegen ein amerikanisches Lächeln ausgetauscht.[121] Ein Politiker, der eine Anekdote von dem Gespräch mit Doug Coe erzählte, sagte, dass Torschin »sehr aufgeregt war« und »Doug umschmeichelte«: »Wir wissen, dass du der mächtigste Mensch der Welt bist.« Worauf Doug antwortete: »Dem kann ich nicht zustimmen. Ich bin nur ein Freund.« Zum Zeichen seiner Freundschaft nahm Doug seine Armbanduhr ab und gab sie Torschin, dieser nahm daraufhin seine ab und gab sie Doug mit den Worten: »Putin hat sie mir gegeben, aber

---

120 Worte von Lars Rise in dem Dokumentarfilm *The Family*, Regie: Jesse Moss, Netflix, Folge 3.
121 Ausschnitte von Torschins Rede sind auf folgender Seite zu finden: https://www.fondnum.ru/english/articles/rnpb-2015, letzter Zugriff am 02.03.2023.

jetzt werde ich eine amerikanische tragen.«[122] Das klingt wie ein Dialog aus *Der Pate*. Nicht ohne Grund.

Die Dinge gewannen 2017 an Fahrt (kurz nachdem Trump Präsident geworden war), als Doug Burleigh, »der russische Kontaktmann«, sich mit Maria Butina und mit Torschin traf. Ihn fragte er (Butina dolmetschte) nach der Zahl der Personen, die er zum Frühstück in Washington einladen wolle. Torschin antwortete: zehn Personen.

Butina schrieb später in einer E-Mail, dass das »sehr einflussreiche Personen in Russland« seien und dass sie kommen, um einen *back channel*, einen geheimen Kommunikationskanal, zwischen dem Kreml und der Regierung der USA einzurichten.[123] In einer anderen E-Mail argumentierte sie, dass »neue Beziehungen zwischen zwei Ländern immer am besten gelingen, wenn man mit Glaubensfragen beginnt«.[124]

Nach dem Gebetsfrühstück fand noch ein »privates Treffen« statt, für das sie sich später bedankte – bei Burleigh, so wird vermutet. Im gleichen Jahr kündigte Burleigh bei einer Rede während eines Moskauer Frühstücks »den bevorstehenden Durchbruch in den Beziehungen zwischen Russland und den USA« an.

Im Jahr 2018 kamen bereits sechzig Russen zum Frühstück nach Washington. Als Journalisten fragten, ob es sich hier nicht um geheime Absprachen handelte, sagte Burleigh lachend, dies seien Absprachen der Russen mit Jesus.[125] Doch bereits einige Monate später wurde dieser Scherz bitter, als nämlich das Urteil im Fall der mit Jesus verschworenen Agentin Maria Butina fiel.

---

122 Siehe: *The Family*, Folge 3.
123 Tim Lister, *Mary Ilyushina and Frederik Pleitgen, Big Russian delegation anticipated for prayer breakfast in Washington*, CNN, 8. Februar 2018, https://edition.cnn.com/2018/02/07/politics/russia-delegation-washington-prayer-breakfast/index.html, letzter Zugriff am 25.02.2023.
124 Emily Belz, *Bad connections?*, »World Magazine«, 30. Juli 2018, https://wng.org/articles/bad-connections-1617647707, letzter Zugriff am 25.02.2023.
125 Film mit Doug Burleigh auf dem Blog von Warren Throckmorton, *The Fellowship Foundation's Doug Burleigh Jokes About Russian Collusion with Jesus*, https://wthrockmorton.com/2018/07/23/the-fellowship-foundations-doug-burleigh-jokes-about-russian-collusion-with-jesus/, letzter Zugriff am 25.02.2023.

Aus den Ermittlungsunterlagen des FBI in Sachen Butina geht hervor, dass Doug Burleigh mit der jungen Russin und ihrem Betreuer Torschin vom russischen Außenministerium zusammengearbeitet hatte. Die Ermittlungsergebnisse des FBI, vorgestellt vor Gericht durch Special Agent Kevin Helson, enthalten mehrere Zitate aus Butinas Mailwechsel, die hochriskante Vorgehensweisen seitens Burleigh offenlegten, der in dem Dokument als »US-Bürger 2« bezeichnet wird. In einer Mail vom 16. September 2016 schreibt Butina an ihn, wobei sie die schnelle Organisation eines »freundschaftlichen« Abendessens nahelegt: »Wir haben nur zwei Monate bis zu den amerikanischen Wahlen, und es ist höchste Zeit, ein Russland-Team für den neuen Präsidenten zusammenzustellen.«[126] Nach dem Washingtoner Frühstück 2017 dankte sie Burleigh für die Einladung der russischen Delegation und schrieb: »Unsere Delegation kann dein wunderbares Abendessen gar nicht genug loben. Mein verehrter Präsident hat die ›Nachricht‹ über die Initiative deiner Gruppe und deiner konstruktiven und freundlichen Aufmerksamkeit für die Russen erhalten«[127], sprich für die zwölf »wichtigen politischen Berater von Präsident Putin, den Universitäts-Rektoren, den Bürgermeistern und den Geschäftsführern privater Firmen«.[128] Welche Nachricht über welche Initiative wurde »dem verehrten Präsidenten« überbracht? Wozu sollte dieser geheime Kanal überhaupt dienen? Ist es nicht eine sonderbare Situation, dass eine russische Spionin dabei hilft, ein Beraterteam für den US-Präsidenten aufzubauen?

Das Gebetsfrühstück 2017 fand einige Monate vor der Entscheidung des US-Gerichtes statt, das Butina der Spionage für Russland für schuldig befand. Butina bekannte sich schuldig und »flehte um Gnade«. Sie saß achtzehn Monate im Gefängnis und wurde dann nach Russland abgeschoben. Aber ihr Betreuer Alexander Torschin

---

126 Siehe: *Affidavit in support of an application for a criminal complaint,* Ermittlungen von Special Agent des FBI Kevin Helson für das Gericht im District of Columbia, S. 11. Zugriff online im PDF, wenn man nach dem Titel des Falls und den Namen des Agenten auf der Seite des amerikanischen Ministeriums für Justiz sucht: https://www.justice.gov/opa/press-release/file/1080766/download, letzter Zugriff am 25.02.2023.
127 Ebd., S. 16.
128 Ebd., Mail von Butina am 5. Januar 2017., S. 15.

blieb auf freiem Fuß, obwohl er ebenfalls Teil der Ermittlungen von Staatsanwalt Robert Mueller war. Es gab nämlich den Verdacht, dass er über die National Rifle Association illegale Überweisungen getätigt hatte, mit denen Trumps Wahlkampf unterstützt wurde.[129]

Butina, »Vertreterin der inoffiziellen Diplomatie« der Russischen Föderation – wie sie vorgestellt wurde –, lernte von Torschin, und er beratschlagte jeden Schritt mit dem russischen Außenministerium. In ihren Nachrichten an ihn auf Twitter nannte sie ihre Vorgehensweise »ein Spiel, das wir gewinnen«. Sie war der Meinung, dass Torschin bei alledem eine »zentrale Rolle« spielt, und schrieb: »Ohne Sie schaffe ich das nicht!«, »Ich fange in diesem Gebiet erst an. Noch immer muss ich so viel von Ihnen lernen.« Der Meister beruhigte sie: »Das lässt sich schwer lernen. Geduld und einen kühlen Kopf bewahren + Glaube an sich. Dann wird am Ende alles gelingen.«[130]

Butina ist es aber nicht gelungen. Oder hat vielleicht genau das, was ihr gelungen ist, schon gereicht?

❑ ❑ ❑

Es klingt wie die Handlung eines Spionagefilms, aber die Realität ist zuweilen wesentlich kurzweiliger. So hat ein Teil der russischen Delegation von 2017, statt sich mit dem Anbahnen von Kontakten zu beschäftigen, »nicht zugehört oder sich respektlos verhalten, indem sie telefoniert oder sich darüber beklagt haben, dass es keinen Alkohol gab«.[131] Nach dem Frühstück sprach Burleigh mit Torschin

---

[129] Justin Miller, *Kremlin Used NRA to Help Trump in 2016, Democratic Senate Report Says,* »The Daily Beast«, 12. November 2018, https://www.thedailybeast.com/kremlin-used-nra-to-help-trump-in-2016-says-senate-intelligence-committee, letzter Zugriff am 02.03.2023.

[130] *Affidavit in support of an application for a criminal complaint,* Ermittlungen von Special Agent des FBI Kevin Helson für das Gericht im District of Columbia, S. 12. Zugriff online im PDF, wenn man nach dem Titel des Falls und dem Namen des Agenten auf der Seite des amerikanischen Ministeriums für Justiz sucht: https://www.justice.gov/opa/press-release/file/1080766/download, letzter Zugriff am 25.02.2023.

[131] Emily Belz, *Bad connections?,* »World Magazine«, 30. Juli 2018, https://wng.org/articles/bad-connections-1617647707, letzter Zugriff am 25.02.2023.

darüber: »Bruder, wir sollten Leute einladen, die wirklich hier sein wollen.«[132] Torschin entschuldigte sich. Eine anonyme russische Quelle äußerte sich gegenüber einem CNN-Reporter folgendermaßen: »Ich nehme an, dass die Mehrheit der russischen Delegation gar nicht beten wollte; sie wollten sich nur unters Volk mischen« und »sie versuchten, ihre eigenen Probleme zu klären – nämlich die Möglichkeit, dass sie auf der Liste von Personen, die mit Sanktionen belegt werden, landen könnten.«[133] Die Russen taten nicht so, als ginge es ihnen um Gott. Aus den Kommentaren der meisten amerikanischen Journalisten, die ich gelesen habe, geht hervor, dass die russische Infiltration dieses Umfelds auf unvorbereitete Amerikaner traf, die geschickt ausgenutzt wurden. Wenn man aber – so wie *The Family* – mit Diktatoren des 20. Jahrhunderts zu tun hatte, kann man sich dann eine solche Naivität erlauben? Ist es überhaupt angebracht, hier von Naivität zu sprechen?

Schließlich ist das Oberhaupt der heutigen Family ein »russischer Kontaktmann«.

»Wir sind in einem Umfeld aufgewachsen, in dem Kontakte mit Ausländern verboten waren« – sagte der Organisator der Moskauer Frühstücke Petr Sautow. »Wir erlebten plötzlich eine Faszination für alles, was amerikanisch ist. Die Amerikaner waren für uns wie Außerirdische. In den Neunzigerjahren kamen viele Protestanten nach Russland. Nicht nur Billy Graham.«[134] Es fand eine regelrechte »protestantische« Überschwemmung des Wilden Ostens statt. Ihr folgte das Business. Aber Russland nutzte dieses Phänomen politisch gut aus. Steven L. Hall sagte: »Ein russischer Geheimdienstoffizier, der früher einmal mit Amerikanern zu tun hatte, wird wissen, dass die amerikanischen Sicherheitsdienste – das FBI, die CIA und andere Staatsorgane – bezüglich amerikanischer religiöser Organisationen,

---

132 Ebd.
133 Tim Lister, *Mary Ilyushina and Frederik Pleitgen, Big Russian delegation anticipated for prayer breakfast in Washington*, CNN, 8. Februar 2018, https://edition.cnn.com/2018/02/07/politics/russia-delegation-washington-prayer-breakfast/index.html, letzter Zugriff am 25.02.2023.
134 Petr Sautow in dem Dokumentarfilm *The Family*, Regie: Jesse Moss, Netflix, Folge 3.

ob das Kirchen sind oder die Gebetsfrühstücke oder irgendetwas in dieser Art, sehr, sehr zurückhaltend sind mit deren Bespitzelung oder Observierung. Es sei denn, es kommt zu offensichtlichem Steuerbetrug oder der NGO-Status wird missbraucht.«[135]

Hall, der das FBI 2015 verlassen hat, weil er in Rente ging, erklärte Journalisten, wie es sich bei religiösen Organisationen verhielt: »Wenn ich ein russischer Geheimdienstoffizier wäre, würde ich versuchen, mich der religiösen Rechten anzuschließen, es gäbe ein paar interessante Dinge, die meine Aufmerksamkeit auf die National Rifle Association und die internationalen Gebetsfrühstücke lenken würde.« Auf der einen Seite die Verbindungen zur Geschäftswelt und zum Waffenhandel in der National Rifle Association, auf der anderen Seite der Zugang zur globalen politischen Elite durch die gemeinsamen »Frühstücksgebete« …

Kanal 1, Kanal 2

Um die ganze Situation besser zu verstehen, sollte bedacht werden, dass es wohl parallele russische Einflusskanäle in der Welt der Neokonservativen gibt. Es kann sein, dass sie nichts voneinander wissen oder aber miteinander konkurrieren. So hat beispielsweise Allan Carlson vom – nennen wir ihn mal – Kanal Nr. 1 die Frage einer Journalistin, ob er die Leader der russischen Gebetsfrühstücke kenne, verneint.[136] Wäre dann *The Family* Kanal Nr. 2?

Die Kanäle arbeiten auf verschiedenen Ebenen, manchmal kreuzen sie sich. Es ist auch unklar, wie viele es gibt. Nachdem Trump an die Macht gekommen war, haben sich viele fundamentalistische mutmaßliche Mitglieder der *Family* um ihn gesammelt, angefangen bei seinem Stellvertreter Mike Pence. Sprich, Kanal Nr. 2. Aber der

---

135 Jonathan Larsen, *CIA Vet: Russian Ties to Prayer Breakfast Part of Influence Operations*, TYT, 16. Januar 2019, https://tyt.com/reports/4vZLCHuQrYE4uKagy0oyMA/40yVZncN5BceZNONtLQpd9, letzter Zugriff am 25.02.2023.
136 Emily Belz, *Bad connections?*, »World Magazine«, 30. Juli 2018, https://wng.org/articles/bad-connections-1617647707, letzter Zugriff am 25.02.2023.

Chefanwalt des American Center for Law and Justice (das auch in Moskau eine Niederlassung hat), Jay Sekulow, sprich ein Mann von Kanal Nr. 1, der verbunden ist mit dem World Congress of Families, wurde einer seiner juristischen Berater. Sekulow verteidigte Trump während der Ermittlungen des FBI bezüglich – Achtung! – der russischen Einmischung in die US-Wahl. Sekulow ist seit 1991 im ACLJ und hatte sich als Anwalt bis dahin mit verfassungsrechtlichen Fragen und nicht mit strafrechtlichen Fragen befasst. Seine Beförderung wurde in Juristenkreisen mit Verwunderung aufgenommen, da man ihn nicht für erfahren genug und vorbereitet für diese spezielle Aufgabe hielt. Bei seinen Auftritten im Gericht und im Fernsehen ist er aggressiv und lässt sich schnell aus dem Gleichgewicht bringen.[137]

Von ihrem Meinungsaustausch, vor allem auch von dem Austausch politischer Gefälligkeiten zwischen Leuten vom Kreml und amerikanischen Konservativen, hatten beide Seiten etwas. Die Russen gaben den amerikanischen Protestanten das Gefühl von Macht, das sie bei sich nicht hatten, und dann halfen sie ihnen, einen Präsidenten ins Amt zu hieven, der beiden Seiten passte. Und die Russen lernten von den Amerikanern Sozialtechniken und den Umgang mit der Sprache.

Es waren die Protestanten, die die schwulenfeindliche Sprache in Russland zu entwickeln halfen. Dort spricht man nicht mehr von »Gays«, stattdessen legt man den Akzent auf »traditionelle Werte«, »Schutz der Kinder«, »natürliche Familie«, woraus später legislative Initiativen entstanden, die sich gegen homosexuelle Menschen als angebliche Verführer von Kindern richten.[138]

---

[137] Steve Benen, *Jay Sekulow, Trump's unlikely lawyer*, »The Washington Post«, 19. Juni 2017, https://www.washingtonpost.com/news/morning-mix/wp/2017/06/19/jay-sekulow-trumps-unlikely-lawyer/?noredirect=on, letzter Zugriff am 02.03.2023.

[138] Darüber schreibt Hannah Levintova in: *How US Evangelicals Helped Create Russia's Anti-Gay Movement*, »Mother Jones«, 21. Februar 2014, https://www.motherjones.com/politics/2014/02/world-congress-families-russia-gay-rights/, letzter Zugriff am 02.03.2023.

Die Folgen? Im Jahr 2013 wurde in Russland ein Gesetz verabschiedet, das »homosexuelle Propaganda« verbietet. Auf russischer Seite war in dieser Sache Professor Antonow aktiv (sprich Kanal Nr. 1), der zugab: »Im Gegensatz zu anderen europäischen Ländern haben wir die Ratifizierung von Entwürfen abgelehnt, die die Adoption von Kindern durch Homosexuelle fördern.« Er verhehlte auch nicht, dass der World Congress of Families »zufrieden damit war, dass Putin sich gegen die europäischen Regierungen gestellt hat. Das war unser Einfluss auf Putin und seine Regierung.«[139]

Als Allan Carlsons Kollege Larry Jacobs gefragt wurde, ob der World Congress of Families zum russischen Sieg in dieser Sache beigetragen hat, lachte er und antwortete: »Yes, I think that is accurate.« [Ja, ich denke, das ist richtig.] Und fügte hinzu: »Die Russen können die christlichen Erlöser der Welt werden.« Das klingt hochtrabend, aber die Erlösung der Welt ist nicht gratis. Larry Jacobs war Verwaltungsleiter des WCF und hat in den Jahren 2013/2014 von den Russen fünftausend Dollar monatlich für ein Projekt bekommen: eine konservative Internetseite.[140]

Aber Jacobs wird uns die Geschichte nicht mehr erzählen, und er wird auch nicht zur Rechenschaft gezogen werden, genauso wenig wie Jack Hanick, einer der Gründer von Fox News, der sogar auf Einladung und mit Geld von Malofejew nach Moskau zog. Jacobs starb 2018, und Hanick wurde 2022 vom FBI verhaftet, weil er mit seiner Tätigkeit für Malofejew gegen die US-Sanktionen verstoßen hatte, die gegen den russischen Oligarchen verhängt worden waren.[141]

---

139 Ebd.
140 Die Gelder stammten von der Stiftung »St. Basilius der Große«, geleitet von dem Oligarchen Konstantin Malofejew. Vermittler war die spanische Organisation CitizenGO. Die Rechnungen und Berichte zu diesem Thema sind zugänglich bei The Intolerance Network, gesammelt von Wikileaks. Die Internetseite hieß HocVinces.Info und existiert heute nicht mehr.
141 Siehe: »TV Producer For Russian Oligarch Charged With Violating Crimea-Related Sanctions«, Department of Justice, Southern District of New York, 3. März 2022, https://www.justice.gov/usao-sdny/pr/tv-producer-russian-oligarch-charged-violating-crimea-related-sanctions, letzter Zugriff am 25.02.2023.

Kapitel 6
WORLD CONGRESS OF FAMILIES

Beim World Congress of Families (WCF), dem Weltfamilienkongress, kommen amerikanische, russische und spanische Organisationen zusammen – insgesamt aus über achtzig Ländern. Den Kongress bilden Vertreter verschiedener Kirchen: Protestanten, Katholiken, Mormonen, Baptisten und Russisch-Orthodoxe. Aus einer Erklärung des WCF ist zu erfahren, dass »die Familie die natürliche und fundamentale gesellschaftliche Einheit ist und sie von der Gesellschaft und dem Staat geschützt werden muss«. Die Kongressmitglieder kämpfen für »natürliche Familien«, die als »Verbindung zwischen Mann und Frau« verstanden werden. Das klingt harmlos, dennoch nennt man den WCF die »einflussreichste amerikanische Organisation, die mit Hate-Speech-Export zu tun hat«, der – darauf wird hingewiesen – unter anderem in Russland gut ankommt.[142] Der WCF ist auch eine extremistische Organisation, die »den Export von Bigotterie, Ideologie und Anti-LGBT-Rechtsetzung in anderen Ländern fördert und koordiniert«.[143] Zu dieser Bewertung, die von Human Rights Campaign stammt, gesellten sich 2014 weitere Organisationen, die den WCF und das Howard Center, das von Allan Carlson geleitet wird, als *hate group* bezeichnen. Der

---
142 *Exposed: World Congress of Families. An American Organization exporting hate,* update Juni 2015, https://assets2.hrc.org/files/assets/resources/WCF_Report_REV_6-17-15_FINAL_(1).pdf?_ga=2.163562047.2062651818.1677320719-519039535.1677320719, letzter Zugriff am 25.02.2023.
143 Ebd.

leitende Direktor von Human Rights Campaign, Ty Cobb, stellte klar: »Sie loben Wladimir Putin als jemanden, der Standards für ›familiäre Werte‹ setzt, und haben eine nigerianische Aktivistin ausgezeichnet, die behauptet, dass LGBT-Anwälte mit der terroristischen Gruppierung Boko Haram konspirieren […]. Hass gehört nicht zu amerikanischen Wertvorstellungen, wir müssen ihn enttarnen und den World Congress of Families und ihre extremistischen Mitstreiter aufhalten.«[144]

Seit Gründung der Organisation im Jahr 1997 finden die Tagungen stets in einem anderen Land in Westeuropa oder in den Vereinigten Staaten statt, einmal auch in Sydney (2013). Bisher gab es immer Proteste. In Amsterdam (2009) wurde das Gebäude, in dem der Kongress stattfand, mit Farbe beschmiert. Als sie 2012 in London versuchten, für die Veranstaltung *One man. One woman. Making the case for marriage for the good of society* einen Raum zu bekommen, erhielt der WCF eine Absage. In Australien war eine Regionalkonferenz des WCF 2014 mit Protesten konfrontiert. Der australische Senat gab eine Erklärung ab, in der er die Konferenz verurteilte, denn es hatten mehrere Abgeordnete und Regierungsvertreter angekündigt, dort aufzutreten. Aber in Osteuropa (Warschau 2007, Moskau 2014, Budapest 2017, Chișinău 2018) erhielt der WCF starke Unterstützung aus Regierungskreisen. In Warschau fand der IV. Kongress des WCF im Palast für Kultur und Wissenschaft statt, die Schirmherrschaft hatte der damalige Präsident Lech Kaczyński übernommen. Zum ersten Mal engagierte sich ein Politiker dieses Ranges für den WCF. Bei den Beratungen sprachen die Gründer des Kongresses Anatolij Antonow und Allan Carlson. In einer Rede wurde Beunruhigung angesichts der Tatsache geäußert, dass heute sechzig Prozent der Studierenden Frauen sind. Paige Patterson[145] bemerkte: »Innerhalb weniger Jahre ist die Zahl der Männer unter den Intellektuellen deutlich zurückgegangen, und sie tre-

---

144 Ebd.
145 Dr. Paige Patterson (*1942) gilt als Fundamentalist der Südlichen Baptisten. (Anm. d. Übers.)

ten nach und nach in vielen Bereichen hinter den Erfolgen von Frauen zurück.«[146]

Im Rahmen des Kongresses fand eine Sitzung im polnischen Parlament statt, die gemeinsam vom Sejm und vom Senat organisiert wurde. Bisher war der Warschauer Kongress die größte Tagung des WCF. Dreitausendneunhundert Personen nahmen teil. Das war der Startschuss für den Export des sogenannten familienfreundlichen Gedankenguts nach Osteuropa. Polen spielte hierbei eine unrühmliche Rolle.

Um noch einmal aus dem Bericht von Human Rights Campaign zu zitieren: »Der WCF organisiert große Konferenzen in Polen und in der Ukraine, die ›familienfreundliche‹ Aktivisten vereinen und sie dazu anregen, sich für eine LGBT-feindliche Rechtsetzung zu engagieren. In der Ukraine hat der WCF die Befürchtungen befeuert, dass der Beitritt zur Europäischen Union das Land zur Akzeptanz der Gleichstellung gleichgeschlechtlicher Ehen zwingen werde. Die Organisation unterstützte eine Rechtsetzung, die Gespräche über Homosexualität in polnischen staatlichen Schulen verbieten will. Sie betrieb Lobbyismus gegen die Gleichstellung gleichgeschlechtlicher Ehen in Albanien und Rumänien.«[147]

Ein weiterer wichtiger Kongress fand am 25. Mai 2012 in Madrid statt. Die Zusammenarbeit zwischen Osten, Westen und Süden wurde aufgenommen.

Alles begann mit Wladimir Jakunin, der 2010 zunächst (auf seine Kosten) den geschäftsführenden Direktor des WCF Lawrence D. Jacobs zu einem von ihm organisierten Forum auf die Insel Rhodos einlud. Jakunin ist ein Freund von Putin aus dessen Petersburger

---

146 Bob Allen, *Vandals target group planning pro-family gathering in Amsterdam*, »Baptist News«, 4. August 2009, https://baptistnews.com/article/vandals-target-group--planning-pro-family-gathering-in-amsterdam/#.XLSr-KSxXIU, letzter Zugriff am 25.02.2023.

147 *Exposed: World Congress of Families. An American Organization exporting hate*, update Juni 2015, https://assets2.hrc.org/files/assets/resources/WCF_Report_REV_6-17-15_FINAL_(1).pdf?_ga=2.163562047.2062651818.1677320719-519039535.1677320719, S. 6, letzter Zugriff am 25.02.2023.

KGB-Zeiten; jahrelang war er als Agent bei der UNO in New York tätig (1985–1991). Als Vertrauensperson half er in den Neunzigerjahren bei der Gründung der Bank Rossija, bei der der KGB und seine Leute, unter anderem Putin, ihre Vermögen haben. Dann war er Chef der Russischen Eisenbahngesellschaft. Seit dem Angriff auf die Ukraine 2014 war er von Sanktionen durch die USA betroffen, blieb aber auf freiem Fuß und hatte Beziehungen in Berlin, wo er vor einigen Jahren seinen Platz fand, denn »Russia has recruited allies in German chancellor Angela Merkel's ›inner circle‹ and in Austrian intelligence services«, wie Michail Chodorkowski 2021 in einem Bericht für das Komitee des Europaparlaments über fremde Einflüsse schrieb.[148] In Berlin hatte Jakunin auch ein Büro seiner Organisation Dialogue of Civilizations Research Institute, das, wie *The Insider* schreibt, der Geldwäsche und zur Verbreitung von Desinformationen dient. Und Jakunin ist laut Chodorkowski »used to identify potential Kremlin allies among European elites«.[149] Jakunin hat sich zusammen mit seiner Frau gleich nach dem Niedergang der UdSSR »bekehren« lassen und ist russisch-orthodox geworden, deshalb ist er in religiösen Organisationen tätig, die in Wirklichkeit, seit dem Angriff auf die Ukraine im Jahr 2014, geopolitischen Zielen des Kremls dienen.

Wie aus Notizen hervorgeht, die aus vom Hackerteam ACAB gestohlenen und 2021 auf Wikileaks veröffentlichten Unterlagen stammen, lud Jakunin Jacobs vom WCF zum Rhodes Forum ein – ein Treffen von Politikern und Experten auf der gleichnamigen griechischen Insel. Jacobs nannte das Forum »Alternative zum UN-Modell«, aber woanders wird das Rhodes Forum »rechte Internationale« genannt. Auf Rhodos bekam Jacobs das Angebot, in Moskau einen Vortrag zu halten, auf dem er dann sagen wird, dass die Russen die »wahren Verbündeten« der amerikanischen Protestanten sein können, und später – nachdem ihm immer mehr freundliche Russen

---

148 https://euobserver.com/world/151825, letzter Zugriff am 06.03.2023.
149 Ebd.

begegnet sind – und zwar beim Forum Russia in Washington und bei einem Treffen in der russischen Botschaft in den USA, äußert er mutiger, dass Putin »ein Mann ist, der die Gesetze und die Moral schützt, die mit dem Freiheitsbegriff übereinstimmen, der in der amerikanischen Verfassung verankert ist«. Er gibt russischen Medien zahlreiche Interviews, die seine Aussagen als Propaganda verwenden, er trifft sich mit Oberhäuptern der orthodoxen Kirche, und er spürt auch, dass er Einfluss gewinnt auf russische Gesetze, die sich gegen LGBT-Personen richten.

Zur Festigung der russischen Bindung an den WCF kam es schließlich 2012 beim Kongress in Madrid. Seitdem geht es dem WCF besser, die Kongresse finden jährlich statt, und nicht mehr alle zwei oder gar alle fünf Jahre. Auch Natalia Jakunina nimmt nun an den Treffen des Organisationskomitees des WCF teil, dessen Vorsitzender Jacobs ist. Es kommt die Zeit, da die Russen im Vorstand von Alexej Komow vertreten werden. Seine Organisation *Family Russia* wird Partner des Kongresses und zahlt einen Jahresbeitrag von 2500 Dollar, wie auch die Stiftung *St. Basilius der Große* von Malofejew und die Stiftung von Jakunin, die bald in den Unterlagen unter dem Namen einer seiner Programme auftaucht: *Sanctity of Motherhood* (Heiligkeit der Mutterschaft). Zwei Jahre nach Madrid, im Jahr 2014, wird der WCF in Moskau vom Kreml organisiert. Aus einem Bericht, den mir ein Gast des Moskauer Kongresses gab, geht hervor, dass die Tagung den russischen Diensten zur Anwerbung von Einflussagenten diente. Dabei wurde so offen und hartnäckig vorgegangen, dass mein Gesprächspartner erleichtert aufatmete, als er sich endlich im Flugzeug auf dem Weg nach Hause befand. Was 1995 unter Ausnutzung von Carlons Naivität angebahnt wurde, war nicht vergeblich und kam Jahre später den geopolitischen Zielen des Kremls zugute.

❑ ❑ ❑

Am spannendsten ist die Tagung des WCF, die 2014 in Moskau stattfand. Also zur selben Zeit, als Russland die Krim annektierte. Die Vorbereitungen dauerten mehrere Jahre, denn der Blick des Westens auf Russland – beklagen sich die Organisatoren – sei noch immer von Vorurteilen geprägt.

Moskau sollte dank der Bemühungen von Alexej Komow, einem ehemaligen Studenten von Antonow, zum Kongressort werden. Derselbe Komow, den ich bereits erwähnt habe, ein Mitarbeiter von Malofejew, ein Experte für die Finanzierung des Krieges in der Ukraine. So wie Komow Antonow ablöste, so löste später Brian Brown, der heutige Chef des WCF, Carlson ab. Der junge Komow bringt neue Energie in den WCF. Von da an geschehen interessante Dinge.

Zunächst organisierte Komow 2011 eine Tagung zum Thema Demografie in Russland, eine Bewährungsprobe seiner Fähigkeiten, an der neben Carlson und Larry Jacobs auch die russische Politikerin Jelena Misulina und Swetlana Medwedewa, die Ehefrau des damaligen Präsidenten Dmitri Medwedew, teilnahmen. Dies half den Amerikanern, sich mit Schlüsselfiguren im Kreml und in der Duma zu vernetzen und ihr Know-how an die russischen Partner weiterzugeben. Innerhalb von zwei Wochen nach der Veranstaltung führte dies zur Einführung der ersten Anti-Abtreibungsgesetze nach der Wende in Russland (Abtreibungsanbieter müssen zehn Prozent ihrer Werbung der Beschreibung der Gefahren einer Abtreibung widmen, und es wurde verboten, Abtreibung als sicheres medizinisches Verfahren zu bezeichnen), später, 2013, stand Misulina hinter der Einführung der Anti-Homosexuellen-Gesetze in Russland. Sie ist auch für kuriose Äußerungen bekannt, etwa für den Satz: »Selbst wenn ein Mann seine Frau schlägt, dann tut das nicht so weh, wie eine Demütigung den Mann schmerzt.«[150] Sie forderte das vollstän-

---

150 Ekaterina Sokirianskaia, *Vladimir Putin has one reliable set of allies: Russia's iron ladies*, »The Guardian«, 22. März 2017, https://www.theguardian.com/commentisfree/2017/mar/22/vladimir-allies-russias-iron-ladies-useful-anti-feminists, letzter Zugriff am 25.02.2023.

dige Verbot von Abtreibung, obwohl in Russland eine solche Regelung lediglich von zwölf Prozent der Frauen unterstützt wurde.

»Wir haben erstaunliche Resultate gesehen«, sagte der von den Russen anständig bezahlte Larry Jacobs aufgeregt, ein Freund von Carlson und Vorstandsmitglied des WCF, verantwortlich für die Kontakte zu den Medien. Als die Duma im Juni 2013 ein Gesetz annahm, das »homosexuelle Propaganda« in Russland verbietet, traf sich Brian Brown vom Planungskomitee des Kongresses in Moskau mit Misulina. Begleitet wurde er von Jack Hanick, ebenfalls Mitglied des Komitees, einst Produzent von Fox News. Zum ersten Mal hatten die Postulate dieser Kreise eine Reaktion in Form von geltenden Gesetzen gefunden. Darum beneideten die Amerikaner die Russen am meisten. Denn sie hatten keinen Putin, der ihnen grünes Licht gab. Auf ihren eigenen Putin würden sie noch ein paar Jahre warten müssen. Unterstützt wird dessen Sieg dann vom echten Putin.

Am ersten Tag nach seinem Machtantritt strich Trump die finanzielle Unterstützung für NGOs weltweit, die Abtreibung vornehmen oder zumindest über Abtreibung informieren. Denn anscheinend passierte auf der Welt gerade nichts Wichtigeres, womit der neue Präsident sich hätte befassen müssen.

Bei den Vorbereitungen für den WCF in Moskau agierte Komow zusammen mit Beloborodow, jedoch jeder für seinen eigenen Bereich. Manchmal traten sie zusammen auf, zum Beispiel auf dem Kongress in Tiflis einige Jahre später, im Jahr 2016.[151] Das zeigte die von der russischen Hackergruppe »Schaltaj Boltaj« (»Humpty Dumpty«) gehackte Liste der geladenen Gäste zum Moskauer Weltfamilienkongress. Sie beginnt mit Namen, die Beloborodow empfiehlt, und es sind viele. Es handelt sich dabei hauptsächlich um Personen aus der Welt der Politik, wie beispielsweise die ungarische Ministerin Katalin

---

151 Siehe: https://twitter.com/search?q=igor%20beloborodov&src=typed_query, letzter Zugriff am 25.02.2023. Der polnische Senator von der Partei Recht und Gerechtigkeit, Antoni Szymański, nahm ebenfalls am WCF-Kongress in Tiflis teil, ebenso Marion Maréchal-Le Pen, siehe: https://dfwatch.net/marion-marechal-le-pen-listed-among-speakers-to-tbilisi-conference-42399, letzter Zugriff am 25.02.2023.

Novák. Außerdem sind Personen aus der Mongolei, aus Moldawien, Hongkong, aber auch aus der Slowakei, Kenia, der Türkei, Aserbaidschan und dem Kongo dabei. Komows Gäste kamen hauptsächlich aus Italien, seine Liste ist im Übrigen wesentlich kürzer und enthält keine Politiker. Es sieht danach aus, dass Beloborodow die Erstellung der Liste verantwortet und sie zuerst mit Kontakten gefüllt hat, die ihm aus regierungsnahen Kreisen vermittelt wurden.

Alles wäre perfekt gewesen und man hätte einen Erfolg feiern können, wenn die russischen »grünen Männchen« nicht die Ukraine angegriffen hätten. Barack Obama verurteilte den Angriff, und der Moskauer WCF wurde von amerikanischer Seite offiziell abgesagt. Die Amerikaner mussten aufgrund der Sanktionen, mit denen die USA und Europa viele russische Politiker, so auch Jakunin, belegten, von dem Kongress Abstand nehmen. Deshalb beschloss Wladimir Jakunin, die Sache in die Hand zu nehmen. Er, Putins Freund aus Petersburger Zeiten, finanzierte den Kongress unter verändertem Namen: Large Family and Future of Humanity (Kinderreiche Familien und die Zukunft der Menschheit). »Die Russen wollten zeigen, dass sie Kontakte haben, und sie haben sie mobilisiert«, erklärte mir in einem Gespräch Ewa Kowalewska von Human Life International in Gdańsk, die seit den Neunzigerjahren mit Russen zusammenarbeitet. »Ein paar Reiche haben sich zusammengetan, Reiche gibt es dort viele. Sie nannten es ›Forum‹, weil es anders heißen musste, aber alles ist genau nach dem Schema vom WCF-Kongress abgelaufen, Malofejew ist durch einen Seiteneingang hereingekommen, dafür haben die Jakunins gesorgt …«[152]

Der Oligarch Malofejew

Auf dem Kongress in Moskau trat also auch Konstantin Malofejew auf, der damals bereits auf der Sanktionsliste der EU (heute auch der

---
152 Ewa Kowalewska hat ihre 25-jährige Arbeit für Human Life International und die Kontakte zu Russland in ihrem Buch beschrieben: *Światłość w ciemności wschodu*, HLI, 2018.

USA, Montenegro und der Ukraine)[153] stand. Malofejew ist ein russischer Milliardär, der den Plan verfolgt, Putin zum Zaren zu machen (»Everyone wants Putin to carry on forever.«). Er ist der Meinung, dass 1917 die Geschichte einen falschen Lauf genommen hat, deshalb müsse man zu den Wurzeln zurück, sprich zum Zaren Russlands. In seinem Büro hängt das Porträt von Alexander III., den die Polen als verbissenen Russifizierer in Erinnerung haben. Zu dessen Regierungszeit hatte es verstärkt Pogrome gegeben und es wurde eine zaristische Geheimpolizei (Ochrana) zur Überwachung und Bekämpfung der Opposition gegründet.

Malofejew ließ sich während seines Studiums taufen, im Alter von zwanzig Jahren. Er selbst erzählt das so: »Ich bin in einer fantastischen Zeit unserer Geschichte zum russisch-orthodoxen Glauben gekommen, in der Epoche der Perestrojka, als die kommunistische Propaganda zu Ende war, der Liberalismus aber noch nicht begonnen hatte.«[154] Während meines Aufenthaltes in Moskau gelang es mir nicht, ihn zu treffen (seine Assistentin teilte mir mit: »Es tut mir sehr leid, aber aufgrund des sehr vollen Terminkalenders von Herrn Malofejew ist es nicht möglich, ein Gespräch mit ihm zu vereinbaren.«). Mich hätte interessiert, welche Musik er gehört und welche Bücher er gelesen hat, er, mein Altersgenosse, der Oligarch geworden, für das aggressive Vorgehen in der Ukraine verantwortlich und in fundamentalistischen Kreisen federführend ist. Aber Malofejew hat über seine Lektüre in einem Interview für *Forbes* berichtet. Und er rühmt sich stets mit der Zeit der Perestrojka, als »die Menschen noch nicht vergessen hatten, wie man liest, als die Pepsi-Generation noch nicht herangewachsen war. Deshalb bin ich damals, durch zu-

---

153 Shaun Walker, *Russia's soul is monarchic': tsarist school wants to reverse 100 years of history*, »The Guardian«, 6. März 2017, https://www.theguardian.com/world/2017/mar/06/russia-revolution-tsarist-school-moscow-nicholas-ii?CMP=share_btn_tw, letzter Zugriff am 25.02.2023.

154 Юлия Таратута, Константин Малофеев: «Не вижу ничего плохого в православном чекизме», »Forbes«, 25. Juni 2015, https://www.forbes.ru/forbeslife/292319-konstantin-malofeev-ne-vizhu-nichego-plokhogo-v-pravoslavnom-chekizme, letzter Zugriff am 25.02.2023.

vor verbotene Lektüre russischer Philosophen und Schriftsteller – [Alexander] Solschenizyn, [Nikolai] Berdjajew [russisch-orthodoxer Denker], [Iwan] Solonewitsch [Monarchist], [Iwan] Iljin – zu dem klugen Schluss gekommen, dass Russe zu sein bedeutet, russisch-orthodox zu sein.«[155]

Von dieser Literaturliste ist für uns Iwan Iljin interessant, ein russischer Faschismus-Ideologe aus den Zwanziger- und Dreißigerjahren und gleichzeitig ein Monarchist, der in der Zeit aktiv war, als in Russland der Kommunismus herrschte. Iljin musste natürlich das Land verlassen und starb 1954 in Zürich. Heute ist er für Putin eine Quelle der Inspiration. Sein Lob von Gewalt und Stärke befeuert den russischen Präsidenten.

Auf Iljin, dessen Gedanken direkten Einfluss auf Putins Regierungsmethoden haben, verweist Timothy Snyder in seinem Buch *Der Weg in die Unfreiheit*. In einem Artikel fasst Snyder Iljins Thesen folgendermaßen zusammen:

»Erstens glaubte er, dass es keinen sozialen Fortschritt gibt, weil der Staat ein lebendiger Organismus ist. In diesem Organismus bist du eine Zelle, ein Embryo oder eines der Organe, und Freiheit bedeutet nur, dass du deine Rolle und deinen Platz in diesem Organismus kennst. Eine andere Freiheit gibt es nicht.«[156]

Zweitens ist für Iljin die Demokratie ein »leeres Ritual«. »Wenn Bürger wählen gehen, dann nicht, um eine Führungspersönlichkeit zu wählen, und nicht, um ihr die Erlaubnis zu geben, die Macht zu haben, sondern einzig, um kollektiv ihre Unterstützung für diese Führungspersönlichkeit zu manifestieren.«[157]

Drittens: »Realität und Fakten haben keinerlei Bedeutung. Sie existieren nicht.«[158]

---

155 Ebd.
156 Timothy Snyder, *Rosyjski faszysta, patron Putina*, 27. Mai 2018, https://krytykapolityczna.pl/swiat/iwan-iljin-patron-putina/, letzter Zugriff am 25.02.2023.
157 Ebd.
158 Ebd.

»Das Einzige, was in Wirklichkeit Bedeutung hat, ist der russische Nationalismus. Darin sah Iljin die einzige Hoffnung. Russland – das unschuldige Opfer des ganzen Restes der Welt – sollte in Gestalt eines totalitären Staates aufleben und dann die Welt in Ordnung bringen.«[159]

Kurz zusammengefasst münden diese Gedanken in der These: »Freiheit besteht darin, seinen Platz im Glied zu kennen, Wahlen sind nur Show, und Fakten widersprechen einander, deshalb kommt es nur auf eine starke Führungspersönlichkeit und den Umgang mit Emotionen an.«[160] Wie kann es sein, dass Iljin, ein Feind des Bolschewismus, Leitfigur eines Anführers ist, der Stalin und die UdSSR verherrlicht? Aber wer will sich schon an Details aufreiben. Wie ohnmächtig wir in dieser Hinsicht sind, beweist die Tatsache, dass Iljin nicht ins Polnische übersetzt wurde. Deshalb können wir in Polen gar nicht genau wissen, welche Gedanken den Präsidenten der Russischen Föderation umtreiben. Wie aber soll man sich einer Sache stellen, die man nicht kennt?

◻ ◻ ◻

Malofejew ist auf zweifelhafte Weise zu Geld gekommen, allerdings ganz im russischen Stil, à la russe[161]. Im Jahr 1998 begann er nach Abschluss seines Jurastudiums im Bankwesen zu arbeiten. Zur glei-

---

159 Ebd.
160 Ebd.
161 2011 beschlagnahmte ein Londoner Gericht einen Teil des Kapitals von Malofejew im Zusammenhang mit einem Gerichtsverfahren, das von der russischen VTB Capital angestrengt wurde. Malofejew wurde außerdem des Betrugs mit einem französischen Unternehmen beschuldigt, siehe: Agathe Duparc, Les casseroles de Konstantin Malofeev, oligarque russe soutien du Front national, Mediapart, 21. Februar 2016, https://www.mediapart.fr/journal/international/210216/les-casseroles-de-konstantin-malofeev-oligarque-russe-soutien-du-front-national?onglet=full, letzter Zugriff am 25.02.2023; Siehe auch: *Profile: Konstantin Malofeev*, 4. Dezember 2017, https://www.underminers.info/publications/2017/12/5/profile-konstantin-malofeev, letzter Zugriff am 25.02.2023. Diese Seite wird von russischen Aktivisten und Experten gemacht, die im Ausland leben.

chen Zeit beendete auch ich mein Studium und begann mit meiner Doktorarbeit zu Gombrowicz, zwei Jahre später reiste ich nach Argentinien. Unterdessen verdiente Malofejew recht schnell viel Geld. Er war einer der jungen Wölfe, die in den Neunzigerjahren erwachsen wurden und die Zeit für sich zu nutzen wussten. 2005 gründete er das Investitionsunternehmen Marshall Capital Partners. Er hatte bereits Erfahrung durch seine Arbeit für die Bank MDM und Kontakte zum Finanzchef des damals größten russischen Telekommunikationsunternehmens Swiazinvest. 2009 wird er dort Vorstandsmitglied. Swiazinvest hielt 51 Prozent der Aktien von Rostelecom, und Malofejew kam in Besitz von sieben Prozent der Firma, die schlussendlich Swiazinvest schluckte und zur größten Telekommunikationsfirma auf dem russischen Markt wurde. Um in ein Geschäft hineinzukommen, bei dem der Co-Besitzer eine Regierungsagentur ist, muss man erstens: einen gewaltigen Background haben, und zweitens: einen Gegenwert bieten.

Malofejew hatte bereits Rückhalt im Kreml: Igor Schtschogolew, Minister für Kommunikation mit Zugang zu Putin. Zugang zu Putin garantierte ihm auch der Geistliche Tichon (Georgij Schewkunow), bekannt als Beichtvater des Präsidenten, der manchmal auch »Putins Rasputin« genannt wird. Malofejew sagte in dem *Forbes*-Interview: »Wir haben mit Pater Tichon viele verschiedene Projekte gemacht«, und nennt Ausstellungen über die Rurikiden und die Romanows.[162] Aber Malofejew hatte weitere Kanäle zur Macht. Wie das investigative Recherchenetzwerk Bellingcat[163] herausfand, kannte er den Propagandaminister Wladislaw Surkow, der unter anderem den hybriden Informationskrieg während des Angriffs auf die

---

[162] Юлия Таратута, Константин Малофеев: «Не вижу ничего плохого в православном чекизме», »Forbes«, 25. Juni 2015, https://www.forbes.ru/forbeslife/292319-konstantin-malofeev-ne-vizhu-nichego-plokhogo-v-pravoslavnom-chekizme, letzter Zugriff am 25.02.2023.

[163] Christo Grozev, *The Kremlin's Balkan Gambit: Part I*, »Bellingcat«, 4. März 2017, https://www.bellingcat.com/news/uk-and-europe/2017/03/04/kremlins-balkan-gambit-part/, letzter Zugriff am 25.02.2023.

Ukraine 2014 leitete. Das bestätigen durchgesickerte Informationen aus der Mailbox von Surkow.[164]

Ich fragte mich, wie Malofejew in die Korrespondenz von Surkow kam. Alia Shandra, eine ukrainische Journalistin und Aktivistin vom Euromaidan, die das Datenleck durchforstet und dazu einen Bericht geschrieben hat, klärte mich auf: »Malofejew ist nicht so stark in Surkows Operationen engagiert, er kommt nur einmal vor«, antwortete sie. »Es hatte mit dem Donbass zu tun. Von der Adresse seiner Firma Marshall stammte ein Dokument, das einer seiner Mitarbeiter geschickt hatte, mit einer Kandidatenliste für die Besetzung der prorussischen Regierung im Donbass. Wer den Posten des Ministerpräsidenten bekommen soll, die Minister usw. Es sieht danach aus, dass Surkow und Malofejew für verschiedene Kanäle aktiv waren.«[165]

Surkow steht für den Regierungskanal. Malofejew musste zu einem anderen Kreis außerhalb des Kremls gehören, und dadurch hatte er mehr Freiheit bei seiner Arbeit als der Propagandaminister. Wie dann zu sehen war, verließ sich der Kreml auf Malofejews Vorschläge in dieser überaus ernsten Angelegenheit, die in einer ungewöhnlich delikaten Situation auf internationaler Ebene ausgehandelt wurde.

---

164 Informationen über durchgesickertes Material und der Link zum Download der Mails aus Surkows Mailbox, siehe: *SurkovLeaks: 1GB mail cache retrieved by Ukrainian hacktivist,* »Informnapalm«, 25. Oktober 2017, https://informnapalm.org/en/surkovleaks/, letzter Zugriff am 25.02.2023. Siehe auch den Bericht von Alia Shandra (Alya Shandra) und Robert Seely, *The Surkov Leaks. The Inner Workings of Russia's Hybrid War in Ukraine,* Royal United Services Institute for Defense and Security Studies, 2019, http://euromaidanpress.com/2019/07/16/surkov-leaks-report-on-russias-hybrid-war-in-ukraine-published-at-rusi-institute/, letzter Zugriff am 25.02.2023. Mein Interview mit Alia Shandra, siehe: Klementyna Suchanow, *Hakerzy kontra Putin. Włamanie do poczty Kremla,* »Magazyn Świąteczny Gazety Wyborczej«, 17. August 2019, https://wyborcza.pl/magazyn/7,124059,25091858,hakerzy-kontra-putin-wlamanie-do-poczty-kremla.html?fbclid=IwAR3X0FHPX5O72kT63ksdtO8Gdp53i3_bhlejJi4ynmYRrIqkiaxLUMyPHaU#s=BoxWyboImg2, letzter Zugriff am 25.02.2023.

165 Klementyna Suchanow, Interview mit Alia Shandra: *Hakerzy kontra Putin. Włamanie do poczty Kremla,* »Magazyn Świąteczny Gazety Wyborczej«, 17. August 2019, https://wyborcza.pl/magazyn/7,124059,25091858,hakerzy-kontra-putin-wlamanie-do-poczty-kremla.html?fbclid=IwAR3X0FHPX5O72kT63ksdtO8Gdp53i3_bhlejJi4ynmYRrIqkiaxLUMyPHaU#s=BoxWyboImg2, letzter Zugriff am 25.02.2023.

◻ ◻ ◻

Im Jahr 2007 gründete Malofejew die *Stiftung St. Basilius der Große* mit einem Vermögen von 40 Millionen Dollar. Sie betreibt unter anderem eine Schule, die die zukünftigen Eliten der russischen Monarchie vorbereiten soll. An den Schulwänden hängen Zaren-Porträts, und den Flur ziert eine Statue von Katharina der Großen. »Der Unterricht beinhaltet auch Kalligrafie und Latein, und die Geschichtslehrbücher wurden umgeschrieben, um eine positive Sichtweise der Sowjetzeit zu verhindern, wie sie die russischen Standardlehrbücher vermitteln«, schrieb ein Journalist von *The Guardian*.[166] Monarchistische Bezüge hat sogar die *Safe Internet League*, die von Malofejews Stiftung finanziert wird. Laut offizieller Angaben ist ihr Ziel, Pornografie zu verbieten und Kinder davor zu schützen (ähnlich wie vor Drogen und Gewaltszenen). In Wirklichkeit geht es aber vor allem um die Kontrolle des Internets.

Die *League* wird von der Firma Kaspersky Lab unterstützt, einer Firma, die Anti-Viren-Programme herstellt. Ihr Gründer Jewgeni Kasperski hat die KGB-Hochschule absolviert und für den Geheimdienst gearbeitet. Seiner Firma wurde Spionage für Russland vorgeworfen.[167]

Bereits 2017 empfahlen die US-Behörden, diese Software nicht zu verwenden, auch das Europäische Parlament warnte davor, und nachdem die Ukraine 2022 erneut von Russland angegriffen wurde, schlossen sich die Dienste Deutschlands und des Vereinigten Königreichs diesen Empfehlungen an.

---

166 Shaun Walker, ›Russia's soul is monarchic‹: tsarist school wants to reverse 100 years of history, »The Guardian«, 6. März 2017, https://www.theguardian.com/world/2017/mar/06/russia-revolution-tsarist-school-moscow-nicholas-ii?CMP=share_btn_tw, letzter Zugriff am 25.02.2023.

167 Carol Matlack, Michael Riley, Jordan Robertson, *The Company Securing Your Internet Has Close Ties to Russian Spies*, Bloomberg, 19. März 2015, https://www.bloomberg.com/news/articles/2015-03-19/cybersecurity-kaspersky-has-close-ties-to-russian-spies, letzter Zugriff am 25.02.2023.

2012, als eine neue Epoche der Putin-Regierung anbrach, wurde die Geschäftswelt noch enger mit den Staatsinteressen verbunden. Ähnlich wie die öffentlichen Medien, die aufhören sollten, nach Objektivität zu suchen, und stattdessen dem Staat zu dienen hatten. In dieser Zeit wurden bei Kaspersky viele Mitarbeiter entlassen (zu »Säuberungen« kam es auch bei dem Fernsehsender Rossija Sewodnja – Ziel war die Vertiefung der Verbindungen »mit militärischen Diensten oder Nachrichtendiensten«[168]). Zu dieser Zeit entstand auch *Safe Internet League* und in dem Zusammenhang muss sie auch betrachtet werden.

◻ ◻ ◻

Bei dem 2014 unter neuem Namen abgehaltenen WCF in Moskau sprach Malofejew als einer der Ersten. Er sagte, die Tatsache, dass es Putin gibt, sei ein Zeichen von Gott. Er zitierte den Präsidenten und fügte hinzu: »Eine Organisation hat viele von uns, die hier anwesend sind, Nazis und Faschisten genannt, und zwar nur deshalb, weil wir familiäre Werte hochhalten. In der Ukraine zum Beispiel, in unserem Bruderland, wurde das Abkommen mit der Europäischen Union im letzten Jahr deshalb nicht unterzeichnet, weil die Ukrainer erfahren haben, dass sie homosexuelle Propaganda und Gay-Paraden werden zulassen müssen.«[169] Das war eines der Argumente, mit dem Russland die öffentliche Debatte in der Ukraine angeheizt hatte. Unter anderem auf diese Weise wollte es verhindern, dass sich die Ukraine dazu entschließt, sich an den Westen zu binden, was die Ukraine von Russland entfernt hätte.

Ich habe bereits mehrmals erwähnt, dass Malofejew einer der Oligarchen war, die in der Zeit der Invasion in der Ukraine und auf der Krim eine wichtige Rolle spielten, weil er sie mitfinanzierte und seine Leute dort hinschickte. Aber worin bestand eigentlich seine

---

168 Ebd.
169 Siehe: https://cloud.whatthefuckisgoingon.tv/apps/files/?dir=/TEASER%20ARCHI-VAL%20FOOTAGE/FOOTAGE&openfile=17761, letzter Zugriff am 06.03.2023.

Rolle genau? Das versuchte mir eine Spezialistin für Kriegsfragen bezüglich des Donbass zu erklären. Wir verabredeten uns in Moskau, bei eisigen Minusgraden unweit der Eisbahn auf den Sauberen Teichen, die sympathischer ist als die auf den aus Bulgakows Roman *Meister und Margarita* berühmten Patriarchenteichen. Nicht weit weg von den Patriarchenteichen befindet sich im Übrigen Malofejews Firma Tsargrad. An den Sauberen Teichen ist es beschaulicher, weniger »majestätisch«. In dieser Gegend hat die unabhängige russische Zeitung *Nowaja Gaseta* ihren Sitz.

Bei einer heißen Suppe zum Aufwärmen berichtete mir eine Journalistin und Wissenschaftlerin, die ich hier A.A. nenne, von Malofejews Rolle für die Pläne des Kremls. Vor dem Fenster fuhr eine Mini-Tram nach der anderen vorbei. Ich kam mir vor, als wäre ich im Moskau der Dreißigerjahre.

»Das ist eine sehr nebulöse Situation«, sagte A.A., »weil Malofejew hier nicht die einzige Kraft war. Die Regierung ist mit ihrer Entscheidung, die Krim zu annektieren, ein hohes Risiko eingegangen, deshalb hat sie dort lieber Leute hingeschickt, die nicht aus Regierungskreisen stammen. Da kommt Malofejew ins Spiel. Was Beweise für die Finanzierung des Krieges durch Malofejew betrifft, so gibt es sie natürlich nicht, das ist *dark money* in Russland – unmöglich, es nachzuverfolgen. Doch es ist sehr wahrscheinlich, dass Malofejew Geld für die Formierung nationalistischer Gruppierungen gegeben hat, die in die Ukraine gegangen sind. Aber ich denke, dass seine Hauptfunktion darin bestand, Thinktanks zu inspirieren, die sich mit der Strategie bezüglich der Annexion von Territorien der Ukraine beschäftigt haben. Malofejew hatte beispielsweise Verbindungen zu Igor Strelkow (sein wahrer Name ist Igor Girkin). Strelkow war in Malofejews privatem Sicherheitsdienst tätig. Das ist sein Mann.«[170]

---

[170] Siehe zum Beispiel hier: https://www.ft.com/content/84481538-1103-11e4-94f3-00144feabdc0, letzter Zugriff am 25.02.2023.

Strelkow ist der Mann in kakifarbenen Hosen mit Schnurrbart und nach hinten gekämmten Haaren, den wir aus den Medien zum Thema prorussische Separatisten im Donbass kennen. Er behauptete, den Krieg in der Ukraine begonnen zu haben. Er war auch Funktionär des russischen militärischen Nachrichtendienstes. 2014 betrieb er als Offizier des militärischen Geheimdienstes GRU eine separatistische Operation im ukrainischen Donezk und wurde Verteidigungsminister für die von der Ukraine abgespaltete Volksrepublik Donezk und danach Stabschef der prorussischen Separatisten.

»Aber das bedeutet nicht, dass Malofejew die treibende Kraft im Kreml-Orbit ist«, erklärte A.A. weiter. »Er war einfach einer von vielen, die mit der Sache sympathisierten. Das ist keine einheitliche Gruppierung gewesen, im Gegenteil, sie bekämpften einander. Putin agiert nie offen, er hört sich die einen wie die anderen an, er sagt nicht, was er denkt, und sie versuchten, seine Wünsche zu erraten. Malofejew hat sich vielleicht auch mit Putin getroffen, aber seine Strategie war mit Sicherheit nicht nur die Strategie des Präsidenten.«

Die *Financial Times* berichtete über die finanzielle Unterstützung, die Malofejews Firma leistete, die damals noch Marshall Capital Partners hieß, von illegalen bewaffneten Söldnergruppen, die von Russland für die Annexion der Krim und die Invasion im Donbass eingesetzt wurden. Hinzu kam, dass Malofejew eng mit Sergei Aksjonow verbunden war, der das Referendum zum Anschluss der Krim an die Russische Föderation organisiert hat und Präsident der Autonomen Republik Krim wurde. Malofejews ehemaliger PR-Chef Alexander Borodai wurde wiederum Medienberater von Aksjonow.[171] Später ernannte er sich zum Premierminister der nicht anerkannten Volksrepublik Donezk.

---

171 Сергій Щербина, Юрій Вінничук: Связи ДНР: украинский бизнес работодателей террористов, »The Insider«, 10. Juli 2014, http://www.theinsider.ua/business/53be-43058f8ec/, letzter Zugriff am 25.02.2023.

Wohin man auch schaut, stößt man auf hohe Geldsummen oder Leute von Malofejew. Für ihn war der Krieg in der Ukraine 2014 »ein Krieg gegen die Horden, die unter dem Zeichen des Antichristen mit satanischen Slogans kämpfen«.[172] In diesen Worten klingt Dugins Philosophie an. Professor Dugin spielte übrigens auch hinter den Kulissen des Krieges 2014, mit dem Russland seinen Nachbarn überzog, eine Rolle. Für ihn war es ein »heiliger Krieg«.

Das ist kein Zufall, denn dank der geleakten E-Mails aus dem Account von Dugins Assistenten wissen wir, dass Malofejew (auch Komow) in ständigem Kontakt mit Dugin stand und sich mit ihm über verschiedene Dinge beriet,[173] in den letzten Jahren hat Dugin sogar für Malofejews Fernsehsender gearbeitet.

Die ukrainische Regierung brachte Malofejew mit dem Abschuss eines Flugzeugs der Malaysian Airlines in Verbindung. Schließlich bekannte sich Strelkow zum Abschuss des Flugzeugs, das im August 2014 mit achtzig Passagieren und einer fünfzehnköpfigen Crew in Amsterdam gestartet war. Malofejew wurde für sein Vorgehen mit Sanktionen der EU, der USA und der Ukraine belegt. Aber sein Name tauchte auch auf, wenn die Rede von der extremen Rechten war. Er organisierte ein Treffen zwischen Heinz-Christian Strache, Marion Maréchal-Le Pen und Dugin, zu dem er persönlich einlud und auf dem Dugin davon sprach, »dass nur die vereinte Rechte Europa vor dem schwulen Satan retten könne«.[174] Selbst die Leute von der französischen Front National von Frau Le Pen warnten, dass Malofejew ein *pourri* (Betrüger, Schwindler) sei und man ihm nicht trauen dürfe. Dieses Gespräch über Malofejew mit einem Politiker vom Front National, der gerade aus Moskau gekommen war, wurde von Canal Plus während einer Sitzung im Europaparlament von

---

172 D. Sokołow-Mitricz, W. Lejbin, *Ostawit' Bogu miesto w istorii*, »Russki Reporter«, 4. März 2015.
173 Siehe (leak): https://search.ddosecrets.com/search?leaks=ce4cd1f1-4d63-4ae0-adee-078e96196a9e&q=komov veröffentlicht auf Distributed Denial of Secrets.
174 Timothy Snyder, *Der Weg in die Unfreiheit. Russland, Europa, Amerika*, übers. v. Ulla Höber u. Werner Roller, München 2018, S. 158.

Weitem gefilmt. Den Gesprächsinhalt rekonstruierte ein Übersetzer, der von den Lippen lesen konnte.[175]

Malofejew stand auch hinter dem Vorgehen von Komow in Italien und der Unterstützung für Matteo Salvini als europäischen Leader der Rechten, der oft als Faschist bezeichnet wird. Doch auf den Faschismus angesprochen, antwortete Malofejew: »Bin ich ein Faschist? Esse ich etwa Kinder zum Frühstück? Ein russisch-orthodoxer Christ kann kein Faschist sein. Den Russen wurde von den Faschisten mehr Leid zugefügt als irgendeiner anderen Nation auf der Welt.«[176]

◻ ◻ ◻

Schade, dass ich Herrn Malofejew nicht getroffen habe. Ich hätte ihn gern danach gefragt, wie aus ihm, einem sowjetischen Studenten, ein Zaren-Fan geworden ist. Oder nach den von seiner Denkfabrik *Katehon* veröffentlichten Artikeln über die polnischen Proteste zum Schutz der Medien im Dezember 2016, als meine Mitstreiterinnen und ich spontan beschlossen hatten, den PiS-Abgeordneten die Ausfahrt am Hotel Poselski zu blockieren. Einer der Analysten von *Katehon*, Andrew Korybko, hatte den Protest folgendermaßen kommentiert: »Es ist nicht ganz klar, wie viele Polen sich wirklich der Regierung widersetzen und wie viele von ihnen von Soros und von NGOs mit deutscher Unterstützung angeworben wurden, ob mit Geld oder mit dem Trugbild der Beteiligung an einer ›Revolution

---

175 Agathe Duparc, *Les casseroles de Konstantin Malofeev, oligarque russe soutien du Front national*, Mediapart, 21. Februar 2016, https://www.mediapart.fr/journal/international/210216/les-casseroles-de-konstantin-malofeev-oligarque-russe-soutien-du-front-national?onglet=full, letzter Zugriff am 25.02.2023. Filmaufnahme von Canal Plus, in der das Gespräch zwischen zwei Abgeordneten vom Front National zu hören ist, darunter Aymeric Chauprade, siehe auch: https://www.dailymotion.com/video/x3c32zo, letzter Zugriff am 25.02.2023.
176 Courtney Weaver, Malofeev: *The Russian billionaire linking Moscow to the rebels*, »Financial Times«, 24. Juli 2014, https://www.ft.com/content/84481538-1103-11e4-94f3-00144feabdc0, letzter Zugriff am 25.02.2023.

gegen eine ›Diktatur‹.«[177] Wenn man ein zynischer Player ist, fällt es schwer zu glauben, dass andere selbstlos agieren. Wie dieser Zynismus sich auswirkt, hat mir Alia Shandra erzählt, die aus der Mailbox von Wladislaw Surkow[178] stammende E-Mails analysiert hat – zur Erinnerung: ehemals graue Eminenz des Kremls, verantwortlich für die prorussische Propaganda seit dem Angriff Russlands auf die Ukraine 2014. Die von ukrainischen »Hacktivisten« 2016 gehackten Mails zeigen das Ausmaß der Operationen des Kremls in der Ukraine: von der Finanzierung von Flyern und Bannern für den Wahlkampf bis hin zur Gründung eigener Propagandamedien. Surkow hat sogar persönlich die Stühle ausgesucht, die für eine Pressekonferenz aufgestellt werden sollten: »In Charkiw wurde den Teilnehmern am Protest 1500 Dollar gezahlt, 500 bekam die Polizei als Schmiergeld, 1000 die Organisation und 1000 die Organisatoren«, habe ich anhand von Shandras Bericht ausgerechnet. »Das Schmiergeld für die Journalisten war geringer – zwischen 500 und 1000 Dollar. Der Wahlkampf in Charkiw kostete 120 000. Der runde Tisch in Odessa – 5000, die Protestaktion mit 100 Personen – 5000, für 300 Personen – 15 000.«[179]

Laut Shandra ist Surkow der Hauptstratege. Aber es waren Menschen von unten, die den Weg zu ihm fanden und Gelder für ihre »aktivistischen« Unternehmungen bekamen. Alia Shandra unterteilte sie in zwei Gruppen: »Die Ersten handeln aus ideologischen Beweggründen, weil sie die russische Weltsicht teilen und wollen, dass die Ukraine Teil Russlands wird. Sie sind vertrauenswürdige Einflussagenten – so ihre Bezeichnung beim Geheimdienst – und können Offiziere werden, die die Arbeit vor Ort leiten. Bei der zwei-

---

177 Andrew Korybko, *In defense of PiS,* »Katehon«, 21. Dezember 2016, https://katehon.com/en/article/defense-pis, letzter Zugriff am 25.02.2023.
178 Mein Interview mit Alia Shandra: *Hakerzy kontra Putin. Włamanie do skrzynki Surkowa,* »Magazyn Świąteczny Gazety Wyborczej«, 17. August 2019, https://wyborcza.pl/magazyn/7,124059,25091858,hakerzy-kontra-putin-wlamanie-do-poczty-kremla.html?fbclid=IwAR3X0FHPX5O72kT63ksdtO8Gdp53i3_bhlejJi4ynmYRrIqkiaxLUMyPHaU#s=BoxWyboImg2, letzter Zugriff am 25.02.2023.
179 Ebd.

ten Gruppe handelt es sich um Menschen, die das für Geld tun. Überrascht hat mich, dass es immer so aussieht, als würde man sich bewerben. Als würde eine NGO einen Antrag für ein Projekt stellen, aber das Ziel der Förderung ist die Zerstörung der Ukraine.« Manchmal wurden solche »Aktivisten« auch »Projektkuratoren« genannt.

Wenn man auf diese Weise Politik betreibt, kann man sich wohl kaum vorstellen, dass es Gesellschaften gibt, wo nicht unbedingt der KGB, die CIA oder angeblich ein George Soros die Menschen zu Protesten schicken. Das ist, als würde man schlechthin allen Menschen einen eigenen Willen und ethische Beweggründe absprechen.

❏ ❏ ❏

Die Internetseite von Malofejews *Katehon* veröffentlicht Analysen zu zahlreichen Themen, sie liefert auch Material über Polen. Derselbe Autor, nämlich Andrew Korybko, fasste den Fall Polen zusammen, wobei er aufzeigte, dass obwohl Jarosław Kaczyński ein Russenfeind sei, es »Russland und seinen multipolaren Partnern zugutekommen könnte, wenn die farbige Revolution erstickt wird und es der PiS gelingt, die EU zu reformieren«.

Die Idee von einer *multipolar world order*, einer multipolaren Weltordnung, wird promotet von einem Forum, das Wladimir Jakunin organisiert. In dieser Welt gibt es nicht die eine Großmacht, sondern die USA kann ersetzt werden durch Russland oder China. Als Pragmatiker und Verfechter dieser geopolitischen Idee – eine abgemilderte Version des »Eurasismus« von Dugin (der im Übrigen bis 2017 im Aufsichtsrat von *Katehon* saß) – sind die Leute in diesem Forum der Meinung, dass Polen und seine aktuelle Regierung, trotz ihrer »obsessiven« Russophobie, Russland nützlich sein können. Insbesondere bei der »Reform« (gemeint ist Schwächung) der EU, die ihrer Einschätzung nach keine Chance hat auf Führung in der Welt wegen der Ukraine, wegen des Brexit, wegen Problemen mit der Einwanderung (die von Russland zum Teil ausgelöst wird).

Russland hat sich spezialisiert auf das Auslösen hybrider Konflikte. Die Methoden hat es in Tschetschenien trainiert, dann in Georgien, bis es zur Invasion der »grünen Männlein« in der Ukraine kam. Das alles hat sich aber innerhalb der Grenzen der ehemaligen UdSSR abgespielt. Doch der Kreml versucht auf die gleiche Weise auch auf die Politik der Länder Westeuropas Einfluss zu nehmen. Denn er versteht sie noch immer als seine geopolitischen Dominions im Geist des sowjetischen Imperialismusbegriffes. Für dieses Spiel ist Malofejew von Nutzen. Ebenso Wladimir Jakunin, der ehemalige Präsident der russischen Eisenbahngesellschaft und Gründer der St.-Andreas-Stiftung, die mit der Malofejews Stiftung zusammenarbeitet.

Allerdings hat Jakunin noch größere internationale Projekte unter seinen Fittichen. Davon werde ich noch berichten.

Ein hybrider Krieger

»Die Kanäle der Dienste wurden genutzt, um ein Netzwerk von Einflussnehmern aufzubauen und Aktionen zur Unterstützung der Kreml-Politik zu finanzieren«, beschrieben es Jolanta Darczewska und Piotr Żochowski, Experten für innere Sicherheit in Osteuropa.[180]

Doch mithilfe welcher Kanäle betreibt der Kreml seine Außenpolitik? Da sind natürlich das Außenministerium und die Diplomatie.[181] Aber den Staatszielen dienen auch die Geheimdienste (der FSB, Sluschba wneschnei raswedki – der russische Auslandsgeheimdienst – und der Militärnachrichtendienst GRU). Dann gibt es das Verteidigungsministerium und den gesamten Sektor von Putins Regierung, mit den Medien, einem »Experten«-Netz und *friendly*

---

180 Jolanta Darczewska, Piotr Żochowski, *Środki aktywne. Rosyjski towar eksportowy*, Ośrodek Studiów Wschodnich, Warschau 2017, S. 8.
181 Hervorragend zeigt dies eine Grafik in einem Beitrag von Mark Galeotti, siehe: *Controlling Chaos: How Russia manages its political war in Europe*, European Council on Foreign Relations, 1. September 2017, https://ecfr.eu/publication/controlling_chaos_how_russia_manages_its_political_war_in_europe/, letzter Zugriff am 25.02.2023.

voices (freundliche Stimmen). Es gibt den Kanal der Geschäftswelt. Aber es existiert auch ein neuer Kanal: *faith community, religious activity,* religiöse Bewegungen.[182] Auf den religiösen Kanal konzentriere ich mich in diesem Buch. Er gehört zu den bisher am wenigsten untersuchten und beschriebenen »aktiven Maßnahmen im aktuellen Desinformationskrieg«.[183] Er ist am wenigsten bekannt und gleichzeitig das wichtigste »Konfrontationsgebiet von Russland mit dem Westen, das der Destruktion der Grundfeste (der administrativ-politischen, sozial-ökonomischen und kulturell-weltanschaulichen) der angegriffenen Staaten dient«.[184]

◻ ◻ ◻

Der Kanal »Religion« mag überraschen. Schließlich betrachten wir alle Russland immer noch durch das Prisma des Kommunismus, und Kommunismus unterstellt man null Religion. Die Kraft von Stereotypen ist, wie wir sehen, enorm. Deshalb behauptet die Rechte nach meinen Artikeln auch immer, es sei ein Beweis für meine Inkompetenz, wenn ich Lebensrechtsbewegungen mit Putins Politik in Zusammenhang bringe. Ich sei verrückt. Doch erstens haben wir das Jahr 2019. Und zweitens interessieren mich nicht Stereotype, sondern Tatsachen. In Russland, einem Land mit zentralisierter Regierung, die mit eiserner Hand geführt wird, gibt es keinen Raum für Zufälle. Würde sich jemand wie Malofejew etwa trauen, etwas ohne Erlaubnis zu tun?

Sowohl Darczewska und Żochowski als auch Mark Galeotti – Professor und Experte für russische Sicherheitspolitik, Berater des Europarates – ordnen die Stiftungen von Malofejew und Jakunin den »aktiven Maßnahmen« der hybriden Kriegsführung zu.

---

182 Ebd.
183 Mehr siehe: Jolanta Darczewska, *Środki aktywne jako rosyjska agresja hybrydowa w retrospekcji. Wybrane problemy*, »Przegląd Bezpieczeństwa Wewnętrznego«, 2018, Nr. 18, S. 40–67.
184 Ebd., S. 61.

Eine Definition des Begriffes »aktive Maßnahmen« wäre nützlich. Erstens sind sie nichts Neues, sie wurden in den Zwanzigerjahren von ehemaligen Funktionären der Ochrana (Geheimpolizei) erarbeitet, die die Tscheka – die neue Geheimpolizei der kommunistischen Regierung – verstärkten.[185] Später waren sie neben der Arbeit des Nachrichtendienstes auch eine effektive Waffe in der Zeit des Kalten Krieges. Heute werden sie wieder eingesetzt, und Malofejew ist einer dieser sogenannten aktiwka. Sie werden eingesetzt, wenn die Zeit reif ist. Von der Bezeichnung »aktiwka« stammt schließlich der von den Diensten benutzte Begriff »Aktivist«. Ein »Aktivist« in dieser Interpretation ist nicht jemand, der sich für den Schutz der Menschenrechte einsetzt, sondern eine Person, die Aktionen durchführt. Seien wir also auf der Hut vor diesen Aktivisten.

Eine mögliche »aktive Maßnahme« ist »Spannung und Chaos in internationalen Beziehungen zu verursachen, indem man nationalistische Bewegungen, Fremdenfeindlichkeit, Separatismus, Extremismus und religiösen Fundamentalismus unterstützt«.[186] Die »aktiven Maßnahmen« – heute auch hybride Technologien genannt – zielen darauf ab, in Gesellschaften, die der Kreml als feindlich einstuft, die Überzeugungen zu manipulieren. Diese Maßnahmen können legal sein oder nicht, offen oder nicht. Zu Beginn führt man »eine Sondierung der Lage in den anzugreifenden Ländern« durch und wählt »Subauftragnehmer« aus. Der »Subauftragnehmer« muss sich seiner Rolle nicht bewusst sein, Hauptsache, er agiert im Sinne »der Partei«. Darczewska und Żochowski schreiben, die gründliche Analyse zeige, dass »die wissenschaftliche marxistische Weltanschauung« in Russland sich sehr schnell gewandelt hat zu »einer wissenschaftlichen geopolitischen Weltanschauung« und sie wurde, wie in

---

185 Marek Świerczek, *Wojna hybrydowa jako strategia polityczna. Proba analizy historycznej na przykładzie działań ZSRS wobec II RP*, »Przegląd Bezpieczeństwa Wewnętrznego«, 2017, Nr. 16, S. 81–97.
186 Александр Бартош, Разведка России в противостоянии гибридным угрозам, »Независимое«, 6. Oktober 2017, http://nvo.ng.ru/spforces/2017-10-06/1_968_scouting.html, letzter Zugriff am 19.04.2023.

Zeiten des Kalten Krieges, zur Doktrin der Außen- und Sicherheitspolitik erhoben.[187]

□ □ □

Die aktiven Maßnahmen nutzt man heute bei der hybriden Kriegsführung. Alexander Bartosch, Experte der russischen Militärischen Akademie der Wissenschaften, beschreibt sie. Bei dieser Art Krieg muss es überhaupt nicht zu strikt militärischen Operationen kommen, und es darf sich nicht um eine Aktion handeln, die sich über lange Jahre zieht. »Der Aggressorstaat gibt sich eine Zeit lang nicht zu erkennen, er führt keine groß angelegten mobilisierenden Maßnahmen durch, er versucht, einen Stellvertreterkrieg zu führen, er setzt Söldner ein, private militärische Firmen, er aktiviert Operationen interner nichtregulärer Formationen, die ›fünfte‹ Kolonne und Einflussagenten.«[188] So agieren – wie wir gesehen haben – sowohl Malofejew als auch Jakunin. Ziel der hybriden Kriegsführung ist es, zur »Destabilisierung der administrativ-politischen, sozial-ökonomischen und kulturell-ideologischen Sphären« zu führen. In diesem Krieg können unabhängige Einrichtungen, die nicht voneinander wissen, parallel aktiv werden. Doch was immer wir auch über die Methoden der hybriden Kriegsführung sagen – wir werden es nie schaffen, alles herauszufinden. Ihre Effektivität soll nämlich aus der Überraschung resultieren.

Das für uns Wichtigste aus dem Vortrag über die hybride Kriegsführung ist die Tatsache, dass auch ein »religiöser Kanal« daran teilnehmen kann. Deshalb sollten dort, wo allzu leidenschaftlich von Werten geredet wird, unsere Alarmglocken schrillen. »Die kulturelle Dimension in den Informationsmaßnahmen Russlands (Betonung

---

[187] Jolanta Darczewska, Piotr Żochowski, *Środki aktywne. Rosyjski towar eksportowy*, Ośrodek Studiów Wschodnich, Warschau 2017, S. 8.
[188] Александр Бартош, Разведка России в противостоянии гибридным угрозам, »Независимое«, 6. Октябрь 2017, http://nvo.ng.ru/spforces/2017-10-06/1_968_scouting.html, letzter Zugriff am 19.04.2023.

der Überlegenheit traditioneller russischer geistiger Werte und moralischer Normen) verschleiert die politische Dimension dieser Maßnahmen«,[189] so Darczewska. Wir denken, dass wir es mit religiösen Aktionen zu tun haben, aber in Wirklichkeit können das politische Operationen eines fremden Staates sein. Nach dieser Vorgehensweise ist es das Beste, den Gegner zu »entwaffnen«, indem man es zu einer Situation kommen lässt, »in der die inneren Akteure die Ziele des äußeren Operators realisieren, sprich Aufgaben ausführen in der vollen Überzeugung, ihre eigene Agenda zu realisieren«.[190]

Botschafter Komow

Da Malofejew mit zahlreichen Sanktionen belegt ist, wird er im Ausland oft von Alexej Komow vertreten. Malofejew ist der *Bad Cop*, der sanfte Komow der *Good Cop*. Aber beide sind gleichermaßen gefährlich. Komow war der Hauptorganisator der Moskauer Ausgabe des Weltfamilienkongresses im Kreml, während die Russische Föderation zur gleichen Zeit auf dem Territorium der Ukraine »aktive Maßnahmen« in Form »grüner Männchen« einsetzte. Deshalb kann uns von Nutzen ein, sein Porträt zu betrachten.

Komow, der nicht nur bei Antonow Soziologie studierte, sondern auch bei ihm promoviert hat, wurde Anfang der Siebzigerjahre geboren. Er wuchs noch in sowjetischen Zeiten auf, aber seine Jugendzeit fiel in die Neunzigerjahre, als der westliche Liberalismus überschwappte. Komow war in den Neunzigern Eigentümer von Nachtklubs und kennt bis heute viele russische Stars. Nach eigenen Angaben war er ein leidenschaftlicher Liberaler. Er absolvierte ein MBA-Studium, und seine Arbeit über das Funktionieren der Börse diente später als Grundlage für Börsenregulierungen in Russland. Ein gut aussehender Vierzigjähriger mit jungenhaftem Lächeln, ge-

---

189 Jolanta Darczewska, *Dezinformacja – rosyjska broń strategiczna*, Ośrodek Studiow Wschodnich, Warschau 2017, https://archiwum.rcb.gov.pl/dezinformacja-rosyjska-bron-strategiczna/, letzter Zugriff am 25.02.2023.
190 Ebd.

schmackvoll gekleidet – niemand käme auf die Idee, dass vor ihm ein Vertreter des extremen Fundamentalismus sitzt, sondern eben ein Geschäftsmann in seiner Lunchpause. Früher hat er Yoga gemacht, aber als sein Guru an Krebs erkrankte, verlor er den Glauben an die Effektivität der Übungen. Seitdem ist Yoga für ihn ein Werk des Teufels. Komow hat sich taufen lassen, heute hat er eine große Familie, eine Frau und sechs Kinder. Er ist wahrscheinlich Vertreter eines in Russland verbreiteten Typs, der bis vor Kurzem berauscht war vom Westen und heute von ihm enttäuscht ist. Aufgrund seiner Enttäuschung hat sich Komow der Kongregation von Dmitri Smirnow angenähert, einem beliebten Geistlichen, der bekannt ist für seine provokanten Äußerungen, wie die über »Atheisten, die ihr Leben mit Suizid beenden sollten«, weil »es keinen Sinn hat zu leben, zu lernen und zu kämpfen, wenn dann nur Unkraut daraus erwächst, dann lieber gleich ins Grab«.[191] Seit 2013 vertritt er den Patriarchen Kirill als Kanzleichef der Patriarchalen Kommission für Familie und Mutterschaft. Er ist auch Ratsmitglied beim Verteidigungsministerium.

Heute ist nicht Professor Antonow, sondern Pater Smirnow Komows Meister. Komow hat das offensichtliche Bedürfnis nach einem Meister, dem er vertrauen kann.

◻ ◻ ◻

Es ist Januar 2019 und frostig. Wir treffen uns in Moskau in der Bolschaja Bronnaja-Straße, im Fort Jazz Club. Das ist nicht weit von den Patriarchenteichen, wo Berlioz in *Meister und Margarita* dem Dichter erklärt, dass Jesus nicht existiert hat. Dort findet gerade eine internationale Konferenz über das häusliche Lernen statt, an der Alexej Komow teilnimmt. Er empfängt mich mit der Leichtigkeit eines alten Salonlöwen. Ich schreibe »alt«, aber in seinen Bewegungen liegt

---

191 Roman Ukołow, Interview mit Dmitri Smirow *Блуд, разврат и незнамо что. Протоиерей Димитрий Смирнов об экстрасенсах, содомии и подарках прихожан*. Lenta.ru, 11. Juli 2015, https://lenta.ru/articles/2015/06/11/smirnov/, letzter Zugriff am 25.02.2023.

viel Jugendlichkeit. Er begrüßt mich auf Polnisch und ich ihn auf Russisch, aber wir unterhalten uns auf Englisch. Wir legen gleich offen, wer wer ist. Komow gesteht, dass er meinen Namen gegoogelt hat, er weiß also, dass ich Autorin eines Buches über Witold Gombrowicz bin. Er erzählt, dass Gombrowicz in den Neunzigerjahren in Moskau aufgeführt wurde, aber nicht besonders bekannt sei. Ich weiß, dass, wenn er mich gegoogelt hat, er mit Sicherheit auch das Foto gesehen hat, auf dem ich von der Polizei zu Boden gerissen werde, deshalb mache ich aus meinen Ansichten kein Geheimnis.

Ich bin mir darüber im Klaren, dass Komow vorsichtig ist. Die russische Hackergruppe »Schaltaj Boltaj« (»Humpty Dumpty«) hatte 2014 den Inhalt seiner internen Korrespondenz mit Malofejew und auch die Korrespondenz zwischen Malofejew und Dugin veröffentlicht. Nach dem »Weltfamilienkongress«, der im Kreml stattgefunden hatte, meldete sich eine Amerikanerin bei Komow, die gerade aus Moskau in die Staaten zurückgekehrt war. Sie behauptete, vom amerikanischen Geheimdienst verfolgt zu werden, und bat um Hilfe. Komow ging damit zu Malofejew. Er schlug vor, die Sache auszunutzen und wegen »Christenverfolgung« vor Gericht zu ziehen. Er argumentierte: »Ich kann in Diskussion mit Brian [Brown, heutiger Direktor des WCF] einen Aktionsplan entwerfen. Wir können die besten Juristen von Alliance Defending Freedom oder HSLDA mit reinholen und mit CitizenGO anfangen, Unterschriften zu sammeln für eine Petition auf der ganzen Welt, und eine große Medienkampagne zu diesem skandalösen Fall starten. Das könnte eine fantastische internationale Kampagne werden, die Leute von Personhood befassen sich mit solchen Sachen. Wenn wir nicht angemessen reagieren, brechen und terrorisieren sie die amerikanische Bewegung. Was denkst du darüber?«[192]

---

192 Siehe: Хакерская группа "Анонимный интернационал" опубликовала тайную переписку Дугина и его пособников, InformNapalm, 3. November 2014, https://informnapalm.org/3592-dugin-war/, letzter Zugriff am 25.02.2023. Siehe auch: Hélène Barthélemy, How the World Congress of Families serves Russian Orthodox political interests, Southern Poverty Law Center, 16. Mai 2018, https://www.splcenter.org/hatewatch/2018/05/16/how-world-congress-families-serves-russian-orthodox-political-interests, letzter Zugriff am 25.02.2023.

Wie wir sehen, ist es kein Problem, Alliance Defending Freedom und CitizenGO in eine Aktion einzubeziehen. So sieht die fundamentalistische Zusammenarbeit von innen aus. Doch Malofejew war letztlich skeptisch. Er war der Meinung, dass die Frau vielleicht ein Lockvogel ist. Komow überprüfte ihr Profil und gab ihm recht. Deshalb wunderte mich seine Vorsicht nicht. Für mich ist es das erste Mal, dass ich mit jemandem von der anderen Seite spreche.

◻ ◻ ◻

Nachdem wir unsere Positionen klargemacht haben, setzen wir uns an die Bar. Komow beginnt mit einem Vorbehalt, den er in unserem Gespräch immer wieder ansprechen wird.

»Ich hoffe, dass Sie uns nicht als Monster darstellen.«

»Ich will Sie verstehen, denn ich gehöre nicht zu dieser Welt. Die Leute auf der anderen Seite wollen nicht mit mir sprechen. Ich denke, dass das ein Fehler ist und dass wir miteinander reden sollten.«

Wieder verwahrt er sich:

»Ich hoffe, dass Sie objektiv und wahrheitsgemäß das schreiben, was ich sage.«

Komow spricht fließend Englisch und wirkt weltgewandt. Er erzählt, dass er seine Bildung in verschiedenen Ländern erworben hat.

»Als ich in der sechsten Klasse war, arbeitete mein Vater in London, ich habe dort ein Jahr verbracht, ich kannte die andere Seite des Lebens also schon. Er war auch in Kuba Diplomat, als ich bereits das Gymnasium besuchte. Ich liebe Kuba. Ich habe dort mehrere Jahre gelebt. In Havanna habe ich das russische Gymnasium abgeschlossen. Das waren die letzten Jahre der Sowjetunion. Als Gorbatschow Kuba besuchte, war ich in der Avenida Quinta, und wir winkten Fidel und Gorbatschow mit Fähnchen zu, als sie im offenen Wagen vorbeifuhren … *(lacht)*.«

Als ich später das Gespräch transkribiere und einzelne Informationen überprüfe, finde ich auch die Schule in Havanna, die Alexej

Komow besucht hat. Die Schüler waren Kinder russischer Prominenter, die heute in Facebook-Gruppen oder in Blogs ihren Aufenthalt in Kuba als paradiesisch erinnern und versuchen, miteinander in Kontakt zu bleiben. Es gibt keine Einträge von Komow. Ich stoße auf eine Seite, auf der verschiedene Erinnerungen, Archivbeiträge und Fotos von der Schule stehen. Ein großes Gebäude im Kolonialstil an der Kreuzung 18. Straße/31. Allee. Davor eine gerade Reihe Palmen, wie alles in Havanna in einem malerischen Zustand.[193] Ein hübscher schattiger Patio, Holzjalousien vor den Fenstern, ein Fußballplatz umgeben von rot blühenden Bäumen. Die Kinder sind gut gekleidet. Die Lehrer sehen sympathisch aus. Es wirkt tatsächlich paradiesisch. Komow muss hier etwa von 1986 bis 1989 die Schule besucht haben.

Darüber, wie es weiterging, erzählt er folgendermaßen: »Ich habe in den Staaten gelebt und in England, ich war oft in Spanien und in Deutschland, ich spreche also die wichtigsten europäischen Sprachen. Ich habe den britischen MBA-Abschluss gemacht, in den Neunzigerjahren habe ich auch an der State University of New York studiert.«

Ich fühle mich wohl bei dem Gespräch mit ihm, obwohl ich weiß, dass der Schein trügen kann. Wir sprechen viel über sowjetische Wurzeln und die Jugend unserer Generation. Ich versuche herauszufinden, inwieweit uns bestimmte Erfahrungen verbinden und welche uns trennen.

»Wie ist es dazu gekommen, dass die Menschen in Russland religiös geworden sind?«, frage ich vielleicht zu nachdrücklich. Ich bin nicht sicher, ob das die richtige Frage ist.

»Ich denke, dass den Menschen nationale Identität, Philosophie und Ideologie gefehlt haben, und die Religion füllt diese Lücke. Sie waren auch erschöpft von den rein materialistischen, dümmlichen Erklärungen, die besagten, dass wir Tiere sind, dass wir nur auf die Befriedigung materieller Bedürfnisse aus sind. Eigentlich hat in den

---

193 Siehe: http://cubanos.ru/photos/foto080?pid=8069, letzter Zugriff am 25.02.2023.

letzten Jahrzehnten der UdSSR nicht wirklich jemand mehr an den Kommunismus und die marxistisch-leninistische Idee geglaubt.«

An dieser Stelle stimme ich ihm zu. Dasselbe war in Polen zu spüren. Ich erinnere mich, dass die Lehrer in der zweiten Hälfte der Achtzigerjahre bestimmte Rituale nur noch zum Schein durchgezogen haben und wir auch manche Dinge zum Schein gemacht haben. Als meine Polnischlehrerin mich einmal aufforderte, zum 1. Mai auf dem Marktplatz der Ortschaft, in der ich wohnte, ein Gedicht von Władysław Broniewski zu rezitieren, in dem die Rede von Gewehren und vom Schießen war, weigerte ich mich, was keinerlei Folgen hatte. Obwohl in der Schule eigentlich niemand etwas verweigerte. Es gab ungeschriebene Gesetze: Sie wissen, dass das nicht ernst gemeint ist, und wir sind damit einverstanden. Ich wollte bei dieser Komödie, die ich gar nicht selbst verfasst hatte, nicht mitspielen.

»Wie haben Sie das System empfunden?«

»Ich mochte es nicht.«

»Ich hatte den Eindruck, dass es verlogen war.«

»Verlogen und hässlich. Wenn ich die neuen Gebäude sah, die die Kommunisten hatten errichten lassen, waren das für mich unangenehme Kästen, aber wenn ich alte Gebäude sah, von vor der Revolution, empfand ich diese als schön, sogar die aus Holz. Ausgehend von diesem ästhetischen Gesichtspunkt spürte ich, dass mit den Menschen, die in diesen Zeiten leben, etwas nicht stimmt. Hinzu kam, dass man sich nicht frei äußern konnte, immer war da der Druck des Systems. Wenn du aus dem Haus gegangen bist, haben dich die Menschen auf der Straße komisch angesehen, nur weil du nicht sowjetisch gekleidet warst oder seltsame Musik gehört hast …«

»Was war denn Ihre Lieblingsmusik? Ihre Lieblingsband?«

Er lacht. »Verschiedene, kommt darauf an, welche Zeit. Ein bisschen Rock, aber ich war nie großer Fan von irgendwas. Obwohl ich verschiedene Musikrichtungen gehört habe, auch Rap. Wir waren damals Rebellen, die sich gegen die überkommenen Grundsätze auflehnten. Wir wollten Freiheit, wir kleideten uns bunt. Wir waren normale Kids. Bei uns war die Band Kino mit Viktor Zoi beliebt.«

Ich selbst liebe Viktor Zoi, wir haben also etwas gemeinsam. Viktor Zoi höre ich in Polen manchmal, aber in Moskau obligatorisch täglich. Zoi hat den Song *Мне не нравится город Москва* (Mir gefällt die Stadt Moskau nicht) geschrieben, und ich muss an ihn denken, während ich Komow zuhöre. Einer seiner bekanntesten und gleichzeitig einer meiner Lieblingssongs ist jedoch *Звезда' по и'мени Со'лнце* (Ein Stern namens Sonne): И две тысячи лет – война, война без особых причин. / Война – дело молодых, лекарство против морщин. (Und zweitausend Jahre – Krieg, Krieg ohne besondere Gründe. / Krieg ist ein Werk der Jugend, ein Heilmittel gegen Falten.)

◻ ◻ ◻

Auf einer Internetseite der Absolventen des sowjetischen Gymnasiums in Havanna finde ich einen Film aus dem Jahr 1987, der auf dem Gelände der Botschaft der UdSSR gedreht wurde. Autor des Films ist ein Schüler, der von einem Lehrer für die Kampfkunst budō gewonnen wurde.[194] Der Film hat sogar eine Handlung. Eine Rock-'n'-Roll-Gang verprügelt einen kleinen Jungen. Es kündigt sich ein Kampf zwischen Gut und Böse an. Aber das Drehbuch zerfasert, was nicht verwundert, schließlich ist die Geschichte nur dazu da, die Fähigkeiten der Zöglinge des Lehrers zu präsentieren.

Komow taucht in einer Szene in der Schuldiskothek auf. Spöttelnd schauen die Jungs von der Gang den Tanzenden zu. Ich erkenne Komow sofort. Er hat sich nicht sehr verändert. Er hat immer noch die gleichen jugendlichen Bewegungen und Augen. Ein rotes Hemd, helle Jeans und ein rotes Bandana über den etwas längeren Haaren. Er tanzt in einer Gruppe, man sieht, dass er das mag, dann folgt ein langsamer Tanz mit einem Mädchen. Plötzlich fangen die bösen Jungs an, die Party zu stören, und spielen ihre Musik von einem Recorder ab. Es ist die damals bekannte, etwas skanda-

---

[194] Siehe: http://cubanos.ru/videos/v4_01, letzter Zugriff am 25.02.2023.

löse Band Twisted Sisters. Interessanterweise tanzt Komow als Einziger von den »Guten« mit der Gang zu der Glam Metal Musik der leicht queeren Band. Später sehen wir die Jungs auf Matten beim Training, und am Ende taucht die ganze Gruppe zusammen mit dem Trainer auf. Ein denkwürdiges Bild. Alexej Komow steht in der letzten Reihe. Beim Abspann läuft Viktor Zois Lied *Звезда' по и'мени Со'лнце* (Ein Stern namens Sonne). Also Krieg. Krieg seit zweitausend Jahren.

Ich habe versucht, etwas über Komows Vater zu erfahren. Was hat er in Kuba gemacht? Und vor allem, wie hieß er? Das ist bei den Russen relativ einfach, weil sie Patronyme benutzen, die auf die sogenannte *отцовство* (Vaterschaft) hinweisen. Aber Komow benutzt seines fast gar nicht. Erst nach längerem Suchen finde ich ein Interview, in dem er als Alexej Jurjewitsch Komow vorgestellt wird.[195] Juri also.

Dann finde ich Juri Alexandrowitsch Komow und verschiedene Publikationen von ihm, alle nach dem politischen Wandel erschienen. Eine stammt von 1992, sie wurde unter dem Titel *Портреты без рамок* (Rahmenlose Porträts) von einem Kinderbuchverlag herausgegeben und erzählt die Geschichte von berühmten Amerikanern des 20. Jahrhunderts. In der Inhaltsangabe des Buches ist die Rhetorik der Perestroika zu spüren: Die Amerikaner sprechen mit menschlicher Stimme, »wir und sie – Bürger verschiedener Kontinente, aber eines Planeten«.[196] Die übrigen Bücher sind Romane, in Zusammenarbeit mit anderen Autoren entstanden, und Übersetzungen englischer und amerikanischer Trivialliteratur.[197] Die letzte Übersetzung ist von 2011. Es handelt sich um eine Sammlung von Detektiv-Geschichten, die Alfred Hitchcock mochte. Von Juri Komow stammt auch die Einleitung über das Schaffen und das Leben

---

195 Алексей Комов в Кишинёве: «Пора поставить последнюю точку в отношении к коммунизму», AVA, 12. April 2014, https://ava.md/2014/04/12/aleksey-komov-v-kishineve-pora-postavit/, letzter Zugriff am 25.02.2023.
196 Siehe: http://publ.lib.ru/ARCHIVES/K/KOMOV_Yuriy_Aleksandrovich/_Komov_Yu.A..html, letzter Zugriff am 25.02.2023.
197 Siehe: https://librusec.pro/a/104879, letzter Zugriff am 25.02.2023.

des Regisseurs.[198] All diese Bücher verbindet in irgendeiner Weise das Motiv »Hollywood-, Amerika- und Kino-Stars«.

Ich frage mich, worin die Arbeit seines Vaters bestand. Ich stoße auf ein Interview, in dem Alexej Komow von seiner Jugend erzählt: »Mein Vater hat lange in London als Diplomat gearbeitet, wir haben vier Jahre in Kuba gelebt.«[199] Als ich per E-Mail noch mal bei ihm nachfrage, vermeidet er eine direkte Antwort. Ich erfahre nur wieder, dass er Diplomat war und schon lange in Rente ist. Die russische Botschaft in Havanna antwortet nicht auf meine E-Mails mit der Bitte um Informationen zu Juri Komow. Ich prüfe die offiziellen Listen der russischen Botschafter in Havanna,[200] blättere auch Berichte polnischer Dienste von der Botschaft in Kuba durch, die im Institut für Nationales Gedenken zugänglich sind – nirgendwo taucht der Name Komow auf. Als ich bei russischen Kuba-Kennern nachfrage, sagen diese, dass seine Arbeit als Journalist und Übersetzer, seine Sprachkenntnisse und die Themen, mit denen er sich befasst hat, den idealen Lebenslauf eines KGB-Agenten ergeben. Mehr noch, Wiktor Suworow, der das Metier des sowjetischen GRU-Agenten beschreibt, erwähnt, dass man sich beim militärischen Geheimdienst an das Prinzip hielt, dass die Kinder nicht in den gleichen Dienst treten dürfen. Beim KGB hingegen wurde dies ganz anders gehandhabt: Die Kinder von Geheimdienstoffizieren traten meist in deren Fußstapfen.

◻ ◻ ◻

---

198 Siehe: http://www.you-books.com/book/Yu-Komov/Temnye-allei-slavy, letzter Zugriff am 25.02.2023.
199 Антон Поспелов, *Мировые элиты, неомарксизм и гендерная идеология. Беседа с послом Всемирного конгресса семей в ООН Алексеем Комовым*, Pravoslavie, 5. September 2013, https://pravoslavie.ru/63855.html, letzter Zugriff am 25.02.2023.
200 Beispielsweise auf der Seite der russischen Botschaft in Kuba: https://web.archive.org/web/20211111164850/https://cuba.mid.ru/posly-sssr-i-rf-na-kube, nur im Archiv, letzter Screen am 11.11.2021.

Nach einem Augenblick der Entspannung wechselt Komow wieder zum offiziellen Ton, als wäre ihm wieder eingefallen, weshalb wir uns getroffen haben.

»Als ich erwachsen wurde, wurde mir klar, dass der Weg der unkontrollierten, unbegrenzten Freiheit zu ernsthaften Fehlern führen kann. Diese Fehler sind real und können zerstörerischen Einfluss auf den Menschen haben. Ich denke, dass so etwas wie *Common Sense* existiert, ein gesunder Menschenverstand und eine normale Lebensweise, und das seit Tausenden von Jahren. Man kann die Natur nicht verändern. Ich bin der Meinung, dass es nur zwei Geschlechter gibt: männlich und weiblich. Sie begegnen sich, gründen Familien, haben Kinder miteinander und vermitteln den zukünftigen Generationen ihre Werte.«

Er kehrt zurück zu seinen Jugendtagen und erzählt, wie er zu einem religiösen Menschen und Theologiestudenten wurde.

»Wir waren jung, wir haben verschiedene Dinge ausprobiert, dann kamen die stürmischen Neunzigerjahre, die schwer waren, insbesondere in Russland. In einem bestimmten Moment, etwa um das Jahr 2000 oder etwas früher, als ich um die dreißig war, wurde mir klar, dass jemand existiert, der diese Welt erschaffen hat. Ich wurde Christ.«

»Wie kam es zu dieser Erkenntnis?«

»Ich habe mich mit verschiedenen Philosophien beschäftigt, ich war in Indien, ich habe Yoga gemacht, ich habe den Judaismus, den Islam, den Buddhismus und den Hinduismus studiert. Ich habe gelesen, wollte wissen, wer die Wahrheit besitzt. Ich habe auch die weltliche Philosophie studiert. Bis ein Wunder geschah, denn es ist immer ein Wunder, wenn jemand an Gott zu glauben beginnt. Nach einer erfolgreichen Consulting-Karriere begann ich mich für griechisch-orthodoxe Theologie zu interessieren. Dreieinhalb Jahre studierte ich sie im Fernstudium an der Orthodoxen Geisteswissenschaftlichen Tichon-Universität in Moskau. Ich fuhr mehrmals in ein Kloster auf dem Berg Athos in Griechenland, das ist ein besonderer Ort, eine Mönchsrepublik. Die Mönche dort leben seit tausend Jahren gemäß einer unveränderten Tradition, seit dem byzantinischen Imperium. Das war ein unglaubliches Erlebnis. Damals verstand ich, was im Leben echte Prioritäten sind. Ich begann darüber nachzudenken, wie ich etwas einbringen und Gutes tun kann, bevor ich sterbe. Nicht für Geld, sondern als gute Tat. Und da gelangten diese alarmierenden Nachrichten zu uns, dass im Westen seltsame Dinge geschehen, dass der moralische Untergang voranschreitet, dass die Menschen dort behaupten, dass es fünfhundert Geschlechter gibt ...« Er klingt jetzt, als wäre er in einem Belagerungszustand.

Neben Drogen ist das eines seiner Lieblingsthemen. Auch das Thema Homosexualität zieht sich durch das gesamte Gespräch. Komow argumentiert: »Nichttraditionelle Werte sind, obwohl sie oberflächlich vielleicht sehr befreiend wirken, eher gefährlich und enthalten autodestruktive Elemente. Wir wissen aus Statistiken, dass homosexuelle Beziehungen oft zu Problemen führen wie Depressionen, Selbstmordversuchen oder zu Alkohol- und Drogenabhängigkeit.«

Ich frage, ob er selbst homosexuelle Bekannte hat und bei ihnen Suizidneigungen beobachtet hat. Er antwortet, dass er nicht viele kenne. Ich frage, ob er Probleme mit Drogen hatte, weil er das Thema so oft anspricht. Er verneint.

Komow nimmt Homosexualität als den »neuen Totalitarismus« wahr. Ich frage nach, was genau er damit meint.

»Ich denke, Totalitarismus bedeutet, wenn jemand der Gesellschaft seine Weltansichten aufzwingt. In kommunistischen Zeiten fand dies offen und mit Gewalt statt, jetzt sind die Methoden verdeckter und nicht aggressiv. Aber Ursprung und Folgen sind gleich. Wenn du dem dominierenden Narrativ nicht entsprichst, wirst du abgestempelt, ein Reaktionär, ein Hasser, eine Person, die andere zerstören will. Du wirst verfolgt und an den Rand der Gesellschaft gedrängt. Das ist meiner Meinung nach Totalitarismus. Ich bin gegen die UN und andere Institutionen, die Kindern schon im Kindergarten ›eine homosexuelle Lebensweise‹ aufzwingen.«

◻ ◻ ◻

Mein zwanzigjähriger Freund Sebastian Słowiński, der mich auf meiner Reise nach Moskau begleitet, ist entsetzt, als er erfährt, dass es auf der in LGBT-Kreisen beliebten Dating-App Grindr hier zu *fake dates* kommt. Jemand macht dir etwas vor, verabredet sich mit dir, lädt dich zu sich ein, und dann wirst du zusammengeschlagen. Das wird gefilmt, und die Aufnahme wird online gestellt. Öffentliche Bloßstellung.

Bei dem legalen Marsch in Moskau am 19. Januar 2019 zum Gedenken an zwei ermordete Journalisten zog ein LGBT-Aktivist die Regenbogenfahne hervor. Er wurde sofort von der Polizei abgeführt. Als wir einmal nachts in einen Klub gingen, in dem Schwulenpartys stattfinden, wurden wir am Tor mehrmals gefragt, ob wir Bescheid wüssten und uns darüber im Klaren seien, wohin wir gingen. In einem Interview mit der amerikanischen Journalistin Hannah Levintova sagte Komow: »Als Russen wollen wir die Menschen im Westen vor der Gefahr eines neuen Totalitarismus warnen. Es gibt eine einflussreiche Lobby, die aggressive gesellschaftliche Kampagnen fördert, indem sie LGBT-Aktivisten als Instrument einer Transformation einsetzt. Wir sehen das als Weiterführung derselben radikalen Agenda, die in der Sowjetunion, als die Kirchen zerstört wurden, viele menschliche Existenzen gekostet hat. Diese politische Korrektheit wird benutzt und weiterhin eingesetzt werden, um religiöse Freiheit zu unterdrücken und die Familie zu zerstören.«[201]

Während unseres Gesprächs hätte ich Komows »antihomosexuelle Einstellung« respektieren können, wenn ich nicht zugleich gewusst hätte, dass er sie gekonnt für politische Zwecke einsetzt. Am 13. Oktober 2013, einen Monat vor dem Euromaidan, besuchte Komow Kiew mit einer Delegation des WCF (mit Don Feder aus den USA, dem Serben Srđan Nogo und dem Franzosen Fabrice Sorlin).

---

[201] https://www.motherjones.com/politics/2014/02/world-congress-families-russia-gay-rights/, letzter Zugriff am 25.02.2023.

Sie treffen sich mit Vertretern des All Ukrainian Parents Committee, die »Beunruhigung wegen des Drucks äußerten, der im Zusammenhang mit der homosexuellen Agenda (darunter die Ehe von Schwulen) als Bedingung für die Mitgliedschaft in der Europäischen Union auf ihr Land ausgeübt wird«.[202] Die EU stellt eine solche Bedingung gar nicht, aber das WCF befeuert gern die Panik vor einer »Homosexualisierung der Ukraine«. Das war einer der größten politischen Propagandatricks, der die Ukraine bei ihrer Annäherung an die EU behindern sollte.

Neben der homosexuellen Verschwörung sei noch die Soros-Verschwörung gefährlich. Als wir über häusliche Gewalt sprechen, sagt Komow, dass die PR-Kampagne, die die »natürliche Familie« negativ als gefährlichsten Ort für Frauen und Kinder darstellt, mit Soros' Geld finanziert wird.

»Haben Sie Beweise für Soros' Beteiligung an diesen Projekten?«

»Ja. Berichte der UNO zeigen, welchen Ländern George Soros Geld über Open Society gegeben hat.«

»Und in Russland?«

»Ich habe verschiedene Datenlagen eingesehen, die zeigen, dass er Organisationen hilft, die sich für die Legalisierung von Drogen einsetzen.«

»Drogen?«

»Ja. George Soros will Drogen legalisieren.«

»Meinen Sie Marihuana oder etwas anderes?«

»Ja, erst die leichten Drogen, Marihuana, dann kommen die härteren, das ist doch die gleiche Philosophie.«

»Sie können mir glauben, ich werde nicht von George Soros gesponsert.«

»Nicht direkt. Aber Sie haben doch viele Bücher gelesen, Filme gesehen, oder?«

---

[202] *World Congress of Families Leadership Team Travels to Kiev, Ukraine,* »Christian News Wire«, 22. Oktober 2013, http://www.christiannewswire.com/index.php?module=releases&task=view&releaseID=73035, letzter Zugriff am 25.02.2023.

»Natürlich habe ich viele Bücher gelesen und viele Filme gesehen, aber ich bin der Meinung, dass ich intelligent genug bin, um unterscheiden zu können, was ich selbst denke und was mir eingeredet werden soll.«

»Jeder Mensch ist frei und geht mit der Freiheit auf seine Weise um. Jeder trifft seine eigenen Entscheidungen, das stimmt, aber das Umfeld, in dem wir leben, beeinflusst uns, die Massenkultur, die Gespräche, die Universität, die Lehrer.«

»Das stimmt, aber trotzdem machen wir unsere Erfahrungen. Ich würde nicht sagen, dass die Frauen, die in Rio de Janeiro und Istanbul auf die Straße gehen, um zu protestieren, unter irgendeinem Einfluss stehen. Sie gehen auf die Straße, weil sie sich bedroht fühlen.«

»Natürlich, die Mehrheit von ihnen tut das.«

»Dann sind wir hier einer Meinung.«

»Aber diese ganze #MeToo-Bewegung wird als politisches Instrument benutzt. Einflussreiche Kräfte, Lobbyisten wie Soros, benutzen die Frauen, um die traditionelle Lebensweise zu vernichten.«

»Wollen Sie sagen, dass alle Frauen, die in Italien und in Spanien auf die Straße gehen, um sich Gewalt und Missbrauch entgegenzustellen, dass sie alle von jemandem benutzt werden?«

»Er gibt siebzehn Milliarden Dollar dafür, um Drogen zu legalisieren, um die Abtreibung und die Rechte von Frauen zu fördern. Ist das nicht sehr viel? Wir haben solches Geld nicht.«

»In Russland wurde seine Stiftung geschlossen, richtig?«

»Ja, natürlich. Ich mag Frauen, und ich will, dass sie frei sind, aber ich will nicht, dass sie von einer Gruppe Lobbyisten für die Umsetzung destruktiver Pläne benutzt werden.«

◻ ◻ ◻

In Komows Äußerungen kommen auch Philosophen und Soziologen der Frankfurter Schule vor und natürlich Hollywood. Laut Komow – und ich habe verfolgt, wie er bei seinen Vorträgen im Ausland entsprechend argumentiert hat – wurde unsere Wahrnehmung von der Frankfurter Schule geprägt. Die 1923 in Deutschland entstandene Denkschule befasste sich mit der Erforschung des Marxismus und entwickelte die Kritische Theorie (ihre Hauptvertreter sind unter anderem Theodor W. Adorno, Max Horkheimer, Herbert Marcuse und Erich Fromm). Als Hitler an die Macht kam, mussten ihre Vertreter emigrieren. Die Kritische Theorie wurde zunächst in Frankreich und dann in den Vereinigten Staaten weiterentwickelt. Laut Komow ist sie die Grundlage für die »sexuellen Revolutionen« des 20. Jahrhunderts.

»Die Bolschewiken haben ihre eigene Interpretation des klassischen Marxismus. Von Engels stammen zum Beispiel die berühmten Worte, dass die Familie eine ausbeutende Institution der Bourgeoisie ist, die in der neuen strahlenden Welt des Sozialismus keine Zukunft mehr hat. Die radikalen Revolutionäre haben ab 1917 die Träume der damaligen Feministinnen und Schwulen oder der sexuellen Befreier realisiert, damit alle das gleiche Recht haben, nackt auf der Straße herumzulaufen. Alexandra Kollontai propagierte die freie Liebe. Es wurden Häuser gebaut, in denen es keine Küche und keine Türschlösser gab, weil die Frauen für alles offen sein sollten.«

»Das klingt aber nicht nach Feminismus, sondern nach einer Macho-Revolution«, widerspreche ich.

»Vielleicht«, sagt er. »Es gab Situationen, wirklich, da fuhr ein Mann in eine Stadt einer Sowjetrepublik, wurde bei den lokalen Behörden vorstellig und bekam ein Papier, das ihn dazu berechtigte, Sex mit irgendeiner Frau zu haben, die er auf der Straße trifft, weil die Frau nicht mehr nur einem Mann gehörte. Als Stalin Trotzki und die anderen rauswarf, gingen die in den Westen. Sie studierten Marx und verbanden seine Ideen mit Sigmund Freuds Idee vom Pansexualismus. In den Zwanziger-, Dreißiger-, Vierziger und Fünfzigerjahren kamen sie mit der Idee der sexuellen Revolution, der Drogen- und Hippie-Revolution und mit der feministischen Bewegung und übernahmen Institutionen. Denn wie sagte der italienische marxistische Philosoph Antonio Gramsci: Wir müssen Hollywood übernehmen, die Massenmedien, die Universitäten, die Zeitungen und das Fernsehen.«

»Und haben sie das geschafft?«

»Ja. So ist es jetzt im Westen. Hollywood wird mehrheitlich vom Neomarxismus kontrolliert.«

»Meinen Sie, dass die Leute dort einer Ideologie folgen?«

»Natürlich, das Business regiert sie, das Geld, aber wenn Sie versuchen würden, das zu sagen, was ich jetzt sage, würde man Sie sofort zum Schweigen bringen. Sie können es versuchen. Ich kenne das schon. Wir haben viel schlechte Presse, weil der Westen uns als schreckliche Faschisten darstellt, die mit Hass arbeiten.«

Seine Stimme klingt trotzig, wie die eines zu Unrecht ausgeschimpften Kindes.

»Ich empfinde es eher so, dass eure Seite versucht, anderen ihre Ansichten aufzuzwingen«, sage ich schließlich.

»Was? Wo denn?«, fragt Komow überrascht.

»Zum Beispiel hat der Versuch, die reproduktiven Rechte zu beschränken, bei den polnischen Frauen Massenproteste ausgelöst. Es ist also nicht nur meine Meinung, sondern allgemein die Wahrnehmung, dass versucht wird, uns etwas aufzuzwingen. Und es wird nicht einmal mit uns diskutiert.«

»Will man in Polen etwa Null-Abtreibung aufzwingen?«

»2016 entstand ein Gesetzentwurf, der Bestrafung für Abtreibung und Fehlgeburten vorsah, die ein Viertel aller Schwangerschaften betreffen. Die Folge war ein Massenprotest, und der Entwurf wurde abgeschmettert. Das Thema schien vom Tisch zu sein, aber es kommen immer wieder neue Vorstöße. Es ist interessant, dass Sie die Menschenrechte als etwas wahrnehmen, das aufgezwungen wurde. Ich empfinde euer Vorgehen als Aufzwingen.«

»Ich denke, dass man entweder an die natürliche Ordnung der Dinge glaubt, an das natürliche Recht und an Gott, oder man ist der Meinung, dass wir vollkommen frei sind, dass wir also mit unseren Körpern machen können, was wir wollen. Wir können sie mit Drogen zerstören oder mit ihnen experimentieren, und es gibt keinerlei

Beschränkungen. Ich denke, dass es zwischen diesen zwei Einstellungen einen Konflikt gibt. Er nimmt verschiedene Formen an. Eine ist beispielsweise die Debatte zum Thema Evolution und Kreationismus. Die zweite Konfliktlinie spielt sich ab zwischen der Pro-Life- und der Pro-Choice-Bewegung und betrifft die Rechte von Frauen und traditionelle Werte.«

Dann fällt in unserem Gespräch das Wort »Krieg«. Komow spricht es aus, obwohl es mir auch die ganze Zeit auf der Zunge liegt.

»Das ist Krieg. Ein ideologischer Krieg«, sagt er.

»Sie nennen es also Krieg?«

»Ja, das ist Krieg. Wir sind jetzt die unterdrückte Minderheit.«

»Ach ja?«

»Ja. Wir sind die unterdrückte Minderheit, und die Feministinnen und die politische Korrektheit, die Liberalen und die progressiven Transhumanisten – so können wir sie nennen – sind an der Macht. Sie haben das Geld, die Kontrolle, die Massenmedien, das Fernsehen, Hollywood etc. Wir sind jetzt die Rebellen. Feministin zu sein bedeutet, zum Mainstream zu gehören.«

Er will das Thema wechseln, aber ich hake nach.

»Wurden Sie schon einmal für Ihre Aktivitäten festgenommen?«

»Nein.«

»Sehen Sie, aber ich wurde festgenommen. Hier stimmt doch was nicht.«

Er überlegt kurz. »Tja, da sind die Umstände entscheidend, bestimmte Leute in unserer Bewegung sind auch schon festgenommen worden.«

»Weshalb?«

»Mein georgischer Kollege Levan Vasadze hat gegen den Kommunismus gekämpft und wurde in den Achtzigerjahren zusammengeschlagen. Aber aus einem anderen Grund, egal … Ich erlaube mir, meine Geschichte zu Ende zu erzählen. Es existiert eine ganze Bewegung, die im Namen der Freiheit agiert und danach strebt, unsere Geschlechtsidentität zu zerstören. Aber der nächste Schritt, so denke ich, ist Transhumanismus, sich der menschlichen Identität zu entledigen. Heute wird um die Rechte von Schwulen gekämpft, in zwanzig Jahren, wenn Sie den zweiten Teil Ihres Buches schreiben werden, wird er wahrscheinlich den Rechten von Transhumanisten und Robotern gewidmet sein.«

Tolle Freunde hat Komow. Levan Vasadze, ein Millionär, der sein Vermögen in Russland gemacht hat, ist in Georgien als erbitterter Feind der LGBT-Gemeinschaft sowie für seine antieuropäische Haltung bekannt. Ihm nahestehende Banden griffen 2019 die Pride Parade in Tiflis an. Er ist eines der hässlichsten Gesichter der Anti-Gleichstellungsbewegung und wird von georgischen Politikern beschuldigt, enge Verbindungen zu Russland zu unterhalten oder gar ein Spion zu sein.[203]

◻ ◻ ◻

Im Kamin hinter uns prasselt ein Feuer. Der Klub ist ruhig, und man könnte sich gut unterhalten, wenn da nicht die Teilnehmer der Fortbildungskonferenz wären. Deshalb müssen wir auch lauter sprechen, manchmal beugt sich Komow zum Diktiergerät, damit seine Äußerungen auch gut aufgenommen werden. Er bemüht sich, alles deutlich zu erklären. Jemand, der uns zuschauen würde, käme nicht auf die Idee, dass wir gerade einen Krieg gegeneinander führen. Mein Gesprächspartner bemüht sich die ganze Zeit, charmant zu sein, wobei er sehr authentisch auf mich wirkt. Ich habe noch immer die Einstellung, »Ich will dir zuhören und so viel wie möglich verstehen«. In gewisser Weise, denke ich, ähneln wir uns. Wir bauen eine Internationale auf, wir sind Bindeglieder zu anderen Ländern, wir sind Slawen mit starken lateinamerikanischen Komponenten, die sich noch an ein anderes System erinnern und sich

---

[203] Siehe: *Right-wing politician Vasadze: radiation poisoning could trigger my blood cancer,* Agenda.ge, 3. September 2021, https://agenda.ge/en/news/2021/2518, letzter Zugriff am 25.02.2023; oder: *Right-wing businessman Levan Vasadze enters politic,* Agenda.ge, 6. Mai 2021, https://agenda.ge/en/news/2021/1202, letzter Zugriff am 25.02.2023.

vielleicht deshalb fast überall wie zu Hause fühlen. Wir sprechen mehrere Sprachen und kommen leicht in Kontakt mit anderen. Freiheit ist uns wichtig.

Komow bestätigt meine Intuition: »Ich denke, dass Sie und ich um Freiheit kämpfen, nur dass uns die Wege, die wir dafür gehen, unterscheiden.«

Mein Gesprächspartner ist der Meinung, dass der Westen Druck ausübt, weniger Druck als im Kommunismus, aber dennoch zwinge er die Menschen zur politischen Korrektheit.

Ich habe kein solches Problem mit der politischen Korrektheit, auch wenn ich sie manchmal albern finde. Im Grunde geht es dabei um den Respekt für andere. Es ist eine Frage der Form, das verletzt niemanden. Schlimmer finde ich den Druck, den Anhänger von Religionen ausüben, denn hier geht es darum, anderen Regeln aufzuzwingen. Und dann um deren juristische Sanktionierung, sodass man keine Wahl mehr hat. Wenn du nicht politisch korrekt bist, dann wirst du höchstens boykottiert, man findet dich niveaulos. Im ersteren Fall könntest du rechtlich belangt werden. It makes a difference.

Aber es verbindet uns noch etwas: Ich bin der Meinung, dass wir heute dabei sind, diesen Krieg zu verlieren. Komow ist der Meinung, dass sie diesen Krieg verlieren. Doch ich bin sicher, dass wir ihn letztlich aber gewinnen werden. Glaubt er auch an seinen Sieg?

Das Thema Unterdrückung kommt immer wieder:

»In kommunistischen Zeiten habe ich persönlich Unterdrückung erlebt. Deshalb will ich nicht, dass meine Kinder in dieser scheinbar bequemeren, sanfteren Welt leben, in der du reisen kannst, bei McDonald's essen kannst, Jeans und Kaugummi kaufen kannst und gleichzeitig die Luft eng wird, weil das Establishment, die Medien und die Autoritäten dir ihre Sichtweise aufdrücken. Genau dagegen kämpfen wir.«

»Aber ihr seid doch an der Macht und habt die Instrumente, um eure Wertvorstellungen durchzudrücken«, unterbreche ich ihn erneut.

»Nein, ich persönlich mag die Freiheit und will niemandem irgendetwas aufzwingen. Ich bin der Meinung, dass die Menschen die Wahl haben müssen. Wenn die Evolutionstheorie besagt, dass der Mensch vom Affen abstammt, habe ich nichts dagegen. Ich denke, dass das nicht stimmt, aber jeder hat das Recht, das zu glauben. Ich will nur, dass meine Kinder auch das Recht haben zu glauben, dass Gott den Menschen erschaffen hat. Denn wissenschaftliche Daten bestätigen eher diese Theorie als die Theorie mit den Affen. Das, woran sie glauben wollen, ist keine Tatsache, sondern nur Fantasie.«

Ich muss zugeben, dass hier meine Geduld endet. Komows kreationistischer Wortschwall war wesentlich länger, aber das möchte ich den Leserinnen und Lesern ersparen.

◻ ◻ ◻

Beim World Congress of Families hat Komow die Rolle eines Botschafters. Zum ersten Mal tauchte er hier im Jahr 2010 auf. Nachdem er sich hatte bekehren lassen, nahm er Kontakt zu dem Patriarchen Dmitri Smirnow und anderen Würdenträgern der orthodoxen Kirche auf und wurde als ehemaliger Student von Antonow in die USA geschickt. Dort fand in Colorado Springs wieder ein World Congress of Families statt. Komow erzählt mir, wie das ablief:

»Ich kam und sagte: ›Hello, ich bin Alexej Komow, Unternehmensberater aus Russland, lasst uns einen großen Kongress im Kreml machen.‹ Und sie machten Gesichter, die besagten: What are you telling? Wer bist du?«

»Waren Sie in diesen Kreisen nicht bekannt?«

»Nein, ich war ja gerade erst angereist. Das Ticket habe ich mir selbst gekauft, meine Frau hat mich gefragt, ob ich wisse, was ich da tue. Ich sagte Ja. Und es ist mir gelungen, mich mit den Leuten vom Kongress anzufreunden. Wir beschlossen, zunächst eine kleinere Tagung zum Thema Demografie zu veranstalten: *Family and the Future of Human Rights* im Juni 2011 in Moskau. Sie fand im ehemaligen Institut für Marxismus-Leninismus statt *(lacht)*. Das hatte für unsere amerikanischen Freunde und andere internationale Gäste große Bedeutung. Sie konnten nicht glauben, dass wir uns an einem solchen Ort trafen. Das war ein großer Erfolg.«

Ein Mann aus dem Nirgendwo schlägt einen Kongress im Kreml vor? Ich runzle die Stirn.

Die Amerikaner waren bei ihrer Rückkehr von Russland verzaubert. Sie begannen generell die dort herrschende Ordnung zu loben und klagten gleichzeitig über Obama. Im Juli 2013 flog Austin Ruse nach Moskau. Er ist Mitglied der paramilitärischen mexikanischen Sekte El Yunque und half (laut Victoria Uroz) der Organisation dabei, in verschiedene UN-Gremien hineinzukommen. Vielleicht half er auch dabei, mit Russland Kontakt aufzunehmen. Ruse schrieb einen Artikel mit dem Titel *Brief aus Moskau*.[204] Darin bestritt er, dass die Schwulen in Russland in irgendeiner Weise verfolgt werden. Er habe auf der Straße einen Transvestiten gesehen, den niemand behelligt hätte. Wenn der Westen in dieser Sache lüge, wo lüge er dann noch? – fragte er. Doch der Brief begann mit dem folgenden Absatz:

»Kürzlich erzählte ich einer Lettin von meiner Reise nach Moskau und dass ich mich mit der russischen Regierung getroffen habe, um ihr für ihre starke familienfreundliche Haltung bei den Vereinten Nationen zu danken. Da hob sie ihren alten knöchernen Finger und sagte: ›Sie dürfen ihnen nicht vertrauen. Wenn die Ihnen bei irgendetwas helfen, tun sie das aus anderen Gründen. Das sind Lügner!‹«[205]

Doch wer hört schon auf eine alte Frau? Deshalb kamen neue Gesandte der amerikanischen Konservativen und intensivierten die Kontakte zum Kreml und zu orthodoxen Ideologen und Aktivisten. Komow ist Kontaktmann für viele von ihnen, aber wenn ich in

---

204 Austin Ruse, Letter from Moscow, »The Catholic Thing«, 26. Juli 2013, https://www.thecatholicthing.org/2013/07/26/letter-from-moscow/, zuletzt abgerufen am 20.04.2023.
205 Ebd.

Russland nach ihm frage, kennt ihn niemand. Er agiert nach außen. Im Inland sind andere federführend.

»Später beschlossen wir, einen großen Kongress zu organisieren, und zwar im Kreml. Das war mein Traum, seit ich in Colorado gewesen war.«

»Dann stehen Sie also hinter der Organisation?«

»Ja. Inspiriert haben mich die Geistlichen Dmitri Smirnow und Maxim Obuchow, die vom World Congress of Families wussten und mir davon erzählt haben. Pater Maxim war in Polen. Dort hat er viele Freunde, unter anderem Ewa Kowalewska von Human Life International. Er gab mir eine Empfehlung für den WCF und stellte mich Larry Jacobs vor, der im vergangenen Jahr verstorben ist. Das war ein guter Mensch. Ich flog also nach Colorado Springs und nach meiner Rückkehr begann ich, zusammen mit Pater Dmitri und Pater Maxim den Moskauer Kongress vorzubereiten. Das sollte der achte große Familienkongress werden, wir wollten wirklich, dass er 2014 im Kreml stattfindet. Da wir keine Mittel hatten, dauerte die Organisation mehrere Jahre. Wir bekamen Unterstützung von ein paar wichtigen Leuten und einen Saal im Kreml, wo früher die Tagungen der Kommunistischen Partei stattfanden *(lacht)*. Am zweiten Tag zogen wir um in die Christ-Erlöser-Kathedrale, die von den Kommunisten zerstört und dann wieder aufgebaut worden war. Als ich klein war, war hier ein Schwimmbad.«

Immer wieder amüsiert ihn der Zusammenprall mit dem Kommunismus und der Niedergang von dessen Symbolen sowie die Übernahme der Orte und Bedeutungen durch Leute aus seinen Kreisen.

»Ist das die gleiche Kathedrale, in der Pussy Riot ihre Performance hatte?«, frage ich nach.

»Ja, genau dort. In den Kellergewölben befinden sich Konferenzsäle. Am dritten Tag berieten wir in der Duma.«

»Man spricht von Ihnen oft als Botschafter des WCF. Ihr Vater war Diplomat. Man sieht, dass Sie in seine Fußstapfen getreten sind.«

Er zögert einen Moment.

»Ja, das kann man so sagen«, gibt er etwas unwillig zu und wechselt das Thema.

❏ ❏ ❏

Damals waren die Dokumente von Wikileaks von Mitte 2021, die von Computern der spanischen Organisation CitizenGO stammen und von den Hacktivisten ACAB-Gang gehackt wurden, noch nicht bekannt. Diese Dokumente bestätigen, dass Alexej Komow ein wichtiger Verbindungsmann zwischen den Anti-Abtreibungsorganisationen und Malofejew und Jakunin war. Und so gelangte er auf die Liste der Personen, die im Vorstand von CitizenGO sitzen.

Komow arbeitete für beide, was ein Dokument zeigt, das auf Wikileaks zugänglich ist.[206] Er machte dem Spanier Ignacio Arsuaga, dem bekannten Abtreibungs- und LGBT-Feind, ein Angebot sowohl von Malofejew als auch von den Jakunins. Das Angebot betraf die Finanzierung der damals, im Jahr 2013, entstehenden ultrarechten Petitionsplattform CitizenGO. Zwar ist auf ihrer Seite unter »über uns« zu lesen, dass »CitizenGO vollständig finanziert wird durch kleine Spenden von Tausenden Bürgern auf der ganzen Welt«, aber das stimmt nicht. Zumindest kamen die Gelder für den Start von Malofejews Stiftung.

Die geleakten Dokumente zeigen, dass die Bekanntschaft zwischen Arsuaga und Jakunin mindestens auf das Jahr 2010 zurückdatiert werden kann, als der Spanier eingeladen wurde zur »alternativen UN«, zum Rhodes Forum, auf dem auch Larry Jacobs war. Die offizielle Einladung erwähnt unter anderem den russischen Präsidenten Dmitri Medwedew als Unterstützer des Forums, neben dem König von Jordanien, dem Vize-Präsidenten von Syrien, den Vorstand einer chinesischen Stiftung, den ehemaligen Präsidenten des Iran und den ehemaligen Ministerpräsidenten Frank-

---

206 Siehe: https://ddosecrets.com/wiki/CitizenGo, letzter Zugriff am 06.03.2023.

reichs Dominique de Villepin. Arsuaga trat dort mit einer Präsentation unter dem Titel *Family in Western World: Threats and Strategies* auf, in der er das Profil der internationalen Aktivitäten zeigte, wobei er die UN, die EU und den Europarat nannte, womit er – so glaube ich – bei Jakunin, dem ehemaligen Agenten in den UN, punkten konnte.

Auf Wikileaks ist auch ein Brief von Ignacio Arsuaga an Komow vom März 2013 zu finden. Der Spanier schreibt, er könne ihm einen »Business-Plan« zuschicken, und nennt die notwendige Summe von 556 000 Euro. Aus dem Brief geht hervor, dass mit Komows Hilfe die Idee von CitizenGO auch im Vatikan präsentiert werden konnte. Später schreibt Arsuaga in einer internen Notiz vom 23. März 2013 über die Möglichkeit, 100 000 Euro von Malofejew zu bekommen, und von einem Finanzplan von Natalia Jakunina, der von Alexej Komow vorgestellt wird. Bald darauf kommt es zu einem Vertragsentwurf zwischen CitizenGO und Malofejews *Stiftung St. Basilius der Große* über 100 000 Euro. Diese Summe war bestimmt für die Tätigkeit von CitizenGO, die als »Förderung der Menschenrechte und Schutz von Werten wie Freiheit, Demokratie und Toleranz vor Missbrauch und Angriff, denen diese in der internationalen Arena ausgesetzt sind, mithilfe einer Pro-Life-Plattform und familienfreundlichen Online-Kampagnen mit globalem Charakter« beschrieben wird. Im Vertrag steht auch, dass CitizenGO Malofejews Stiftung »helfen« werde bei »der Vergrößerung seiner gesellschaftlichen Basis, um die gemeinsamen beiderseitigen Ziele zu erreichen«. Mehr noch, gewährleistet wurde auch die Einflussmöglichkeit auf CitizenGO durch eine Klausel, in der steht, dass Malofejews Stiftung »sich den leitenden Organen von CitizenGO anschließt«. Und so wurde Komow zum Vorstandsmitglied dieser Organisation. Dank der Steuererklärungen vom Howard Center for Family, Religion and Society, die der amerikanischen Bundessteuerbehörde vorgelegt wurden, wissen wir, dass Komow seit 2016 auch Vorstandsmitglied dieser Organisation ist, neben Ignacio Arsuaga übrigens. Über ihn also laufen die Fäden der russischen Infiltration von Abtreibungsgegnern und LGBT-feindlichen Gruppierungen, die die Demokratie in vielen europäischen Ländern und den USA unterwandern.

❑ ❑ ❑

Solche Gespräche wie mit mir hat Alexej Komow schon häufiger geführt. Das heißt, er beherrscht die Kunst des Überzeugens. Ich habe ein Interview, das er einige Monate zuvor für die polnischen Staatsmedien gegeben hat, gesehen. Komow sah müde aus. Der Interviewer hatte Schwierigkeiten mit der englischen Sprache, aber in dem Gespräch war Komow offener als mir gegenüber. Als er gefragt wurde, wie er Putin bewertet, äußerte er sich wertschätzend. Er sprach von einem »ernst zu nehmenden« Politiker, der »wahrscheinlich der mächtigste Mann auf der Welt ist«. Als er von den russischen Konservativen und Monarchisten sprach, benutzte er den Plural: »Wir wünschen uns, dass eines Tages, wenn die Menschen bereit sind, in Russland wieder die Monarchie eingeführt wird, denn sie ist für Russland das viel natürlichere Regierungssystem.«[207] Als er nach dem ungewöhnlich liberalen russischen Abtreibungsrecht gefragt wurde, schob er das der noch immer starken liberalen Lobby zu. Zwar sei sie »in der Minderheit, aber sehr einflussreich« und würde von George Soros gesponsert. »Es gibt hier viele Frauen oder eher Feministinnen, die denken wie zu Zeiten der Sowjetunion, als sie ihre Rechte, Gleichberechtigung und so weiter hatten.«

Bei den Worten »ihre Rechte« und »Gleichberechtigung« kann ich mich des Eindrucks nicht erwehren, dass sein Ton leicht spöttisch ist. Als wären diese Rechte unbegründete Ansprüche. Dabei hat er mir doch seinen Respekt für Frauen versichert, für jeden Menschen, Hauptsache, er versucht nicht, seine Ansichten der Mehrheit aufzuzwingen.

---

[207] Interview vom 12. September 2018, siehe: https://www.youtube.com/watch?v=MY-JZPonbPcg, letzter Zugriff im Februar 2020.

So sieht diese Rhetorik aus. Sie haben nicht die Absicht, Homosexualität zu bestrafen, sondern wollen Homosexuellen nur das Leben schwer machen, damit sie von selbst das Land verlassen. Sie kämpfen für die Rechte verfolgter Christen, und gleichzeitig kriminalisiert Russland die Zeugen Jehovas als extremistische Gruppierung und verfolgt die Krimtataren aus politischen Gründen.

Als ich mir einen Film ansehe, der Komow bei einem Auftritt in Italien zeigt, fällt mir noch eine andere Sprache auf. Er spricht 2013 auf einer Tagung der neofaschistischen Lega Nord (heute Lega) in Turin. Er grüßt die Italiener von den russischen Brüdern, die – so versichert er – ihre Wertvorstellungen teilen, und lädt nach Moskau ein, wo »wir hoffen, dass der Präsident und Patriarch Kirill dabei sein werden«.[208]

Am schlechtesten aber habe ich mich gefühlt, als ich auf den Film *Sodom* stieß, für den Komow auf einer öffentlichen Veranstaltung in Potenza warb. Ein schwulenfeindlicher Dokumentarfilm von Arkadi Mamontow, in dem Homosexuelle »Sodomiten« und »Perverse« genannt und als Pädophile vorgeführt werden. Der Regisseur reiste dafür nach London und interviewte einen angeblichen Experten zum Thema Tavistock Institute of Human Relations, dem Verschwörungstheoretiker unterstellen, verantwortlich zu sein für die kulturelle Weltmaschinerie, die Einführung der europäischen Jugend in die freie Liebe, für Orgien etc. Der Interviewte ist der Meinung, dass »psychologische Elemente der ukrainischen Revolution – die Gesänge, das Verhaltensmodell, die Slogans – auch hier kreiert wurden. Die Kinder von gleichgeschlechtlichen Paaren sehen unglücklich aus, das Kind spürt, dass das, was um es herum geschieht, im Widerspruch steht zur natürlichen Ordnung.«

Der Film ist reine Propaganda, er erinnert in seiner Machart an Filme, die während des Dritten Reichs gedreht wurden. Die Erstausstrahlung fand 2014 beim WCF-Kongress in Moskau statt. Der Film

---

[208] https://www.youtube.com/watch?v=DsgJtcNZZwQ&t=11s, letzter Zugriff am 02.03.2023.

endet mit dem Satz »Moskau ist nicht Sodom«, und einen Lichtschein in diese kaputte Welt bringe das Gesetz zu »homosexueller Propaganda«, das von der Duma angenommen wurde, sowie eine Heiratsszene (Mann und Frau) in einer orthodoxen Kirche. Ich finde in dem Film mehrere Themen, die auch in unserem Gespräch vorkamen (z.B. die Geschichte einer russischen Familie in Berlin, deren Vater vierundzwanzig Stunden in Haft war, weil er seiner Tochter nicht erlaubt hatte, am Sexualkundeunterricht teilzunehmen – eine Geschichte, die von der russischen Propaganda ausgiebig ausgeschlachtet wurde). Für mich könnte Komow der Hauptinitiator des Films gewesen sein. Ihm lag viel an dem Kongress und daran, sich zu zeigen. Dazu kommt, dass er der englische Sprecher des Films ist.

Sodom habe ich am gleichen Tag angeschaut, an dem ich mein Interview mit Komow abhörte. Seine Stimme, bemüht, meine Fragen höflich zu beantworten und mich mit Respekt zu behandeln, legte sich auf meine Gedanken bezüglich seiner Worte über die »schrecklichen Sodomiten«. Dieser sanfte und elegante Komow wirbt nicht nur, sondern bedient sich seiner Stimme als Mittel der klassischen Propaganda, womit er eine schändliche Tradition fortführt.

Alexej Komow hat zwei Gesichter. Ein angenehmes und ein hässliches. Er spricht anders zu »seinen Leuten«, zum Beispiel zu dem Journalisten von den Nationalen Medien und zu den Tagungsteilnehmern der Lega Nord, und anders zu Fremden wie mir.[209] Als er mir davon erzählte, wie er seinen Weg gesucht und als junger Mensch rebelliert hat, hätte ich beinahe angefangen, ihn zu mögen. Als er aber immer wieder versuchte, die Evolutionstheorie zu entkräften, verlor ich die Geduld. Ihm jedoch schien es Spaß zu machen. Ich befürchtete, er könnte auch das Thema Impfgegner aufgreifen. Aber er tat es nicht. Zu dieser Zeit beschäftigte ihn das

---

209 Kongress der Lega Nord in Turin, 18. Dezember 2013, siehe: https://www.youtube.com/watch?v=DsgJtcNZZwQ&t=8s, letzter Zugriff am 25.02.2023.

Homeschooling. Zu diesem Thema fand unter anderem die Konferenz in dem Saal hinter uns statt. Bevor wir uns voneinander verabschiedeten, sagte er noch: »Ich wünsche allen Frauen auf der ganzen Welt alles Gute.«

Alexej Komow ist davon überzeugt, dass der Weg, für den er sich entschieden hat, der richtige ist. Unser Mailaustausch nach dem Treffen knüpft an den Anfang unseres Gesprächs an: »Bitte schicken Sie mir Ihr Buch, wenn es erscheint, ich hoffe, ich werde es meinen Kindern zeigen können, ohne mich schämen zu müssen.«

Kapitel 7

FRAUEN GEHEN AUF DIE BARRIKADEN

Vom ersten argentinischen Streik, der für den 19. Oktober 2016 geplant war, zwei Wochen nach dem polnischen, erfuhr ich schnell, obwohl die Information in den polnischen Medien nicht groß vorkam. Die Nachricht erreichte mich dank privater Kontakte. Ich verfolgte das mit großem Interesse und erfuhr, dass in Argentinien eine sich weiterentwickelnde feministische Bewegung existiert, die sich Ni Una Menos [Keine einzige mehr] nannte. Sie war entstanden als Reaktion auf die vielen Morde an Frauen *(feminicidios)*. Ich beschloss, darüber in der polnischen Presse zu berichten, damit die Polinnen erführen, dass sie nicht allein sind und dass das, was sie vollbracht haben, in die Welt hinausgegangen ist. Damit ihnen klar würde, dass sie Geschichte schreiben.

Als Journalistin nahm ich über Facebook Kontakt zu Nadia Pérez aus Rosario und Luxx Marina aus Buenos Aires auf. Nadia kommunizierte über das Profil ihrer Mutter, manchmal hatten wir Probleme mit der Verbindung, weil sie kein stabiles Internet hatte. Sie war ernst, konzentriert und präzise. Die provokative Luxx bevorzugte den verdeckten Kontakt, aber sie war sehr sachlich. Sie arbeitete als Informatikerin und beschäftigte sich auch mit Radiojournalismus. Wie auch bei uns gingen die Vorbereitungen für den argentinischen Streik rasend schnell – mit Brainstormings, Streitereien und heftigen Emotionen. Ich versuchte, den Mechanismus und die Struktur dieser wachsenden Aufregung zu verstehen.

Während ich mit Nadia und Luxx im Kontakt blieb, führte ich

zur gleichen Zeit Interviews mit der Russin Tatjana Sucharewa und den Koreanerinnen Hyelin Bang und Yewon Moon. Dank dieser Gespräche begann ich zu verstehen, dass das, was derzeit mit den Rechten von Frauen geschieht, eine globale Dimension hat. Die Koreanerinnen kämpften gerade gegen einen Gesetzentwurf von Abtreibungsgegnern, der dem von Ordo Iuris ähnelte. Die Russinnen erzählten Horrorgeschichten über die gesellschaftliche und politische Erlaubnis für häusliche Gewalt und die Verfolgung von Schwulen. Mit einem Wort: Überall hatten wir es damit zu tun, dass plötzlich die Schrauben angezogen wurden.

Bisher hatte ich mich nicht mit der Frage befasst, ob ich Feministin bin oder nicht. Irgendwie war das für mich nicht so wichtig gewesen.

2018 schrieb eine der argentinischen Organisatorinnen, dass sie schon seit einiger Zeit davon träumten, einen Streik zu machen. »Schon als die Bewegung Ni Una Menos in Argentinien entstand, malten wir uns das aus und scherzten darüber, wie es wäre, einen Frauenstreik zu machen, und wie das die Geschichte *(herstory)* der feministischen Politik ändern würde (…). Die Gespräche zwischen den Mitgliedern des Kollektivs begannen vor genau drei Jahren [2015] und die Idee war beinahe wie ein Entwurf für ein zukünftiges Kunstwerk. Es blieb ein Traum bis zu dem Moment, da die Polinnen streikten. Das war der Zeitpunkt, als unser Traum reale Formen anzunehmen begann, denn wir erkannten darin ein fantastisches Potenzial. Zwei Wochen später wurde die Möglichkeit zur historischen Notwendigkeit, weil die Aggression der staatlichen Kräfte und der Femizid offensichtlich waren.«[210]

Die Argentinierinnen versuchten, sich mit den Gewerkschaften zu einigen. In Polen hatten wir das nicht gemacht. In Argentinien bestand der Streik eher darin, die Hausarbeit zu verweigern und die Arbeit – nur für eine Stunde. Ein Foto aus San Martín blieb mir in

---

210 https://www.versobooks.com/blogs/3670-the-strike-as-our-revolutionary-time, letzter Zugriff am 25.02.2023.

Erinnerung. Frauen mit Kopftüchern, die ihr Gesicht verbargen, auf einer örtlichen Straße, irgendwo in der argentinischen Provinz, zünden Autoreifen an. Ich dachte: Wir machen eine Weltrevolution. Wir sind überall, sogar in San Martín. Jetzt müssen wir uns nur noch vereinigen, und dann hält uns nichts mehr auf. Von da an war es nicht mehr weit bis zur Idee vom internationalen Streik.

☐ ☐ ☐

Die Idee vom internationalen Streik ist gemeinschaftlich entstanden, wie das oft der Fall ist, nämlich durch Facebook-Kommentare. Dorota Łagodzka postete am 20. Oktober 2016 in der Gruppe Ogólnopolski Strajk Kobiet [Polenweiter Frauenstreik] eine Landkarte mit den Orten des polnischen und des argentinischen Streiks, der auch auf andere südamerikanische Länder übergeschwappt war.[211] Das war etwas, das mir bereits im Kopf herumgeisterte.

Am nächsten Tag schrieb sie: »Women of the world together on strike! Let's do it! #womenonstrike«.

Nach und nach kamen weitere Kommentare:

Ewa Nowicka: »Bravo, Frauen!«

Ksenia Keruzam: »Bravo!«

Klementyna Suchanow: »Das wäre ein Spektakel, wenn wir einmal den gleichen Tag wählen und synchron streiken würden!«

Dorota Łagodzka: »Der gestern in Amerika und die davor bei uns, das waren wahrscheinlich nicht die letzten Streiks. Beim nächsten Mal könnte man versuchen, sich mit den Organisatorinnen in Südamerika für den gleichen Tag zu verabreden!«

Natalia Kwaśnicka: »Wollen wir einen weltweiten Frauenstreik machen?«

---

211 Der Post existiert noch immer unter dem Link:
https://www.facebook.com/groups/1600548686912853/permalink/1611044982529 890/?comment id=1611188239182231&reply_comment id=1611190142515374&notif_t=group_comment&notif id=1476989941104321, letzter Zugriff am 05.03.2023.

Agnieszka Jędrzejewska: »Die ganze Welt würde stillstehen.«

Klementyna Suchanow: »Vielleicht sollten wir das versuchen?«

Agnieszka Jędrzejewska: »Ich kann mir das nicht einmal vorstellen, die ganze Frauenwelt an einem Tag, sie demonstrieren, schreien, rufen, lärmen. Wow, die Erde würde beben.«

Klementyna Suchanow: »Marta Lempart, Natalia Pancewicz, was sagt ihr dazu?«

Marta Lempart: »Wir machen alles mit. Immer.«

Klementyna Suchanow: »Dann an die Arbeit! Let's go!«

Um 21.18 Uhr schrieb ich an Nadia Pérez:

»Liebe Nadia, steht das Datum für den Streik fest? Wir denken hier in Polen darüber nach, ob es möglich wäre, unsere Aktionen mit euren zu synchronisieren, vielleicht würden wir einen internationalen Frauenstreik machen. Was denkst du darüber? Wer ist die Ansprechpartnerin in Argentinien?«

Am 21. Oktober 2016 um 2.47 Uhr unserer Zeit antwortete Nadia:

»Uuu, das wäre genial!«

Noch am selben Tag gründeten Nadia und ich eine Facebook-Gruppe, und wir begannen den Aufruf zu planen und das Streikdatum zu diskutieren. Nadia machte mich zur Administratorin, aber ich hatte keine Ahnung, wie das alles funktioniert. Meine Fehler gaben immer Anlass zu Scherzen. So fing alles an.

◻ ◻ ◻

Ein paar Tage später waren schon tausend Frauen in der Gruppe, hauptsächlich aus Lateinamerika. Wir waren ein bisschen erschrocken, denn es musste entschieden werden, wer das leiten soll und wie man Trolle abwehrt.

Wenn ich heute daran denke, muss ich lachen. Wir hatten nichts, keinen Background, ganz zu schweigen von Geld. Wir hatten keine Ahnung von feministischen Organisationen, wir wussten nicht, wer wer ist, und wir wussten auch nicht, wen wir fragen sollten. Aber irgendwie hat uns das nicht gestört. Wir schauten uns die Seiten verschiedener Organisationen an und versuchten hier und dort jemanden zu erreichen. Ich weiß noch, wie ich mich mit amerikanischen feministischen Organisationen beschäftigt habe und dabei in Fallen geraten bin. Manche waren nur dem Namen nach feministisch, bis ich entdeckte, dass sich religiöser Wahnsinn dahinter verbarg.

Nadia befasste sich von Anfang an mit Lateinamerika. Ihr ist es zu verdanken, dass Sandra Muñoz aus Mexiko, Soledad Acevedo Arenas aus Chile, Alesia Lund Paz und Jill Ruiz aus Peru, dann María de los Angeles Roberto aus Argentinien sich uns relativ bald anschlossen. Wir suchten auch sofort nach Kontakt zu den Irinnen, die schon sehr vorangetriebene Pläne hatten, den achten Zusatzartikel der Verfassung zur Abtreibung *(Repeal the 8th)* abzuschaffen. Am 27. Oktober reagierte die in Kanada lebende Karen Twomey enthusiastisch auf meine Nachricht auf Facebook. Es kamen auch immer wieder Polinnen dazu, die im Ausland lebten. Zum Beispiel eine Irin mit polnischem Nachnamen: Fiona Gwozdz. Und natürlich Tatjana Sucharewa aus Moskau. Von polnischer Seite agierten nur ich, Marta Lempart und ihre Partnerin Natalia Pancewicz.

Nadia schlug vor, dass ich Kontakt mit Marta Dillon aufnehmen sollte, eine der Initiatorinnen und das Gesicht der argentinischen Bewegung Ni Una Menos. Ich kontaktierte sie über Messenger.

»27. Oktober 2016, 23.12 Uhr

Liebe Marta, ich sehe, dass du der Gruppe Internationaler Frauenstreik beigetreten bist. Sie wurde in Polen gegründet, wo wir schon zwei Mal gestreikt haben. Zusammen mit der argentinischen Mitstreiterin Nadia Marcelo Pérez versuchen wir einen Internationalen Frauenstreik zu organisieren. Es arbeiten inzwischen fast ganz Lateinamerika, Irland, Polen, Korea zusammen, wir sind dabei, Kontakte zu Russland, Holland, England, USA, Island, Deutschland und Belgien aufzunehmen. Es gibt vorläufige Pläne, für den 25. November zu mobilisieren, und später am 8. März einen internationalen Streik zu starten. Wie sieht es mit Argentinien aus? Seid ihr dabei?«

Ich bekam keine Antwort, aber Marta Dillon schrieb an Nadia, dass sie sich nicht sicher sei, »ob das der richtige Moment ist für die Organisation von etwas Globalem oder ob es nicht besser wäre, die lokalen Bewegungen zu festigen«. Erst nach einem langen Brief vom 30. Oktober 2016, in dem ich erläuterte, wer ich bin und was ich will, bestätigte Marta am 2. November 2016, dass sie bereits von der Initiative wüsste und Ni Una Menos »bereit ist für eine globale Aktion«.

Nachdem ich mich mit Marta verständigt hatte, wusste ich, dass die beiden Bewegungen, die polnische und die argentinische, zusammengehen, ich spürte, dass wir das schaffen. Marta ist Journalistin, sie schreibt unter anderem für die überregionale argentinische Tageszeitung *Página/12*, sie leitete auch die LGBTQ-Beilage Soy [Ich bin]. Sie war älter als wir (Jahrgang 1966), der Streik wurde sonst größtenteils von Frauen zwischen dreißig und vierzig organisiert. Sie lebte in einer Beziehung mit einer Frau, die – wie sie – Tochter sogenannter *Desaparecidos* war, sprich in der Zeit der Diktatur »verschwundene« Menschen. Sie zogen gemeinsam einen Sohn groß. Kurz gesagt, standen am Anfang der Bewegung starke Frauen, die das Leben schon in unterschiedlicher Weise geprägt hatte.

Es war eine heiße Zeit und – wie es immer ist – einen gewissen Aufwand kostete es uns, die Journalisten davon zu überzeugen, dass wir ernsthaft die Absicht hatten, ein beispielloses Ereignis zu organisieren. In Argentinien war es leichter, weil die Frauen von Ni Una Menos selbst Journalistinnen waren.

Je nach Breitengrad denken die Menschen, dass der Internationale Frauenstreik von den Argentinierinnen oder den Polinnen organisiert wurde. Kaum jemand kann glauben, dass wir das zusammen gemacht haben. Interessant ist, dass sich dieser neue Feminismus von den Peripherien aus entwickelte. Er entstand von unten, in einer Welt der wenig Privilegierten, und war dadurch so lebhaft. Niemand kam und wollte uns belehren, wer er ist. Wir haben diesen Feminismus selbst geschaffen, nach unseren Bedürfnissen. Einmal schrieb ich in einem der unzähligen Chats scherzhaft: »Irgendwann schreibe ich die ganze Geschichte vom Internationalen Frauenstreik auf.«

Und das tue ich jetzt.

◻ ◻ ◻

Doch es ging nicht ohne Konflikte. In einem internationalen Kreis muss man echtes Verhandlungsgeschick beweisen. Am 27. Oktober 2016 schrieb Marta Lempart um 21.04 Uhr: »Es ist eine fürchterliche Diskussion darüber losgebrochen, ob Männer in der Gruppe sein dürfen oder nicht. Obwohl es gar keinen gibt.« 21.05 Uhr: »Eine Mexikanerin hat die Gruppe verlassen, weil ich versucht habe zu erklären, dass es ihre Sache ist, dass das nationale Fragen sind.«

In Lateinamerika hielt man es tatsächlich so, dass Männer nicht zu den Demonstrationen zugelassen waren. Die Gewalt, nicht nur die häusliche, machte auch vor Versammlungen nicht halt. Die Frauen wollten ein Minimum an Komfort haben, eine gewaltfreie Zone, einen Ort, wo sie ihre eigenen Rechte bestimmten. In Polen waren Männer von Anfang an dabei, und es wäre keiner Frau in den Sinn gekommen, sie von einer Demonstration zu vertreiben. Natürlich unter Einhaltung des Grundsatzes, dass wir an vorderster Front stehen, weil das unser Kampf ist. Es war schwierig, dies den Lateinamerikanerinnen zu erklären. Darum ging es in der ersten großen Auseinandersetzung zwischen uns.

Der zweite Konflikt betraf die Farbe, die den Internationalen Frauenstreik symbolisieren sollte. Lateinamerika wollte Lila, die Farbe des Feminismus. Aber bei uns verbindet man diese Farbe eher mit kirchlichen Würdenträgern. Für uns war Schwarz die Streikfarbe. Schließlich hatten wir den »schwarzen Montag« organisiert. Ich führte viele Diskussionen über die Bedeutung von Farben in den verschiedenen Kulturen. Als Brasilien dazukam, gab es ein weiteres Argument: Schwarz, die Farbe der Trauer, war aus Sicht der Schwarzen nicht die glücklichste Idee. Deshalb argumentierte ich, dass es keinen Sinn hat, allen die gleiche Farbe aufzuzwingen. Sollte doch jedes Land seine Farbe wählen. Wir gehen zusammen, bleiben aber autonom. In Polen agieren wir so: Jede Ortschaft kann ihre eigenen Entscheidungen treffen. Das Modell hat sich bewährt. Was uns vereint, sind das Ziel, die Symbole und der Zorn, dass wir im 21. Jahrhundert noch immer für Menschenrechte kämpfen müssen. Also für Universalien. Die Details müssen sich an den lokalen Gegebenheiten orientieren, damit sich die Menschen angesprochen fühlen.

Für den Arbeitsaufwand, das Tempo, das Stress- und Emotionslevel liefen die Vorbereitungen glatt. Das IWS-Team (International Women Strike, auf Spanisch PIM – Paro Internacional de Mujeres, auf Koreanisch 국제 여성 파업) übernahm das Prinzip der Zweisprachigkeit. Die gesamte Korrespondenz und die Leitung der Gruppe fand auf Englisch und auf Spanisch statt. Meistens schrieb ich beide Versionen oder übersetzte Texte, manchmal machten das andere zweisprachige Mitstreiterinnen, Luxx, María oder Jill. Es war uns wichtig, die Dominanz des Englischen zu durchbrechen.

❑ ❑ ❑

Bis zum 8. März blieb nicht mehr viel Zeit. Und wir wollten, dass das Ereignis für einen Tag die gesamte Welt stillstehen ließ. Wir teilten uns in Arbeitsgruppen auf. Der Austausch ging rasch vonstatten, und die Entscheidungen fielen blitzschnell. Wir arbeiteten alle in jeder freien Minute für den Streik. Und jede tat, was sie konnte. Die einen machten die Grafiken – die Gestalterin des Logos für den IWS, das sich nach dem polnischen richtete, war Ola Jasionowska – andere machten Filme, schrieben, übersetzten – das waren unsere Hauptbeschäftigungen. Meine Rolle bestand hauptsächlich darin, alle miteinander zu verbinden und sie zur Eile zu mahnen.

Eine Welle stinkwütender Frauen

Über die turbohaft errichtete Internationale konnten wir Informationen austauschen über die Bedingungen, in denen wir leben, und über die ständigen neu auftauchenden Beschränkungen von Frauenrechten. Wir konnten die Veränderungen vergleichen und voneinander lernen, wie wir um unsere Rechte kämpfen. Als also Jerzy Kwaśniewski von Ordo Iuris erzählte, dass die Bestrafung für Abtreibung »Weltstandard« sei, erfuhren wir, wie dieser berüchtigte Standard in El Salvador tatsächlich aussieht.[212] Bis Oktober 2016 waren wir unwissend und naiv, wir verloren diese Naivität sehr schnell.

Die Mehrheit von uns hatte zuvor nie mit feministischen Organisationen zu tun gehabt, aber kaum war ich auf die Straße gegangen, nannte man mich »Feminazi«[213]. Als ich in Polen zum ersten Mal diesen Begriff hörte und ihn kurz darauf in der argentinischen Presse las, wusste ich, dass es um eine größere Sache ging. Wenn dieser Begriff an zwei so weit voneinander entfernten Orten auftauchte, bedeutet das, dass dahinter eine Propagandastrategie stecken musste.

Die älteren Feministinnen nannten uns die vierte Feminismuswelle. Wir aber hatten nicht die Zeit, darüber nachzudenken, welche Feminismuswelle wir sind. Wir agierten unter dem Druck der politischen Ereignisse. Wir waren einfach eine wachsende Welle stinkwütender Frauen. Immer öfter starteten neu gewählte rechte und populistische Regierungen Angriffe auf die Frauenrechte. Im November 2016, einen Monat nach dem polnischen Streik, gewann Donald Trump die Präsidentschaftswahlen in den USA. Jetzt war viel Aufmerksamkeit zu erwarten, immerhin ging es um Amerika. Wenn in Paraguay etwas passiert, schweigt die Welt, denn es ist Lateinamerika. Wenn in Polen etwas passiert, nickt sie vielleicht anteilnehmend. Logisch, das ist Osteuropa. Die Tatsache, dass die Welle bis in die USA gelangte, konnte die Einstellung der Medien ändern. Ich ahnte, dass Panik ausbrechen würde.

---

[212] In El Salvador drohen Frauen bis zu 30 Jahre Gefängnis, egal, ob sie eine Abtreibung vornehmen lassen, eine Fehl- oder eine Totgeburt erleiden. Siehe: https://www.deutschlandfunkkultur.de/el-salvador-frauenrechte-100.html, zuletzt abgerufen am 21.04.2023. (Anm. d. Übers.)

[213] Feminazi ist ein Kofferwort aus Feminist und Nazi, das vor allem gegen Feministinnen als Kampfbegriff eingesetzt wird. (Anm. d. Übers.)

Silvester 2016 hatte ich ein befreundetes Paar aus Amerika zu Besuch. Wir sprachen über die Ereignisse in Polen. Ich warnte sie vor dem, was Trump ihnen bringen würde. Sie schienen verwirrt. Ich gab ihnen konkrete Hinweise, wie man damit umgehen kann, um nicht verrückt zu werden, und wie man sich als Gesellschaft organisiert. Das waren ähnliche Ratschläge, wie Timothy Snyder sie in *Über Tyrannei: Zwanzig Lektionen für den Widerstand* formuliert. Die erste Lektion: »Leiste keinen vorauseilenden Gehorsam.« Die letzte Lektion: »Sei so mutig wie möglich.« Oder die achte Lektion: »Setze ein Zeichen. Jemand muss es tun. Es ist leicht, mit den anderen mitzulaufen. Es kann ein eigenartiges Gefühl sein, etwas anderes zu tun oder zu sagen. Aber ohne dieses Unbehagen gibt es keine Freiheit. Denk an Rosa Parks [Rosa Parks weigerte sich, einem Weißen im Bus den Vortritt zu lassen und wurde deshalb verhaftet – später wurde sie zum Symbol des Kampfes gegen Rassismus]. In dem Augenblick, in dem du ein Zeichen setzt, ist der Bann des Status quo gebrochen, und andere werden folgen.«[214]

Das alles befremdete sie so sehr wie mich ein paar Jahre zuvor ein Gespräch mit einem Bekannten, der in Moskau den diplomatischen Dienst antreten sollte. Seiner Ausreise war eine Schulung vorangegangen, in der er lernte, wie man mit Abhörgeräten umgeht, mit dem Telefon, und wie man verschlüsselte Messengerdienste nutzt, wie man also damit zurechtkommt, dass man abgehört wird. Mir wäre nicht in den Sinn gekommen, dass ich wenige Jahre später selbst mein Telefon in den Kühlschrank legen würde, und zwar in meinem eigenen Land. Dass ich ein bestimmtes Wissen bräuchte, das eher Leute aus Hacker- und Anarchistenkreisen besitzen, um mich zum Beispiel beim Schreiben dieses Buches sicher zu fühlen.

---

[214] Timothy Snyder, *Über Tyrannei: Zwanzig Lektionen für den Widerstand*. Illustrierte Ausgabe, übers. v. Andreas Wirthensohn, München 2021, S. 43.

Staunen, Unglaube und eine Stinkwut erfassten die Amerikanerinnen in dem Maße, in dem während des Wahlkampfes neue Skandale von Trump ans Tageslicht kamen (sein berühmter Spruch »Grab them by the Pussy«). Mit seinem Sieg wurde ein Albtraum Wirklichkeit. Für uns, die Polinnen, die Russinnen und die Lateinamerikanerinnen, war das eine weitere Folge in dem Drama, das wir seit einiger Zeit durchlebten: angefangen bei Putins Wahl zum Präsidenten Russlands im März 2012 über PiS, die im Oktober 2015 in Polen an die Macht kam, Mauricio Macris Sieg bei den Präsidentschaftswahlen in Argentinien im Dezember 2015 und Michel Temer, der nach der Suspendierung von Dilma Roussof Mitte 2016 in Brasilien deren Amt übernahm.

Die Amerikanerinnen mobilisierten sich schon während der Feierlichkeiten zur Amtseinführung von Donald Trump, am 21. Januar 2017. Wir sahen einen Marsch der Frauen nach Washington … von Weitem, aber wir organisierten auch Unterstützungsmärsche. Die Ameisen unterstützten den Elefanten. Aber uns ging es um das Gleiche, deshalb war kein Platz für geopolitische Revanchen, obwohl das vielen von uns bitter aufstieß, insbesondere in Südamerika. Die USA zogen mit Lateinamerika und Osteuropa gleich. Weil wir einige Schritte weiter waren, wussten wir, dass wenig Zeit blieb und man sofort agieren und Kontakte knüpfen musste. Wir wussten nämlich, was die Amerikanerinnen am Tag nach dem Marsch fühlen würden: Sie wachten glücklich darüber auf, dass sie ihren Beitrag leisteten, dass sie Macht hatten und dass sie nicht allein waren. Aber gleichzeitig hatten sie auch einen Kater, weil sie mit einem Marsch allein nichts veränderten. Wir wollten, dass sie sich unserer Internationale anschlossen.

◻ ◻ ◻

Um eine Charakteristik der argentinischen, amerikanischen und polnischen Herangehensweise an den Feminismus zu erstellen und ein paar Ziele zu benennen: Die argentinische Bewegung Ni Una

Menos wurde von drei Journalistinnen initiiert. Außer Marta Dillon, die sich später an den Debatten auf Facebook nicht beteiligte, war für den IWS beispielsweise Cecilia Palmeiro aktiv, eine promovierte und binäre Akademikerin, die sich mit Queer-Theorien befasst, insbesondere mit Literatur und dem homosexuellen Schriftsteller Néstor Perlongher, und die Journalistin María Florencia Alcaraz. Sie kümmerten sich hervorragend um die Public Relations ihrer Bewegung. Schon früher hatten sie Workshops zu feministischem Journalismus geleitet, denn – so belegt es María Florencia – obwohl 61,5 Prozent derjenigen, die ein Studium abschließen, das mit Kommunikation zu tun hat, Frauen sind, sind 70 Prozent Männer, die in den Medien arbeiten. Und das bedeutet, dass die Welt hauptsächlich aus ihrer Sicht dargestellt wird. Hinzu kommt, dass gerade einmal 35 Prozent Frauen in staatlichen Sendern die Nachrichten präsentieren.[215]

Die Amerikanerinnen hatten in ihren Reihen mehrere prominente Aktivistinnen, wie die führende Theoretikerin des Feminismus Nancy Fraser, die Palästinenserin Rasmea Odeh, die wegen eines Bombenattentats im Jahre 1969 zehn Jahre in einem israelischen Gefängnis gesessen hatte, und Keeanga-Yamahtta Taylor, Dozentin in Princeton und Autorin von *#BlackLivesMatter to Black Liberation*. Außerdem die berühmte Angela Davis (Jahrgang 1944), eine radikale Aktivistin schon in den Sechzigerjahren, Autorin vieler Bücher, die Grundlagenlektüre zum Thema Rassismus und Feminismus sind. Wegen ihrer Zugehörigkeit zur amerikanischen Kommunistischen Partei wollte Ronald Reagan, damals noch Gouverneur von Kalifornien, ihr das Unterrichten an der Universität verbieten. Davis wurde zur Ehren-Co-Anführerin des Marsches nach Washington am 21. Januar 2017 ernannt.

---

215 Maria Florencia Alcaraz, *Se destapo la olla: necesitamos mas periodismo feminista en los medios*, »El Destape«, 15. Dezember 2018, https://www.eldestapeweb.com/se-destapo-la-olla-necesitamos-mas-periodismo-feminista-los-medios-n53427, letzter Zugriff am 25.02.2023.

Ich kannte Fraser nicht, ich hatte keine Ahnung von ihren Büchern, aber mich bewegte der Kampf der Black-Lives-Matter-Bewegung, deren Aktivistin Keeanga-Yamahtta Taylor ist. Mich verwunderte es, dass die Idee vom Internationalen Frauenstreik in den Staaten vor allem Akademikerinnen ansprach. Erst etwas später verstand ich, wie theoretisch ihre Herangehensweise war und politisch angesiedelt im Marxismus, diesem nie realisierten Traum der Linken in Übersee, wo zu McCarthys Zeiten noch Jagd auf Kommunisten gemacht wurde, und »Sozialismus« noch immer ein verdächtiges Wort ist.

Der Kontakt zu den Amerikanerinnen führte dazu, dass jüngere Mitstreiterinnen und akademische Feminismus-Theoretikerinnen unserer Gruppe beitraten: Cinzia Arruzza, eine Italienerin, die in New York unterrichtete, und Tithi Bhattacharya, die sich mit der Geschichte von Südasien beschäftigt und über Gender Studies und Islamophobie schreibt. Zu den Unterzeichnerinnen des Manifests *Feminismus für die 99%* gehörten Linda Martín Alcoff, Cinzia Arruzza, Titi Bhattacharya, Nancy Fraser, Barbara Ransby, Keeanga-Yamahtta Taylor, Rasmea Yousef Odeh und Angela Davis. Sie schrieben, »die massenhaften Frauenmärsche am 21. Januar könnten den Beginn einer neuen Welle militanter feministischer Kämpfe markieren. Aber was genau wird das Ziel sein? Aus unserer Sicht reicht es nicht aus, sich gegen Trump und seine aggressive frauenfeindliche, homophobe, transphobe und rassistische Politik zu stellen. Wir müssen uns auch gegen den anhaltenden neoliberalen Angriff auf Sozialleistungen und Arbeitnehmerrechte richten. […] Der Lean-in-Feminismus und andere Varianten des Unternehmensfeminismus haben die überwältigende Mehrheit von uns übergangen, die keinen Zugang zu individueller Selbstvermarktung und Aufstieg hat und deren Lebensbedingungen nur durch eine Politik verbessert werden können, die die Reproduktionsrechte schützt, sowie Gerechtigkeit und Arbeitnehmerrechte garantiert. Aus unserer Sicht muss die neue Welle der feministischen Mobilisierung all diese Anliegen frontal angehen. Es muss ein Feminismus für die 99% sein.«[216] Und wie würde ich den neuen polnischen Feminismus definieren? Vor allem ist er nicht dogmatisch, er konzentriert sich auf die Praxis und auf Effektivität. Sein Hauptmerkmal ist die Autonomie. Bestimmt ist er weniger lebhaft als der lateinamerikanische. Vielleicht ist das auch eine Frage des Klimas? Ich habe so oft die Argentinierinnen beneidet, dass sie im Januar mit dem gesamten Körper agieren können, sich etwas auf den Rücken schreiben können, während wir für die Demonstrationen uns meistens Schals umbinden und Strumpfhosen und zwei Paar Socken anziehen mussten!

◻ ◻ ◻

In den letzten Tagen, kurz vor dem Streik, kam eine Lawine ins Rollen. Tag für Tag – in dem Maße, wie sich die Nachricht bezüglich des 8. März verbreitete, meldeten sich neue Länder. Ich aktualisierte täglich die Liste, die auf fünfundfünfzig Staaten anwuchs. Argentinien, Australien, Belgien, Bolivien, Bosnien und Herzegowina, Brasilien, Chile, China (Hongkong), Costa Rica, Deutschland, die Dominikanische Republik, Ecuador, Fidschi, Finnland, Frankreich, Guatemala, Großbritannien, Haiti, Honduras, Irland, Israel, Italien, Kambodscha, Kanada, Kolumbien, Kuba, Litauen, Malta, Mexiko, Montenegro, Myanmar, Nicaragua, Norwegen, Pakistan, Panama, Paraguay, Peru, Polen, Portugal, Puerto Rico, Russland, Salvador, Schweden, Senegal, Spanien, Südkorea, Thailand, Tschad, Tschechien, Türkei, Ukraine, Ungarn, Uruguay, USA, Venezuela. Zum Schluss kam die Nachricht von den Kubanerinnen! Es meldeten sich auch Frauen aus den besetzten Gebieten in der Sahara. Am 8. März waren es dann sechzig Länder. Jeden Tag schickten wir eine Presse-

---

[216] Linda Martin Alcoff, Cinzia Arruzza, Tithi Bhattacharya, Nancy Fraser, Barbara Ransby, Keeanga-Yamahtta Taylor, Rasmea Yousef Odeh, Angela Davis, *Women of America: we're going on strike. Join us so Trump will see our power,* »The Guardian«, 6. Februar 2017, https://www.theguardian.com/commentisfree/2017/feb/06/women-strike-trump-resistance-power, letzter Zugriff am 25.02.2023.

meldung an die Medien, deshalb mussten wir die Liste immer aktuell halten. Irgendwann war sie das Hauptthema in den Chats. Es meldeten sich immer mehr Journalisten bei uns. Doch eines der ersten Interviews, am 13. Februar 2017, werde ich wohl nie vergessen. Ich gab es der Spanierin Ana María Blas de Gómez aus Grönland über Skype.[217]

Wir hatten auch einen gemeinsamen Text, eine Art Manifest. Wir wollten, dass er zur Stunde »K«[218] in allen Städten, die sich am Streik beteiligten, verlesen wird. Er endete folgendermaßen:

»Wir, die Frauen der Welt, werden uns nicht länger an Verbote halten, die uns die Obrigkeit und die Kirchen aufzuzwingen versuchen. Wir stehen hier zusammen, wie noch nie in der Geschichte, denn wir sind mehr als die Hälfte der Bewohner dieses Planeten. Wir werden im Namen des Gemeinwohls agieren, und zwar so lange, bis unsere Forderungen erfüllt werden. Ihr, die ihr unsere Aufrufe und Bitten nicht erhört, könnt schon heute damit anfangen, euch zu fürchten.«

Am 8. März 2017 sprach ich diese Worte auf der Bühne, die auf dem Platz der Konstitution in Warschau aufgestellt worden war, in dem Bewusstsein, dass sie an diesem Tag in anderen Städten Polens und auf der ganzen Welt verlesen werden. Darin lag eine Wucht. Nachts setzte ich mich an den Computer und sah auf Fotos die Menschenströme in Istanbul, Montevideo und in Rio. Es wurden Fotos aus Nicaragua geschickt, auf denen zu sehen war, dass das Plakat vom Internationalen Frauenstreik an Marktbuden hing. Ich war bewegt.

◻ ◻ ◻

---

217 Ana Maria Blas de Gomez, *8M: la huelga mundial de mujeres esta en marcha*, Artemisia, 13. Februar 2017, https://artemisiarevista.wordpress.com/2017/02/13/8m-la-huelga-mundial-de-mujeres-esta-en-marcha/?fbclid=IwAR0deq0Xc9Oebbavi539xPSq232NgNaGF7dY9hlSxUa4VPxiGohopMvIPu8, letzter Zugriff am 25.02.2023.

218 Bezieht sich auf die »Stunde W«, Codewort für das Datum und die Uhrzeit des Beginns der Operation »Burza« und damit des Warschauer Aufstandes im von den Nationalsozialisten besetzten Warschau: 17 Uhr am 1. August 1944. »K« steht hier für »kobiety« – Frauen. Die Stunde »K« war am 3. Oktober 2016 um 18 Uhr. (Anm. d. Übers.)

Ich versuche, die Geschichte aufzuschreiben, damit sie nicht verloren geht, damit uns niemand etwas nachsagen kann. Schließlich mussten wir uns beinahe sofort dagegen verwehren, dass die Initiative von Parteien und Organisationen vereinnahmt wird, was einer Bewegung, die Erfolg hat, immer bevorsteht. Ebenso wenig will ich, dass unsere Geschichte von anderen erzählt wird. Denn unser Streik kam als »Schwarzer Protest« schon in akademischen Publikationen vor. Ich schaue mir das an und entdecke Verfälschungen. In manchen soziologischen Überlegungen finde ich mich auch nicht wieder. Es gab zum Beispiel keine Anführerinnen. Wir waren alle Anführerinnen. Und ich habe mich nicht angeschlossen, sondern ich habe den Internationalen Frauenstreik mit initiiert. Deshalb soll das hier meine, unsere Herstory sein.

Kapitel 8
RUSSLAND IN BERLIN

Bevor ich im Januar 2019 nach Russland fuhr, war ich im Dezember 2018 in Berlin. Ich hatte einen Termin für ein Gespräch im Dialogue of Civilizations Research Institute (DOC), einer Institution von Wladimir Jakunin. Der gleiche Jakunin, der 2014 den Weltfamilienkongress in Moskau im Kreml finanziert hat. Er ist von dem Dreigestirn Jakunin–Malofejew–Komow die am höchsten stehende Figur im fundamentalistischen russischen Puzzle. Er war Offizier des russischen Auslandsgeheimdienstes, auch bei der UNO in New York (1985–1991), aber vor allem ist er ein Freund Putins aus dessen Leningrader Zeit. Sein größter Job nach der Rückkehr aus New York bestand darin, bei der Übernahme der Bank Rossija zu helfen, und zwar mit dem Vermögen der Kommunistischen Partei, das zur Schatztruhe von Leuten des KGB wurde, unter anderem vom zukünftigen Präsidenten Putin. Nachdem Jakunin jahrelang Chef der Russischen Eisenbahngesellschaft gewesen war (2005–2016), wurde er Eigentümer eines luxuriösen Anwesens bei Moskau und Inhaber zahlreicher Offshore-Gesellschaften. Der russische Oppositionelle Alexei Nawalny wirft ihm kriminelle Machenschaften vor. Im Januar 2018 wurde Jakunin, der im Zusammenhang mit der Ukraine von den USA, nicht aber von der Europäischen Union, mit Sanktionen belegt ist, in der deutschen Botschaft in Moskau gesehen; das Foto ging durch die Medien. Was hatte er dort zu tun? Er hatte ein deutsches Visum erhalten, mit dem er die europäische *Blue Card* für qualifizierte Fachkräfte beantragen konnte. Jakunin war also in Deutschland auf Grundlage eines sechsmonatigen Visums.

Ich erwartete ein interessantes Gespräch. Jakunin wirkt in der Öffentlichkeit stets professionell und beherrscht. Er ist ein größerer Player als Malofejew, er gehört zur Weltliga. Doch es gelang mir nicht, Putins »graue Eminenz«[219] zu treffen. Stattdessen wurde mir ein Gespräch mit dem Chef seines Instituts, mit Jean-Christophe Bas, und einem der Experten, Jürgen Grot, angeboten. Neben der Sankt-Andreas-Stiftung hat Jakunin auch das Institut für Dialogue of Civilizations mit Büros in Berlin, Moskau und Wien gegründet. DOC präsentiert sich als »intellektuelle Plattform«, als Denkfabrik für die Zeit »der ökonomischen Krise und der Krise der Wertvorstellungen«.[220] Gegründet wurde es 2016, als Jakunin nicht mehr Chef der Russischen Eisenbahngesellschaft war. (Am 4. April 2022 wurde die Internetseite von DOC vom Netz genommen.)

Für das deutsche DOC wurde Walter Schwimmer die Verantwortung übertragen, er bekam das Angebot, nachdem er seine Tätigkeit als Generalsekretär des Europarates (1999–2004) beendet hatte. Im Vorstand sitzen unter anderem Gräfin Maria Gloria von Thurn und Taxis, bekannt für ihre Unterstützung von Fundamentalisten, und der ehemalige Präsident Tschechiens Václav Klaus. DOC hat nämlich internationale Ambitionen und organisiert alljährlich die internationale Konferenz Rhodos Forum. Auf der griechischen Insel treffen sich führende Politiker, beispielsweise waren schon der ehemalige Außenminister Deutschlands und Vizekanzler Joschka Fischer, der ehemalige Ministerpräsident von Frankreich Dominique de Villepin und der ehemalige Europakommissar, der für die EU-Erweiterung zuständig war, Günter Verheugen, dort.[221]

---

219 So wurde Jakunin von Karen Dawisha genannt, in ihrem Buch *Putin's Kleptocracy. Who Owns Russia?*, Simon & Schuster, 2014.
220 Jahresbericht des DOC für 2016, S. 4 und 5.
221 Siehe die Diskussionen von 2018 bei einer Veranstaltung von DOC auf Facebook (Post vom 3. April 2018): https://www.facebook.com/events/144912819638805/?active_tab=discussion, letzter Zugriff im Februar 2020.

Hier wird die Kreml-Propaganda nicht einfach aus Eimern gegossen, wie im russischen Waldai-Klub, wo Putins aktuelle politische Vision in einem pseudointellektuellen Rahmen präsentiert wird. Auf Rhodos fühlen sich die Gäste wie in einem anderen Davos. Sie sind weniger wachsam, schließlich arbeitet die Denkfabrik des russischen Oligarchen, der die Debatte über die Zukunft der Welt sponsert, pro bono publico.

Als ich in Berlin bin, erreicht mich am Vorabend meines geplanten Gesprächs mit dem Direktor von DOC eine Nachricht von Peter Morley aus London, der unser Treffen arrangiert hatte: Es sei zu einem Missverständnis gekommen, das Interview mit Bas könne nicht stattfinden. Peter Morley war damals für eine Firma tätig, die das DOC mit seiner PR beauftragt hatte.

Bas leitet das DOC seit 2018. Auf der Internetseite von DOC steht, dass er in den letzten zwanzig Jahren zahlreiche Posten in internationalen Organisationen innehatte. Zuerst war er Geschäftsführer der internationalen Denkfabrik Aspen Institute for Humanistic Studies, das sich als »unabhängige, überparteiliche Organisation« beschreibt und »wertebasierte Führung, konstruktiven Dialog und internationale Zusammenarbeit fördern« will. Dann war er neun Jahre für die Weltbank tätig, wo er »bei Entscheidungsträgern und Leadern der Weltöffentlichkeit Mechanismen des strategischen Engagements einführte und sich auf die internationale Entwicklung und die Bekämpfung von Armut konzentrierte«.[222] Von 2008 bis 2014 war er Chef für Strategische Entwicklung und Partnerschaft bei einer Initiative der UNO mit einer Agenda, deren Ziel »bessere Verständigung und Zusammenarbeit zwischen den Völkern und zwischen Menschen aus verschiedenen Kulturen« gewesen sein soll. In den Jahren 2014 und 2015 war er Direktor für Demokratisches Staatsbürgertum und Teilhabe im Europarat. Bis er plötzlich auf die

---

222 Siehe: https://web.archive.org/web/20210615112551/https://www.prnewswire.com/news-releases/dialogue-of-civilizations-research-institute-appoints-jean-christophe-bas-as-ceo-819447697.html, nur im Archiv, letzter Screen am 15.06.2021.

andere Seite des Spiegels wechselte und bei Jakunin landete. Es wundert mich nicht, dass er sich auf dieser Etappe seiner Karriere weder offenbaren noch sein Gesicht zeigen will.

Ich bitte Peter Morley, mir einen Besuch im Büro von DOC zu ermöglichen, damit ich zumindest die Räume sehen und mir Broschüren über das Institut mitnehmen kann. Es kommt keine Antwort, obwohl er bisher immer schnell geantwortet hat. Also gehe ich, ohne verabredet zu sein, zu der Adresse mitten im Zentrum von Berlin. An der Ecke befinden sich ein Gucci-Geschäft und die Galerie Lafayette. In diesem Gebäude sind offenbar auf den höheren Etagen Büros untergebracht. In der fünften Etage ist der Sitz von DOC. Als ich vor der Tür stehe, kommt jemand aus dem Gebäude, sodass ich die Gegensprechanlage nicht betätigen muss, sondern direkt zum Fahrstuhl gehen kann.

◻ ◻ ◻

Ich stehe vor dem Eingang von DOC und klingele. Eine Rezeptionistin öffnet, Nina, um die fünfzig Jahre alt. Ich erkläre, warum ich hier bin, und sie gibt mir irgendwelches Material, ruft Peter Morley an und hinterlässt ihm eine Nachricht. Sie sagt, der Chef sei da, und fragt mich, ob ich jetzt Zeit hätte. Habe ich. Sie geht zu Bas. Doch der Chef hat leider keine Zeit. Ich werde in ein Nebenzimmer gebeten, bekomme einen Tee (in Berlin ist es kalt, es schneit), dann kommt eine etwa dreißigjährige Frau, eine Deutsche. Sie arbeitet in der Bildungsabteilung und sagt, sie sei neu hier und dürfe sich nicht offiziell äußern. Ich dürfe nichts aufnehmen und mir keine Notizen machen. Sie fragt, worüber ich schreibe, ich antworte, dass ich über Neokonservatismus schreibe und über die Rechte von Frauen, das heißt über Menschenrechte. Sie kommentiert: »Ja, nicht allen ist klar, dass die Rechte von Frauen Menschenrechte sind.« Wir haben also ein gewisses Einvernehmen. Sie fragt, ob das Buch auf Englisch erscheinen wird. Ich antworte, dass es auf Polnisch erscheint. Sie fragt nach dem Verlag, ich erkläre, dass ich das noch nicht wüsste, da ich unabhängig sei. Sie fragt, ob ich mir Rumänien angesehen hätte, ich antworte, dass für diese Geschichte Kroatien wichtiger sei.

In diesem Fall habe das, konstatiert sie, womit sich DOC beschäftigt, nichts mit meinem Thema gemein. Sie werden nicht helfen können. Ich sage, ganz im Gegenteil, dass die Geopolitik, mit der sie sich befassen, sehr wohl etwas zu tun hat mit den Rechten von Frauen. Aber sie würden die Probleme der Welt analysieren und sich mit dem Aufbau einer Dialog-Plattform in der Geschäftswelt und in der Politik beschäftigen. Ich frage also, worin aus ihrer Sicht die zentralen Probleme der Welt bestehen und ob sie den Außenministern der Staaten, die den internationalen Dialog führen, kein Vertrauen schenken. Ich bekomme keine konkrete Antwort. Die Frau überprüft noch einmal (ich weiß nicht, warum, denn ich bestehe gar nicht darauf), ob der Chef mich empfängt. Nein, er empfängt mich nicht. Er hat keine Zeit.

Wir unterhalten uns noch ein wenig über Bildung. DOC legt gerade einen Wettbewerb für junge Menschen auf. Das Thema ist »Mein Land, unsere Welt im Jahr 2030«. Zu gewinnen sind ein Flug in ein beliebiges europäisches Land und ein zwei- bis vierwöchiger Kurs, eine Einladung zum Rhodos Forum 2019 und zum Rising Peace Forum in England sowie Sachpreise. Als ich gehe, fragt die Frau noch einmal, ob ich unser Gespräch aufgenommen habe. Wahrheitsgemäß antworte ich, dass ich es nicht getan habe.

Als ich einem mir bekannten deutschen Experten für russische Angelegenheiten von dem Treffen erzähle, sagt er, das wäre zu erwarten gewesen. Sie hätten mich sicherlich überprüft, daher die Absage. Er warnt mich davor, nach Russland zu fahren. Es wird zum Leitmotiv meiner Recherchen und meiner Gespräche. Alle haben Angst um mich, wenn ich sage, dass ich dort hinfahren will. Aber heute ist Russland nicht nur in Russland. Russland kann überall sein.

◻ ◻ ◻

DOC erstellt Berichte zu gegenwärtig wichtigen Themen. Ich schaue sie mir an. Für die enormen Mittel, die durch die drei Filialen des Instituts in Berlin, Moskau und Wien fließen müssen, sind die Ergebnisse bescheiden. Dasselbe trifft auf die öffentlichen Diskussionen zu. Als ich Leute in Berlin nach dem Institut frage, hat kaum jemand je davon gehört. Und die Berichte? Der Mitbegründer der Denkfabrik Peter W. Schultze schreibt in seiner Analyse, die auf den Seiten von Dialogue of Civilizations veröffentlicht ist: »… die zunehmende EU-feindliche Stimmung in den Mitgliedstaaten, die anhaltende Flüchtlingskrise, der ungelöste Konflikt in der Ukraine und die Unfähigkeit, die schwere Finanzkrise zu überwinden – das alles blockiert Brüssels Möglichkeiten, als geopolitische Kraft wirksam zu agieren. Darüber hinaus hat der Brexit die wichtigsten EU-Instrumente, nämlich die Überzeugungsarbeit und den Soft-Power-Einfluss, geschwächt.«[223]

Das sind vorsichtige und allgemeine Behauptungen. Hier steht nicht, dass Moskau helfen kann, weil Brüssel der Aufgabe nicht gewachsen ist. Nein, das wird nicht laut gesagt. Die EU wird vorsichtig untergraben. Das Thema kommt auch auf Rhodos bei einer Podiumsdiskussion von DOC unter Teilnahme von Jakunin im Jahr 2017 auf. Die Idee gelangt so in den Raum und wird klarer: Die EU muss demontiert werden.

Mit DOC arbeitet auch das Deutsch-Russische Forum zusammen, sein Chef ist Matthias Platzeck. Ich frage einen Deutschen, der seit den Neunzigerjahren mit diesem Forum zu tun hatte, nach seiner Meinung. Er sagt, er habe sich davon zurückgezogen, als sie »vollkommen unkritisch gegenüber dem Putinismus« wurden, und fügt hinzu: »Das Forum ist Co-Organisator des sogenannten Petersburger Dialogs, Treffen der Zivilgesellschaften Russlands und Deutschlands. Dabei kommt nichts heraus. Das ist reine Fassade.« Über Platzeck sagt er: »Ein gutgläubiger Narr aus der DDR,

---

223 Siehe: https://doc-research.org/2017/12/teething-problems-multipolarworld-order/, die Seite wurde im November 2021, kurz vor dem Überfall Russlands auf die Ukraine, vom Netz genommen.

SPD-Mitglied, ehemaliger Ministerpräsident von Brandenburg, der unter dem Einfluss von Einflussagenten wie Alexander Rahr steht. Genau wie der Ministerpräsident Sachsens, Michael Kretschmer, hat er die Aufhebung der Sanktionen gegen Russland verlangt.«

Mit besagtem Alexander Rahr, der häufig die Ereignisse in russischen Medien kommentiert, verabrede ich mich ebenfalls zu einem Gespräch. Wir treffen uns in einem Restaurant, das bekannt ist als russischer Agententreffpunkt. Er erzählt von der Zusammenarbeit mit deutschen Unternehmern und Fahrten nach Petersburg, aber zufällig rutscht ihm auch heraus, dass er nach der russischen Invasion auf der Krim war. Es fällt ihm auf, und er spreizt sich, vielleicht solle er solche Dinge nicht erzählen. Vor dem Fenster gehen Passanten vorbei, das Leben hat einen ruhigen Neujahrs-Rhythmus, und ich habe den Eindruck, dass in Berlin, das ich bisher als angenehme Stadt für kurzfristige Ausflüge aus Polen empfunden habe, russische Agenten so häufig vorkommen wie Brezeln, die man an jeder Ecke kaufen kann.

Auf der Seite von DOC ist über die Beziehungen zu anderen Organisationen zu lesen: »Partnerschaften werden sowohl langfristig als auch projektbezogen aufgebaut. Beispielsweise hat DOC im Rahmen des Runden Tisches zur Erhaltung des kulturellen Erbes mit dem British Council, dem Exzellenzcluster »Asien und Europa im globalen Kontext«, dem Heidelberger Centrum für Transkulturelle Studien, dem Eremitage-Museum in St. Petersburg, der Musical Olympus Foundation und dem Vorderasiatischen Museum in Berlin zusammengearbeitet.«

Den einen bringt Russland das »heilige Feuer«, anderen »grüne Männchen« und noch anderen die Sorge um das kulturelle Erbe.

Die ukrainische Politikwissenschaftlerin und Aktivistin Kateryna Smagliy bezeichnet DOC in einem Beitrag als eines der Zentren der Kreml-Einflüsse in Europa. »DOC macht kein Geheimnis aus seiner Verbindung zu Jakunin, deshalb können die dort angestellten Wissenschaftler nicht so tun, als wüssten sie nicht, wer ihre Reisen zu den zahlreichen internationalen Treffen, die von DOC geleitet werden, finanziert.«[224]

Für DOC schreiben unter anderem Wissenschaftler von so prestigeträchtigen Hochschulen wie Columbia und Princeton. Zu anderen »subversiven Agenturen« ideologischer Einflüsse des Kremls zählt Smagliy auch die Russkiy Mir Foundation, die sich mit Jugendaustausch befasst. Die meisten Einrichtungen der russischen Stiftung sind bei Universitäten in Großbritannien, Italien, Ungarn und Polen zu finden.[225]

»Russland testet in hohem Maße die westliche intellektuelle Gemeinschaft und ihre Fähigkeit, den zahlreichen Versuchungen und Kooperationsstrategien des Kremls zu widerstehen. Das neue Phänomen der Putin-Versteher und kremlfreundlichen Kommentatoren, Sympathisanten und Lobbyisten zeigt, wie viele westliche Experten, die zur Verbreitung seiner außenpolitischen Interessen beitragen, der Kreml für sich gewinnen konnte«, fasst Smagliy zusammen.[226]

◻ ◻ ◻

Gleich neben Jakunins Institut in Berlin befindet sich das im Oktober 2016 vom Deutschen Auswärtigen Amt gegründete Zentrum für Osteuropa und Internationale Studien (ZoiS). Es entstand, als man sich darüber klar wurde, dass die zu Beginn der Neunzigerjahre geschlossenen Forschungszentren, die sich mit Ostpolitik beschäftigten, heute wieder durchaus sinnvoll wären. Denn man hatte aufgehört zu verstehen, was im Osten vor sich ging. Ich gehe auch dorthin, natürlich unangekündigt. Ich bekomme ihre Publikationen

---

224 Kateryna Smagliy und Ilya Zaslavskiy, *Hybrid Analytica: Pro-Kremlin Expert Propaganda in Moscow, Europe and the U.S.: A Case Study on Think Tanks and Universities*, Institute of Modern Russia, Oktober 2018, https://static1.squarespace.com/static/59f-8f41ef14aa13b95239af0/t/5c6d8b38b208fc7087fd2b2a/1550682943143/Smagliy_Hybrid-Analytica_10-2018_upd.pdf, S. 27, letzter Zugriff am 24.02.2023.
225 Ebd, S. 21.
226 Ebd., S. 52.

und die Berichte, von denen das ZoiS wesentlich mehr erstellt als das DOC.[227] Zahlreiche soziologische Forschungsarbeiten, viel Online-Aktivität und interessante offen zugängliche Treffen.

In der Zwischenzeit erhalte ich nach meinem Besuch in Jakunins Institut von dem bisher freundlichen Peter Morley eine E-Mail in einem Ton, wie er sie bis dahin noch nicht verfasst hatte:

»Ich hoffe, Ihr Besuch hat Ihnen etwas gebracht, aber ich finde es etwas seltsam, dass Sie unangemeldet dort hingegangen sind, obwohl Sie wussten, dass ein Treffen nicht möglich sein würde.

Um es klar zu sagen: Cristina, mit der Sie gesprochen haben, ist nicht befugt, über die Aktivitäten von DOC zu informieren. Sie hatte also recht, als sie sagte, dass das Gespräch mit ihr nicht als Interview betrachtet werden kann. Ich bin etwas beunruhigt, dass sie das verdeutlichen musste, und ich hoffe, dass Sie sich daran halten und das Gespräch in keiner Form veröffentlichen.

Wie jede professionelle Denkfabrik unterliegt das DOC in allen Aspekten seiner Tätigkeit bestimmten Regeln und Verfahren. Dazu gehören auch die Beziehungen zu externen Institutionen wie den Medien. Wir erwarten, dass diese Professionalität und der Respekt beiderseitig sind.

Das DOC ist nicht an unbegründeten Spekulationen über seine Ursprünge, Aktivitäten und Ziele interessiert. Wir weisen darauf hin, dass das DOC eine unabhängige und überparteiliche Denkfabrik ist, was auch auf unserer Webseite offen dargelegt wird. Sie verfolgt keine politischen Ziele, hat noch nie Geld von einer Regierung angenommen und wird dies auch nie tun.«

Wofür rechtfertigt er sich?

---

[227] Siehe: https://www.zois-berlin.de/en/publications/?L=0, letzter Zugriff am 25.02. 2023.

Kapitel 9
DAS RUSSLAND DER FRAUEN

Wenige Wochen später flog ich aus dem Berliner Russland ins echte Russland. Am Tag meiner Ankunft in Moskau ging ich abends am Kreml spazieren. Vom Arbat ist das nicht weit. Doch es war Winter, Mitte Januar, ich kämpfte mich durch Schneehaufen, unter denen der Boden vereist war. Man konnte leicht ausrutschen.

Das letzte (und erste) Mal war ich im Sommer 2011 in Moskau gewesen. Es war heiß, deshalb lief ich in kurzen Hosen und mit einem kleinen Rucksack durch die Stadt. Aber dieses frostige Moskau von 2019 ist authentischer als der Charme der Augusttage, die die Illusion von Sorglosigkeit nahelegen. Als ich vor der Reise mit Leuten sprach, die das Land kennen, schüttelten sie den Kopf und sagten: »Du wirst ein anderes Russland vorfinden.« Sie meinten die Zäsur, die das Jahr 2012 und Putins Rückkehr ins Präsidentenamt bedeuteten. Die zahlreichen Proteste auf dem Bolotnaja-Platz endeten für viele Teilnehmer im Gefängnis. Die Angst des Kremls vor »farbigen Revolutionen« besteht bis heute.

Ich ging bergauf, und schließlich tauchte der Rote Platz vor mir auf. Meine Augen wurden von einem Lichterchaos überrascht. Auf dem Platz standen kitschige weihnachtliche Verkaufsstände, denn eine Woche zuvor wurde hier Weihnachten gefeiert. Laute Musik, Trubel, der Geruch von gebratenem Essen. Dieses Lichtspiel zog einen erst an, aber dann wollte man sich schnell zurückziehen. Der Rote Platz macht mehr Eindruck, wenn er leer ist. Dann sind die soliden Mauern der Kremlfestung zu sehen und das Pflaster, das schnell abwärtsführt zum Fluss Moskwa. Dann spürt man das Gewicht der Geschichte und das Unheimliche, das jetzt von dem Weihnachtsmarkt zerstreut wurde.

Wenn man vom Platz auf die Große Moskwa-Brücke geht, lässt sich leicht die Stelle finden, an der der Anführer der russischen Opposition Boris Nemzow erschossen wurde. Seit vier Jahren stehen hier Blumen und Kerzen. Trotzdem ist es dunkel. Im Hintergrund ist der Kreml zu sehen. Es ist kalt wie an dem Tag, als Nemzow starb. Die Täter wurden festgenommen, aber die Ermittlungen ergaben nicht, wer ihr Auftraggeber war. Heute, da ich das schreibe, am 24. Februar 2019, fand der Gedenkmarsch für Nemzow statt. Ich sehe mir den Bericht an, der live auf dem Facebook-Profil *Für ein freies Russland*[228] übertragen wurde. Die Marschteilnehmer haben keine Zweifel, wer den Politiker und Journalisten, der jahrelang Putin und die Annexion der Krim kritisiert hatte, umgebracht hat. Jeder, der gefragt wird, sagt freiheraus, Putin sei schuld. Selbst wenn das nicht wahr sein sollte, denn Nemzows Familie hatte das in Interviews zunächst verneint, deutet das auf komplettes Misstrauen gegenüber der Regierung hin. Nemzows Verwandte haben keinen unabhängigen und transparenten Prozess erlebt, und es bleibt eine unwiderlegbare Tatsache, dass der fünfundfünfzigjährige Nemzow, der als Reformator für seine direkte Sprache bekannt war, als Gefahr für den Präsidenten wahrgenommen wurde.

Eine ganz junge Frau, die sich ein weißes Tuch umgebunden hat und eine Flagge der Föderation in der Hand hält, sagt: »Sie hatten Angst vor ihm, weil er keine Angst hatte.« Sie ist aufgeregt, spricht

---

228 Siehe: https://www.facebook.com/openrussia.org/videos/349469692568746/Uz p f ST Y4ODc0NDMzNDU3OTM4Mj oyMDg1MzQwMj g 0 O -TE5Nzcz/?__xts__[0] =33.%7B%22logging_data%22%3A%7B%22page_id%22%3A688744334579 382%2C%22event_type%22%3A%22clicked_all_page_posts%22%2C%22impression_info%22%3A%22eyJmIjp7InBhZ2VfaWQiOiI2ODg3NDQzMzQ1NzkzODIiLCJpdGVtX2NvdW50IjoiMCJ9fQ%22%2C%22surface%22%3A%22www_pages_home%22%2C%22interacted_story_type%22%3A%22565413710334575%22%2C%22session_id%22%3A%22a5f57012ab29db18290f6902df-8cd091%22%7D%7D, letzter Zugriff im Februar 2020.

in kurzen Sätzen, aber sie weiß, warum sie hergekommen ist: »Nemzow hat für die Freiheit gekämpft, und das ist auch für mich wichtig.« Ein älterer Mann sagt, er sei »gekommen, um die Gesichter freier Menschen zu sehen«, eine Frau mit einem gelben Schild von Amnesty International antwortet auf die Bitte nach einem Kommentar: »Jeder kann etwas tun, zum Beispiel erklären, dass das Fernsehen Propaganda ist.« Die Menschen rufen Losungen, die inzwischen bekannt sind: »Rossija budet swobodnoj« (Russland wird frei sein), »Putin raus« und »Russland ohne Putin«.

◻ ◻ ◻

Ich besuchte ein Land, das einst die Avantgarde der Veränderungen war. Bevor die Frauen in vielen Ländern im Westen das Wahlrecht bekamen (in Frankreich zum Beispiel erst nach dem Zweiten Weltkrieg), hatten die Russinnen es bereits seit 1917. Die Februarrevolution beendete die Zarenherrschaft und förderte gleichzeitig den Wandel im soziokulturellen Bereich. So schaffte man beispielsweise die »antihomosexuellen« Vorschriften ab, die Zwangsarbeitsstrafen bis zu fünf Jahren für »Verbrechen gegen die Männlichkeit« vorsahen. Es waren die Revolutionen, die im Leben von Frauen Veränderungen brachten, nicht der Frieden. In der gegebenen Ordnung wurde ihnen Teilhabe am öffentlichen Leben versagt. Die Losung »Revolution ist weiblich« ist deshalb nicht bloß ein Slogan.

Hinter diesen Veränderungen in Russland stand die Revolutionärin Alexandra Kollontai, eine Tochter aus gutem Hause, die sich zwei Jahrzehnte für die sozialistische Bewegung engagierte und später Lenin beistand. Ihr ist es zu verdanken, dass die Russinnen das Wahlrecht erhielten und auch das Recht auf Scheidung und auf standesamtliche Heirat. Kollontai wurde in der Revolutionsregierung als erste Frau Volkskommissarin für soziale Fürsorge. Sie befürwortete die freie Liebe, die Abtreibung, die Entkriminalisierung von Homosexualität, und sie gründete Zhenotdel, die Frauenabteilung des Zentralkomitees der Allrussischen Kommunistischen Partei.

Russland war das erste Land auf der Welt, das den Frauen das Recht auf Abtreibung gab. Aber Kollontais Errungenschaften wurden von Stalin zunichtegemacht. Sie selbst wurde von der Macht abgezogen: Man schickte sie als Botschafterin nach Mexiko und dann nach Schweden. Dort lebte sie bis zu Stalins Tod und dem Ende der Epoche (1936–1955), die auch wegen der erhöhten Sterblichkeit von Frauen durch illegale Abtreibungen in die Geschichte einging. Nach 1953 war die Abtreibung wieder erlaubt, und das galt bis zum Ende der Sowjetunion.

In der Partei und im Komsomol, deren Jugendorganisation, stellten die Frauen die Hälfte der Mitglieder. Das bedeutet nicht, dass sie weniger verfolgt wurden, dass sie nicht in Lager kamen, dass sie nicht bei Säuberungen umkamen. Darauf wies mich Aljona Popowa hin, eine der bekannten feministischen Aktivistinnen in Russland. Sie sprach davon, dass heute vier Prozent Frauen in der Kommunistischen Partei sind und 14 Prozent in der Duma.

Außer Aljona Popowa traf ich auch Tatjana Sucharewa, eine der Hauptpersonen, die seit Beginn des Internationalen Frauenstreiks dabei war. Ich weiß nicht mehr, wie ich an sie gelangt bin. Ich wusste jedoch sofort, dass wir ohne die Russinnen keinen Erfolg haben würden. Nicht, weil sie am aktivsten sind – schließlich arbeiten sie unter schwierigeren Bedingungen als wir. Vielmehr sind es historische und geopolitische Gründe. Wer keinen Kontakt zu Russland hat, versteht die Welt von heute nicht. Denn vieles von dem, was unsere Demokratien heute zerstört, ist von Kreml-Mustern durchdrungen.

Seit Polen, das immer zwischen Ost und West hin- und hergerissen war, sich für die Europäische Union entschieden hat, will es die alten Zöpfe abschneiden, denn die historischen und geografischen Gegebenheiten wirken noch immer: hundertdreiundzwanzig Jahre Teilung, dann Volkspolen und die »ewige Freundschaft« mit der UdSSR. Dabei ist trotz der Russophobie, die zu einem polnischen Charakteristikum geworden ist, der russische Einfluss keineswegs erloschen. Wenn ich nach Berlin fahre, nehme ich das wie einen

Besuch in Wrocław wahr. In Moskau war ich schneller, es ist nur ein zweistündiger Flug, und doch schien mir diese Reise mental viel länger und weiter entfernt. Doch in Moskau stieß ich auf mehr Verständnis als im Westen, wo die Menschen sich noch nicht darüber im Klaren sind, dass auch sie infiziert sind. Hier in Moskau war alles klar. Hier spürte man das am eigenen Leib.

❐ ❐ ❐

Doch zurück zu Tatjana Sucharewa. Ich habe eine Schwäche für sie. Eine Frau in den Fünfzigern, dunkles kurzes Haar, in ihrem Kostüm sieht sie aus wie eine Beamtin. Sie ist für mich die Verkörperung der Überlebenskraft der russischen Frau. Bei unserem Treffen wird sie sofort aktiv. Sie organisiert eine Zusammenkunft, bei der ich über den Internationalen Frauenstreik sprechen soll. Sie holt ihr Telefon heraus und bucht einen Saal. Tatjana Sucharewa kandidierte 2014 für das Amt des Bürgermeisters von Moskau. Sie hatte kaum eine Chance, denn als Buchhalterin wurde sie der Manipulation beschuldigt. Inwieweit damit beabsichtigt war, ihr das Recht zu kandidieren zu entziehen – wie sie behauptet –, kann ich schwer beurteilen. Sie saß ihre Haftstrafe ab, dann folgte der Hausarrest. Letztes Jahr, als die nächsten Wahlen in Moskau stattfanden, wurde sie erneut inhaftiert. Im August 2018 wurde sie entlassen, darf aber die Stadt nicht verlassen. Wir haben uns in der Nähe der Duma und des Kremls verabredet. Einerseits bin ich von Tatjana Sucharewa begeistert – sie verhält sich wie ein hocheffizienter Roboter –, andererseits sind ihre Facebook-Posts manchmal beunruhigend. Viele sprechen mit Ehrfurcht von ihr, andere laufen davon, wenn sie daran denken, dass sie sich öffentlich dafür ausgesprochen hat, Männern die Genitalien abzuschneiden.

Als ich zu unserem Treffen komme, befindet sie sich in einer seltsamen Situation: Zwei Männer vom Nachbartisch sprechen sie in unangenehmer Weise an. Sucharewa sitzt mit einem Lächeln da, was für manche naiv wirkt, andere mögen es als Sarkasmus deuten.

Sie reagiert nicht, sondern lässt die Typen mit ihrer ganzen Blödheit auflaufen, doch die Männer interpretieren das als positives Zeichen. Als ich mich nähere, will gerade einer von ihnen nach einem Stuhl greifen, der an ihrem Tisch steht. Da ich spüre, dass es sich um unerwünschte Verehrer handelt, nehme ich schnell den Stuhl und setze mich darauf, obwohl der Mann versucht, ihn wegzuziehen. Er sieht mich entgeistert an, weicht aber zurück. Ich habe die Eindringlinge vertrieben und begrüße die Generalin wie eine alte Kampfgefährtin. Tatjana Sucharewa telefoniert schon: Hört mal, Klementyna Suchanow ist in der Stadt, wir müssen ein Treffen organisieren (Who the fuck is Klementyna Suchanow?).

Ich versuche selbst, mich mit anderen Aktivistinnen zu verabreden. Es ist nicht leicht. Aus Sicherheitsgründen ist es kaum möglich, ohne jemandes Bürgschaft in direkten Kontakt zu kommen. Ich spüre, dass es Codes gibt, die ich erkennen muss. Viele Menschen und Organisationen wenden Vorsichtsmaßnahmen an. Zum Beispiel findet man die Adresse des Moskauer Büros von Amnesty International nicht online. Es gelingt mir schließlich, das Büro zu finden, ohne persönliche Empfehlungen. Amnesty International befindet sich in einer kleinen Wohnung in einem Hinterhaus, hinter einer eisernen Tür, die Brandspuren trägt. Ich frage nach der Tür – ja, jemand habe mal versucht, ihnen das Büro anzuzünden.

»Die feministische Bewegung ist, wie alles im heutigen Russland, dezentralisiert und sehr radikal«, erklärt mir Natalia Sviagina von Amnesty International in Russland. »Radikale Gruppen sind aktiver und werden stärker wahrgenommen. Wir haben keine feministische Gesellschaft, wir haben feministische Influencerinnen. Eine von ihnen ist Xenia Sobtschak, deren Taufpate Putin ist (ihr Vater war als Bürgermeister Putins Chef in dessen Petersburger Zeit). Sie ist ein Fernsehstar. Die *New York Times* nannte sie einmal »das russische Pendant zu Paris Hilton«. Seit den Protesten 2012 nahm Sobtschak ein »ernsthafteres« Image an, 2018 kandidierte sie sogar bei den Präsidentschaftswahlen.

Die bekannteste feministische Gruppierung ist natürlich Pussy

Riot. So wie der ukrainischen feministischen Bewegung Femen gelang es Pussy Riot, mit ausdrucksstarken Auftritten die Aufmerksamkeit auf sich zu ziehen.

Seit Nadeschda Tolokonnikowa und Marija Aljochina von Pussy Riot das Straflager verlassen haben, setzen sie sich für die Rechte von Häftlingen ein und haben ein alternatives unabhängiges Portal mit Informationen bezüglich der Einhaltung der Menschenrechte in Russland (MediaZona) sowie Organisationen für den Schutz dieser Rechte (ZonaPrav) gegründet. Sie empfinden sich als privilegiert aufgrund der Aufmerksamkeit, mit der sie die Welt bedacht hat, deshalb versuchen sie, das zu nutzen, und unterstützen beide *Zonen* mit Geld von ihren Reisen und Auftritten. Wenn die Institutionen dich nicht schützen, musst du selbst die Institutionen schützen. Oder – wie Nadeschda Tolokonnikowa in einem Interview mit Reuters sagte: »Echter Punk besteht darin, Institutionen zu gründen.«[229]

Von Pussy Riot hatte mir auch Alexej Komow erzählt. Ich wollte wissen, ob ihm überhaupt irgendwelche Proteste aufgefallen waren. Als ich ihn danach fragte, antwortete er:

»Oh ja, wir hatten zum Beispiel den Protest von Pussy Riot. Sie haben gegen den Patriarchen Kirill und gegen Putin gewettert. ›Das ist unser Punkgebet.‹ Das war ein *(lacht)* sehr guter provokativer Trick, denn was auch immer du tust – sie gewinnen. Wenn du sie bestrafst, sind sie die armen Opfer, und du bist das Monster. In Russland war man der Meinung, dass ihre Aktionen von außen inspiriert waren. Und so war es tatsächlich. In Russland protestiert kaum jemand gegen die Obrigkeit«, stellte Komow klar.

Mit »Inspiration von außen« verwies er auf einen Dokumentarfilm von Arkadi Mamontow (Autor des »Dokumentarfilms« über »Sodomiten«, dem Komow seine Stimme lieh), der im russischen Fernsehen gezeigt wurde. Darin ist die Rede von angeblichen Verbindungen von Pussy Riot zu Boris Beresowski (ein Oligarch im

---

[229] Jonathan Weber, *Pussy Riot founder sets sites on Russian media*, Reuters, 9. Mai 2016, https://www.reuters.com/article/us-russia-pussyriot-media-idUSKCN0Y01M4, letzter Zugriff am 25.02.2023.

Exil, der mit Putin in Konflikt geraten war – das sollte die Aktivistinnen diskreditieren).

Es gibt also in Russland keine Massenproteste von Frauen. Es gibt auch kein echtes feministisches Netzwerk. Dafür gibt es die Bewegung von Alt-Right-Frauen im beliebten *В Контакте* [in Verbindung, in Kontakt], sprich im russischen Facebook.[230] Das ist in Russland ein populäres Phänomen. Damit die Jugend sich nicht auflehnt, gründet man Jugendorganisationen, die legal und von oben inspiriert sind. Die Ansichten russischer »Alt-Rights« (Abkürzung für Alternative Right) passen perfekt zur Rhetorik des Kremls. Inga Kelechsajewa verfolgt deren Aktivitäten. Sie stammt aus Inguschetien und ist Aktivistin von Amnesty International.

»Sie betrachten den Feminismus so, wie die Regierung es will. In ihren Augen sind Feministinnen Verrückte, die Schwachsinn erzählen«, sagt Inga, als wir in der kleinen Küche von Amnesty International sitzen. »Sie sind der Meinung, dass eine russische Frau einen russischen Mann haben muss, und die Kinder müssen weiß sein. Ethnisch gesehen bin ich selbst keine Russin. Ihrer Meinung nach verstoße ich damit, dass ich einen russischen Freund habe, gegen das Recht und müsste getötet werden. Ja, sie sind sehr radikal, hyperradikal. So radikale Gruppen werden normalerweise von Facebook blockiert, aber diese nicht.«

Es ist schwierig, in Russland zu protestieren, hier herrschen andere Maßstäbe. Inga Kelechsajewa erzählt, wie sie 2018 versucht hat, einen legalen Marsch zum Frauentag anzumelden. Es ist ihr nicht gelungen, eine Erlaubnis zu erhalten. Dafür erwähnen viele Menschen, denen ich in Moskau begegne, auf die Information hin, dass ich aus Polen komme, den *Black Protest*. Das bedeutet, dass er in den Medien zur Kenntnis genommen wurde. Abtreibung ist in Russland erlaubt, auch aus ökonomischen Gründen, und sie gehört

---

230 Die Seite VKontakte: https://vk.com/altfem?fbclid=IwAR2N5iHGCVUThZ0bCjH-RUUKlqaf5cFcyfFY-oV5vV74leudopiZmF06qqXE, letzter Zugriff im Februar 2020.

zu den Pflichtleistungen der Krankenversicherung. In Zeiten der UdSSR war sie eine der wenigen Verhütungsmittel, deshalb nutzten sehr viele Frauen diese Möglichkeit. Das änderte sich nach 1989, und die Zahl der Abtreibungen ging zurück.

Das russische Gesetz war sehr liberal. Einen Schwangerschaftsabbruch konnte man bis zur zwölften Woche oder aus sozialen Gründen bis zur zweiundzwanzigsten Woche vornehmen lassen. Wenn aber die Gesundheit der Frau bedroht war, durfte man die Schwangerschaft jederzeit abbrechen. Ab dem 15. Lebensjahr durften junge Frauen allein zum Gynäkologen gehen, mehr noch, sie durften allein die Entscheidung für einen Schwangerschaftsabbruch treffen, ohne die Eltern zu informieren. Verschärfungen wurden ab 2011 eingeführt, so wurde zum Beispiel die Wartezeit, bis der Eingriff vorgenommen wird, auf 48 Stunden verlängert (zwischen der 6. und 8. und zwischen der 11. und 12. Woche) und in den übrigen Wochen auf sieben Tage. Abtreibungsgegner haben clevere Lösungen gefunden für die Einführung von Änderungen.

»Es ist inzwischen klar, dass die Verschärfung der Vorschriften auf der gesetzlichen Ebene nicht funktioniert – jede Änderung, die ins Parlament eingebracht wird, wird diskutiert, die Medien erfahren davon, die Gegner – also wir – erfahren davon. Deshalb haben die Konservativen ihre Taktik geändert und versuchen nun, die Beamten des Gesundheitsministeriums zu überzeugen. Sie agieren jetzt auf der Ebene von Rechtsakten unterhalb der Gesetze, sprich mit Verordnungen«, erklärte Lubow Jerofejewa, die Chefin der Russischen Gesellschaft für Bevölkerung und Entwicklung, in einem Interview.[231]

Aber die Möglichkeit abzutreiben ist für die Russinnen noch immer eine Selbstverständlichkeit. Nadeschda Tolokonnikowa von

---

231 Anna Pawłowska [Interview mit Lubow Jerofejewa], *Prawo aborcyjne w Rosji jest najbardziej liberalne na świecie. Ale Cerkiew zapożycza od polskiego Kościoła instrumenty wpływania na prawa kobiet,* »Wysokie Obcasy«, 12. April 2018, http://www.wysokieobcasy.pl/wysokie-obcasy/7,53662,23259223,prawo-aborcyjne-w-rosji-jest-najbardziej-liberalne-na-swiecie.html, letzter Zugriff am 25.02.2023.

Pussy Riot sagte in einem Interview: »Schnee ist weiß, und Abtreibung ist zugänglich, Punkt.« Außerdem kann man in Apotheken rezeptfrei die Pille danach kaufen. In Russland kann man – wovon ich mich selbst überzeugen durfte – die meisten Medikamente rezeptfrei bekommen.

Dennoch …

Während meines Aufenthalts in Russland 2019 führte der Gouverneur von Perm ein neues Gesetz ein, das verlangt, dass im Falle der Entscheidung für eine Abtreibung ein Geistlicher oder die Obrigkeit konsultiert werden muss, beispielsweise der Gouverneur selbst. Es wurde die Pflicht zu einer Zusatzuntersuchung eingeführt: Die Frau soll das schlagende Herz hören. Werbung für den Eingriff wurde verboten. Ich erfahre auch in Gesprächen und durch die Medien von der sonderbaren Aktion *неделя без абортов* – eine Woche ohne Abtreibungen. Hinter der Idee steht die Ehefrau des ehemaligen Präsidenten, Swetlana Medwedewa. In verschiedenen Regionen und Städten von Russland, am Ural oder im Oblast Nowgorod und in Rjasan wird diese »Woche« angekündigt. Kliniken, beispielsweise die Entbindungsklinik in Borissow, informieren auf ihren Internetseiten, dass sie an bestimmten Tagen keine Eingriffe vornehmen.[232]

In der Region Krasnojarsk wurde zusammen mit der »Woche ohne Abtreibung« im Jahr 2008 auch die »Woche ohne Scheidungen«[233] durchgeführt. Die orthodoxe Kirche übt mit der Unterstützung konservativer Kreise Druck auf die Regierung aus, Abtreibungen völlig zu verbieten. Putin mahnt in seinen öffentlichen Auftritten zu Zurückhaltung bei solchen Entscheidungen, »nichts mit Gewalt«. Er scheint gegen ein solches Verbot zu sein, aber der Druck lässt nicht nach.

Zwischen der russisch-orthodoxen Kirche und der polnisch-

---

232 Siehe: https://web.archive.org/web/20200225131229/http://neostar.by/nedelya-bez-abortov/, nur im Archiv, letzter Screen am 25.02.2020.
233 Иван Петров, Краснодарская «Неделя без абортов» обострила споры о правах матерей, Radio Svoboda, 4. Juli 2008, https://www.svoboda.org/a/454681.html, letzter Zugriff am 25.02.2023.

katholischen Kirche besteht eine seltsame Verbindung. Lubow Jerofejewa beschrieb es so: »Die orthodoxe Kirche, die in dieser Hinsicht sich gern an den Erfahrungen der Kirche in Polen orientiert, übernimmt also deren Instrumente, um auf die Rechte von Frauen Einfluss zu nehmen. Unsere konservativen Bewegungen sehen in Polen ein hervorragendes Beispiel. Umgekehrt lassen sich polnische Politiker und katholische Geistliche oft von dem inspirieren, was in Russland funktioniert. Natürlich gibt es auch Nationalisten, die gegen die Rechte von Frauen auftreten.«[234]

Von meinen Gesprächspartnerinnen in Russland befürchten viele, dass die Kirche das Abtreibungsverbot erzwingt, indem sie davon überzeugen wird, diesen medizinischen Eingriff von der Liste der allgemeinen Versicherungsleistungen zu streichen. Auf diese Idee ist man in Polen noch nicht gekommen. Ob sie auch hier in Erwägung gezogen wird, wird sich bald zeigen.

Ein Abtreibungsverbot in Russland wäre eine echte Revolution. Deshalb habe ich gefragt: »Wenn es wie in Polen dazu kommt, dass die Regierung Abtreibungen verbieten will, gehen die Russinnen dann auf die Straße?«

Inga Kelechsajewa von Amnesty International antwortet sofort: »Natürlich. Aus den Statistiken geht hervor, dass jede zweite bis dritte Frau eine Abtreibung hatte. Viele von ihnen aus ökonomischen Gründen. Ein Kind großzuziehen ist sehr teuer, und die Frauen, meist alleinerziehende Mütter, haben schlechte Lebensbedingungen.«

»Ich glaube nicht daran, dass sie auf die Straße gehen«, widerspricht Natalia Sviagina. »Wenn du auf die Straße gehst, können sie dich festnehmen, und wenn du dich für Abtreibung einsetzt, bedeutet das, dass du keine gute Frau bist. Außerdem werden sie ökono-

---

[234] Anna Pawłowska [Interview mit Lubow Jerofejewa], Prawo aborcyjne w Rosji jest najbardziej liberalne na świecie. Ale Cerkiew zapożycza od polskiego Kościoła instrumenty wpływania na prawa kobiet, »Wysokie Obcasy«, 12. April 2018, http://www.wysokieobcasy.pl/wysokie-obcasy/7,53662,23259223,prawo-aborcyjne-w-rosji-jest-najbardziej-liberalne-na-swiecie.html, letzter Zugriff am 25.02.2023.

misch argumentieren, dass sich unser Gesundheitswesen die kostenlosen Eingriffe nicht leisten kann. Ich hätte Angst, in ein öffentliches Krankenhaus zu gehen, weil die Krankenhäuser in einem Zustand sind, dass man nicht weiß, was einen da erwartet. Ich denke, dass in öffentlichen Kliniken Abtreibung noch immer im alten Stil gemacht wird, weil die Kliniken keinen Zugang zu fortschrittlichen Methoden und zu fortschrittlicher Medizin haben. Wenn du also eine Abtreibung ohne Komplikationen haben willst, gehst du in eine Privatklinik.«

Aljona Popowa, eine bekannte feministische Aktivistin, sagt dazu: »Nach den Protesten in Polen habe ich viele Menschen gefragt, ob sie glauben, dass in Russland ähnliche Proteste stattfinden würden, wenn versucht werden sollte, ein Abtreibungsverbot einzuführen. Alle antworteten, dass sie das nicht glauben.«

Aljona Popowa ist der Meinung, dass die Hauptthemen derzeit häusliche Gewalt, Lohngleichheit und Alimente sind. Vielleicht ist das der Grund, warum es so wenige Proteste gibt. Daran hat sich nichts geändert, seit 1968 sieben Menschen auf dem Roten Platz gegen den Einmarsch der Truppen des Warschauer Paktes in die Tschechoslowakei protestierten. Sie entrollten damals auf dem *Lobnoje mesto* – eine runde erhöhte Terrasse, die von einer steinernen Brüstung umgeben ist und auf der der Legende nach einst Menschen geköpft und zaristische Erlasse verlesen wurden – ein Transparent mit den Slogans »Für eure und unsere Freiheit« und »Wir verlieren unsere besten Freunde«. Unter den Demonstranten befand sich Natalia Gorbaniewska – eine angehende Übersetzerin aus dem Polnischen mit ihrem Kind im Kinderwagen –, aber auch ein Linguist, ein Elektriker, ein Philologe, ein Physiker und ein Geschichtsstudent. Als sie abgeführt wurden, riefen die Milizionäre: »Sie haben sich für Dollar verkauft«, »Schlagt die Juden«.

Die Protestteilnehmer wurden vor Gericht gestellt. Sie wurden zu Gefängnisstrafen, zu unbefristeter Verbannung oder psychiatrischer Zwangsbehandlung verurteilt. Jahre später fand auf *Lobnoje mesto* einer der Auftritte von Pussy Riot statt, kurz bevor sie verhaftet wurden. Doch während des Internationalen Frauenstreiks durfte Tatjana Sucharewa ihre Protestperformance nur im kontrollierten Hyde Park Sokolniki, weit weg vom Zentrum, wo außer den Bewohnern der Siedlung niemand hingeht, aufführen. In Moskau gibt es mehrere Orte, an denen die Behörden es einem »erlauben«, seine Meinung zu sagen. Sie sind allesamt entlegen. Pussy Riot machte einen großen Bogen darum. Sie organisierten ihre Aktionen illegal und rechneten mit Konsequenzen. In Sotschi wurden sie von Kosaken mit Knuten verprügelt, die dabei schrien: »Amerikanische Huren«, »Im Gefängnis werden sie euch Gehorsam lehren«, »Putin wird euch lehren, das Vaterland zu lieben«. Bei einer anderen Gelegenheit wurde ihnen in einem Moskauer McDonald's eine grüne Substanz ins Gesicht geschüttet. Nach ihrer letzten Aktion während des Finales der Fußballweltmeisterschaft in Moskau im Sommer 2018, bei der sie die Freilassung politischer Gefangener, das Ende der Inhaftierung für Likes auf Facebook, das Ende illegaler Verhaftungen bei Versammlungen und das Beenden falscher Anschuldigungen forderten, wurden drei Mitglieder von Pussy Riot verhaftet. Als sie wieder freigelassen wurden und den Wartenden zur Begrüßung zuwinkten, wartete am Tor bereits ein anderer Wagen auf sie, in den sie verfrachtet und mit dem sie abtransportiert wurden, ohne dass sie ihre wartenden Verwandten begrüßen durften. Die Gesichter der jungen Frauen zeigten zunächst rebellische Freude, die eine Viertelsekunde später in Schock und Ungläubigkeit umschlug. Dieses Video ging um die Welt und zeigte das wahre und skrupellose Gesicht der Obrigkeit.[235] Pjotr Wersilow aber, der ebenfalls an der Aktion teilnahm, wurde einige Zeit später vergiftet und kam ins Krankenhaus. Seine Familie fürchtete um sein Leben und brachte ihn schnell zur Behandlung nach Berlin. Er konnte kaum noch sehen, hören und auch nicht mehr gehen. Erst nach und nach hat er sich erholt. Unklar blieb, ob er ermordet oder nur gewarnt werden sollte. Kurz

---

235 Siehe: https://www.youtube.com/watch?v=353bMO7zjHc, letzter Zugriff am 02.03.2023.

zuvor hatte ein Aktivistenpaar von Pussy Riot aus Krasnodar politisches Asyl in Schweden beantragt. Sie fürchteten um ihr Leben und das ihrer Kinder. Es wurde ihnen jedoch kein Asyl gewährt.

Manchmal handelte es sich bei den Protesten um Aktionen von Einzelpersonen, wie im Fall von Aljona Popowa. Sie stellte sich mit einer Papp-Figur von Leonid Sluzki vor die Duma. Das war die russische Version der #MeToo-Bewegung. Sluzki, ein Abgeordneter der Staatsduma, Vorsitzender des Ausschusses für internationale Angelegenheiten und Dekan der Fakultät für auswärtige Angelegenheiten an der Moskauer Universität, wurde Anfang 2018 von drei Journalistinnen der sexuellen Belästigung beschuldigt. Die Ethikkommission der Duma sprach Sluzki von den Vorwürfen frei, die Journalistinnen wurden verhöhnt. Putins Sprecher sagte, solche Anschuldigungen seien inzwischen in Mode gekommen. Der erste Sexskandal in der Duma endete damit, dass das Problem ignoriert wurde.

Aljona Popowa protestierte ganz allein, andere Leute blieben kurz stehen und nahmen ihr für einen Moment das Schild ab. So sollte der Protest ein Ein-Personen-Protest bleiben, da er die einzige Protestform ist, die keine Genehmigung der Behörden benötigt. Trotzdem wurde Popowa wegen der Organisation einer Massenversammlung angeklagt und zu einer Geldstrafe von 20 000 Rubel (etwa 225 Euro) verurteilt.[236]

Bei allen Gesprächen über Proteste war die Frage nach ihrer Legalität von Bedeutung. In Polen machen wir uns, seit die Partei Recht und Gerechtigkeit neue Gesetze zur Einschränkung des Versammlungsrechts erlassen hat, keine Gedanken mehr über Legalität. Die Dinge, die ich tue, sind größtenteils illegal. Es ist allerdings so, dass man in Polen dafür nicht für zwei oder vier Jahre ins Gefängnis kommt, sondern mit Geldstrafen für die Blockade des Bür-

---

236 Siehe: https://www.youtube.com/watch?v=39PjyeLvFN4, letzter Zugriff am 02.03.2023.

gersteigs, mit absurden Anklagen wegen »Verkehrsbehinderung« oder mit Anschuldigungen wegen Verstößen gegen das Umweltschutzgesetz traktiert wird, weil man ein Megafon benutzt hat.

Ein Jahr nach der Gerichtssache Sluzki hat sich #MeToo als zweischneidiges Schwert erwiesen und die Redaktion des progressiven Online-Magazins *Meduza* getroffen. Das 2014 gegründete Magazin hat seinen Sitz außerhalb Russlands, weil in Russland unabhängiger Journalismus immer mehr beschnitten wird. Von Riga aus, der Hauptstadt Lettlands, einem Land der Europäischen Union, ist es möglich, kompromisslos über die russische Politik zu schreiben. Dort arbeiten viele Journalisten, die zuvor nach Übernahmen durch die kremlnahe Oligarchie aus Redaktionen entlassen wurden.

Meduza verlangte von Sluzki den Rücktritt, sie erstellten sogar ein Handbuch für den Umgang mit Vorgesetzten, die Mitarbeiter sexuell belästigen. Dieses Mal aber wurde einer der drei Gründer des Magazins und Chefredakteur Iwan Kolpakow beschuldigt, nach einem großen Skandal kündigte er. Das war Wasser auf die Mühlen des Kremls. Die Chefredakteurin des Regierungssenders *Russia Today* Margarita Simonian kommentierte den Vorfall folgendermaßen: »Meduza hätte Kolpakow nicht entlassen müssen, wenn sie nicht zuvor Sluzkis Entlassung verlangt und nicht versucht hätten, in unser ruhiges, patriarchalisches Leben amerikanische Verhältnisse einzuführen.«[237]

Die Fälle Sluzki und Kolpakow haben symbolische Dimension, weil es in Russland kein Gesetz gibt, das sich mit sexueller Belästigung befasst.

Aljona Popowa ist eine erfahrene Aktivistin. Ihr Gesicht ist bekannt. Die Unternehmerin hat ihr Jurastudium abgeschlossen, um Opfer

---

[237] Evan Gershkovich, *Editor's Resignation Signals Milestone #MeToo Moment in Russia*, »The Moscow Time«, 9. November 2018, https://www.themoscowtimes.com/2018/11/09/meduza-editor-resigns-following-sexual-harassment-claims- a63451, letzter Zugriff am 25.02.2023.

häuslicher Gewalt verteidigen zu können. Sie ist gut organisiert und effektiv. Im Jahr 2012 wurde sie bei einem Protest gegen die Wahl Putins von der Polizei angegriffen.

»Sie haben mir den Arm gebrochen«, erzählt Aljona Popowa an einem Tag im Januar 2019, an dem der Schnee über Moskau wirbelt, als wolle er es von der Landkarte pusten. »Da waren viele aggressive Polizisten, sie schlugen mich. Ich habe den Fall vor die Staatsanwaltschaft gebracht. Ich habe das ganze Material vorgelegt, drei Mal war ich dort. Ich sagte, dass ich die Anklage zurückziehen werde, wenn der Polizist, der mir den Arm gebrochen hat, mir von Angesicht zu Angesicht gegenüberstehen würde. Aber das tat er nicht. Es kam zur Gegenüberstellung, sie standen vor mir, sahen mir in die Augen, machten aber keine Anstalten, einen Schritt zu tun. Die Staatsanwaltschaft sagte, dass niemand bestraft werden könne, weil die Identität des Täters nicht zu ermitteln sei – die Polizisten trugen Helme, und es gibt kein Gesichtserkennungssystem. Aber auf der Demonstration waren Journalisten, die ich kannte, sie haben die ganze Szene gefilmt und vergrößerten die Aufnahme, auf der die Dienstnummer des Polizisten zu erkennen ist. Er wurde trotzdem nicht bestraft. Danach haben sie sich mir gegenüber nie mehr aggressiv verhalten. Wenn sie mich jetzt festhalten, behandeln sie mich wie ein rohes Ei. Sie fürchten die Medien, denn als mir der Arm gebrochen wurde, sagte Nemzow in einem Interview, dass seine Mitstreiterin Aljona Popowa im Krankenhaus liegt, wie das sein könne, wie man einer Frau so was antun könne. Putin antwortete in einem Interview, dass sie ein blondes Opfer gefunden hätten und versuchten, die Fakten zu manipulieren. Es kam zu einer öffentlichen Diskussion darüber, ob mein Arm wirklich gebrochen wurde.«

Als ich frage, ob Frauen tatsächlich von der Polizei besser behandelt werden als Männer, verneinen Natalia Sviagina und Inga von Amnesty International. Natalia sagt, vor zehn Jahren sei es tatsächlich noch so gewesen. Während ihre männlichen Mitstreiter festgenommen wurden, ließ man sie gehen, aber jetzt spiele das Geschlecht keine Rolle mehr. Bei den letzten Protesten wurden junge

Frauen zusammen mit jungen Männern in Polizeifahrzeuge und Arrestzellen gesteckt. In St. Petersburg kommt es immer zu Gewalt beim Marsch am Internationalen Frauentag. Dort sind die Feministinnen radikaler und die Polizei aggressiver.

Aljona Popowa bestätigt das. Sie führt den Fall von Anastasia Schewtschenko an, einer Aktivistin, die für Michail Chodorkowskis Stiftung Open Russia arbeitet.

Sie wurde der Zusammenarbeit mit einer »unerwünschten« ausländischen Organisation beschuldigt und bekam zweimonatigen Hausarrest. In dieser Zeit musste ihre älteste schwer kranke Tochter ins Krankenhaus. Schewtschenko versuchte, die Erlaubnis zu bekommen, ihre Tochter zu besuchen, aber erst zwei Stunden bevor das Mädchen starb, wurde ihr die Erlaubnis erteilt. Das war der erste Fall, dass im Rahmen der Gesetzgebung über »unerwünschte« Institutionen gegen jemand Anklage erhoben wurde. *Memorial* stufte Schewtschenko als politische Gefangene ein.[238]

»Es gibt keinen Unterschied in der Behandlung von Frauen und Männern«, sagt Aljona Popowa. »Man könnte sogar sagen, dass der Kreml in den letzten drei Jahren zahlreiche Beweise dafür geliefert hat, dass er Frauen hasst. Die Leute der Obrigkeit arbeiten mit Erpressung, um die Frauen davon abzuhalten, sich an den Protesten zu beteiligen. Sie drohen sogar: Wir bringen deine Kinder um. Solche anonymen Nachrichten erhalten Frauen. Sie bekommen Anrufe oder Videos geschickt. Ich habe so was auch bekommen. Sie verfolgen mich, und ich bin sicher, dass sie meine Nachrichten lesen. Big Brother is watching you. Im Jahr 2012 hatten wir ganz persönliche ›Schutzengel‹. Ich habe sogar mit ihnen gesprochen. Wenn ich zur Toilette ging, kamen sie hinterher, wenn ich in ein Café ging, kamen sie mit. Einmal bin ich zu ihnen gegangen und habe gesagt: Ich heiße Aljona, das wissen Sie bestimmt. Aber ich kenne Ihre Vornamen

---

[238] ›Open Russia‹ activist Anastasia Shevchenko is a political prisoner, Memorial says, Memorial, 18. Februar 2019, https://memohrc.org/en/news_old/open-russia-activist-anastasia-shevchenko-political-prisoner-memorial-says, letzter Zugriff am 25.02.2023.

nicht, dabei sind Sie doch meine Schutzengel. Daraufhin stellte sich der diensthabende Schutzengel vor, war aber sichtlich schockiert. Ist das witzig? Damals fand ich es gar nicht lustig.«

Ich ziehe für mich sofort einen Vergleich und versuche zu verstehen, auf welchem Level wir in Polen sind. Schließlich ist meine Reise nach Russland eine Art Zeitreise. Ich versuche zu analysieren, wo wir uns befinden und was uns bevorsteht. Bei den Protesten im Juli 2017 war es für uns offensichtlich, dass man uns Schutzengel zugeteilt hatte. In der Zeltstadt vor dem Sejm schlossen wir sogar Wetten ab, zeigten mit dem Finger auf sie und fotografierten sie. Das war der Moment, als PiS der Gerichtsbarkeit den Todesstoß versetzte, gleichzeitig war es der Höhepunkt der Proteste. PiS war der Meinung, dass es im Sommer, in der Urlaubszeit, leichter sein würde, das Gesetz durchzubringen. Aber das war nicht der Fall. Statt ans Meer zu fahren, zogen die Menschen mit Zelten und Isomatten auf die Grünfläche vor dem Sejm in der Wiejska-Straße. Junge Muskelprotze liefen uns hinterher, dass sie vom Geheimdienst waren, bestätigte später sogar die Polizei. Wir wussten, dass manche von uns beschattet wurden. Ich war selbst mehrmals in der Situation, dass unsere Treffen zu Fluchtaktionen wie in amerikanischen Actionfilmen wurden. In Autos nachts durch die Straßen flitzen, zur Ablenkung in Taxis umsteigen, durch Notausgänge oder Fenster klettern, weil vor dem Haus ein Auto geparkt ist. Und die Anrufe. Manche eindeutig abgehört. Viele Male ist es passiert, dass der Warschauer Frauenstreik, der auf Facebook in geheimen Gruppen besprochen wurde, der Polizei bekannt war. Es gibt keine geheimen Gruppen. Wenn du in so eine Gruppe gehst, musst du dir darüber im Klaren sein, dass deine privaten Chats von Dritten mitgelesen werden können. Facebook hilft uns dabei, Leute zu mobilisieren, Informationen zu teilen, gleichzeitig aber gibt es massenweise Informationen preis. Im Jahr 2017 sind wir in Polen in eine Science-Fiction-Ära eingetreten. Zur Sicherheit werde ich hier die Techniken und Prozesse, die wir uns aneignen mussten, nicht beschreiben, denn ich weiß nicht, wann es zu Ende ist und ob sie nicht noch gebraucht werden. Erreichen wir das nächste Level? Oder fallen wir vorher aus dem Spiel?

»Zum ersten Mal, seit ich mich politisch engagiere, hat das System ein Kind umgebracht«, fasst Aljona Popowa den Fall Anastasia Schewtschenko zusammen. »Sie versuchen immer, über die Kinder Druck auf uns auszuüben. Sie verfolgen sie, schreiben ihnen Nachrichten: Sag Mama, dass sie sich mäßigen soll, sag Mama, dass sie nicht auf die Demonstration gehen soll.«

»Gehst du dann nicht demonstrieren?«, frage ich Aljona.

»Doch, meine Kinder kennen meine Einstellung, dass ich weiterkämpfen werde.«

»Hast du keine Angst?«

»Ich habe Angst, und meine Kinder haben Angst um mich.«

»Gehen deine Töchter, Mascha und Nastja, mit dir demonstrieren?«

»Ja, manchmal. Mascha ist vierzehn, aber als sie zum ersten Mal mitgekommen ist, war sie dreizehn. Sie hat mit mir ›Russland ohne Putin!‹ gerufen.«

In Polen müssen unsere Kinder bisher allerhöchstens mit gemeinen Kommentaren von Lehrern leben, die wissen, dass sich ihre Eltern engagieren, und die unsere Ansichten nicht teilen. Die Familie fertigzumachen – das erledigt das öffentliche Fernsehen für unser Geld. Der Beauftragte für Bürgerrechte, Adam Bodnar[239], wurde schon früher häufig angegriffen. Es ist jedoch nicht so weit gekommen, dass man in Polen für Likes bei Facebook gerichtlich verurteilt wird, wie das 2017 Jewdokia Romanowa in Russland passiert ist. Die Achtundzwanzigjährige wurde am 26. Juli ins Polizeirevier vorgeladen, als wir in Warschau vor dem Sejm kampierten. Sie war als Zeugin in einer Sache vorgeladen. Diese kafkaeske Situation kennen wir schon: Du wirst als Zeugin vorgeladen, denn dann bist du verpflichtet zu kommen, und man darf die Aussage nicht verweigern, aber

---

239 Adam Bodnar war bis 2021 Beauftragter für Bürgerrechte.

dann stellt sich heraus, dass du von der Zeugin zur Beschuldigten wirst. So war es auch bei Jewdokia Romanowa: Sie wurde beschuldigt, »homosexuelle Propaganda« betrieben zu haben, aber es wurde ihr keine detaillierte Anklage vorgelegt. Bei der Gerichtsverhandlung am 18. Oktober erfuhr sie, dass sie des »Propagierens von nichttraditionellen sexuellen Beziehungen unter Minderjährigen mithilfe des Internets« beschuldigt wird.

Diese Bestimmung wurde 2013 in Russland eingeführt, sie verbietet »homosexuelle Propaganda«. Im Fall von Jewdokia Romanowa ging es um Posts auf ihrem privaten Facebook-Profil, die Jahre zurücklagen (2015 und 2016). Einer war ein von ihr geteilter Artikel aus dem *Guardian* über den Volksentscheid über gleichgeschlechtliche Ehen in Irland. Der zweite Artikel war aus *BuzzFeed* über eine LGBT-Ausstellung in St. Petersburg. Jewdokia Romanowa wurde verhaftet und zu einer Geldstrafe in Höhe von 50 000 Rubel (etwa 560 Euro) verurteilt.

Aber Haft- und Geldstrafen sind nicht das Schlimmste, was Aktivisten, die sich für Menschenrechte einsetzen, in Russland widerfährt. Am schlimmsten ist, wenn man seine Privatsphäre verliert und Fotos von einem veröffentlicht werden. Oder wenn dich die Propaganda auszunutzen beginnt. Das macht einen kaputt. Von diesen Erfahrungen berichtete Jewdokia Romanowa an Amnesty International: »Mein Gesicht wurde in lokalen und landesweiten Medien gezeigt, auch in den sozialen Medien. Mein Foto tauchte manchmal unter der Überschrift ›Volksfeinde‹ auf. In meinem Umfeld gibt es viele homophobe Menschen, deshalb habe ich Angst bekommen, das Haus zu verlassen. Ich hatte Angst, Opfer eines Hassverbrechens zu werden. Ich hatte das Gefühl, dass mein Telefon abgehört wurde, dass meine E-Mails gelesen wurden. Solche Gedanken hatte ich. Aber die Polizei war wirklich in meiner Wohnung. Sie haben auch die Nachbarn befragt, meine Freunde und meine Arbeitskollegen.«[240]

---

[240] *Now is not the time to give up – Evdokia Romanova's story,* Amnesty International, 15. März 2018, https://www.amnesty.ie/now-not-time-give-evdokia-romanovas--story/, letzter Zugriff am 25.02.2023.

Jewdokia Romanowa zahlte die Geldstrafe, zog sich aus den sozialen Medien zurück und verließ schließlich das Land. Heute lebt sie in Wien und ist weiterhin aktiv.

»Viele Menschen in meinem Land verstehen nicht, was Menschenrechte sind«, sagt sie. »Ich habe am eigenen Leib erfahren, was Propaganda ist und welche Macht sie hat. In Russland denken die Menschen, dass alles, was mit *Human Rights* oder internationalem Aktivismus zusammenhängt, ein westliches Konzept ist.«

Sie wollte im Bildungsbereich arbeiten. Inspiriert hat sie die Haltung ihres Vaters, der Professor für Soziologie war und in der Zeit starb, als die Kampagne gegen sie geführt wurde. Als Verteidigerinnen der Menschenrechte wollten wir uns in Wien zu den Feierlichkeiten anlässlich des siebzigsten Jahrestages der Verabschiedung der Allgemeinen Erklärung der Menschenrechte der UN treffen. Leider konnte ich dann nicht nach Wien fahren, weil ich zwei Tage vor den Feierlichkeiten wegen des Vorgehens der Polizei gegen mich operiert werden musste.

Die Erklärung der Menschenrechte wurde von der Generalversammlung der Vereinten Nationen 1948 verkündet. Sie sollte, nachdem die Verbrechen der Nationalsozialisten bis in das allgemeine Bewusstsein vorgedrungen waren, das Fundament für Frieden bilden. Doch von 58 Staaten, die damals UNO-Mitglieder waren, enthielten sich acht der Stimme. Darunter Russland und auch Ostblockländer wie Polen, die Tschechoslowakei und Jugoslawien. Der Grund? Weil in der Konvention nichts vom Kampf gegen den Faschismus stand. Aber wahrscheinlich auch deshalb, weil die Konvention den Bürgern das Recht gab, ihr Land zu verlassen. Auch Saudi-Arabien enthielt sich, weil Männer und Frauen in der Ehe gleiche Rechte haben sollen. Südafrika unterzeichnete ebenfalls nicht. Schließlich war die Erklärung nicht mit der Apartheid zu vereinbaren.

Die Erklärung wurde zur Grundlage aller Menschenrechtsdeklarationen, in deren Mittelpunkt die Würde steht. Die Menschenwürde ist ein Geburtsrecht und unantastbar, keine Obrigkeit darf sie uns nehmen. Heute wird die Erklärung von fundamentalistischen Organisationen kritisiert. Für sie gibt es keine Würde des Menschen ohne den Glauben an Gott. Der Glaube an Gott sei ein Menschenrecht, und nicht etwa die Entscheidung des Individuums, denn der Mensch wurde als Bild Gottes erschaffen.[241] Sie sind der Meinung, dass Abtreibung eine Vergewaltigung dieses Rechtes ist, weil sie keine Würde garantiert … Wem? Dem Embryo?[242]

Sacharows Russland

Ich dachte, dass ich in Russland mehr über die Aktivitäten und Protagonisten des World Congress of Families erfahren würde, aber es stellte sich heraus, dass keiner es kannte. Ich bin es, die meinen russischen Gesprächspartnern vom WCF erzählt, dass er hauptsächlich von ihren Landsleuten in Zusammenarbeit mit Amerikanern aufgebaut wurde. Dass es die Agenda Europe gibt, die vorsieht, die Rechte von Frauen und Homosexuellen in Europa einzuschränken. Dass eine WCF-Tagung auch im Kreml stattgefunden hat. Dass es sich dabei um ein Netzwerk handelt und dass diese rückständigen Dinge, die uns allen an den verschiedensten Orten widerfahren, kein Zufall sind. Ich erzähle das Aljona Popowa, ich sage das den Frauen von Amnesty International, ich sage das auch im Sacharow-Zentrum bei einem Treffen, das Tatjana Sucharewa organisiert hat. Es ist ein seltsames Gefühl, in den Wald zu fahren und Holz mitbringen zu müssen.

---

241 Siehe beispielsweise hier, die Rede ist von der Ordo-Iuris-Konferenz: WMa, *Bez Boga nie będzie ani godności, ani praw człowieka. Podsumowanie konferencji Ordo Iuris*, »Polonia Christiana«, 10. Dezember 2018, https://pch24.pl/bez-boga-nie-bedzie-ani-godnosci-ani-praw-czlowieka-podsumowanie-konferencji-ordo-iuris/, letzter Zugriff am 25.02.2023.

242 Siehe beispielsweise: Tymoteusz Zych, *Prawa człowieka: instytucje zamiast bronić, kreują iluzję*, »Rzeczpospolita«, 3. Februar 2019, https://www.rp.pl/opinie-prawne/art1506281-prawa-czlowieka-instytucje-zamiast-bronic-kreuja-iluzje, letzter Zugriff am 25.02.2023. Zych ist Anwalt von Ordo Iuris.

Gedanklich begleitet mich Andrei Sacharow auf dieser Reise schon seit einer Weile. Mittlerweile ist er vor allem bekannt durch den Sacharow-Preis, den das Europaparlament Personen verleiht, die sich für Menschenrechte einsetzen. Als Erster wurde Nelson Mandela ausgezeichnet, zuletzt der ukrainische Filmregisseur Oleh Senzow, der 2015, kurz nach der russischen Annexion der Krim, dort von den Russen festgenommen wurde. Ihm wurde vorgeworfen, terroristische Anschläge geplant zu haben, und er wurde zu zwanzig Jahren Straflager verurteilt. Im Jahr 2018 trat er in einen Hungerstreik, der fünfundvierzig Tage dauerte, und forderte damit die Freilassung aller in Russland inhaftierten ukrainischen Staatsbürger. Diesem Hungerstreik sah die ganze Welt zu und zählte die Tage. Aber vom Kreml kam keinerlei Reaktion. Ein Jahr später, 2019, wurde er im Rahmen eines Gefangenenaustausches freigelassen.

Senzows Konkurrentin bei diesem Preis war Mary Wagner. Für sie sammelte die von Ignacio Arsuaga gegründete Plattform CitizenGO Unterschriften. Mary Wagner ist eine kanadische Akademikerin und »Lebensschützerin«: Sie besetzt Kliniken in Toronto und versucht, mit Gebeten Frauen davon abzuhalten, ihre Schwangerschaft abzubrechen. Sie wurde mehrmals festgenommen, hat mehrere Monate in Haft verbracht und weigert sich dennoch, ihre Aktivitäten einzustellen, weshalb ein Richter sie als »Serientäterin« bezeichnet hat. Es ist ihr verboten, sich Kliniken zu nähern, doch an dieses Verbot hält sie sich nicht. Sie wurde vom Vorstand der Stiftung Pro – Prawo do Życia [Pro – Recht auf Leben], Mariusz Dzierżawski, nach Polen eingeladen, und Grzegorz Braun drehte über sie den Film *Nie o Mary Wagner* [Nicht über Mary Wagner].

Aber zurück zu Sacharow. Vom Atomphysiker, der die Wasserstoffbombe erfunden hat, wandelte er sich – ähnlich wie zuvor Albert Einstein – in einen unerschütterlichen Aktivisten für Abrüstung und den Schutz der Menschenrechte. Er half politisch Verfolgten und erhielt 1975 den Friedensnobelpreis. Sacharow war Atheist und glaubte an moralische Prinzipien. Alexander Solschenizyn, der 1970 mit dem Literaturnobelpreis ausgezeichnet wurde, hatte ihn für den Preis vorgeschlagen. Dabei war die Beziehung zwischen den beiden sehr angespannt. Der Autor von *Der Archipel Gulag*, einem Buch, das die Wahrheit über den sowjetischen Terror offenbart, war gleichzeitig ein religiöser Mensch, überzeugt von der spirituellen Überlegenheit Russlands.

Hier prallen bis heute zwei Ansätze aufeinander: die Menschenrechte in Sacharows Verständnis versus Kritik am Terror bei gleichzeitigem Lob der heilsamen Kraft des Autoritarismus, die Solschenizyn vertrat. Nicht der Kurs auf den Westen, sondern das vorrevolutionäre, orthodoxe Russland. Auf Sacharows Seite Nemzow, auf Solschenizyns Putin, der sich gern mit ihm fotografieren ließ.

Heute ins Sacharow-Zentrum in Moskau zu gehen grenzt an eine Mutprobe. Hier spricht man von Dingen, die nicht sehr populär sind. Bei meinem »Vortrag« waren dafür, dass es ein frostiger Samstag war, eine ganze Menge mutiger Menschen.

Насилие – Gewalt – ist ein Wort, das in den Gesprächen und Erzählungen der Menschen, denen ich in Moskau begegne, immer wieder vorkommt. Als ich mich zur Menschenrechtsorganisation Memorial International begebe, die 1989 unter anderem von Sacharow gegründet wurde, findet dort gerade eine Konferenz zum Thema Gewalt statt. Memorial befasst sich mit der Erforschung von Repressionen zu Sowjetzeiten, vor allem aber ist die Organisation bekannt dafür, dass sie sich in Russland und den ehemaligen Sowjetrepubliken für die Menschenrechte einsetzt. Gerade präsentieren mehrere Leute am Präsidiumstisch den Bericht vom Informations- und Analyse-Zentrum »SOWA«, einer Nichtregierungsorganisation in Russland, die Rassismus und Nationalismus untersucht.[243] Auf der Leinwand werden Daten zu verschiedenen Formen der Gewalt in Russland gezeigt. Ich erfahre, dass in den Jahren 2017 und 2018 mehr Gewalttaten einen religiösen als ideologischen Hintergrund hatten. Bei den meisten Motiven für Gewaltanwendung überwiegen

---

243 Siehe: https://www.sova-center.ru/en/, letzter Zugriff am 02.03.2023.

jedoch ethnische Faktoren, gefolgt von ideologischen, an dritter Stelle kommen Faktoren, die mit LGBT in Zusammenhang stehen. Danach folgen auf der Liste der Opfer die Obdachlosen.

◻ ◻ ◻

Das Thema Gewalt in Russland wird durch die Entkriminalisierung von häuslicher Gewalt am stärksten versinnbildlicht. Vor ein paar Jahren wurde das Gesetz in dieser Sache in der Duma von Jelena Mizulina unterstützt, die auch hinter der Gesetzgebung bezüglich des Verbotes von »LBGT-Propaganda« und der Adoption von Kindern durch Ausländer steht. Sie war so entschlossen, dass manche Abstimmungen in Eile vorgenommen wurden, nachts – dieses Prozedere hat sich unter der PiS-Regierung auch in Polen etabliert. Ich setzte mich damals schon für Frauenfragen ein, hatte Kontakte zu Russinnen, ich wusste, dass die polnische Regierung sich »inspirieren« ließ. Doch ich empfand diesen Vorstoß als etwas, zu dessen Umsetzung es bei uns nie kommen würde, als Grenze zum Absurden, die ein europäisches Land nicht übertritt. Gemäß dem russischen Recht nämlich bleibt ein Mann straffrei, wenn er seine Frau einmal pro Jahr schlägt. Erst wenn sich das wiederholt, wird es ernst. Bei uns in Polen begann man zwei Tage vor Silvester 2018 sich mit dieser Konstruktion zu beschäftigen. Bis jetzt wurde darüber nur diskutiert, die Öffentlichkeit war dagegen, aber der Vorschlag zur Gesetzänderung wurde nicht zurückgezogen. Umso seltsamer war das Timing, als ich kurz darauf auf dem Flughafen in Moskau-Scheremetjewo landete und von einer Konferenz im Moskauer Programmbüro des Europarates erfuhr, auf der die von der Duma gewählte Menschenrechtsbeauftragte Tatjana Moskalkowa auftreten sollte. Sie hatte sich anfangs für das Gesetz zur Entkriminalisierung von Gewalt in der Familie ausgesprochen, und es später öffentlich einen Fehler genannt. Deshalb warteten alle auf ihren Auftritt in der Hoffnung, dass sie ihre kritische Äußerung wiederholen würde.

Doch Moskalkowa konzentrierte sich nicht auf die Entkriminalisierung, sondern auf Hilfseinrichtungen für Frauen. Das heißt, sie hat sich entzogen und die Aufmerksamkeit auf etwas anderes gelenkt. Sie kommentierte nicht das Absurde, dass ein Ehemann fürs erste Prügeln seiner Frau nur eine Verwarnung bekommt, wie für falsches Parken, fürs zweite Mal eine Geldstrafe, und erst beim dritten Vorfall wird er straffällig. Der Frau, die Gewalt erfahren hat, wird in einer Einrichtung geholfen, anschließend kehrt sie nach Hause zurück, und die Familie lebt wieder glücklich zusammen – so stellt Moskalkowa es dar. Ihr Narrativ rückt die Kinder in den Mittelpunkt, dass die »ребионки« [Kinderchen] Schaden erleiden und vor Gewalt geschützt werden müssen. Moskalkowa widmete plötzlich auch der Notlage von Müttern und Kindern in Gefängnissen Aufmerksamkeit, aber ihre Aussage, das russische Gesetz zur Entkriminalisierung von häuslicher Gewalt sei ein Fehler, wiederholte sie nicht.

◻ ◻ ◻

Nadeschda Tolokonnikowa und Marija Aljochina, die sich offiziell von Pussy Riot getrennt haben, befassen sich nun mit der Situation in den Gefängnissen und den Berichten über Folter. Aus einer Mitteilung von Pussy Riot geht hervor: Tolokonnikowa und Aljochina haben sich zwar von der Gruppe verabschiedet, aber die Welt hat Verteidigerinnen der Menschenrechte hinzugewonnen. Mit der Beobachtung der Folter in Gefängnissen beschäftigt sich auch Amnesty International in Russland. Auf MediaZona veröffentlichen Tolokonnikowa und Aljochina Informationen über Verfolgungen und das Gefängnissystem in Russland, neben weiteren Informationen, die in der Regierungspresse nicht zu finden sind: etwa über die Verfolgung von Umweltaktivisten, über Gerichtsprozesse, über die Massenfestnahmen der Zeugen Jehovas und Elektroschocks, die ihnen verabreicht wurden.[244]

---

[244] Siehe: https://zona.media/, letzter Zugriff am 02.03.2023.

Ich schaue mir die Seite von MediaZona an. Ich lese, dass Putin ein Gesetz unterzeichnet hat, das Kriegsdienstleistenden verbietet, Smartphones zu benutzen und über ihren Dienst in den sozialen Medien zu berichten. Auf der Webseite befinden sich auch Erinnerungen an Kinder und Familien, die zu Stalins Zeiten verfolgt wurden (typische Fälle: Ein Vater wurde zu zehn Jahren Straflager verurteilt, nachdem ein Kollege ihn der Zusammenarbeit mit dem Geheimdienst der USA beschuldigt hatte). Es drängt sich die Frage auf, wie man in diesem Land nicht verrückt werden soll.

»Wir, die Mitglieder der politischen Opposition, sagen oft: ›Warum sollen wir ausreisen, und nicht Putin?‹«, sagt Tolokonnikowa. »Wir wollen wirklich, dass Putin und seine Klone sich davonmachen, und dann wird dieses Land vielleicht anders …«[245] Aljochina antwortet auf die Frage, woher sie trotz der Drohungen die Kraft nimmt, weiterzumachen: »Wenn du keinen Humor hast, gehst du in Russland zugrunde. Sie machen bei allem ein ernstes Gesicht. Die einzige Möglichkeit, die du hast, ist zu lachen und weiter dein Ding zu verfolgen.«[246] Wenn sie eine Einladung haben, wie bei ihrem Besuch im amerikanischen Kongress, verlangen sie, dass die Vermögen von Russen, die die Menschenrechte missachten, eingefroren werden und ihnen die Einreise in die USA verboten wird. Auf ihrer Liste stehen auch Politiker und Funktionäre der Gefängnisse, in denen sie eingesessen haben.

---

[245] Cait Munro, *Pussy Riot on Art, Activism, and Their Name's Hilarious Russian Translation,* Artnet, 3. November 2014, https://news.artnet.com/art-world/pussy-riot-on-art-activism-and-their-names-hilarious-russian-translation-152590, letzter Zugriff am 25.02.2023.

[246] Cait Munro, *Pussy Riot's Maria Alyokhina on Her Plans for a Women's Museum,* Artnet, 16. Dezember 2016, https://news.artnet.com/market/pussy-riot-womens-museum-whitebox-show-393189, letzter Zugriff am 25.02.2023.

Kapitel 10
AGENDA EUROPE – 2013

Schon am Anfang dieses Buches habe ich die Denkfabrik Agenda Europe erwähnt, ein Zusammenschluss von europäischen, amerikanischen und russischen Lobbyisten, die sich seit 2013 regelmäßig treffen, um in den europäischen Ländern auf eine Änderung der Gesetzgebung bezüglich Frauen, Familie und LGBT-Personen einzuwirken. Sie wollen, dass Gesetze ihrer fundamentalistischen Weltanschauung angepasst werden.

Dieser Personenkreis kennt sich von den Tagungen des World Congress of Families. Doch sie strebten nach einem kleineren Forum, ohne Publikum, wo sie diskutieren und – wie sie selbst schreiben – »eine gemeinsame Strategie entwerfen können, um eine authentische Menschenrechtsagenda voranzubringen«. Wie diese »authentische Agenda« umgesetzt werden soll, ist in der Einleitung zu dem Manifest unter dem Titel *Restoring the Natural Order: an Agenda for Europe* (Die natürliche Ordnung wiederherstellen: eine Agenda für Europa) dargelegt:»Das Zögern, dem Rest der Gesellschaft die eigenen ›Werte‹ aufzuzwingen, wäre verständlich, wenn diese Werte auf einer rein subjektiven und irrationalen Entscheidung beruhen würden. (…) Authentische moralische Gebote beruhen nicht auf subjektiven ›Werten‹, sondern auf objektiver Wahrheit, und deshalb ist es nicht nur legitim, sondern sogar notwendig, sie denjenigen aufzuzwingen, die sie nicht akzeptieren.«[247]

---

247 *Restoring the Natural Order: an Agenda for Europe*, S. 6.

Seitdem finden die geheimen Zusammenkünfte *(strictly confidential)* jährlich statt. Wir wissen davon aufgrund durchgesickerter Informationen, die im Sommer 2017 der Fernsehsender Arte erhielt. Bis dahin waren sie, ähnlich wie die Pläne der Agenda, der Öffentlichkeit unbekannt. Die Materialien umfassen Dokumente zum ersten Treffen im Jahr 2013 in London, zum zweiten im Jahr 2014 in einem Schloss bei München und zum dritten im Jahr 2015 in Dublin. Agenda Europe selbst sprach von Angriffen, die nach der Veröffentlichung des Materials begannen, behauptete, an diese Informationen sei man »illegal gekommen, indem ein Computer gehackt wurde«, und kündigte rechtliche Schritte an.[248] Damit hat Agenda Europe offiziell ihre Existenz bestätigt. Die Informationen, die Arte erreicht hatten, umfassten jedoch nicht das Treffen im Jahr 2016, das in Warschau von Ordo Iuris organisiert wurde. Die Berichte darüber habe ich aus anderen Quellen. Durchgesickerte Informationen und geheime Quellen sind, wie sich herausstellt, die einzige Möglichkeit, die Intentionen von Agenda Europe kennenzulernen.

❑ ❑ ❑

Das erste Londoner Treffen von Agenda Europe, das im Hotel Belgravia und in dem italienischen Restaurant La Bottega in der Ebury Street stattfand, wird in ihren vertraulichen Unterlagen beschrieben als »strategische Tagung in Abgeschiedenheit unter Beteiligung von etwa zwanzig Pro-Life-Leadern und strategischen Beratern«. Vorgesehen war ein »weniger formales Treffen von Menschen aus Südamerika und Europa zwecks Aufbau eines Netzwerks und der Diskussion von zwei Themen: die Entwicklung einer europäischen Denkfabrik, die vom Christentum inspiriert ist, und die Entwicklung einer Strategie für Pro-Life-Bewegungen in Europa«. Von da

---

[248] Siehe Erklärung von Agenda Europe von 2018 nach der Publikation von Neil Dattas *Restoring the Natural Order: an Agenda for Europe* auf der Seite: http://agendaeurope.org/, letzter Zugriff am 28.02.2023.

an verlaufen die Treffen nach einem ähnlichen Schema. Sie dauern drei Tage, der erste Tag ist meist weniger offiziell. Jeder Tag beginnt jedoch mit einer Messe.

Im Jahr 2013 in London konzentrierten sie sich auf den Aufbau eines Netzwerks. Es waren elf Personen aus dem Ausland anwesend: der uns bereits bekannte Ignacio Arsuaga aus Spanien, außerdem Lobbyisten aus Mexiko und Irland, aus Österreich, Deutschland und der Schweiz. Es durften natürlich Lobbyisten aus den Vereinigten Staaten und die englischen Veranstalter nicht fehlen, und es kamen sogar Erzherzog Imre und Erzherzogin Kathleen von Habsburg-Lothringen aus Belgien. Die Beteiligung der Aristokratie ist kein Zufall, sondern royale Schwärmereien sind ein Trend in der fundamentalistischen Bewegung.[249]

»Was können wir voneinander lernen? Was war unser Hauptfehler und was steht hinter unseren größten Erfolgen? Welche Ideen haben funktioniert und welche nicht?« Jeder Teilnehmer hatte fünfzehn Minuten für seine Präsentation. Man diskutierte über Herausforderungen, innovative Vorgehensweisen, darüber, wie man Einfluss auf die Kultur nehmen kann, über die Ziele der Bewegung, wie man sich gegenseitig unterstützen kann und in Zukunft miteinander verständigt. Auch darüber, wie die christliche Denkfabrik künftig arbeiten und finanziert werden soll.

Ein Jahr später fand die geheime Zusammenkunft auf Schloss Fürstenried in München statt. Das Schloss ist Eigentum der Kirche, ein Exerzitienhaus für deutsche Bischöfe. Ein Jahr zuvor war Papst Benedikt XVI., der dem konservativen Flügel der Kirche eher gewogen war, in Rente gegangen. Neil Datta – die erste Person, die das durchgesickerte Material genau analysierte – schrieb in seiner Analyse für das europäische Netz an Organisationen, die sich mit dem

---

[249] Das waren: Vicente Segu von Incluyendo Mexico, der Ire Peadar O Scolai, Jim Nolan, Krista Carman und Terrence McKeegan aus den USA, Hélène Cuenod aus der Schweiz, Gudrun Kugler aus Österreich, der irische Senator Ronan Mullan, Erzherzog Imre und Erzherzogin Kathleen von Habsburg-Lothringen aus Belgien und Sophia Kuby aus Deutschland.

Schutz der reproduktiven und sexuellen Gesundheit befassen, der Vatikan habe einen Raum geschaffen, »in dem die Mitglieder von Agenda Europe sich diskret treffen und Strategien entwerfen konnten, unter Ausschluss der Öffentlichkeit aber unter dem hilfsbereiten Blick des Heiligen Stuhls«.[250]

Aber nicht genug damit, dass die Fundamentalisten vom Vatikan unterstützt wurden, die Bühne wurde noch von Alexej Komow betreten, einem Mann des Kremls. Als Botschafter des WCF war er damals sehr aktiv – sowohl im ukrainischen Parlament im Herbst 2013 als auch bei der Tagung der Lega Nord im Dezember in Turin. Im Frühjahr bereitete er den Familienkongress im Kreml vor. Im Oktober 2014 schloss er sich den Teilnehmern der Zusammenkünfte von Agenda Europe an. Zusammen mit ihm tauchten dort dicke Fische auf: Brian Brown (Präsident des WCF), der italienische Europapolitiker Luca Volontè und die kroatische Abtreibungsgegnerin Željka Markić. Wir werden noch auf sie zurückkommen.

Im Schloss Fürstenried wurden gelungene Projekte besprochen und europäische Initiativen der Gruppenmitglieder diskutiert, darüber hinaus wurde das Ziel von Agenda Europe beschrieben: »Ein Marsch durch die internationalen Institutionen«. »Warum ist es wichtig, nicht nur in einer oder zwei Organisationen akkreditiert zu sein, sondern überall?« Eine Akkreditierung öffnet Türen und ermöglicht es, bezüglich der Arbeit der jeweiligen Institution auf dem Laufenden zu sein, sie verleiht einer Person oder Organisation Glaubwürdigkeit.

Bei dem Treffen wurde analysiert, wie man in verschiedenen internationalen Organisationen eine Akkreditierung erlangt, indem man sich als NGO oder als Institution darum bewirbt: »Alle Teilnehmer müssen vor dem Treffen ihr Akkreditierungsverfahren be-

---

[250] Die Rede stammt vom European Parliamentary Forum on Population & Development (Brüssel) und aus der Publikation von Neil Datta *Restoring the Natural Order. The religious extremists' vision to mobilize European societies against human rights on sexuality and reproduction*, Brüssel 2018, S. 26. Die Publikation ist auf Deutsch hier einsehbar: https://www.epfweb.org/sites/default/files/2020-05/agenda_europe_web_de.pdf, letzter Zugriff am 29.03.2023.

antragen. Dies wird dann weitergeleitet (auf Papier oder elektronisch, an alle Mitglieder).« Die Teilnehmer hatten fünf Minuten, um zentrale Institutionen vorzustellen, in die Leute von Agenda Europe eingeschleust werden sollten. Das waren: die UNO – der Rat für Menschenrechte in Genf (referiert von Terrence McKeegan), die Europäische Union und die FRA, sprich die Agentur der Europäischen Union für Grundrechte (Sophia Kuby/Paul Coleman), der Europarat (präsentiert von jemandem, der sich »tbc« nannte), die Organisation für Sicherheit und Zusammenarbeit in Europa (Gudrun Kugler), die Gerichte: der Europäische Gerichtshof für Menschenrechte und der Gerichtshof der Europäischen Union (von Gregor Puppinck vom European Centre for Law and Justice in Straßburg).

Zwei Jahre später, 2015 in Dublin, stand bereits das Programm von Agenda Europe: die Strategie gegen Sterbehilfe und Leihmutterschaft, die Forderung nach »religiöser Freiheit« für Christen, die Definition von Ehe und Familie als Verbindung zwischen Mann und Frau, Widerstand gegen die Antidiskriminierungsgesetze, Strategie gegen in vitro. Vorgestellt wurde auch eine bahnbrechende Analyse des Vorstands von Ordo Iuris darüber, »wie die Genderpolitik sich negativ auf die Ökonomie auswirkt«. Die Agenda-Mitglieder schließen ihre Reihen und versuchen, in ganz Europa die Menschenrechte auszuhebeln. Sie werden darüber hinaus versuchen, die Institutionen zu übernehmen, die sich unter anderem mit der Einhaltung der Menschenrechte befassen. Gemäß den Vorgaben ihrer Agenda werden sie sich nicht darum scheren, dass ihre »moralischen Gebote« jemandem nicht gefallen. Sie haben es formuliert: »[…] und deshalb ist es nicht nur legitim, sondern sogar notwendig, sie denjenigen aufzuzwingen, die sie nicht akzeptieren.«[251]

◻ ◻ ◻

---

251 *Restoring the Natural Order: an Agenda for Europe*, S. 6.

Agenda Europe will die Welt neu ordnen. Ihre Vertreter wollen das sogenannte Naturrecht erzwingen, das – wie sie es nennen – nach der kulturellen Revolution verloren gegangen sei, das heißt, seit der Nachkriegszeit, in der grundlegende Veränderungen in Bezug auf Sexualität stattfanden. Mit Naturrecht ist hier das göttliche Recht gemeint.

Ihr Plan beinhaltet konkrete Lösungen und Strategien. In der Praxis bedeutet die Einhaltung des Naturrechtes vor allem das Verbot von Abtreibung in jeglicher Gerichtsbarkeit, einschließlich der internationalen. Wen also die Gewissensklausel für Pharmazeuten überrascht, sollte wissen, dass sie im Programm von Agenda Europe steht. Dort wird auch das Verbot von pharmakologischer Antikonzeption und Pränataldiagnostik gefordert. Wenn du von der Anhebung der Gerichtsgebühren für Scheidungsprozesse überrascht wirst und von dem Ansinnen, eine verpflichtende Mediation einzuführen, deren Ziel es ist, die Ehegatten wieder miteinander zu versöhnen, dann sind das ebenfalls Punkte, die sich im Programm der fundamentalistischen Agenda Europe finden. Ihr eigentliches Ziel ist das Verbot von Scheidungen, aber da das nicht möglich ist, sollen sie zumindest erschwert werden. Hinzu kommt das Adoptionsverbot für schwule Paare, aber auch die Unterstützung und Einführung von allem, was Anti-LGBT ist: Abschaffung der gleichgeschlechtlichen Ehe, »Antisodomie«-Gesetze und die Überarbeitung von Sexualkunde-Programmen. Dazu die Idee des häuslichen Lernens, die Komow stark befürwortet, weil die Eltern so verhindern können, dass das Kind in Sexualkunde unterrichtet wird.

Generell sollen laut Agenda Europe die Gleichstellungsgesetze auf EU-Ebene gekippt werden, insbesondere Artikel 21 zur Nichtdiskriminierung und Artikel 23 zur Gleichstellung von Frauen und Männern. Sie sagen: »Wir sollten daher keine Angst haben, ›unrealistisch‹ oder ›extremistisch‹ bei der Wahl unserer politischen Ziele zu sein.«[252] Letztlich sei das Ziel, die UNO-Menschenrechte um-

---
252 Ebd., S. 106.

zukehren und die Gesetze in den einzelnen Ländern zu ändern. Es soll keine Menschenrechte geben, sondern es soll das Gesetz Gottes gelten.

❏ ❏ ❏

Bevor Agenda Europe jedoch ihr Programm präzisierte und begann, es in die Praxis umzusetzen, musste unbedingt die Sprache geändert werden, mit der sie ihre zentralen Themen angeht. Agenda Europe hat also ihr eigenes Wörterbuch. Anstelle von »Homosexualität« soll der Begriff »Sodomie« verwendet werden; von Gesundheitsfürsorge oder Schwangerschaftsverhütung darf nicht die Rede sein, weil eine Schwangerschaft keine Krankheit ist. Statt »Patchwork-Familien« soll es »zerrüttete Familien« heißen; anstelle von »Gleichbehandlung von Homosexuellen« »Privilegien für Homosexuelle«; anstelle von »reproduktiven Rechten« »freier Zugang zum Schwangerschaftsabbruch«.[253]

Diese Änderungen in unserer Sprache, die Agenda-Leute und ihnen nahestehende Fundamentalisten als »doktrinär« bezeichnen, sollen die »Kolonisierung der Menschenrechte« bewirken, das heißt, die fundamentalistischen Ideen in ein Vokabular übertragen, das der Sprache der UNO ähnelt. Wenn du also Ausdrücke wie »Gender-Ideologie« hörst, sollten deine Alarmglocken schrillen: Denn dann hast du es mit fundamentalistischer Manipulation zu tun. Achte darauf, wie du sprichst, ob du dir diese Sprache aneignest, denn sie ist Wasser auf ihre Mühlen. Vergiss nicht, dass selbst gedankenloses Gequatsche und Witze ohne böse Absicht jemanden verletzen können. Die Glaubensfreiheit endet, wie jede Freiheit, dort, wo jemand anderes Schaden nimmt. Verletzen ist falsch und nicht die Tatsache, dass jemand anders ist oder anders fühlt oder denkt als du.

❏ ❏ ❏

---

253 Ebd., S. 123–124.

Auf der Warschauer Tagung von Agenda Europe im Jahr 2016 sind keine Journalisten. Das Prinzip der Zusammenkunft ist die höchste Vertraulichkeit, deshalb gelangen auch keine Informationen über die Tagung in die Medien.

Als ich im Sommer 2018 damit begann, dieses Buch zu schreiben, wusste ich noch nichts von diesem Treffen. Die Materialien, die ich in die Hände bekam, stammen von einer Person, die ich Kowalski nennen will. Es handelte sich dabei um Ausdrucke, Broschüren und Videos. Sie sind bei mir gelandet, obwohl die Teilnehmer mehrmals darauf hingewiesen wurden, dass nichts gefilmt werde und keine Fotos von der Zusammenkunft in den sozialen Medien veröffentlicht werden dürfen. Dem Material lag eine vollständige Teilnehmerliste bei, aus der hervorgeht, dass die Warschauer Tagung wesentlich zahlreicher besucht war als die ersten Treffen der Gruppe. Auf der Liste stehen einhundertachtzig Namen. Viele Menschen aus Polen, außerdem aus Spanien, den USA, Frankreich und Irland, England, Italien, aus Belgien, Deutschland, Österreich, der Schweiz, aber auch aus Kroatien, Malta, Ungarn, Litauen, der Slowakei, Tschechien, Rumänien und sogar aus der Ukraine und aus Kolumbien.

Die Eröffnung der Warschauer Tagung fand am Montag, dem 26. September 2016, im Hotel Mercure in der Krucza-Straße statt. Das ist nicht weit entfernt von meiner Wohnung. Das Pikante an der Geschichte ist, dass in genau diesem Hotel im Olympus-Saal im dreizehnten Stock, wo auch einige Gespräche der Agenda-Teilnehmer stattfanden, einst ein Casting für den Film *Tod in Venedig* durchgeführt wurde. Der Film von Luchino Visconti gehört heute zu den Kinoklassikern und ist eine Ikone der schwulen Kultur.

Neben Jerzy Kwaśniewski sprachen bei der Eröffnung des Treffens auch Sophia Kuby und Gudrun Kugler. Beide sind bekannte Persönlichkeiten in diesem Kreis. Sophia Kuby ist die Tochter von Gabriela Kuby, einer zum Katholizismus konvertierten deutschen Soziologin, die in ihren Publikationen die »Gender-Ideologie« angreift. Ihre Bücher *Die Gender Revolution, Relativismus in Aktion* und *Die globale sexuelle Revolution* liefern der fundamentalistischen Bewegung die intellektuellen Grundlagen.

Mit Gender-Politik Angst zu verbreiten war die erste Phase der Strategie der Fundamentalisten, eine Aufwärmphase, die noch vom Vatikan und kirchlichen Würdenträgern unterstützt wurde. Das Buch *Die globale sexuelle Revolution* wurde als »weit entfernt von politischer Korrektheit« beworben. Darin behauptet Kuby, die UNO und die Europäische Union würden ein »totalitäres« System der Sexualisierung fördern. Der nationalsozialistische und kommunistische »Totalitarismus hat sein Kostüm gewechselt und erscheint heute im Gewand der Freiheit, der Toleranz, der Gerechtigkeit, der Gleichheit, der Antidiskriminierung und der Vielfalt«.[254] Kuby spricht von »Kulturkampf« und kritisiert die Französische Revolution als Schritt in Richtung sexuelle Revolution. Ihre Gedanken zu Marx und Engels, Freud und Alexandra Kollontai haben in Alexej Komow einen eifrigen Leser gefunden. Ich erkenne dieselben Beispiele und Einstellungen zu den immer gleichen Themen.

Die Autorin ist bekannt als Kritikerin der Harry-Potter-Bücher. Sie hat den Romanen von J.K. Rowling eigens ein Buch gewidmet: *Harry Potter – gut oder böse?*, das von Benedikt XVI. empfohlen wurde. Kuby ist natürlich der Meinung, dass die Figur Harry Potter böse ist, dass es sich um eine okkultistische Reihe handelt, die das Böse glorifiziert, und dass es ein Angriff auf die religiöse Freiheit sei, es zur Schullektüre zu machen. Kubys größte Sorge ist, dass *Harry Potter* »das Christentum in der Seele des Menschen zersetzt«, was dazu führen müsse, dass sich die jungen Generationen von Gott abwenden. Deshalb legt sie Eltern nahe, ihren Kindern nicht zu erlauben, *Harry Potter* zu lesen.

In den Kommentaren von Internetbuchhandlungen setzen sich Leser mit dem Buch von Kuby auseinander: »Ich habe beim Lesen

---

[254] Gabriele Kuby, *Die globale sexuelle Revolution. Zerstörung der Freiheit im Namen der Freiheit*, Regensburg 2013, 3. Auflage, S. 28f.

Tränen gelacht. Eines der wenigen Bücher, über die ich mich endlos auslassen könnte.«, »Größeren Unsinn habe ich noch nie gelesen.«[255] Ein anderer Leser schreibt: »Die Autorin nennt sich selbst Soziologin, aber diese Publikation basiert auf der christlichen Doktrin und *Harry Potter* wird die ganze Zeit damit verglichen. Ein bisschen blöd, denn (wegen der Soziologie) haben ich erwartet, dass das eine Arbeit zu gesellschaftlichen Phänomenen ist, wie Potter auf junge und ältere Generationen wirkt, welche Veränderungen durch ihn in der Gesellschaft hervorgerufen werden.«[256]

Man könnte Gabriele Kuby für eine harmlose Spinnerin halten, aber ihre Tochter Sophia Kuby arbeitet für die Wiener Alliance Defending Freedom International. Als ich ihren Namen bei Google eingebe, erscheint sofort ein Link mit der Frage, ob Alliance Defending Freedom (ADF) eine *hate group* sei. Zu dieser Gruppe zählt das Southern Poverty Law Center, das extremistische Bewegungen untersucht, die ADF. Auf der gleichen Liste stehen auch der Ku-Klux-Klan und neonazistische Gruppierungen in der ganzen Welt.

Die ADF ist eine große amerikanische juristische Organisation mit Abteilungen in mehreren Ländern. Seit Beginn der Neunzigerjahre übernimmt sie *pro bono* Fälle der religiösen Rechten und ist aktiv in europäischen Gerichten, insbesondere beim Europäischen Gerichtshof für Menschenrechte in Straßburg. Auch Gudrun Kugler, die zweite Person, die in Warschau die Gäste begrüßt, Juristin und Theologin, ist eine wichtige Figur der Wiener Abteilung dieser Kanzlei. Außerdem macht sie politische Karriere in der konservativen christlichen Österreichischen Volkspartei.

Alliance Defending Freedom ist Partner von Ordo Iuris, was man auf der Internetseite von Ordo Iuris überprüfen kann.[257] Deshalb wurde die Tagung von Vertretern der beiden juristischen Organisationen eröffnet, die zusammenarbeiten und sich bei der »Vertei-

---

255 Internet-Buchhandel lubimyczytać.pl: http://lubimyczytac.pl/ksiazka/63417/harry-potter-dobry-czy-zly, letzter Zugriff am 25.02.2023.
256 Ebd.
257 Siehe: https://ordoiuris.pl/kim-jestesmy, letzter Zugriff am 25.02.2023.

digung« radikaler Visionen der christlichen Ideologie gegenseitig unterstützen.

❑ ❑ ❑

Der erste Tag der Warschauer Debatten fand – so die Worte meiner Quelle Kowalski – in der Atmosphäre »einer belagerten Festung« statt. Zunächst tauschte man sich darüber aus, was bisher erreicht wurde, zur Krise der christlichen Demokratie in Europa und zum Kampf gegen die »Gender-Agenda«.

Der zweite Konferenztag begann um neun Uhr morgens mit einem Gottesdienst in der Kapelle in der Wilcza-Straße 9. Danach ging es im Hotel Mercure in der Krucza-Straße mit Debatten weiter. Die Säle waren voll. Der erste große Themenblock galt der Abtreibung.

»Viel Zeit wurde Themen, die mit dem Abtreibungsverbot zusammenhängen, gewidmet, obwohl Ordo Iuris stärker auf LGBT-Fragen aus war«, erzählte Kowalski. »Die Vertreter anderer Länder waren der Meinung, dass bei ihnen die Sache längst verloren sei, deshalb waren sie sehr am Thema Abtreibung interessiert. Ordo Iuris wusste genau, dass beim Kampf gegen gleichgeschlechtliche Paarbeziehungen das Risiko besteht, dass es zu Hassmorden kommen kann, was wiederum auf die Kirche und deren Hasssprache bezüglich LGBT zurückfallen würde.«

Im Vergleich zu früheren Treffen von Agenda Europe waren die in Warschau diskutierten Themen viel konkreter. Dazu gehörten nicht nur der Anti-Abtreibungsblock, sondern auch Analysen, wie man den Gesetzgebungsprozess beeinflussen kann und »christliche« Gesetzesinitiativen in die Parlamente einbringt. Es wurde auch besprochen, welche Lehren aus dem slowenischen Referendum ein Jahr zuvor gezogen werden könnten, das ein »Nein« zur gleichgeschlechtlichen Ehe ergeben hatte. Auch das Thema »Christenverfolgung in Europa«, wie die Leute von Agenda Europe es gern nennen, wurde diskutiert. Ab dem Moment, da die Leute von Ordo Iuris zur Agenda Europe stießen, wurde mit der Arbeit an einer Anti-Abtreibungsstrategie und der Bekämpfung der Einführung von Gesetzen gegen häusliche Gewalt begonnen – schon bald spezialisierten sich die Polen auf dieses Thema.

Trotz ihrer Kriegsrhetorik begleitete ein Gefühl der Niederlage die Zusammenkünfte. Die Absichten von Agenda Europe, die sich ansonsten hinter hochtrabenden Worten verbergen, wurden dabei klarer.

»Sie legten alle Karten auf den Tisch«, erzählte Kowalski weiter. »Sie sagten, wir wissen alle, dass es aus PR-Sicht ein Fehler war, öffentlich zum religiösen Fundamentalismus zu stehen. Deshalb dürften sie keine Sprache mehr verwenden, die ihre Arbeit mit der Kirche in Zusammenhang bringt. Religion soll im Kontext ihrer Ziele nicht auftauchen. Sie bezeichneten das Auslassen religiöser Fragen offen als einen psychologischen Trick. Sie befänden sich in einer belagerten Festung, deshalb müssten alle mit anpacken; die Gegner müssten um jeden Preis besiegt werden. Diese Kriegsrhetorik war sehr oft zu hören. Sie sagten immer wieder: Das ist Krieg.«

◽ ◽ ◽

Die Tagung wurde offiziell mir einem Abendessen in freundschaftlicher Atmosphäre beendet. Es wurden Reden gehalten. Wieder ergriffen Jerzy Kwaśniewski und Sophia Kuby das Wort. Sie dankten den Sponsoren. Dank eines Videos, das ich von Kowalski bekam, kennen wir die gesamte Sponsorenliste. Das gibt die seltene Gelegenheit, sich die finanzielle Situation dieser Bewegung genauer anzusehen. Ein Sponsor war Ordo Iuris. Jerzy Kwaśniewski stand auf, es wurde applaudiert. Sophia Kuby richtete ihre Dankesworte unter anderem an Ignacio Arsuaga. »Neben Jerzy sitzt Ignacio Arsuaga«, sagt Kuby. Das ist der gleiche Arsuaga von HazteOir und CitizenGO, der mit einem Bus durch Spanien fuhr, auf dem ein großes Bild von Hitler war, an dessen Mütze ein violettes Venus-Zeichen prangte, der gleiche Arsuaga, der verdächtigt wird, Beziehungen zur mexikanischen Sekte El Yunque zu haben.

»Ignacio, wir danken dir für die Cofinanzierung«, sagt Kuby. Großer Beifall. »Ich sehe auch noch zwei andere Sponsoren. David Quinn vom Iona Institute, unser Held. Das Gesicht der irischen Nein-Kampagne gegen LGBT-Ehen.«

Als Quinn sich verbeugt, ist der lächelnde Arsuaga neben Kwaśniewski zu sehen. Weitere Dankesworte gehen an die amerikanische juristische Organisation Alliance Defending Freedom. Sie wird in Warschau von Doug Napier vertreten. Zuletzt wird der Niederländer Guido van Beusekom von der Europäischen Christlichen Politischen Bewegung genannt. Dabei handelt es sich um eine europäische Partei, die sich aus christlich-nationalen Parteien verschiedener europäischer Länder zusammensetzt.

Kowalski resümierte, dass ihn bei dieser Zusammenkunft von Agenda Europe »der starke Eindruck nicht losgelassen hat, am Treffen einer Sekte teilzunehmen«, und dass die Teilnehmer trotz allem »verängstigt« waren. »Ich war nach den drei Tagen so ausgelaugt wie noch nie zuvor, obwohl ich schon mehrfach einen Marathon gelaufen bin«, sagte er.

▫ ▫ ▫

Neben der Organisation von Sitzungen und Vorträgen hat Agenda Europe auch im Internet einen Raum für alle Projektmitglieder geschaffen. Die sogenannte Agenda Europe Google Group. Im Jahr 2016 standen 325 Namen auf der Mailingliste dieser Gruppe. Die Mitglieder haben Zugang zu gemeinsamen Dokumenten und tauschen Erfahrungen aus. Studiert man diese Liste, kommt man zu interessanten Ergebnissen und stößt auf weitere Verbindungen, die in mehrere Richtungen gehen. Auf der einen Seite gibt es dort offiziell bekannte Mitglieder des WCF, darunter Russen, auf der anderen Seite die Sekte El Yunque, aber auch Mitglieder oder »Freunde« von *The Family*. Es gibt auch Politiker und Akademiker, Journalisten, Juristen, Aktivisten, Vertreter des Vatikans – Beobachter der Vereinten Nationen oder der OSZE. Schließlich finden wir auch

Mitglieder der TFP (Tradition, Familie, Privateigentum), z.B. Alessandro Fiore, den Sohn eines italienischen Neofaschisten, und den Biografen von Plinio Corrêa de Oliveira, dem Begründer der Brasilianischen Gesellschaft zur Verteidigung von Tradition, Familie und Privateigentum (TFP). Und Aristokraten. Es sind Vertreter aus verschiedenen Ländern dabei: aus den Vereinigten Staaten und fast aus ganz Europa. Es gibt auch eine Menge Polen.[258] Obwohl bei der Warschauer Tagung kein Russe öffentlich auftrat, steht der Name Pawel Parfentjew von Family Policy auf der Liste. Interessanterweise ist der uns bereits bekannte Alexej Komow, der »Botschafter« des WCF, Vorstandsvorsitzender von Family Policy. Parfentjew und Komow haben den Kongress in Moskau gemeinsam vorbereitet. Parfentjew lebt in St. Petersburg – so steht es auf der Webseite des Unternehmens, auf der seit einiger Zeit nichts mehr passiert.[259]

Das Fernbleiben der Russen von der Warschauer Tagung lässt sich damit erklären, dass Osteuropa mit Russland im Clinch liegt. Dies wurde auf dem Warschauer Kongress von Agenda Europe während der rumänischen Präsentation ausdrücklich besprochen. In dieser Präsentation ging es um die Kampagne zur Änderung der

---

258 Viele Leute von Ordo Iuris (außer der bereits erwähnten: Rafał Dorosiński, Karolina Dobrowolska), auch zwei polnische Priester, Janusz Urbańczyk und Mirosław Wachowski (als Beobachter des Vatikans bei der UNO und der OSZE), eine Juristin vom polnischen CitizenGO (Magdalena Korzekwa-Kaliszuk), Paweł Woliński (damals als Fundacja Mama i Tata [Stiftung Mama und Papa]), Olgierd Pankiewicz (Anwaltskanzlei aus Wrocław), Maciej Brachowicz (auf der Liste aufgeführt als Berater der Europäischen Konservativen und Reformer), Daniel Wiśniewski (World Youth Alliance Europe), Jakub Bałtroszewicz (Vorstand der Stiftung Jeden z Nas [Einer von uns], Vorsitzender von Polska Federacja Ruchow Obrony Życia [Polnische Föderation der Lebensschutzbewegungen]), Priester Piotr Mazurkiewicz (Kardinal-Stefan-Wyszyński-Universität und ehemaliger Generalsekretär der Kommission der Bischofskonferenzen der Europäischen Gemeinschaft), Justyna Gajos (Poradnia Bioetyczna), Katarzyna Mazela (ehemalige Direktorin des Departments für Familienangelegenheiten in der Kanzlei des Ministerratsvorsitzenden, 1997–2001) und Wiesław Prostko (aufgeführt als Staatsanwalt, Lehrer, Funktionär der Stiftung PRO – Prawo do Życia [PRO – Recht auf Leben], Kandidat der Partei Prawica Rzeczpospolitej bei der Parlamentswahl).
259 Siehe: http://en.familypolicy.ru/about-us/senior-management, letzter Zugriff am 24. 03. 2023.

Definition der Familie in der Verfassung des Landes (durch ein Referendum) und der Ehe als »Bund von Mann und Frau« statt »Bund zwischen Ehegatten«. Die Präsentation hielt der Geistliche Bogdan Stanciu. Auf der Liste der vorhersehbaren Reaktionen der »Feinde« steht an erster Stelle die sogenannte Stinkbombe. Das heißt, das Argument, dass »ihr von Putin unterstützt werdet, um Rumänien von der westlichen Demokratie und den westlichen Werten abzuziehen«.

Hinsichtlich der Zusammenarbeit mit Russland ist auch für die polnischen Mitglieder von Agenda Europe Vorsicht geboten. Sie sind sich bewusst, dass die Offenlegung ihrer Zusammenarbeit mit Personen, die im Kreml ein und ausgehen, wie Malofejew oder Komow, in der historisch begründet russophoben polnischen Gesellschaft sich schwer belasten auswirken würde.

❑ ❑ ❑

In der Filmdokumentation über *The Family* fällt kein Name, den ich auf der Liste wiederfinde, aber ihre Methoden und vor allem ihre Ziele scheinen mit denen des WCF und von Agenda Europe meistens übereinzustimmen. Also nehme ich die Liste zur Hand und suche nach weiteren Informationen. *The Family* ist eine geheime Gruppe, aber die von ihr organisierten Gebetsfrühstücke sind öffentliche Veranstaltungen. Ich versuche, dieser Spur zu folgen. Ich suche in Europa und finde heraus, dass *The Family* hier seit 1998 ihre »Niederlassungen« hat. Vor allem in Brüssel.

Auf die Personen von Agenda Europe bezogen, ist diejenige, die wohl am engsten mit *The Family* verbunden ist – und vielleicht dazugehört –, Gudrun Kugler, sie hat zusammen mit Sophia Kuby die Warschauer Tagung von Agenda Europe eröffnet. Die österreichische Politikerin ist seit 2017 Organisatorin von Gebetstreffen für österreichische Abgeordnete, wie sie auf ihrer Webseite schreibt. Dort heißt es: »Neben dem Deutschen Bundestag und dem Europäischen Gebetsfrühstück in Brüssel finden ähnliche Treffen auch in Finnland, Estland, Lettland, Litauen, Moldawien, Rumänien, Mazedonien, in der Ukraine und der Slowakei statt.«[260]

Zum Gebetsfrühstück in Wien im Mai 2018 kamen zweihundertzwanzig Gäste aus fünfundzwanzig Ländern, die verschiedene Religionen vertraten – darunter der Apostolische Nuntius Stephan Zurbriggen, orthodoxe Christen, ein Imam und Juden. Auf Kuglers Webseite heißt es: »15 christliche Konfessionen – versammelt um die Person Jesus.«[261] Man kann sich das alles auf Videos ansehen, die entsprechenden Links sind auf ihrer Webseite.

Ich suche weiter. Als ich »Guido van Beusekom« bei Google eingebe (damals Generaldirektor der Europäischen Christlichen Politischen Bewegung), der ebenfalls auf der Liste von Agenda Europe steht, finde ich ein Foto von ihm beim Gebetsfrühstück für Jugendliche im Dezember 2016.[262] Wesentlich interessanter ist allerdings ein anderer Politiker aus der gleichen Partei: Leo van Doesburg. Er ist bei den Gebetsfrühstücken, zumeist Gründungstreffen, in Rumänien (2010, 2011, 2014)[263], in der Ukraine (2011, 2016)[264], in Lettland (2012), in Moldawien (2012), in der Slowakei (2015)[265] und in Finnland (2019)[266]. Ein wahrer Osteuropa-Globetrotter. Die meisten dieser Reisen beschreibt er übrigens in seinem Blog.[267] Aber van Doesburg hat auch den Israelis geholfen, ihr erstes Frühstück in Je-

---

260 Gudrun Kuglers Internetseite: http://gudrunkugler.at/zweites-nationales-gebetsfruehstueck-im-oesterreichischen-parlament/, letzter Zugriff am 24.03.2023.
261 Ebd.
262 Siehe Tweet des ECPM vom 8. Dezember 2016: https://twitter.com/ecpm_official/status/806768411879407616?lang=en, letzter Zugriff am 24.03.2023.
263 Siehe: http://leovandoesburg.blogspot.com/2010/10/romanian-prayer-breakfast-8-11-december.html, http://leovandoesburg.blogspot.com/2011/11/invitation-to-romanian-prayer-breakfast.html und http://leovandoesburg.blogspot.com/2014/10/christians-as-peacemakers-my-speech-and.html, letzter Zugriff am 24.03.2023.
264 Siehe: http://leovandoesburg.blogspot.com/2011/10/good-morning-ukraine-part-1.html und https://www.europa-nu.nl/id/vk49a1pjqqyx/agenda/ukrainian_national_prayer_breakfast_and?ctx=vjm2ke43jdrf&v=1&tab=1, letzter Zugriff am 24.03.2023.
265 Siehe: https://twitter.com/marekmichalcik/status/674663308373450752, letzter Zugriff am 24.03.2023.
266 Siehe: https://ecpm.info/news/finnish-prayer-breakfast.html, letzter Zugriff am 24.03.2023.
267 Siehe zum Beispiel beim lettischen Frühstück: http://leovandoesburg.blogspot.com/2012/11/message-delivered-at-latvian-national.html, letzter Zugriff am 24.03.2023.

rusalem 2017 zu organisieren.[268] Das könnte bedeuten, dass wir es hier mit einer wichtigen Person bei *The Family* zu tun haben, die sich mit dem »Ostmarkt« beschäftigt.

In Polen ist van Doesburg seinem Blog zufolge mehrmals aufgetreten, zuletzt als Gast bei der Konferenz von Ordo Iuris 2018 zum Thema »Juristische Implikationen der Menschenwürde: zum siebzigsten Jahrestag der Allgemeinen Erklärung der Menschenrechte«. Im Januar 2019 traf er sich auch mit Mitarbeitern von Ordo Iuris in Norwegen. Dort war auch Piotr Uściński, Abgeordneter für Recht und Justiz aus dem polnischen Wołomin.[269]

An den Gebetsfrühstücken in Brüssel nahm auch der amerikanische Republikaner Mark Siljander teil, den Jesse Moss, der Regisseur von *The Family*, für seinen Film interviewte. Siljander erzählt, wie er mit Doug Coe in einem Privatflugzeug zu Gaddafi flog, um gemeinsam zu beten. Mit ebenso gefährlicher Naivität (?) beschreibt er seinen Besuch eines Brüsseler Frühstücks im Jahr 2015: »Die Europäer sind recht bestürzt über den Zustrom von Flüchtlingen und die jüngsten Terroranschläge. Die meisten haben Angst, und Lösungen scheinen sich nur auf eine militärische Reaktion zu beschränken.«[270]

Siljander mag ein gutes Verhältnis zu Gott haben, aber mit den weltlichen Behörden hat er es schlechter getroffen. Im Jahr 2010 wurde er in den USA zu einem Jahr und einem Tag Haft verurteilt, weil er Geld von Organisationen angenommen hatte, die mit dem islamischen Terrorismus in Verbindung stehen, und wegen seiner Tätigkeit als nicht registrierter Einflussagent.[271]

---

268 Siehe: http://leovandoesburg.blogspot.com/search/label/Prayer%20Breakfast, letzter Zugriff am 24.03.2023.

269 Siehe: https://www.facebook.com/ordoiuris/posts/2192269107692935/, letzter Zugriff am 24.03.2023.

270 *Parliament Speech – European Prayer Breakfast 2015*, https://bridgestocommonground.org/parliament-speech-european-prayer-breakfast-2015/, letzter Zugriff am 24.03.2023.

271 Siehe zum Beispiel: Department of Justice, U.S. Attorney's Office, Western District of Missouri, *IARA Sentenced for Transferring Nearly $1.4 Million to Iraq in Violation of Sanctions*, 6. April 2017, https://www.justice.gov/usao-wdmo/pr/iara-sentenced-transferring-nearly-14-million-iraq-violation-sanctions, letzter Zugriff am 24.03.2023.

Ich finde noch weitere Hinweise. Am Beispiel von Rumänien lassen sich mögliche Verbindungen zwischen Agenda Europe und der sogenannten *Family* rekonstruieren. In der Dokumentation auf Netflix kommt das rumänische Referendum zur Sprache, an dessen Organisation sich ein Mitglied von *The Family*, der Senator von Alabama Robert Aderholt, aktiv beteiligte. Er reiste in dieser Angelegenheit nach Rumänien, zusammen mit seinem republikanischen Parteikollegen, dem Kongressabgeordneten Dana Rohrabacher, der weithin als der Putin-freundlichste amerikanische Politiker bekannt ist (noch bevor Trump aufkam). Rohrabacher zufolge kennen er und Putin sich seit den Neunzigerjahren. Der Kongressabgeordnete nahm unter anderem an einem vierstündigen Abendessen mit der Agentin Butina und deren Chef Torschin teil, bei dem ein »besonderer Kommunikationskanal« zwischen der amerikanischen Rechten und dem Kreml eingerichtet wurde.[272] Das Abendessen fand vor dem Gebetsfrühstück 2017 in Washington statt. Kurze Zeit später wurde Butina verhaftet.

Es war Rohrabacher, mit dem sich der damalige Chef des Ministeriums für Nationale Verteidigung in Polen, Antoni Macierewicz, 2010 in den Staaten traf. Rohrabacher, der 2012 vom FBI gewarnt wurde, dass russische Dienste versuchten, ihn anzuwerben, versprach Macierewicz Hilfe bei den Ermittlungen zur Flugzeugkatastrophe in Smolensk im Jahr 2010, bei der der polnische Präsident und über neunzig weitere Insassen umkamen.[273] Rohrabacher un-

---

[272] Alex Altman, Elizabeth Dias, *Moscow Cozies Up to the Right*, »Time« 9. März 2017, https://time.com/4696424/moscow-right-kremlin-republicans/. Xeni Jardin, *Rockefeller heir George O'Neill is Russia agent Maria Butina's U.S. Person 2 & Rohrabacher's in this, too: Reports*, BoingBoing, 26. Juli 2018, https://boingboing.net/2018/07/26/rockefeller-rohrabacher-butina.html, letzter Zugriff am 24.03.2023.

[273] »F.B.I. agent told Mr. Rohrabacher in 2012 that Russian spies were trying to recruit him as an ›agent of influence‹«. Siehe: Matt Apuzzo, Adam Goldman and Mark Mazzetti, *F.B.I. Once Warned G.O.P. Congressman That Russian Spies Were Recruiting Him*, »New York Times«, 19. Mai 2017, https://www.nytimes.com/2017/05/19/us/politics/dana-rohrabacher-russia-spies.html, letzter Zugriff am 24.03.2023.

terstützte Trump sehr, er kannte auch dessen Berater Paul Manafort, der später verurteilt wurde. Die Verurteilung von Butina nannte er »lächerlich« und »dumm«. Aber Rohrabacher ist recht vielseitig, er hat sich in Moskau auch mit Jakunin getroffen. Es war kein Problem für ihn, es mit einer Person zu tun zu haben, die mit Sanktionen seiner Regierung belegt ist. Er sagte, sie hätten über »eine Konferenz zum Thema Frieden« gesprochen – das sind die berühmten »Dialoge der Zivilisationen« von Jakunin.[274] Das war im Frühjahr 2016, also noch vor den Wahlen in den USA. Man könnte fragen: Was ist daran schlimm, dass sie in einem Café zusammen gefrühstückt haben? Aber wie wir inzwischen wissen, war es kein harmloses Frühstück. Denn im Fall einer Person, die sich kalifornischer »Kongressmen of Moskow« nannte und die das FBI vor Kontakten mit Russen warnte, kann man wohl kaum von Unschuld ausgehen. Seltsamerweise traf sich Rohrabacher mit Leuten, die für diese Geschichte zentral sind: Butina, Torschin, Macierewicz, Manafort und Jakunin …

Der polnische stellvertretende Verteidigungsminister Robert Szatkowski traf sich ebenfalls mit Rohrabacher. Im Jahr 2016, zu Beginn der Regierungszeit der PiS-Partei, kam Rohrabacher zu einem Treffen mit dem Vorsitzenden der PiS-Partei Jarosław Kaczyński und Außenminister Witold Waszczykowski nach Warschau.[275] Tomasz Piątek hat über diese Konstellation geschrieben: »›Als bekannt wurde, dass der Abgeordnete nach Polen fliegt, warnte die Botschaft in Washington die polnische Regierung‹, so ein polnischer Diplomat gegenüber der *Gazeta Wyborcza*. ›Die Botschaft schrieb, er sei

---

[274] Rosie Gray, *Congressman Met With Sanctioned Putin Friend In Moscow*, Buzz-FeedNews, 25. April 2016, https://www.buzzfeednews.com/article/rosiegray/congressman-met-with-sanctioned-putin-friend-in-moscow, letzter Zugriff am 24.03.2023.

[275] Tomasz Piątek, *Czego chce MON od przyjaciela Putina*, »Gazeta Wyborcza«, 17. August 2017, https://wyborcza.pl/7,75398,22243038,czego-chce-mon-od-przyjaciela-putina.html, letzter Zugriff am 23.04.2023. Siehe auch: nh/pk, *US Congressmen discuss ›difficult democracy‹ with Polish ruling party*, Radio Poland, 5. April 2016, http://archiwum.thenews.pl/1/10/Artykul/247365,US-Congressmen-discuss-difficult-democracy-with-Polish-ruling-party, letzter Zugriff am 24.03.2023.

Anhänger des Kremls, und empfahl, sich nicht mit ihm zu treffen. Aber er wurde in Warschau auf höchster Ebene empfangen.‹«[276]

◻ ◻ ◻

Neben Leuten aus der europäischen TFP [Tradition, Family, Property] stand auf der Mitgliederliste der Google-Group von Agenda Europe auch Luis Losada Pescador, ein prominentes Mitglied von El Yunque (obwohl er sich dort als Vertreter von CitizenGO vorstellt). Wir kennen ihn schon: Seine Ex-Frau Victoria Uroz sprach über ihn. Uroz erwähnte noch etwas anderes, das uns beunruhigen sollte: »Ich wusste, dass sie in Frankreich, Österreich, Deutschland, Belgien und Polen aktiv waren. (...) Die Mitglieder von El Yunque reisten oft nach Europa. Luis war zum Beispiel 2003 in Polen, um dort Kontakte zu knüpfen und HazteOir zu gründen.«[277]

Uroz berichtete, dass »El Yunque eine Expansion plante, auch nach Polen und Russland, wo sie einen Stützpunkt für Europa errichten wollten, da sie in Spanien weitere Rückschläge erlitten hatten«. Sie lehnte es jedoch ab, mit mir über dieses Thema zu sprechen. Nach Angaben der spanischen Tageszeitung *El Diario* verteilten sich Mitglieder von El Yunque »auf andere, eher europäische Organisationen, um die Unterstützung des ultrakatholischen Sektors in Frankreich, Belgien, den Niederlanden und Polen zu gewinnen, also in Ländern mit einer starken Präsenz der extremen Rechten«. Es spielt keine Rolle, ob die Organisation HazteOir oder CitizenGO heißt, denn El Yunque (dessen Präsenz natürlich niemand bestätigen wird, da es sich schließlich um eine Geheimorganisation handelt) könnte ohnehin dahinterstecken. Die paramilitärische Sekte aus Mexiko kann also Einfluss auf die Gesetzgebung in einem europäischen

---

[276] Tomasz Piątek, *Czego chce MON od przyjaciela Putina*, »Gazeta Wyborcza«, 17. August 2017, https://wyborcza.pl/7,75398,22243038,czego-chce-mon-od-przyjaciela-putina.html, letzter Zugriff am 29.03.2023.

[277] Interview mit Victoria Uroz, Teil 2, siehe: https://www.forumlibertas.com/hemeroteca/entrevista-a-victoria-uroz-ii-el-yunque-es-un-desafio-que-no-tiene-precedentes-en-la-historia-de-la-iglesia/, letzter Zugriff am 27.03.2023.

Land nehmen, ohne formell in einer Organisation oder Institution dieses Landes vertreten zu sein. Das Gleiche gilt für den Kreml. Ganz zu schweigen von *The Family*. Es handelt sich um eine lose Koalition von Abtreibungsgegnern, Sekten, der einflussreichen *The Family*, Kreml-Leuten oder Putin-freundlichen Politikern oder solchen, die die Rolle nützlicher Kreml-Idioten spielen. Es ist ihnen egal, dass es Staaten, Regierungen, Gesetze oder gar Wähler gibt, denn für sie zählt nur das Gesetz Gottes oder, wie sie bei *The Family* gern sagen: Jesus. Da wir bereits wissen, wie sie mit Sprache umgehen, können wir es auch präziser ausdrücken: Es geht nicht um Gott oder Jesus, es geht um Macht. Obwohl Geld auch durchaus angenehm ist.

Unterdessen setzt Agenda Europe ihre Pläne langsam und Schritt für Schritt in jedem Land um, in dem es gelingt, Kontakte zu knüpfen. »Wir haben einen engen Zeitrahmen – zehn oder zwanzig Jahre. Wenn wir sie nicht nutzen, wird sich die westliche Zivilisation [...] selbst zerstören«,[278] schreiben Mitglieder von Agenda Europe. Seit diesen Worten sind mehr als fünf Jahre vergangen. Sie haben also noch etwas Zeit.

Die russische Agentin

Am 12. Dezember 2018 wurde Michael Cohen, der ehemalige Anwalt von Donald Trump, unter anderem wegen Falschaussagen vor dem Kongress im Zuge der Sonderermittlung zur Beeinflussung des Wahlkampfs in den USA 2016 zu einer Freiheitsstrafe von drei Jahren verurteilt. Zuvor waren auch Michael Flynn, Trumps Berater in Sicherheitsfragen, und sein Wahlkampfchef Paul Manafort verurteilt worden.

Cohen befasste sich unter anderem damit, Frauen, die von Trump belästigt wurden, Schweigegeld zu zahlen. Zuvor wurde er wegen Falschaussagen unter Eid bezüglich seiner finanziellen Verbindungen zu Russen und zum Trump-Tower-Projekt in Moskau

---

[278] *Restoring the Natural Order: an Agenda for Europe*, S. 9.

verurteilt. Während des Prozesses bereute er seine Loyalität Trump gegenüber und gab »glaubwürdige Informationen« zu Angelegenheiten, die mit den Ermittlungen zur russischen Einflussnahme auf die Wahlen 2016 zusammenhingen.

Am 13. Dezember 2018 kam die Nachricht, dass Maria Butina verurteilt wurde. Die dreißigjährige russische Studentin war eine Agentin des Kremls. Seit Juni 2018 befand sie sich in Haft. Weil sie mit dem Gericht zusammengearbeitet hat, bekam sie nur ein halbes Jahr Freiheitsentzug. Sie gestand, dass sie für Russland spioniert hatte. Ihr Vorgesetzter war Alexander Torschin, Mitglied der Putin-Partei Единая Россия [Einiges Russland], ehemaliger Chef der Zentralbank. Torschin wird verdächtigt, mit der Welt des Verbrechens in Verbindung zu stehen. Über eine französische Firma hatte er Verbindungen zu Malofejew. In Spanien wird er außerdem der Geldwäsche für die Tambow-Bande verdächtigt. Diese Bande bestand aus Putin-nahen Leuten aus dessen Petersburger Zeit. Ehemalige KGB-Offiziere, aus denen Oligarchen wurden.

Butina war unter der Vorgabe, an der American University in Washington zu studieren (ab Mitte 2016, sie interessierte sich unter anderem für *Cyber Policy* und Kryptowährungen) hauptsächlich in Kreisen von Waffenliebhabern, der National Rifle Association und in konservativen religiösen Organisationen aktiv, über die sie versuchte, mit konservativen Politikern in Kontakt zu kommen.

Spione in der akademischen Welt sind auch Thema eines Berichtes über die Verbreitung von kremlfreundlicher Propaganda durch Moskauer, aber auch durch europäische und amerikanische Hochschulen.[279] Die Autorin Kateryna Smagliy schreibt: »Die kürzliche Festnahme der Russin Maria Butina als angebliche Spionin zeigt, dass die Reichweite des russischen Geheimdienstes wahrscheinlich wesentlich größer ist, als man zuvor glaubte. Trotz zahlreicher Beweise dafür, dass der russische Geheimdienst seit Sowjetzeiten

---

[279] Kateryna Smagliy, *Hybrid Analityca: Pro-Kremlin Expert Propaganda in Moscow, Europe and the U. S. A. Case Study on Think Tanks and Universities*, Institute of Modern Russia, Oktober 2018.

Studenten und Professoren rekrutiert, ignorierte ein Teil der westlichen Hochschulen, die im Hinblick auf Finanzen und internationale Beziehungen sensibel waren, diese Bedrohung. Diese Bestrebungen führten schließlich zu dem neuen Phänomen Hybrid Analytica, das wir hier definieren als Prozess der Schaffung, Entwicklung und Promotion verschiedener pseudoakademischer Narrative durch naive oder manipulierte Intellektuelle und Akademiker sowie gutgläubige Thinktank-Experten oder getarnte politische Lobbyisten, die über ein globales Netz von mit dem Kreml verbundenen Operationen rekrutiert wurden, um die internationale oder innenpolitische Agenda des Putin-Regimes zu unterstützen und gesetzlich zu verankern, und deren Wirkung darin besteht, Fakten zu vernichten, Desinformationen zu verbreiten, Ereignisse bewusst umzudeuten und das Vertrauen in Expertenmeinungen zu schwächen […].«

Smagliy schreibt weiter: »Der Rektor des Moskauer Staatlichen Instituts für Internationale Beziehungen, Anatoli Torkunow, hat vor Kurzem eingeräumt, dass Universitäten ein ›wichtiger Kanal‹ für den inoffiziellen Dialog Russlands mit vielen Ländern sind.«

In dem Bericht von Smagliy wird westlichen Universitäten empfohlen, ihre Ressourcen zu überprüfen und die Zusammenarbeit mit Russland für eine gewisse Zeit auszusetzen. Gleichzeitig erinnert Smagliy daran, dass »der FSB traditionell westliche Journalisten und Akademiker auf Foren, Konferenzen, Festivals und Sportveranstaltungen in Russland anspricht, um sie als Einflussagenten zu rekrutieren«. Dass dies kein Geheimnis ist, verdeutlicht Torkunows Äußerung: »Die UdSSR hat während des Kalten Krieges, lange bevor der Begriff *Soft Power* geprägt wurde, die Hochschulbildung als geopolitisches Instrument der ›ideologischen Bewaffnung‹ eingesetzt.«[280]

---

280 Anatol Torkunov, *Education as a Soft Power in Russia's Foreign Policy*, Russian International Affairs Council, 6. März 2013, https://web.archive.org/web/20221021222508/http://russiancouncil.ru/en/analytics-and-comments/analytics/education-as-a-soft-power-instrument-of-russia-s-foreign-pol/, nur im Archiv, letzter Screen am 21.10.2022.

Desinformation und die Verbreitung von Propaganda durch »nützliche Idioten« ist die eine Sache, die andere ist die Anwerbung – ob bewusst oder unbewusst. Mit diesem Thema befasst sich auch Daniel Golden, Journalist von *The Boston Globe*, der an der Pädophilie-Recherche der Zeitung beteiligt war, die 2004 mit dem Pulitzer-Preis ausgezeichnet wurde. In *Spy Schools* (2017) zeigt er, wie der offene Studentenaustausch es chinesischen, russischen oder kubanischen Diensten ermöglicht, militärische oder zivile Projekte auszuspionieren, während die Universitäten die Signale für derartige Aktivitäten ignorieren. Die von Smagliy präsentierten Grafiken zeigen Verbindungen zwischen dem Kreml und den Universitäten, die – ob sie wollen oder nicht – zu Akteuren im Informationskrieg werden. Auf Goldens Liste stehen auch Krakau, Lublin und Wrocław. Es tauchen Namen von Stiftungen und Denkfabriken ebenso auf wie Personen aus Putins engstem Umfeld, die die Ideologie des Kremls »in die Welt tragen«. Zu ihnen gehört der uns bereits bekannte Konstantin Malofejew, der den Weltfamilienkongress sponsert.

Kapitel 11
TRADITION, FAMILIE UND PRIVATEIGENTUM

Wer, nachdem er über die mexikanische Sekte El Yunque und dann über *The Family* gelesen hat, die Nase voll hat, für den habe ich schlechte Nachrichten, denn das ist noch nicht alles. Weiter geht's mit einer brasilianischen Sekte, die ebenfalls unser Leben im 21. Jahrhundert beeinflusst.

Eine Organisation namens TFP, die Abkürzung für Tradição, Família e Propriedade, also Tradition, Familie und Eigentum, sucht man in Polen vergeblich. Das bedeutet nicht, dass TFP in Polen nicht tätig ist. TFP funktioniert in jedem Land unter einem anderen Namen. In Polen haben wir Stowarzyszenie Kultury Chrześcijańskiej im. Ks. Piotra Skargi [Verein für christliche Kultur Priester Piotr Skarga]. Der Verein bekennt sich auf seiner Webseite zu der Verbindung: »Der Verein für christliche Kultur Priester Piotr Skarga wurde im Juli 1999 in Krakau (Polen) gegründet, inspiriert von der weltweit tätigen Vereinigung zur Verteidigung von Tradition, Familie und Eigentum (TFP).«[281]

Es ist angebracht, ein paar Informationen über den polnischen Ableger von TFP zusammenzutragen, der, wie sich herausstellte, zum wichtigsten europäischen Glied dieser Organisation geworden ist. Auch in finanzieller Hinsicht. Doch zunächst ein Blick auf die brasilianische Mutterorganisation.

---

281 Siehe: https://www.piotrskarga.pl/o-nas.html, letzter Zugriff am 24.03.2023.

»Tradition, Familie und Privateigentum« ist eine von vielen internationalen katholisch ausgerichteten Organisationen, die auch von der katholischen Kirche als extremistisch angesehen wird. Im Gegensatz zu dem bekannten Opus Dei ist TFP nicht mit dem Vatikan verbunden und wird von den brasilianischen kirchlichen Würdenträgern wegen ihrer Radikalität eher stillschweigend übergangen. Die TFP wurde – wie El Yunque – während des Kalten Krieges gegründet. 1960 war die Welt von einer scharfen Trennungslinie durchzogen: Kapitalismus versus Kommunismus. Lateinamerika war eines der wichtigsten Schlachtfelder zwischen den Lagern. El Yunque und TFP wurden von Katholiken gegründet, die sich von der Welle linker Ideen bedroht fühlten. Vor allem nach der kubanischen Revolution von 1959. Der letzte Teil im Namen von TFP, »propriedade«, was »Eigentum« (natürlich privates) bedeutet, schien oft Vorrang vor »Tradition« und »Familie« zu haben. Kein Wunder, denn die TFP wurde in São Paulo von wohlhabenden Herren als Sociedade Brasileira de Defesa da Tradição, Família e Propriedade [Brasilianische Gesellschaft zur Verteidigung von Tradition, Familie und Privateigentum] gegründet. Einer der Gründer war Plinio Corrêa de Oliveira, Landbesitzer, Jurist, Historiker und Abgeordneter, allgemein bekannt als »der Doktor«.

Die Gründer der Organisation waren hauptsächlich weiße Männer, darunter auch Aristokraten. Sie waren von praktischer Bedeutung für die Organisation. Denn die Mitglieder »sollen ihre gesamten Güter übertragen und in ihrem Testament ihr Vermögen der Vereinigung vermachen«.[282] Zu den Mitgliedern gehörten zum Beispiel die beiden adligen Brüder Luiz und Bertrand von Orléans-Braganza, Nachkommen des letzten Kaisers von Brasilien und Thronfolger. Juden und Schwarze erhielten keinen Zugang.

---

282 Edgar González Ruiz, *Cruces y sombras: Perfiles del Conservadurismo en America Latina,* Junio 2005, S. 139.

Zur Bibel von TFP wurde das 1959 erschienene Gründungsbuch der Organisation von Plinio Corrêa de Oliveira *Revolução e Contra-Revolução* [*Revolution und Gegenrevolution*]. Plinio Corrêa de Oliveira definiert darin die Ziele. Schnell zeigt sich, dass sie übereinstimmen mit den Ideen von Bewegungen, die sich um Agenda Europe konzentrieren. Auf wundersame Weise tauchen die Ideen des brasilianischen Denkers in der Geschichte von Anti-Abtreibungsorganisationen in den verschiedensten Weltgegenden auf.

Auf dem Umschlag der polnischen Ausgabe von *Revolution und Gegenrevolution* steht das wichtigste Zitat von Doktor Plinio: »Wenn Revolution Unordnung ist, ist Gegenrevolution die Wiederherstellung der Ordnung.« Offensichtlich sollte die TFP eine Gegenrevolution einleiten. Und was verstand Plinio Corrêa de Oliveira unter »Ordnung«? Nun ... »Die Ordnung der Dinge ist das mittelalterliche Christentum.«[283]

Der »Doktor« war der Meinung, dass die Welt seit dem 14. Jahrhundert dabei ist kaputtzugehen. Kurz gesagt, der Gründer von TFP, der manchmal »Kreuzritter des 20. Jahrhunderts« genannt wurde, begann seine Überlegungen mit der Kritik an der Reformation, die den Katholizismus stark geschwächt habe (die damals entstehende protestantische Kirche nennt er Sekte). Dann kritisierte er natürlich die Französische Revolution für die Einführung des Laizismus, ihr Auftreten gegen die Monarchie und für den verhängnisvollen Gedanken, dass jede Ungleichheit ungerecht ist, und für die Freiheit – das allerhöchste Gut. Etwas Schlechtes war natürlich auch die Revolution von 1917, die das Privateigentum bedrohte und den Glauben an die Existenz Gottes infrage stellte. Corrêa de Oliveira lobt dafür die »christliche Zivilisation, die streng und hierarchisch, fundamental sakral, antiegalitär und antiliberal war«. Die Rückkehr zu dieser christlichen Zivilisation sollte eine neue Epoche einleiten,

---

283 Plinio Corrêa de Oliveira, *Rewolucja i kontrrewolucja*, SKCh im. ks. Piotra Skargi, 2007, S. 50.

ein »neues Mittelalter«, aber ein vollkommenes, denn sie werde das Reich Mariens verkündigen – eine irdische Vorhalle des himmlischen Reiches Christi.

Doktor Plinio Corrêa de Oliveira rief auf zur apokalyptischen Konterrevolution, zur Diktatur: »Es gibt Umstände, die um des salus populi [Rettung des Volkes] willen die Aufhebung der individuellen Rechte und das stärkere Wirken einer absoluten Macht erfordern. Daher kann eine Diktatur in einigen Fällen gerechtfertigt sein.«[284] Der Gründer von TFP war der Meinung, dass die kontrarevolutionäre Diktatur das Gesetz aufheben muss, um die neue Ordnung zu kontrollieren. Er war sich sicher, dass »die Ordnung, die aus der Konterrevolution entsteht, sogar stärker erglänzen wird als im Mittelalter«. Seiner Meinung nach existieren gute und böse Diktaturen. Die kommunistische ist vor allem deshalb schlecht, weil sie den Eigentümern das Land wegnimmt und die Idee der Gleichheit aufzwingt. Schließlich gibt es unter den Menschen keine Gleichheit. Plinio Corrêa de Oliveira forderte dazu auf, die Hierarchie, wo der niedrigere sich dem höheren unterordnen muss, aufrechtzuerhalten. Dies sei auch Teil der »natürlichen Ordnung«. Von diesem Gesichtspunkt aus ist jedes System, das Gleichheit kündet, ein schlechtes System – ob Sozialismus oder eine »demagogische Demokratie«, die »die Eliten verfolgt, den allgemeinen Ton des Zusammenlebens verschärft und ein vulgäres Umfeld schafft«.[285] Laut Corrêa de Oliveira gibt es keinen Unterschied zwischen dem Bösen des Kommunismus und dem Bösen des Sozialismus. »Der Sozialismus sagt sich vom Kommunismus los, obwohl er ihn heimlich bewundert und ihm nacheifert.«[286]

Nach Corrêa de Oliveira existiert ein enger Zusammenhang zwischen dem Protestantismus, den Ideen von Voltaire, Robespierre, Marx und Lenin. Das seien Gesichter eines immer gleichen Prozesses, nämlich der fortschreitenden Revolution. Man könne sagen:

---

[284] Zitat nach der amerikanischen Ausgabe von TFP von 2002, S. 20.
[285] Ebd., S. 32.
[286] Ebd., S. 49.

das gleiche Übel. Plinio Corrêa de Oliveira war besonders allergisch gegen den Egalitarismus und liebte hingegen die Aristokratie.

In der Welt des »neuen Mittelalters« sollte jeder Lebensaspekt »gemäß der Lehre der Kirche« sein, weil »die Gesellschaft und der Staat ein sakrales Ziel haben«. Die Rückkehr ins verlorene Paradies würde von den Aristokraten angeführt, da die Monarchie die beste Form des Regierens sei. Der Sturz der Monarchie sei ein Fehler gewesen, im Übrigen habe Pius VI. die Monarchie als die beste Regierungsform bezeichnet. Pius VI. war von 1775 bis 1799 Papst. Vor langer Zeit also, aber für den Anhänger des Mittelalters war das nur einen Wimpernschlag entfernt.

Ich lese das alles und kann es nicht glauben. Ich verstehe, dass ein Besitzer einer Hacienda im vergangenen Jahrhundert in Brasilien so hätte denken können, aber wie kommt im 21. Jahrhundert plötzlich jemand auf solche Ansichten und versucht, mir mein Leben vorzuschreiben? Ich versuche, weitere Informationen zu finden.

▫ ▫ ▫

Corrêa de Oliveira hat seine Schrift 1959 verfasst, man könnte sie als Oldschool-Exotik abtun, wäre da nicht die Tatsache, dass sie in den Siebzigerjahren des 20. Jahrhunderts dazu beitrug, das ideologische Fundament lateinamerikanischer Diktaturen zu legen.

Die Mitglieder der TFP in Chile und in Argentinien unterstützten Augusto Pinochet und Jorge Rafael Videla, der mit jungen kommunistischen Rebellen abrechnete, indem er sie aus Flugzeugen in den Ozean werfen ließ (sogenannte Todesflüge), und der Kinder, die in Gefängnissen von Frauen geboren wurden, die später als *desaparecidos* (verschollen) galten, den Militärs zur Erziehung übergab.[287] Die Leute von TFP unterstützten, aber legitimierten auch die

---

287 Über die Rolle der TFP in der argentinischen und chilenischen Diktatur schreibt Stephan Ruderer in *Cruzada contra el comunismo. Tradicion, Familia y Propiedad (TFP) en Chile y Argentina*, »Sociedad y Religion« 2012 XXII(38).

militärische Gewalt. In der Blütezeit der argentinischen Diktatur, im Jahr 1977, war es für die TFP »unfassbar, die Tatsache, dass die Bürgerrechte gewisse Einschränkungen erfahren müssen, zu negieren«.[288] Als es 1975, zu Zeiten von Diktator Augusto Pinochet, in Chile zu der Operation »Colombo« kam, bei der über hundert Menschen festgenommen und viele von ihnen gefoltert und ermordet wurden, schrieb die TFP von einem »glorreichen Tag, an dem sich Chile dank des patriotischen Eingreifens der Armee und der chilenischen Carabinieri aus den Fängen der marxistischen Unterdrückung befreit«.[289] Es tauchten auch Informationen auf, dass TFP nicht nur in der Symbiose mit Diktaturen funktionierte, sondern auch selbst seine Leute zum Kampf an der Waffe ausbildete. Die Polizei von Buenos Aires begann 1973 mit Ermittlungen wegen militärischer Trainings von TFP auf deren Grundstück.[290] Einige Jahre später begleitete der Jesuit Jorge Bergoglio, der spätere Papst Franziskus, Pater Vivente, dem die TFP gedroht hatte, weil er nach dem Mord an drei Pallottiner-Priestern und zwei Seminaristen protestiert hatte, bei seiner Flucht nach Uruguay.[291]

In Brasilien rühmt sich TFP, dass Plinio Corrêa de Oliveiras Publikation gegen die Idee der Agrarreform eine »entscheidende Rolle« bei dem von den USA und der Kirche unterstützten Militärputsch im Jahr 1964 spielte, der Präsident João Goulart seines Amtes enthob.[292] Goulart beabsichtigte, soziale Reformen durchzuführen, darunter – wohlgemerkt – die Enteignung der Großgrundbesitzer. Der Putsch im Jahr 1964 leitete eine Militärdiktatur ein, die in Brasilien bis 1985 andauerte. Die Verfassung wurde außer Kraft gesetzt

---

288 Stephan Ruderer, *Cruzada contra el comunismo...*, http://www.scielo.org.ar/scielo.php?pid=S1853-70812012000200004&script=sci_arttext#nota13, letzter Zugriff am 24.03.2023.
289 Ebd., »Fiducia«, Oktober 1975, S. 2 (Zeitschrift der chilenischen TFP).
290 Ebd.
291 Austen Ivereigh, *The Great Reformer: Francis and the Making of a Radical Pope*, New York 2014.
292 Siehe: Roberto De Mattei, *Krzyżowiec XX wieku. Plinio Corrêa de Oliveira*, Instytut im. ks. Piotra Skargi, 2004, S. 168.

und die Opposition wurde verfolgt und unterdrückt. Goulart, ebenfalls ein Großgrundbesitzer, musste fliehen und wurde 1976 in Uruguay im Rahmen der Operation »Condor« vergiftet – eines gemeinsamen Programms zur Eliminierung der Linken durch die Dienste der damaligen Diktaturen von Argentinien, Chile, Brasilien, Uruguay, Bolivien und Paraguay.

Die brasilianische Kirche nahm während der Diktatur die gleiche schändliche Haltung ein wie die argentinische: Sie unterstützte nicht nur die Politik der Junta, sondern bekämpfte die Opposition in ihrem eigenen Umfeld. Es ging um die Befreiungstheologie, die der Vatikan als gefährlich links ansah. Die Lücke, die diese »linke« Strömung im Katholizismus hinterlassen hat, wird derzeit von den evangelikalen Kirchen gefüllt. »Die Evangelikalen sind dort, wo der Staat nicht auf die Grundbedürfnisse der Gläubigen eingeht«, sagt der brasilianische Politiker Campos Machado. Sie sind näher am Volk als die katholische Kirche. Demografische Studien zeigen, dass im traditionell katholischen Brasilien die Zahl der Evangelikalen seit 2010 zunimmt und sie bis 2032 die Mehrheit stellen könnten.[293] Der »amerikanische« Kirchenstil ist im Kommen: ausgelassene Prozessionen, Großbildschirme, Übertragungen im Radio und Fernsehen, Internetportale.[294] Heute sind es vor allem Protestanten – wie mir eine brasilianische Aktivistin des Frauenstreiks, Mariana, erklärt –, die stark von ihren nordamerikanischen Brüdern beeinflusst

---

293 Siehe: *Transicao Religiosa – Catolicos abaixo de 50% ate 2022 e abaixo do percentual de evangelicos ate 2032,* Instituto Humanitas Unisono, 6. Dezember 2018, http://www.ihu.unisinos.br/78-noticias/585245-transicao-religiosa-catolicos-abaixo-de-50-ate-2022-e-abaixo-do-percentual-de-evangelicos-ate-2032; *Brasil tera maioria evangelica em 2020, segundo estatisticas,* https://guiame.com.br/gospel/mundo-cristao/brasil-tera-maioria-evangelica-em-2020-segundo-estatisticas.html, letzter Zugriff am 24.03.2023.

294 Siehe unter anderem Jonathan Watts, *Brazil's evangelicals become a political force to be reckoned with,* »The Guardian«, 1. Oktober 2014, https://www.theguardian.com/world/2014/oct/01/brazil-evangelicals-politics-presidential-election. Auch: Anthony Boadle, *Brazil's evangelicals say far-right presidential candidate is answer to their prayers,* Reuters, 27. September 2018, https://www.reuters.com/article/us-brazil-election-evangelicals/brazils-evangelicals-say-far-right-presidential-candidate-is-answer-to-their-prayers-idUSKCN1M70D9, letzter Zugriff am 24.03.2023.

sind und Jair Bolsonaros Wahlkampf unterstützt haben, indem sie Flugblätter verteilten und die Menschen aufforderten, für ihn zu stimmen.

◻ ◻ ◻

Die TFP ist eine Organisation, die als systemfeindlich und antimodern beschrieben wird; sie wurde in erster Linie als Antwort auf den Marxismus und Kommunismus gegründet. Aber sie war auch eine Reaktion auf die – nach Ansicht ihrer Gründer – allzu liberalen Ideen des Zweiten Vatikanischen Konzils. Dazu gehörten auch Gottesdienste in den Landessprachen. Die Mitglieder der TFP glaubten, dass diese Entscheidung, wie alle anderen, die den Katholizismus »modernisieren«, unter dem Einfluss von Kommunisten getroffen wurde, die die Kirche unterwandert hatten, damit »die ganze alte Schönheit [der Messe] verloren geht«.[295] Plinio Corrêa de Oliveira behauptete sogar, in der neuen post-konziliaren Kirche habe sich der Satan niedergelassen.

Die TFP kultiviert als »totale Institution« vor allem »den Glauben, den Kult und Rituale, Regeln (die bekanntesten sind Gehorsam, Zölibat, Armut, Schweigegebot), eine hermetische Sprache und ein klosterähnliches Leben«, wie die brasilianische Forscherin Gizele Zanotto in ihrer Doktorarbeit zusammenfasst.[296] Der 1974 gegründete US-Zweig von TFP verkündet heute, er stehe »an vorderster Front des Kulturkampfes, indem wir friedlich traditionelle Werte, die Familie und das Privateigentum verteidigen«.[297]

Woher kommen die TFP-Mitglieder? Manche wurden auf der Straße angeworben, anfangs vor allem in São Paulo. »Ich lernte die Gruppe (TFP) kennen, als ich gerade vierzehn Jahre alt war«, erin-

---

[295] Siehe: https://periodicos.fclar.unesp.br/estudos/article/download/5219/4663, letzter Zugriff am 24.03.2023.
[296] Gizele Zanotto, *Tradicao, Familia e Propriedade (TFP): As idiossincrasias de um movimento catolico (1960–1995)*, Promotion, Florianopolis 2007, https://www.scielo.br/j/his/a/sSwPvggfDH5wtXj6xgYd4jR/?lang=pt, letzter Zugriff am 24.03.2023.
[297] Siehe: https://www.tfp.org/the-counter-revolution/, letzter Zugriff am 24.03.2023.

nert sich einer von ihnen. »Sie haben mich eingeladen oder, besser gesagt, im Park aufgelesen. Sie haben zunächst nichts von ihren Absichten gesagt, denn sonst wäre ich gegangen. [...] Ich könnte sagen, dass ich ein normaler Junge war [...]. Doch plötzlich nahm mein Leben eine 90-Grad-Wendung, die Gruppe begann, mich sanft aufzusaugen und von meiner Familie wegzuziehen, ich gab mein Studium auf, ich trennte mich von meinen Freunden [...]. Ich ließ all das hinter mir, um dem Gründer zu folgen, einem alten Mann namens Plinio, der sich für einen Propheten hielt. Schließlich betete ich zu ihm, als er noch lebte, sammelte seine Nägel, seine Haare ... Ich bewahrte sie auf, als wären es Reliquien, ich begann zu seiner Mutter zu beten, als wäre sie eine Heilige [...].«[298] Später fing er an, selbst Opfer auf der Straße zu suchen, und lernte schnell, »wer für die Sekte angeworben werden konnte«.

Solche Erinnerungen werden im Internet von ehemaligen TFP-Mitgliedern geteilt.

Plinios Anhänger, die sich aus der brasilianischen Jugend rekrutierten, mussten einer allgemeinen Ordnung folgen, dem sogenannten Ordo Geral. Wie sich ein ehemaliges TFP-Mitglied erinnert, regelte diese Ordnung alle Aspekte des Lebens, angefangen bei der Frage, »wie man aus dem Bett aufsteht, wie man ein Bad nimmt, wie man sich die Zähne putzt, wie man sich die Hände wäscht, wie man sich bei Tisch verhält, wie man spricht, wie man sitzt, wie man sich kleidet«.[299] Diejenigen, die die Regeln des Ordo Geral unterschrieben hatten, wussten, das Wichtigste war, sich »von oben nach unten, von innen nach außen, von rechts nach links«[300] zu bewegen. Wenn

---

298 Siehe: ein Blog, gewidmet den *Heraldos del Evaneglio, Arautos do Evangelho (La verdadera historia). Sectas, cultos prohibidos*, Eintrag: *Ceremonias de esclavitud a Plinio »el profeta«*, 31. August 2010, http://evangelizacionenargentina.blogspot.com/2010/, letzter Zugriff am 24.03.2023.

299 Auf der Grundlage von Barreiros von 2004, siehe: Artikel von Marcos Paulo dos Reis Quadros, *O conservadorismo catolico na politica brasileira: consideracoes sobre as atividades da TFP ontem e hoje*, »Revista Estudos do Sociologia«, 2013, Nr. 34, file:///C:/Users/antje/Downloads/5980-14861-1-SM-2.pdf, letzter Zugriff am 24.03.2023.

300 Ebd.

man sich also die Zähne putzte, musste man »zuerst von oben putzen, dann von innen nach rechts und so weiter ...«[301]. Wenn du deine Schuhe anzogst, »dann zuerst den rechten Schuh, dann den linken, wenn du sie auszielst – umgekehrt – zuerst den linken, dann den rechten«.[302] Am Tag des heiligen Bento – so erinnert sich Giulio Folena – besagte Ordo Geral, »auf dem Rücken zu schlafen, ohne sich auf die Seite zu drehen; die Hände auf dem Bettzeug ausgestreckt«.[303] Neben dem Bett sollte ein Porträt von Plinio und seiner Mutter Lucília stehen (Senhora Lucília, Plinios Mutter, wurde von den TFP-Mitgliedern als »Mutter des Unaussprechlichen, Mutter zukünftiger Zeitalter, Quelle des Lichts, Übermittlerin aller Gnaden, Vase der Logik, Vase der Metaphysik ...« verehrt). Wer gegen Ordo Geral verstieß, begehe eine Todsünde.[304] Diejenigen, die psychisch nicht zurechtkamen, wurden zur psychiatrischen Behandlung mit Elektroschocks zu einem freundlichen Arzt geschickt, der tat, was ihm gesagt wurde, erzählte ein weiteres ehemaliges TFP-Mitglied. Maikon L.P. war zwei Jahre Mitglied bei TFP in Curitiba, er spricht von Fanatismus und einem Kult um »den Gründer und dessen Mutter, die nahezu als Götter angesehen wurden«.[305]

Der Kult um Plinios Mutter stand jedoch nicht im Widerspruch zur Frauenfeindlichkeit. TFP gehörten nur Männer an, die oft zölibatär lebten. Auch Plinio selbst hat nie eine Familie gegründet. Die Frauen in der Organisation wurden »fassuras« genannt. Wie ein argentinisches TFP-Mitglied in einem Blog aus dem Jahr 2012 erklärt,

---

301 Ebd.
302 Ebd.
303 Giulio Folena, *Escravos do Profeta,* Sao Paulo 1987; siehe auch: Gizele Zanotto, *Normatizacoes, controle e disciplina: a TFP enquanto instituicao total (1960–1995),* »Historia«, 2010, Nr. 2, https://www.scielo.br/j/his/a/sSwPvggfDH5wtXj6xgYd4jR/?lang=pt, letzter Zugriff am 24.03.2023.
304 Bericht von Giulio Folena in dem Artikel *Pregunte e Responderemos,* Juli 1995, Nr. 398: https://web.archive.org/web/20200928062126/http://www.pr.gonet.biz/kb_read.php?num=401, nur im Archiv, letzter Screen am 28.09.2020.
305 Siehe: Orlando Fedeli, http://www.montfort.org.br/bra/cartas/tfp/20040728141231/, letzter Zugriff am 24.03.2023.

ist »Fassur« [dt. Paschhur] eine Figur aus dem Alten Testament. »Fassur« und »fassura« wurden zu pejorativen Adjektiven, mit denen »verbotene Begierden, Versuchungen, Sünden und andere Übel unter den Auserwählten des Reiches von Maria beschrieben wurden. Diese Qualifikation wurde von Doña Lucília und anderen Frauen vermieden.«[306] Die Mutter eines jugendlichen Sektenmitglieds erzählte in einer Fernsehsendung: »Als mein Sohn anfing, mit ihnen herumzuhängen, veränderte er sich und begann, seine Schwestern zu hassen. Er hat aufgehört mit ihnen zu sprechen. Er sagte, sie seien eine ›Perversion‹. Dabei waren es Mädchen, zehn und zwölf Jahre alt.«[307]

Eine andere Person, die mit TFP zu tun hatte, weist darauf hin, dass »die strikte Einhaltung des sechsten Gebots [du sollst nicht ehebrechen] zu einer dichten Atmosphäre führte, die sich im Verhalten, im Handeln, im Gemütszustand und in der Stimmung (abnorme Ernsthaftigkeit) der Mitglieder bemerkbar machte«. Diese Quelle spricht auch von »der Begeisterung, mit der sie den (freiwilligen) Zölibat verteidigten, und der daraus folgenden Verachtung der Ehe«.[308] In Beiträgen und Veröffentlichungen über TFP werden auch Priester zitiert, die nach der Beichte von TFP-Mitgliedern gesagt haben sollen: »Die Männer haben ernsthafte Probleme mit Selbstbefriedigung.« »Sex (oder der Kampf dagegen) scheint in allen Kreisen der Gruppe eine Obsession zu sein (...). Die Mitglieder haben auf Dinge überreagiert, die einen normalen jungen Mann zum Lachen bringen würden.«[309]

---

306 Blog *Heraldos del Evangelio, Arautos do Evangelho, (La verdadera historia). Sectas, cultos prohibiods*, Eintrag vom 12. November 2012, *Sexo en la TFP y los Heraldos*, http://evangelizacionenargentina.blogspot.com, letzter Zugriff am 26.03.2023.
307 Venezolanische Fernsehsendung von 1984 A puerta cerrada: https://www.youtube.com/watch?v=wCHlaaY8wIE&t=97s, letzter Zugriff am 26.03.2023.
308 Siehe Blog von Juan Fernández Krohn: http://juanfernandezkrohn.blogspot.com/2017/02/implosion-de-la-tfp-y-muerte-de-la.html, letzter Zugriff am 26.03.2023.
309 Blogeintrag vom 12. November 2012, *Sexo en la TFP y los Heraldos*, http://evangelizacionenargentina.blogspot.com/, letzter Zugriff am 26.03.2023.

In geistiger Überhöhung, die an Verirrung grenzt, hat Plinio sogar ein Gebet an sich selbst verfasst. In freier Übersetzung klingt es etwa so: »Gepriesen [Ave] sei Luiz Plinio Elias [Plinio de Oliveiras offizieller Name in der Organisation], voller Liebe und Hass, die Jungfrau Maria ist mit dir, gesegnet unter deinen Söhnen, und gesegnete Frucht Deiner Liebe und Deines Hasses – die Gegenrevolution. Heiliger Luiz Plinio Elias, großartiger Vater des Katholizismus der Gegenrevolution und des Reichs Mariä, bete für uns schwache Sünder, heute und in alle Ewigkeit, Amen.«[310]

Plinio wurde in den Gebeten *Meu Senhor* – Mein Herr – genannt, es entstand sogar eine lange Litanei, die ihm gewidmet war. Die Anhänger Plinios nannten sich Escravos, Sklaven, und beichteten ihm ihre Sünden. Die Zeremonie zur Ernennung zum »Sklaven« verlief folgendermaßen: Der Kandidat lag vor dem Thron von Plinio und erhob sich auf dessen Aufforderung »steh auf«. Symbolisch markierte dies den Beginn eines neuen Lebens. Die Sklaven nahmen Plinio als ihren ersten Vornamen an. Auf diese Weise kam es zu einer Form der Vereinigung mit dem Meister. Dann gaben sie sich selbst weitere Namen. Giulio Folena zum Beispiel hieß als Vollmitglied der Organisation Plinio Bernardes Dimas Longinos de Nossa Senhora Rainha Sagrada dos Apóstolos dos Últimos Tempos. Der Sklave muss sich seinem Herrn Plinio mit seinem gesamten Vermögen ausliefern. Die heilige Sklaverei und seine Tätigkeit in der Organisation mussten geheim bleiben. Das Gesamtbild wurde durch einen roten Mantel vervollständigt, der von Plinio persönlich entworfen worden war und dessen Vorlage aus dem Mittelalter stammte. Er war die offizielle Kleidung der TFP-Mitglieder.

Ein Bericht des US-Geheimdienstes über TFP beschreibt einen gewöhnlichen Tag der Anwärter: »Der Tag beginnt um fünf Uhr morgens mit zwei Stunden Gymnastik, dann folgt ein stundenlan-

---

310 Siehe Eintrag von Orlando Fedeli, http://www.montfort.org.br/bra/cartas/tfp/2004 0728141231/, letzter Zugriff am 26.03.2023.

ges Studium der Schriften von Plinio Corrêa, die Lektüre der Bibel in Latein und Aramäisch und schließlich wieder Sport. Freitags fahren die Anhänger in Trainingslager, wo sie den Umgang mit Waffen und den Nahkampf lernen.«[311]

Auch die brasilianische Presse beschreibt das Leben bei TFP: »Ein herrliches Anwesen [...] im Norden von São Paulo [...]. Junge Männer [...] marschieren mit scharlachroten Wimpeln zwischen der Kapelle und dem kleinen Teich auf und ab [...]. Hier steht man um fünf Uhr morgens auf – für ein Bad im kalten Wasser, ein Gebet, eine Meditation und für Vorlesestunden aus den Büchern des Juristen Plinio Corrêa de Oliveira [...]. Die weltlichen Soldatenmönche trainieren ständig für den Krieg zwischen Engeln und Dämonen, der, wie Plinio lehrt, das Ende der Welt bedeuten wird [...]. Zusätzlich zu den Geldern, die von den wenigen, aber großzügigen Sponsoren zur Verfügung gestellt werden, schicken die internationalen Niederlassungen der Organisation [...] ihrem internationalen Chef Waren, die für den normalen Brasilianer in der Regel nicht erhältlich sind, wie zum Beispiel Kaviar [...]«.[312]

Die TFP-Mitglieder mussten auch die intimsten Details aus ihrem Leben preisgeben. Für Übertretungen gab es Strafen, auch körperliche.

◻ ◻ ◻

Während die »Sklaven« ein Gelübde des Gehorsams, der Keuschheit und der Armut ablegten, besaß Plinio »mehr als hundert Wohnungen (CAL [gemeint ist wahrscheinlich der Architekt Adolpho Lindenberg, einer der Gründer von TFP und Plinios Cousin – Anm. d. Autorin] gab ihm jedes Mal eine, wenn er gebaut hatte), einen

---

311 Edgar González Ruiz, *Cruces y sombras: Perfiles del Conservadurismo en America Latina*, S. 139, Bericht vom 8. Juni 1982.
312 Tomasz Piątek, https://web.archive.org/web/20190301134953/http://wyborcza.pl/7,75968,21554217,ordo-iuris-i-brazylijska-sekta-kim-sa-obroncy-zycia-od-samego.html, nur im Archiv, letzter Screen am 01.01.2019.

großen Teil der Hazienda Morro Alto (Amparo) und erhielt Erbschaften von Mitgliedern der Gruppe, deren Familien vermögend waren.«[313]

Die Würdenträger der brasilianischen Kirche versuchten, die Existenz von TFP zu ignorieren. Die Organisation war jedoch schon bald umstritten, unter anderem wegen ihrer götzendienerischen Haltung gegenüber ihrem Gründer und wegen ihres paramilitärischen Charakters. Bestätigt wird dies in einem Telegramm des amerikanischen Konsulats in São Paulo aus dem Jahr 1979, in dem TFP als »ultrarechte Gruppierung« bezeichnet wird, die »in São Paulo einen kontroversen Ruf hat«. Weiter heißt es, dass TFP »Gegenstand von Fernsehberichten und mehreren Zeitungsartikeln war, in denen hauptsächlich der extremistische Charakter der Organisation beschrieben wurde«.[314]

Das ist noch nicht alles. Ein Diplomat vom amerikanischen Konsulat, der mit »Arnold« unterschrieben hat, meldete, dass »es bestätigte Vorwürfe gibt, dass TFP in der Vergangenheit an Sabotageakten und Aktionen des rechten Terrorismus beteiligt war. Gegenwärtig ist es schwierig, die Stichhaltigkeit dieser Anschuldigungen zu beurteilen. In jedem Fall verfügt TFP über eine paramilitärische Abteilung, deren Mitglieder im Umgang mit Schusswaffen, automatischen Waffen und Anti-Guerilla-Taktiken geschult sind. Die TFP behauptet, diese Mittel seien für die Organisation zur ›Selbstverteidigung‹ notwendig.«[315]

◻ ◻ ◻

---

313 Siehe Eintrag vom 6. August 2009, unterschrieben mit Chateaubriand: *Heraldos del Evaneglio, Arautos do Evangelho (La verdadera historia). Sectas, cultos prohibidos*, http://evangelizacionenargentina.blogspot.com/2010/08/pco-psicopata-paranoide_27.html, letzter Zugriff am 24.03.2023.
314 Siehe Telegramm mit dem Titel: »TRADITION, FAMILY AND PROPERTY (TFP) ORGANIZATION« vom amerikanischen Konsulat in São Paulo an den Staatssekretär in Washington am 5. März 1979, unterschrieben: Arnold, sygn.: STATE 050806, siehe Wikileaks: http://wikileaks.org/plusd/cables/1979SAOPA00748_e.html, letzter Zugriff am 26.03.2023.
315 Ebd.

Neben paramilitärischen Aktivitäten und der Unterstützung von Diktaturen gibt es auch neonationalsozialistische Themen. Die brasilianische Zeitung *Jornal Porta-Voz* berichtete 1968 über eine Untersuchung, die gegen die »Sektierer« (sectários) von TFP und die Verbindungen der Organisation zum Neonationalsozialismus eingeleitet worden war.

»Die Regierung hat ihre Sicherheitsorgane angewiesen, eine umfassende Untersuchung gegen Sociedade Tradição, Família e Propriedade [...] einzuleiten«, schrieb die Zeitung. »Die erste Untersuchung ergab, dass die Mitglieder der TFP-Sekte nach dem Vorbild der deutschen Nazis angeworben und ausgebildet werden [...].«[316]

Dies ist keine besonders überraschende Information, wenn man bedenkt, dass es in Brasilien, wie auch in Argentinien, eine militärische Tradition nach deutschem und italienischem Vorbild gab und die brasilianische Polizei von der Gestapo ausgebildet wurde. In einer anderen Quelle heißt es, dass TFP in den Sechziger- und Siebzigerjahren »in der nördlichen Provinz Rio de Janeiro (dem Hauptzentrum des Ultrakonservatismus) Aufmärsche im Stil der Nazis organisierte: junge Burschen weißer Abstammung in braunen Uniformen und mit wehenden Fahnen. Schwarze Menschen waren in ihren Reihen nicht vertreten. Die Paraden fanden nur in Stadtteilen statt, die hauptsächlich von italienischen und deutschen Einwanderern bewohnt waren.«[317]

In den Dreißiger- und Vierzigerjahren lebten am meisten Deutsche in São Paulo, wo TFP ihren Sitz hat. Anders als Italiener oder Japaner haben sich die deutschen Einwanderer nicht latinisiert. Sie lebten in ihren Kolonien und sprachen deutsch. Hier befand sich zwischen 1928 und 1939 der größte Zweig der NSDAP außerhalb des Dritten Reiches, die Auslandsorganisation der NSDAP. Diese

---

316 Blog do Paim, *Costa manda investigar TFP e ve nazismo,* Abdruck aus »Jornal Porta-Voz« vom 6. September1968, http://tribunaquarentaanos.blogspot.com/2008/09/costa-manda-investigar-tfp-e-v-nazismo.html, letzter Zugriff am 27.03.2023.

317 Siehe: https://mond.at/kelebek/cesnur/txt/samba-gb.htm, letzter Zugriff am 27.03. 2023.

Außenstellen der NSDAP waren in dreiundachtzig Ländern auf allen Kontinenten tätig.[318] Auch nationalsozialistische Jugendorganisationen und nationalsozialistische Frauenverbände waren aktiv. Die Mitglieder unterstützten die Partei in Deutschland finanziell. In dieser Zeit waren Nazi-Festivals in Stadien, Hakenkreuze und der Nazi-Gruß in Brasilien beliebt, und auch Hitlers Geburtstag wurde gefeiert. Die größte Welle von Nazis, die nach dem Krieg aus Europa flohen, strömte nach Brasilien. Josef Mengele war in São Paulo zwischen 1970 und 1979 untergetaucht. Das war die Gesellschaft, in der Plinio Corrêa de Oliveira aufwuchs.

Die TFP selbst bestätigt solche Assoziationen, wenn sie ihren Vorkämpfer auf einer ihm gewidmeten Seite verteidigt: »Plinio Corrêa de Oliveira war ein Gegner des Nazifaschismus, als dieser Brasilien und die Welt bedrohte. Aber es gibt immer noch Leute in Brasilien, die fälschlicherweise behaupten, TFP wäre nationalsozialistisch.«[319] Um zu verstehen, was die TFP meint, wenn sie den Faschismus abstreiten, muss man zunächst wissen, dass für sie Faschismus und Kommunismus das Gleiche sind. Die amerikanische TFP erklärt dies so: »Sie sind die Söhne desselben Vaters, Marx, und haben das gleiche Ziel: die Zerstörung der Zivilisation.«[320] Für sie sind Kommunismus und Faschismus atheistische Systeme, die Familien zerstören, in denen Eltern die Kontrolle über ihre Kinder und deren Erziehung verlieren. Darüber hinaus streben sie nach Lösungen, die dem elitären Weltbild widersprechen, nämlich nach sozialistischen Wirtschaftssystemen.

---

318 Siehe: Doktorarbeit von Ana Maria Dietrich, *Nazismo tropical? O partido Nazista no Brasil*, Universidade de Sao Paulo, 2007. Zugänglich auf: https://www.teses.usp.br/teses/disponiveis/8/8138/tde-10072007-113709/pt-br.php, letzter Zugriff am 27.03.2023.
319 Siehe: https://www.pliniocorreadeoliveira.info/Gesta_0104.htm, letzter Zugriff am 27.03.2023.
320 *Is it Fascist to be Anti-Communist?*, »Crusade for a Christian Civilization«, Juli/August 1975, Abdruck: https://www.tfp.org/is-it-fascist-to-be-anti-communist/. Englischer Abdruck des Artikels von Plinio Corrêa de Oliveira zum Thema Nazismus: *Reflections on Ten Years of Struggle Against Nazism* aus: »Legionario«, 13. Mai 1945, https://www.tfp.org/reflections-on-ten-years-of-struggle-against-nazism/, letzter Zugriff am 27.03.2023.

Als Beweis für ihren Antifaschismus verweist TFP gern auf die zweieinhalbtausend Artikel von Plinio und seinen Mitarbeitern, in denen der Nationalsozialismus kritisiert wird. Aber schauen wir uns das einmal an. Plinio befasste sich in einem Text vom 13. Mai 1945 über »zehn Jahre Kampf gegen den Nazismus« nicht etwa mit dem Nationalsozialismus, sondern mit seiner Theorie der Konterrevolution, indem er das Mittelalter, die Französische Revolution und den Protestantismus analysiert, um am Ende beim Nazismus anzukommen, aber nur, um sich gleich darauf mit dem Kommunismus zu beschäftigen, den er für die größere Bedrohung hielt. Gleichzeitig ging er nicht im Geringsten auf das Leiden der Menschen ein – ein auffälliger Mangel an Empathie für einen leidenschaftlichen Christen. »Der Kommunismus«, schrieb Plinio, »ist tausendmal schlimmer, denn er mobilisiert gegen die Kirche alle satanischen Waffen der Durchtriebenheit anstelle der ungeschickten rohen Gewalt [des Nazismus].« Und »hinter dem antikommunistischen Gebrüll der Nazis verbirgt sich genau der Kommunismus, den sie einführen wollen: ein hinterlistiger Kommunismus mit einer christlichen Maske«.[321] Plinio vollzog eine Kehrtwende und machte aus der Kritik am Nationalsozialismus einen Angriff auf den Kommunismus. Er warf die Frage auf: Muss man Faschist sein, um Antikommunist zu sein? Aber man könnte genauso gut fragen: Muss man Antikommunist sein, um kein Faschist zu sein?

Die TFP und die Attentate auf Johannes Paul II.

All diese Geschichten, die Regeln und die Kulte lassen uns die TFP lächerlich erscheinen, und das führt dazu, dass wir ihre Mitglieder und deren Aktivitäten nicht ernst nehmen. Ein Klub Verrückter. Aber diese Verrückten haben die politische Realität gut im Griff. Die TFP hat nicht viele Mitglieder, es ist ein elitärer Kreis, der diszi-

---

[321] Plinio Corrêa de Oliveira, *A grande experiencia de 10 anos de luta*, »Legionario«, Nr. 666, 13. Mai 1945, siehe: https://www.pliniocorreadeoliveira.info/LEG_450513_AEXPERIENCIADE10ANOSDELUTA.htm, letzter Zugriff am 27.03.2023.

pliniert ist und ausgezeichnet unter autoritären Bedingungen funktioniert. In einem Verzeichnis von 1984 sind 59 Mitglieder aufgeführt.[322] Plinio Corrêa de Oliveira übte in der TFP autoritäre Macht aus. Seine Nachfolger führten den Stil weiter, obwohl es seit Plinios Tod 1995 zum Bruch gekommen ist.

Gizele Zanotto, Autorin einer Doktorarbeit über die TFP, schreibt, dass »Forscher in vielen Bereichen [die TFP] als eine sektiererische und häretische Bewegung definieren, die nichts mit den katholischen Idealen zu tun hat und nicht den institutionellen Gesetzen und dem unbedingten Gehorsam gegenüber dem Papsttum unterworfen und daher nicht mit der Kirche verbunden ist«.[323] Die TFP spielt ein doppeltes Spiel, das Zanotto »Chamäleon-Identität«[324] nennt. Das heißt, sie gibt sich gern als religiöse Organisation aus, die wiederum vor der Kirche als weltliche Organisation auftritt, um nicht unter deren Kontrolle zu geraten.

Bei mindestens zwei Gelegenheiten wurde TFP im Zusammenhang mit Anschlägen auf Johannes Paul II. genannt. Das erste Mal 1982, als der Papst am Jahrestag des auf ihn von Ali Ağca verübten Attentats ins portugiesische Fátima reiste. Die dortige Madonna wurde als seine Retterin angesehen (Ağca griff Johannes Paul II. am 13. Mai, dem Jahrestag der Erscheinungen von Fatima, an). Dort überfiel ein Priester den Papst und ritzte ihn mit einem Bajonett. Das war der Spanier Juan Fernández y Krohn. In Portugal gab es Gerüchte, das Attentat habe etwas mit der TFP zu tun.[325] Der Attentäter schreibt Jahre später in seinem Blog: »Die TFP war in meiner Jugend (in den Siebzigerjahren) Teil meiner ideologischen

---

322 Siehe Eintrag von Orlando Fedeli von 2009 auf dem Blog: *Informacoes sobre a seita secreta SEMPRE VIVA, da TFP,* http://www.montfort.org.br/bra/cartas/tfp/20090928215438/, letzter Zugriff am 24.03.2023.
323 Gizele Zanotto, *Normatizacoes, controle e disciplina: a TFP enquanto instituicao total (1960–1995),* »Historia«, 2010, Nr. 2, https://www.scielo.br/j/his/a/sSwPvggfD-H5wtXj6xgYd4jR/?lang=pt, S. 6, letzter Zugriff am 26.03.2023.
324 Ebd., S. 247.
325 Edgar González Ruiz, *Cruces y sombras: Perfiles del Conservadurismo en America Latina,* S. 139, Bericht vom 8. Juni 1982.

Bildung, wie ich in diesem Blog schon oft erwähnt habe. Es stimmt, dass ich mich irgendwann von ihnen entfernt habe, aber sie haben nicht aufgehört, mich zu beeinflussen, sowohl vor als auch nach meiner Tat in Fátima, und man muss sogar (fairerweise) sagen, dass ihre Ideen und ihr Ansatz – und vor allem ihr Beispiel – nicht wenig mit dieser Aktion zu tun hatten.«

Krohn fügt hinzu, er sei »dem ideologischen und spirituellen Weg [der TFP] gefolgt, der mich zu meiner Tat in Fatima geführt hat«.[326]

Vor dem Attentat auf den Papst war Krohn Priester und gehörte der Piusbruderschaft an, die wesentliche Reformen des Zweiten Vatikanischen Konzils ablehnten, wofür ihr Gründer, Erzbischof Marcel Lefebvre, vom Papst zunächst suspendiert und dann 1988 exkommuniziert wurde. Krohn, der 1978 von Lefebvre selbst zum Priester geweiht wurde, hatte »während des Angriffs auf Johannes Paul II. gegen das Zweite Vatikanische Konzil und den Kommunismus gewettert (…). Im Ärmel des Attentäters wurde das Bajonett eines Gewehrs vom Typ Mauser aus dem Ersten Weltkrieg gefunden«, heißt es unter anderem in Informationen des polnischen Innenministeriums an den damaligen Staatsratsvorsitzenden Wojciech Jaruzelski und den damaligen Innenminister Czesław Kiszczak.[327] Er trat also nicht nur als ehemaliger Anhänger von Lefebvre, sondern auch als Antikommunist auf. Kardinal Stanislaw Dziwisz räumte Jahre später ein, dass der Papst verwundet wurde.[328] Krohn schrieb in einem anderen Blog: »Professor Plinio war schockiert über meine Tat in Fátima.«[329] Dabei habe das Attentat, so

---

326 Blog von Juan Fernández Krohn: http://juanfernandezkrohn.blogspot.com/2017/02/implosion-de-la-tfp-y-muerte-de-la.html, letzter Zugriff am 24.03.2023.
327 Information des Innenministeriums unterschrieben von Direktor Fabian Dmowski am 19. Mai 1982, S. 2. Siehe: Akte von Juan Fernández Krohn im Instytut Pamięci Narodowej, Sygn. 01304/917.
328 Siehe: *Testimony: The Untold Story of Pope John Paul II (Świadectwo)*, Regie: Paweł Pitera, Interview mit Kardinal Stanisław Dziwisz.
329 Blog von Juan Fernández Krohn: http://evangelizacionenargentina.blogspot.com/2010/, letzter Zugriff am 26.03.2023.

Krohn, seinen Ursprung in dessen Lehre. »Es ist klar, dass mein – isolierter – Auftritt in Fátima in erster Linie aus ideologischen – und theologischen – Gründen erfolgte, bei denen TFP und ihre Lehren eine bedeutende Rolle spielten [...].«

◻ ◻ ◻

Das Institut für Nationales Gedenken verfügt über eine Akte zu Krohn und seinen sonderbaren Reisen und Aufenthalten in Polen. Ein Jahr vor dem Attentat war er nämlich in Polen unterwegs. Im Juli 1981 hielt er sich viel bei den Solidarność-Leuten auf, traf Lech Wałęsa und »betonte seinen Antikommunismus«, wie der polnische Geheimdienstagent »Flis« berichtete.[330] Auch Priester Henryk Jankowski aus Gdańsk hat ihn als »seltsamen spanischen Priester« in Erinnerung.[331] Der polnische Geheimdienst versuchte herauszufinden, wie Krohn nach Polen gelangt war, da sein Name nicht in den Registern zu finden war. Er hatte einen falschen Namen benutzt. Der Sicherheitsdienst war der Meinung, dass der Kontakt des Attentäters zu Wałęsa ein guter Vorwand für einen Angriff auf die Solidarność sein könnte. Gleichzeitig versuchte er herauszufinden, ob Krohn allein gehandelt hatte, und stellte fest, dass Krohn mit denselben Kräften in Verbindung stand wie der türkische Attentäter Mehmet Ali Ağca. »JFKs [d.h. Krohns] Fanatismus und rechtsextreme Ansichten und seine zahlreichen Reisen um die Welt mit Unterstützung von Geldern nicht näher bezeichneter Herkunft wird aufmerksam untersucht. Die Leute, die ihn gelenkt haben, bleiben, wie bei dem Türken, weiterhin im Dunkeln«, schrieb Agent »Soler«

---

[330] Piotr Bączek, *Niedoszły zabojca z Fatimy. Zagadka drugiego zamachu na Jana Pawła II*, Niezalezna.pl, 10. Juni 2014, https://niezalezna.pl/56237-niedoszly-zabojca-z-fatimy-zagadka-drugiego-zamachu-na-jana-pawla-ii, letzter Zugriff am 26.03.2023.

[331] Information des Innenministeriums unterschrieben von Direktor Fabian Dmowski am 19. Mai 1982, S. 4, siehe: Akte von Juan Fernández Krohn im Instytut Pamięci Narodowej, Sygn. 01304/917.

über die im Vatikan zusammengetragenen Meinungen.[332] In diesen Dokumenten wird die TFP, die den polnischen Diensten unbekannt geblieben sein muss, nicht erwähnt, aber Krohn selbst bekräftigte dies in einem Briefwechsel mit mir: »Sie haben meinen Lebensweg beeinflusst, auch – aus der Ferne – meine Tat in Fátima und natürlich meine Reisen nach Polen.«

Krohn sagt, er habe Plinio 1973 und 1979 besucht und sich sechs Monate lang auf das Attentat auf den Papst vorbereitet. In einer Filmaufnahme von der Gerichtsverhandlung in Ourém in Portugal 1983 ist er jedenfalls in einer Soutane zu sehen, die mit einer roten Schärpe umgürtet ist, die an die Schärpen von TFP erinnert.[333] Seine Schärpe ist mit einer gelben Rose statt mit einem goldenen Löwen zusammengeklammert. Ich frage Krohn, ob die Assoziation mit der TFP beabsichtigt ist. Er antwortet: »Ja, die Schärpe in dem Film, den Sie mir geschickt haben, ist ein Beweis für den symbolischen Einfluss, den die TFP damals auf mich hatte.« Er greift das Motiv auf und fügt hinzu: »Ich habe dieses rote Band – das TFP-Rot – von ihnen übernommen. [...] Das Band, das ich trug, ähnelte der Schärpe von TFP, das ist wahr.« Und er gibt zu, dass die grüne Soutane und die gelbe Rose, die die Schärpe zusammenhält, von ihm stammen. Heute, so sagt er, habe er »Respekt« vor TFP, äußert aber vor allem »Misstrauen« und »Besorgnis«. Diese Zurückhaltung gegenüber TFP entspringt dem Bewusstsein, dass TFP »mächtig und einflussreich« ist, »viel mächtiger, als es scheint«.

Krohn wurde zu sechseinhalb Jahren Haft verurteilt und von der Kirche exkommuniziert. Nach drei Jahren wurde er entlassen. Er ließ sich in Belgien nieder, wo er heiratete und im Jahr 2000 wieder verhaftet und zu fünf Jahren Gefängnis verurteilt wurde, weil er versucht hatte, den belgischen König und anschließend den spanischen

---

332 Piotr Bączek, *Niedoszły zabojca z Fatimy. Zagadka drugiego zamachu na Jana Pawła II*, Niezależna.pl, 10. Juni 2014, https://niezalezna.pl/56237-niedoszly-zabojca-z-fatimy-zagadka-drugiego-zamachu-na-jana-pawla-ii, letzter Zugriff am 26.03.2023.
333 Siehe: SYND 4 5 83 SPANISH PRIEST WHO TRIED TO KILL POPE JOHN PAUL II GOES ON TRIAL IN OUREM, PORTUGAL, https://www.youtube.com/watch?v=PA4Uw_SSsS0, letzter Zugriff am 26.03.2023.

König anzugreifen. Diese rote Schärpe, schreibt Krohn, war »eine offene Herausforderung in ihre Richtung, in die Richtung derer, die mich abgelehnt haben«. Damit ich diese Ablehnung und seine heutige Meinung zu TFP verstehe, schickt mir Krohn ein Typoskript seines Buches. Mit seiner Erlaubnis zitiere ich Auszüge daraus: »Die TFP-Leute lachten mir fast ins Gesicht, als sie sahen, dass ich eine Soutane trug. In ihrem Reich Mariens – ich sage das mit Nachdruck – war kein Platz für den Klerus, der nach der Logik von TFP im 21. Jahrhundert zum Aussterben verurteilt ist. Daher das mitleidige Lächeln, das mein Anblick im Gewand der Priesterbruderschaft St. Pius X. (das ist der offizielle Name der Lefebristen) – insgeheim – hervorrief. Die TFP-Mitglieder waren fanatisch davon überzeugt, dass sie zu Höherem berufen waren, was sie alle ausstrahlten. Dass sie Boten des Reiches Mariens waren, die auf ihrer Stirn das (unsichtbare) Taukreuz sahen. Das Zeichen der Auserwählten, sichtbar nur für die Gesalbten. ›Juan mag ein guter Mensch sein‹, habe ich von einem brasilianischen Mitglied gehört, das in den Jahren, in denen ich mit TFP in Kontakt stand, für den spanischen Zweig zuständig war, ›aber er hat kein Taukreuz auf der Stirn‹.«

❑ ❑ ❑

Krohns Erinnerungen an die TFP enthalten auch ein starkes frauenfeindliches Element. »Diese frauenfeindliche Atmosphäre bei der TFP, die in der ganzen Kämpfer-Gruppe vorherrschte, war nichts anderes als ein Spiegelbild der Haltung und des Verhaltens von Professor Plinio, dem Gründer der Organisation. [...] Ob der Gründer mit Frauen in Kontakt war – im sexuellen Sinne –, habe ich nie erfahren. Aber ich kannte einige Details über seine etwas seltsame und beschämende Jugend, darüber, wie der junge Professor Plinio durch ein Viertel von São Paulo – sicherlich ein gehobenes und elitäres Viertel –, in dem er lebte, mit einem mysteriösen Freund Hand in Hand spazieren ging.«

Krohn beschreibt auch die Haltung von TFP, dieser »esoterischen, halbgeheimen« Organisation – wie er sie nennt – gegenüber den Päpsten. Er bestätigt Informationen aus anderen Quellen, die bereits weiter oben zitiert wurden – sie teilen die Ansichten der sogenannten Sedevakantisten (*sede vacante*, leerer Thron), die glauben, dass alle Päpste nach 1958 Häretiker sind (TFP erkennt die Änderungen nach dem Zweitem Vatikanischen Konzil natürlich nicht an). Dies gilt sowohl für Paul VI. als auch für Johannes Paul II.

Die TFP-Leute sahen selbst in Johannes Paul II. einen Kommunisten. Krohn war der Meinung, Johannes Paul II. sei ein Agent der UdSSR. Das klingt überraschend, aber viele Spanier hielten JP II., so sagt er in einem Interview mit Religión Digital, für einen Linken.[334] Krohn ist bis heute der Meinung, das Bild vom antikommunistischen Papst sei falsch gewesen, eine Tarnung. Der wahre Antikommunist sei er gewesen. Und Plinio.

Unsere Liebe Frau vom Heiligen Rosenkranz von Fátima und ihre Erscheinung spielten eine Schlüsselrolle in Plinios Welt. Ihre Botschaft enthielt starke antikommunistische Bezüge: »Wenn man auf meine Wünsche hört, wird Russland sich bekehren, und es wird Frieden sein, wenn nicht, dann wird es seine Irrlehren über die Welt verbreiten, wird Kriege und Verfolgungen der Kirche heraufbeschwören.«[335] Den Papst, einen angeblichen Kommunisten, am Tag der Erscheinung der Gottesmutter von Fátima zu bezwingen, wäre das perfekte Zusammentreffen gewesen.

❑ ❑ ❑

Zwei Jahre nach den Vorfällen in Fátima kam es in Venezuela zu einem Skandal um die TFP. Innerhalb weniger Wochen wurden siebenhundert Artikel und zwanzig Stunden Fernsehmaterial über die

---

334 Siehe: https://www.youtube.com/watch?v=n7HTcGdGyKc, letzter Zugriff am 26.03.2023.

335 Siehe: Roberto De Mattei, *Krzyżowiec XX wieku. Plinio Correa de Oliveira*, Instytut im. ks. Piotra Skargi, 2004, S. 272.

Organisation veröffentlicht.[336] Sie wurde sogar als »satanische Sekte« bezeichnet, denn »die Polizei hat den Plan dieser Gruppe, Johannes Paul II. auf seiner Reise in dieses Land zu töten, vereitelt«.[337]

Das ehemalige TFP-Mitglied Maiken L.P. erinnert sich, dass in der Organisation »immer schlecht über Johannes Paul II. gesprochen wurde, weil er zu ökumenisch und zu sehr für die Armen war«.[338] Edgar González schreibt in seinem Buch *Cruces y sombras* [Kreuze und Schatten]: »Es war nicht das erste Mal, dass die TFP mit Anschlägen auf JP II. in Verbindung gebracht wurde, denn in den frühen Achtzigerjahren wurden TFP-Mitglieder in einem Trainingslager in Brasilien fotografiert. Sie übten schießen, und ihr Ziel war ein Foto von Johannes Paul II.« Das Motiv für das versuchte Attentat auf den polnischen Papst in Caracas bestätigten auch Meldungen und Texte der Nachrichtenagentur Reuters und von *The Washington Post* aus dem Jahr 1986. Darin wird die TFP als eine »ausschließlich männliche, rechtsextreme Gruppe« bezeichnet, deren Aktivitäten in Venezuela verboten wurden und die an der Vorbereitung des Attentats auf den Papst beteiligt war.[339]

Die TFP hat diese Anschuldigungen natürlich zurückgewiesen.

---

336 Nach TFP: https://www.pliniocorreadeoliveira.info/ES_19861204_ResistenciayTFPdeclaradasinocentes.htm, letzter Zugriff am 26.03.2023.

337 Edgar González Ruiz, *Cruces y sombras: Perfiles del Conservadurismo en America Latina,* Juni 2005, S. 140.

338 Siehe Blog: http://www.montfort.org.br/bra/cartas/tfp/20100105195744/, letzter Zugriff am 26.03.2023.

339 AM Cycle. *The Venezuelan government plans …*, Reuters, 13. November 1984; Paul Attanasio, *The Hail on ›Hail Mary‹; Furor Over Godard's Modern Nativity Story,* »Washington Post«, 15. Mai 1986. Auch »Latin America Weekly Report« aus London schreibt 1984, die TFP »stand in Verdacht, den Attentatsversuch auf Johannes Paul II. vorbereitet zu haben« (*Venezuela/Right-Wing Organisation,* 19. Oktober 1984). Das schreiben auch andere Quellen: »United Press International« (*Police Uncover Plot to Kill Pope* [Polizei deckt Verschwörung gegen den Papst auf], 14. Dezember 1984); »The San Diego Union-Tribune« (Merrill Collett, *Sect Suffers After Alleged Plot on Pope* [Sekte leidet nach angeblichem Komplott gegen Papst], 22. Februar 1985; Ernesto J. Navarro: *Tradicion, Familia y Propiedad quiso asesinar al Papa en Venezuela,* www.redvoltaire.net). Manche Informationen stehen auch auf der Webseite der venezolanischen TFP: https://www.pliniocorreadeoliveira.info/GestaES_0205Venezuela.htm#.XOqJ6I-xXIU, letzter Zugriff am 27.03.2023.

◻ ◻ ◻

Der Nachricht über den Attentatsversuch in Venezuela war die Enthüllung der Geschichte der Organisation und der Einzelheiten über die Einschleusung von Jungen zwischen dreizehn und zwanzig Jahren in die Organisation vorausgegangen. Eltern aus dem gutbürgerlichen Milieu richteten die Bitte an das Innenministerium, die Aktivitäten von TFP, die in Venezuela als ASOCIRE (Asociación Civil Resistencia) bekannt ist, zu untersuchen. Sie beschweren sich darüber, dass ASOCIRE »jungen Menschen ihre Identität nimmt, die daraufhin so fanatisch werden, dass sie ihre Eltern, Familie und alte Freunde zu hassen beginnen«.[340]

Der Skandal um die »Teufelssekte«, wie die Presse TFP nannte, wurde begleitet von viel Blitzlichtgewitter und Kameralicht. In der Fernsehsendung *A puerta cerrada* (Hinter verschlossenen Türen) gab es eine fast zweistündige Diskussion über das Attentat und die Gehirnwäsche der venezolanischen Jugend. Das Studio war voll, es saßen sogar Zuschauer auf dem Boden. Verschiedene Seiten meldeten sich zu Wort. Darunter ASOCIRE-Mitglieder, ehemalige Mitglieder, Mütter und Schwestern von Leuten, die die Organisation unterstützten, und von Leuten, die ausgetreten waren. Die TFP-Mitglieder hatten glatt gegeltes Haar, trugen Anzüge, sprachen klar und sehr selbstbewusst. Die Jungen, die die Organisation verlassen hatten, waren »modern« gekleidet, hatten längeres Haar, trugen karierte Hemden und Jeans und sprachen emotionaler. Alle waren im Oberschulalter und wurden als Teenager angeworben, mit zwölf, dreizehn oder sechzehn Jahren. Sie sagten, dass sie unter Druck gesetzt wurden, dass sie zu Sitzungen gehen mussten, dass sie gemaßregelt wurden, dass ihnen gedroht wurde, falls sie sich abwenden sollten, dass sie bei Schulungen geschlagen wurden. Einer erzählte von einem Telefonanruf: Jemand hatte gedroht, ihn zu verbrennen.

---

340 http://catalogo.mp.gob.ve/minpublico/doctrina/php/buscar.php?base=doctri&cipar=doctri.par&epilogo=&Formato=w&Opcion=detalle&Expresion=N:304, letzter Zugriff im Februar 2019.

Die TFP-Mitglieder hörten zu, lächelten ironisch und holten »Beweise« über einen der Jungen hervor, die sie mitgebracht hatten. Damit wollten sie ihn als Person, die aus der Organisation ausgeschlossen wurde, in ein schlechtes Licht rücken. Ein Vater erzählte, dass sein Sohn erst zwei Tage in der Woche, dann an den Wochenenden und schließlich eine ganze Woche lang verschwunden war. Es gab Berichte davon, wie Kinder in ein einmonatiges Camp nach Brasilien fuhren, von dem sie völlig verändert zurückkehrten. Eine Mutter erzählte, wie sie nach São Paulo zu Plinio selbst gefahren war, um ihren »Sohn zu überreden, nach Hause zu kommen«. Als sie ein großes Wandgemälde sah von der Mutter des TFP-Gründers, beschloss sie, an seine Gefühle als Sohn zu appellieren. In dem Raum, in dem er sie empfing, befanden sich etwa dreißig Jungen im Alter zwischen dreizehn und vierzehn Jahren, die »wie Soldaten« aussahen. Auf ihr Flehen hin antwortete ihr Plinio, dass sie »ihre mütterlichen Gefühle der Berufung ihres Sohnes opfern sollte«. Sie fragte ihn daraufhin: »Ihr nennt euch ›Tradition, Familie und Privateigentum‹. Aber wo bleibt die Familie, wenn man Kinder von ihren Eltern trennt?« Plinio antwortete, dass es den Jungen freistehe, sich ihre eigene Familie zu suchen. Aber die Mutter gab nicht auf: »Wenn Sie die Jungen aus der Schule nehmen, mit wem sollen sie dann eine Familie bilden?«

Priester Genaro Aguirre, der sich als Jesuit vorstellte, sprach ebenfalls in der Sendung: »Diese Organisation ist keine katholische Organisation«, sagte er über TFP, »und deshalb ist sie auch keine religiöse Organisation. Wenn sie katholisch wäre, müsste sie von den zuständigen Behörden genehmigt werden. Also vom Papst, der venezolanischen Bischofskonferenz und dem Diözesanbischof.«[341]

Als Priester Aguirre sagte, dass die »TFPler« von Zivilgerichten beurteilt werden sollten, wo die Angeklagten das Recht haben, sich selbst zu verteidigen, löste dies bei den Mitgliedern der Organisa-

---

341 Siehe: https://www.youtube.com/watch?time_continue=97&v=wCHlaaY8wIE, etwa 31. min., letzter Zugriff am 26.03.2023.

tion Beifall aus. Daraufhin wurde der Priester laut, weil er »viele und ernsthafte Zweifel« an ihren Aktivitäten hatte. Er sagte, die Sache sei für ihn »furchtbar schmerzhaft« – und hier erhob er seine Stimme –, weil »sie zu Spaltungen in der Kirche geführt habe«. Das ironische Grinsen eines »TFPlers« war zu sehen. Aguirre sagte, dass »Christus von den Christen zwei grundlegende Dinge verlangt: nicht gegeneinander zu kämpfen, sondern unseren Nächsten zu lieben. Dies ist das wichtigste Gebot. Und das zweite Gebot Christi, das man in den Evangelien nachlesen kann, ist die Einheit. Dass wir alle zusammen sein sollen. […] Ich sehe hier aber Spaltungen.«

Ein junger »TFPler« lächelte den Priester mitleidig an. Aguirre sprach, noch immer laut, er sagte, dass ihn der Anblick von jungen Männern und deren Müttern schmerze, die über die Sache nicht emotionslos sprechen könnten, und dass ihm der Anblick von jungen Männern wehtue – und dabei deutete er auf die Jünglinge in Anzügen –, »die mir ein wenig aus der Zeit gefallen vorkommen, als hätten sie ein machiavellistisches Weltbild, das die Welt in Gut und Böse unterteilt. Ich habe den Eindruck, dass sie sich nur auf eine Sache konzentrieren, ohne ein breiteres Spektrum der Dinge einzubeziehen, mit denen sie sich beschäftigen sollten. […] Und vor allem tut es mir sehr weh, dass die Religion in diese Angelegenheit hineingezogen wird. Dass sie als Vorwand für Antikommunismus benutzt wird. Das ist ein Fehler. Man kann aus vielen Gründen Antikommunist sein« – das spöttische Lächeln eines blonden »TPFlers« wich nicht aus dessen Gesicht, er winkte sogar ab, während der Priester sprach –, »aus religiösen und nicht religiösen Gründen. Es gibt viele Antikommunisten, die nicht einmal in den Taufregistern aufgeführt sind. Ich bin der Meinung, dass Religion nicht mit sozialen und politischen Fragen vermischt werden sollte.«

Auch ein Psychiater meldete sich zu Wort und erläuterte die verschiedenen Phasen, in denen Menschen in Sekten hineingezogen werden, er sprach über Indoktrination und schließlich auch über die Sprache der »TFPler«: emotionslos, technisch, voll einstudierter Phrasen. Ihre Körpersprache würde sie verraten, sie verhielten sich wie Automaten, wie Zombies. Noch während er sprach, verzogen die »TFPler« ihre Gesichter.

Von Zeit zu Zeit las der Moderator Fragen von Zuschauern vor, die im Studio angerufen hatten. Eine Frage lautete: »Warum diskriminiert die TFP Frauen? Könnte es sein, dass sie homosexuell sind?«

Die in der Sendung *A puerta cerrada* Anwesenden verwendeten, wie viele ehemalige Mitglieder, die ihre Erinnerungen an ihre Zeit bei TFP veröffentlichen, häufig das Wort »Sekte«.

◻ ◻ ◻

Das Hauptquartier der venezolanischen TFP wurde mehrfach durchsucht. Außerdem wurde ein Sonderausschuss eingesetzt, der die Aktivitäten der Organisation untersuchte. Eltern von Kindern, die in ASOCIRE hineingezogen worden waren, zogen vor Gericht, weil, wie Reuters berichtete, »diese Gruppe [TFP] die Teenager einer Gehirnwäsche unterzogen und sie von ihren Familien getrennt hat«.[342]

Am 16. August 1984 schrieben die Eltern an den Generalstaatsanwalt: »Dr. Plinio Corrêa de Oliveira, siebzig Jahre alt, wird von seinen jungen Anhängern, die aus ihren Familien herausgerissen und von ihnen getrennt wurden, wie ein Heiliger und ein Prophet verehrt.«[343]

Nach »einer dreimonatigen Untersuchung, die zeigte, dass sie [TFP] verfassungswidrig handelte«, beschloss der venezolanische Präsident Jaime Lusinchi, die Aktivitäten von TFP in seinem Land

---

[342] *Venezuela: Information on a religious para-military group called »Family, Tradition and Property« (TFP), its mandate, the name of its founder, whether any training was required to join the sect, whether this organization was banned by the government and, if so, when (1984–1985)*, The UN Refugee Agency, Canada: Immigration and Refugee Board of Canada, 1. April 1998, https://www.refworld.org/docid/3ae6abee60.html, letzter Zugriff am 26.03.2023.

[343] http://catalogo.mp.gob.ve/min-publico/doctrina/php/buscar.php?base=doctri&cipar=doctri.par&epilogo=&Formato=option=detalle&Expresion=N:304, letzter Zugriff im Februar 2019.

zu untersagen.[344] Das Dekret verbot »der genannten Asociación Civil Resistencia (ASOCIRE), auch bekannt als Tradición, Família y Propiedad (TFP), jegliche Tätigkeit und Manifestation innerhalb des Landes«.[345] ASOCIRE musste Venezuela verlassen. Auf ihrer Webseite steht über das Urteil von 1986, es habe die Organisation von kriminellen Vorwürfen entlastet, aber es steht da nicht, von welchen. Dennoch kehrten sie nicht nach Venezuela zurück.[346]

◻ ◻ ◻

Höhepunkt der TFP-Affäre war ein Dokument, das aus einem Treffen der brasilianischen Bischöfe im Jahr 1984 hervorging. Ich zitiere es vollständig:

»Der fehlende Kontakt der TFP (Sociedade Brasileira de Defesa da Tradição, Família e Propriedade) zur brasilianischen Kirche, ihren Hierarchien und dem Heiligen Vater ist allgemein bekannt.

Der esoterische Charakter, der religiöse Fanatismus, der Personenkult um den Anführer und dessen Mutter, der Missbrauch des Namens der Heiligen Jungfrau können – nach den vorliegenden Informationen – keinesfalls die Zustimmung der Kirche verdienen.

---

344 Dieses Dokument wird in einem Bericht auf der Seite des Hohen Flüchtlingskommissars der Vereinten Nationen zitiert.
345 Dieses Dekret zitiere ich gemäß der Seite der venezolanischen TFP: https://www.pliniocorreadeoliveira.info/GestaES_0205Venezuela.htm#.XOvVSI-xXIU, letzter Zugriff am 26.03.2023.
346 Siehe: https://web.archive.org/web/20221002125740/https://www.pliniocorreadeoliveira.info/ES_19861204_ResistenciayTFPdeclaradasinocentes.htm#.YzmKz_Z_qUk, nur im Archiv, letzter Screen am 02.10.2022. Hier ist die Rede vom Urteil in erster Instanz vom 30. Dezember 1985, gesprochen von Richter Saul Ron Braasch (er stellte keine Straftat fest), und dem Urteil von Juzgado Superior Decimo en lo Penal vom 15. Mai 1986, das jedoch nicht auf der Seite von TFP veröffentlicht wurde. Als ich mich an die Piotr-Skarga-Stiftung – die polnische TFP – mit der Bitte um Hilfe bei der Suche nach diesem Dokument wandte, erhielt ich keine Antwort. Es gibt auch einen Wikipedia-Eintrag auf Portugiesisch, in dem die Urteile erwähnt werden, aber es gibt keinen Hinweis auf Presseveröffentlichungen zu diesem Thema. Der Tonfall des Eintrages lässt mich an der Unparteilichkeit zweifeln. Siehe: https://pt.wikipedia.org/wiki/Tradi%C3%A7%C3%A3o,_Fam%C3%ADlia_e_Propriedade#Livros_e_abaixo-assinados_da_TFP_e_de_membros_no_s%C3%A9culo_XX[31], letzter Zugriff am 27.03.2023.

Wir bedauern die Probleme, die sich aus der Tatsache ergeben, dass die Vereinigung, die sich als religiöse und katholische Institution präsentiert, nicht mit echten Geistlichen verbunden ist.

In Anbetracht dessen warnen die brasilianischen Bischöfe die Katholiken davor, der TFP beizutreten und mit dieser Organisation zusammenzuarbeiten.«[347]

❐ ❐ ❐

Warum beschreibe ich hier eine Organisation aus Brasilien so ausführlich? Weil sie wie El Yunque, aber offener, religiöse Organisationen in Europa und in erheblichem Maße auch in Nord- und Südamerika infiltriert hat und dort zum Teil den Ton angibt. In Polen ist sie besonders relevant, denn sie steht hinter der Gründung von Ordo Iuris, der aggressivsten und für Frauen und LGBTQI-Personen gefährlichsten Organisation. Aber sie ist auch in anderen Ländern aktiv, in Frankreich, den Niederlanden, Deutschland, Kroatien und weiteren, wo sie unter anderen Namen agiert, überall ein radikales Narrativ verbreitet und gefährliche Verbindungen eingeht.

In Frankreich entstand die Organisation Mitte der Siebzigerjahre, von dort hat sie sich in ganz Europa ausgebreitet, bis sie schließlich auch nach Polen kam. Die erste Hälfte der Neunzigerjahre war von spektakulären kollektiven Selbstmorden oder Morden durch Angehörige der Sekte geprägt. Man begann, das Ganze zu beobachten. Bereits 1989 wiesen die französischen Bischöfe darauf hin, dass TFP »eine Aktion der (geschickt dosierten) Verunglimpfung der römisch-katholischen Kirche und anderer Religionen, Philosophien oder Ideologien betreibt, die darauf abzielt, den jungen Aktivisten die ›eine Wahrheit‹ der TFP zu offenbaren und ihnen das Gefühl des Auserwähltseins zu geben.«[348]

---

[347] Nach: https://web.archive.org/web/20200523022858/http://www.pr.gonet.biz/kb read.php?num=401, nur im Archiv, letzter Screen am 23.05.2020.
[348] Nach: Bertrand Lethu, *Collecte de fonds*, »La Croix«, 4. September 1996, https://www.la-croix.com/Archives/1996-09-04/Collecte-de-fonds-_NP_-1996-09-04-411630, letzter Zugriff am 26.03.2023.

Zwei Jahre später äußerte der damalige bischöfliche Vertreter Jean-Michel di Falco Leandri ähnliche Bedenken. Die TFP war zu diesem Zeitpunkt bereits durch einen Skandal bekannt, zu dem es im Zusammenhang mit der 1977 von der Organisation gegründeten École Saint-Benoît gekommen war. Besorgte Eltern und auch einige Lehrer waren – wie in Venezuela – beunruhigt vom Vorgehen der brasilianischen Kader, die Kinder zu Kämpfern ausbildeten. Es wurde ein »spezielles Dossier von Eltern, Lehrern und Priestern der Schule Saint-Benoît erarbeitet, das die Methoden und den Modus Operandi der TFP offenlegte«.[349] Die katholische Tageszeitung *Le Journal Chrétien* formulierte es folgendermaßen: »Die Hauptvorwürfe gegen die TFP betreffen intellektuelle Täuschung, Indoktrination, die Zerstörung der Persönlichkeit und die Trennung des Schülers von der Familie, den Personenkult um den Gründer, die systematische und destruktive Kritik an allem [...].«[350]

Die Schule wurde nach zwei Jahren geschlossen, und die Sache kam vor Gericht. Das Gericht in Châteauroux entschied 1982, dass »das Personal des Internats, das sich mehrheitlich aus Brasilianern zusammensetzt, psychischen Druck auf die Schüler ausübt, sie dahingehend bearbeitet, das Lernen an zweite Stelle zu setzen, um kriegerische Anwärter einer gewissen ausländischen Organisation zu werden«.[351]

Weitere Kritik kam von der Kirche. Pater Jacques Trouslard, der 2001 mit der Ehrenlegion für seine Verdienste auf dem Gebiet der Sekten-Dokumentation ausgezeichnet wurde, schrieb in der Zeitschrift *La Vie:* »Sekten maskieren sich mit Religion, Kultur und

---

349 Ebd.
350 Bruno Leroy, *Tradition-Famille-Propriete: Une secte influente*, »Le Journal Chrétien«, Publikation des Centre Contre les Manipulations Mentales vom 5. Juli 2006, https://www.ccmm.asso.fr/178-tradition-famille-propriete-une-secte-influente/, letzter Zugriff am 30.03.2023.
351 Siehe: Blandine Grosjean, *TFP, une secte qui pourfend communisme et pornographie. Avenir de la culture est une de ses emanations*, »Liberation«, 12. August 1998, https://www.liberation.fr/evenement/1998/08/12/tfp-une-secte-qui-pourfend-communisme-et-pornographieavenir-de-la-culture-est-une-de-ses-emanations_245394/, letzter Zugriff am 26.03.2023.

Ethik. In der letztgenannten Kategorie ist die TFP ein Musterbeispiel!«[352]

TFP wird hier erwähnt, obwohl es seine Kampagnen in Frankreich über die Vereinigung *Avenir de la Culture* durchführte, die ab 1991 unter anderem eine Aktion zur Versendung von Flyern über die Erscheinungen von Fátima nach Russland organisierte. Die Vereinigung sprach sich auch aggressiv gegen Kondome oder »ikonoklastische« Filme (zum Beispiel *Die letzte Versuchung Christi* von Martin Scorsese) aus.

Trouslard aktualisierte jedes Jahr die Warnungen (sogenannte SOS) vor der TFP, die letzte stammt von 2017.[353]

Wesentlich früher hatte eine staatliche Kommission die Sache in die Hand genommen, in deren Auftrag Analysen erstellt und Zeugen – Opfer von Sekten – befragt wurden. In einem Bericht[354] von 1995 wurde unter anderem versucht zu definieren, was eine Sekte ist. Im französischen Recht gab es den Begriff nicht, was mit der laizistischen Tradition des Staates zusammenhängt. Deshalb wurde eine Liste von Merkmalen erstellt, die Sekten aufweisen können. Zunächst wurde ihre »nebulöse« Zerstreuung benannt, die von einer Mutterorganisation ausgeht und sich in zahlreiche »Ableger« verzweigt. Da Sekten unterschiedlich auftreten, wurden die verschiedenen Typen benannt. So gibt es New-Age-Sekten, alternative Sekten, apokalyptische Sekten, ufologische Sekten, satanistische Sekten, aber auch evangelikale und pseudokatholische Sekten. Letzteren wurde TFP zugeordnet.

---

[352] Jacques Trouslard stellte vor dem Tribunal Correctionnel de Chartres während einer Anhörung am 17. September 2001 die gesamte Liste der Ereignisse und Fakten vor, die ihn zu der Schlussfolgerung gebracht haben, dass die TFP eine Sekte ist, siehe: http://archives.leforumcatholique.org/consulte/message.php?arch=2&num=309297, letzter Zugriff am 26.03.2023.

[353] Das gesamte Register der Warnungen, die von 2001 bis 2017 von Jacques Trouslard notiert wurden: https://sos-derive-sectaire.pagesperso-orange.fr/FICHES/tfp.htm, letzter Zugriff im Februar 2019.

[354] Assemble Nationale Nr. 2468, 22. Dezember 1995, geleitet von Alain Gest, notiert von Jacques Guyard, http://www.assemblee-nationale.fr/rap-enq/r2468.asp, letzter Zugriff am 26.03.2023.

Der Bericht hatte keinen juristischen Charakter, sondern diente lediglich der Information. Einige Jahre später, im Jahr 1999, folgte der zweite Teil über die »finanzielle, vermögensrechtliche und steuerliche Situation von sektenartigen Bewegungen«.[355] Der Bericht nannte die drei wichtigsten Techniken von Sekten: persönliche Akquisition, Franchising und Finanzpyramiden (Ketten). Unter Punkt eins, der personalisierten Akquisition, wurde neben den Scientologen auch die TFP, eine »Sekte brasilianischen Ursprungs«, als Beispiel genannt.

Nach dem Bericht von 1995 wurde, obwohl dieser auf Kritik stieß, ein interministerieller Ausschuss zur Untersuchung und Bekämpfung von Sekten eingerichtet (*Observatoire interministériel sur les sectes,* 1998 umgewandelt in MILS – *Mission interministérielle de lutte contre les sectes,* und 2002 in MIVILUDES – *Mission interministérielle de vigilance et de lutte contre les dérives sectaires*). Ihm gehörten Vertreter mehrerer Ministerien an (Justiz, Gesundheit, Inneres, Finanzen, Bildung, Außenpolitik). Er befasste sich unter anderem mit der TFP. Der Ausschuss, kurz MIVILUDES genannt, hatte die Aufgabe, zu beobachten, Aktionen gegen Sekten zu koordinieren, über die Gefahren zu informieren und den Opfern – vor allem Minderjährigen – zu helfen.[356]

Im Laufe der Zeit änderte sich die Terminologie zur Beschreibung der verschiedenen Organisationen. So wurde die TFP im Jahresbericht 2006 als Organisation mit »sektiererischem Charakter« (caractère sectaire) bezeichnet; manchmal wurde auch von »sektie-

---

355 *Rapport fait au nom de la commission d'enquête (1) sur la situation financière, patrimoniale et fiscale des sectes, ainsi que sur leurs activites economiques et leurs relations avec les milieux economiques et financiers,* President M. Jacques Guyard, Rapporteur M. Jean-Pierre Brard. Assemblee nationale, Constitution du 4 octobre 1958, Onzieme Legislature, Enregistre a la Presidence de l'Assemblee nationale le 10 juin 1999, N° 1687. Siehe: http://www.assemblee-nationale.fr/dossiers/sectes/r1687p2.asp, letzter Zugriff am 26.03.2023.

356 Mission interministerielle de vigilance et de lutte contre les derives sectaires (Miviludes), Rapport au Premier ministre, 2006, https://web.archive.org/web/202 20301 192425/https://www.derives-sectes.gouv.fr/publications-de-la-miviludes/rapports-annuels/rapport-annuel-2006, nur im Archiv, letzter Screen am 1. März 2022.

rerischer Abweichung« (dérive sectaire) geschrieben. Hingewiesen wurde auch auf die Struktur der TFP: »Dieses Netzwerk besteht aus einer Reihe von Organismen, von denen einige die Aufgabe haben, zu bekehren, andere, Spenden zu sammeln [...], während die Daseinsberechtigung dritter darin besteht, demokratische Regierungen anzufechten [...].«[357]

Die Kommission wurde von Scientologen, Zeugen Jehovas und Organisationen, die die Gewissensfreiheit verteidigen, angegriffen, wobei der Anwalt der TFP sie sogar als »neue Inquisition«[358] bezeichnete. Letztendlich wurde TFP nicht strafrechtlich zur Verantwortung gezogen. Man erkannte an, dass »die Handlungen der Mitglieder des Vereins Tradition, Familie und Privateigentum bis heute nicht Gegenstand eines Gerichtsverfahrens sind und nicht als sektiererische Exzesse bezeichnet werden können, die strafrechtlich geahndet werden müssen«.[359] Im Herbst 2019 wurde bekannt, dass der MIVILUDES ab dem 1. Januar 2020 als unabhängige Einrichtung aufgelöst und teilweise dem Innenministerium unterstellt wird, das bereits in den Kampf gegen die Radikalisierung religiöser Bewegungen eingebunden war.

❑ ❑ ❑

Zur gleichen Zeit, als die erste staatliche Initiative gegen Sekten ins Leben gerufen wurde, erhielt der Priester Jean Vernette, Sekretär des französischen Episkopats, der fünf Jahre zuvor von Papst Johannes Paul II. ausgezeichnet worden war, den Auftrag, die Aktivitäten

---

[357] Ebd., S. 96–97.
[358] Siehe: Coordination des Associations et des Particuliers pour la Liberte de Conscience, *Court rules that MIVILUDES has defamed Tradition, Family and Property,* 18. Juli 2015, https://freedomofconscience.eu/court-rules-that-miviludes-has-defamed-tradition-family-and-property/, letzter Zugriff am 26.03.2023.
[359] Siehe: Antwort des Assemblee Nationale vom 10. Februar 2009 auf die Anfrage von M. Mariani Thierry von der Union pour un Mouvement Populaire aus Vaucluse, https://questions.assemblee-nationale.fr/q13/13-24712QE.htm, letzter Zugriff am 26.03.2023.

von Sekten zu untersuchen. Er erstellte ein Wörterbuch, in dem er die TFP beschrieb als »Prediger der Notwendigkeit des Gehorsams gegenüber ihrem Führer, der Gegenstand eines gewissen Kultes ist, denn manchmal wird ihm das Charisma der Unfehlbarkeit und der Prophetie zugeschrieben«.[360]

Das Thema TFP kam immer wieder auf. Im Jahr 2006 veröffentlichte das *Centre Contre les Manipulations Mentales* (CCMM) auf seiner Webseite Informationen über die Organisation und schrieb von einer »einflussreichen Sekte«[361]. Es wurde eine ähnliche Geschichte zitiert wie die, die wir aus Venezuela kennen. Das CCMM wies darauf hin, dass »das Fehlen einer Definition des Begriffs Sekte nicht bedeutet, dass es in der Realität keine Opfer abweichender sektenartiger Bewegungen gibt«.[362]

❐ ❐ ❐

Im Jahr 1990 war die TFP bereits in zweiundzwanzig Ländern vertreten. Unter verschiedenen Namen, nach dem Prinzip der Zerstreuung. Polen erreichte die TFP Mitte der Neunzigerjahre, worauf ich später zurückkommen werde. Plinio starb 1995, was, wie bei vielen Sekten, den Beginn einer Spaltung markierte. Die TFP teilte sich in zwei Organisationen auf. Die eine akzeptiert die Autorität des Vatikans (portugiesisch: Arautos do Evangelho – Verkünder des Evangeliums), wenn auch wahrscheinlich nicht vollständig, da es

---

360 Jean Vernette, *Dictionnaire des groupes religieux aujourd'hui. Eglises, sectes, nouveaux mouvements religieux, mouvements spiritualistes,* Presses universitaires de France, 1995.
361 Bruno Leroy, *Tradition-Famille-Propriete: Une secte influente,* »Le Journal Chretien«, Publikation des Centre Contre les Manipulations Mentales vom 5. Juli 2006, https://www.ccmm.asso.fr/178-tradition-famille-propriete-une-secte-influente/; CCMM schildert die rechtliche Behandlung von Sektenfragen: https://www.ccmm.asso.fr/que-dit-la-loi/, letzter Zugriff am 26.03.2023.
362 Siehe: Miviludes, *Le dispositif juridique francais:* https://web.archive.org/web/20211122070644/https://www.derives-sectes.gouv.fr/quest-ce-quune-d% C3%A9rive-sectaire/que-dit-la-loi/le-dispositif-juridique-fran%C3%A7ais, nur im Archiv, letzter Screen am 22.11.2021.

heute eine Untersuchung des Vatikans gegen sie gibt wegen der Durchführung von Exorzismen durch Mitglieder der Organisation. Die zweite Gruppe, die sogenannten Gründer, mit denen wir es zu tun haben, blieb weltlich und wurde politisch. Dabei blieb sie dem Vatikan und dem Papst gegenüber kritisch.

Noch vor seinem Tod im Jahr 1995 schrieb Doktor Plinio so etwas wie ein ideologisches Testament. Da der Kommunismus bereits überwunden wurde, lag die Betonung auf neuen »Gefahren«. Der Doktor »beklagte« die Arroganz militanter Homosexueller, die »vermeintliche« Rechte für sich beanspruchen, den Druck internationaler Institutionen in Fragen der Abtreibung und Empfängnisverhütung, der Scheidung und des Zusammenlebens, der Experimente an Embryonen und des ausufernden Drogenhandels. Er äußerte Vorbehalte gegenüber der »rücksichtslosen Eile, mit der einige politische Kreise die globale Integration vorantreiben«, wodurch Grenzen und nationale Souveränität verwischt würden. So kritisierte er beispielsweise den Vertrag von Maastricht, sprich den Vertrag der Europäischen Union. Auch warf er NGOs revolutionäre Absichten und zu viel Einfluss vor.

Wir kennen diese Agenda, nicht wahr? Diese Slogans finden sich heute häufig in den Programmen fundamentalistischer und neofaschistischer Bewegungen wieder.

Kapitel 12
ANKÖMMLINGE AUS BRASILIEN

TFP tauchte in Polen bereits nach dem Ende des Kommunismus offiziell auf. »Der große Wunsch von Doktor Plinio nach einer breit angelegten TFP-Aktion im katholischen Polen begann sich zu erfüllen [...].«[363] Aber Plinios Ansichten waren schon viel früher in Polen vertreten. Bestimmt seit 1963, als das Zweite Vatikanische Konzil begann und die Kirche revolutionierte. Eine Spur davon hat sich in einer Untergrundpublikation auf Bibeldruckpapier mit einer Übersetzung von Plinios Abhandlung *Die Freiheit der Kirche im kommunistischen Staate* erhalten. Darin analysierte der Brasilianer Polen, Jugoslawien und Russland und kam zu dem Schluss, die Zusammenarbeit mit einem kommunistischen Staat sei inakzeptabel. Plinio rief zum »Kampf auf Leben und Tod aller Katholiken auf, die dem Grundsatz des Privateigentums treu sind«.[364] Schwarz oder weiß. Der Veröffentlichung lag ein Brief des brasilianischen Bischofs Antônio de Castro Mayer bei, der die Reformen des Zweiten Vatikanischen Konzils ablehnte. Er setzte sie in seiner Diözese nicht um, was zum Bruch mit dem brasilianischen Episkopat und in der Folge zu seiner Exkommunikation führte. Zusammen mit Marcel Lefebvre wurde er von Papst Johannes Paul II. exkommuniziert.

---

363 Michał Wałach, *Sprawdzone proroctwa profesora Plinia Correi de Oliveira*, »Polonia Christiana«, 21. Oktober 2005, https://pch24.pl/sprawdzone-proroctwa-profesora-plinia-correi-de-oliveira/, letzter Zugriff am 26.03.2023.
364 Plinio Corrêa de Oliveira, *Wolność Kościoła w państwie komunistycznym*, Samisdat-Ausgabe, Druck in São Paulo, Nachdruck von 1983, S. 34.

◻ ◻ ◻

Nach der politischen Wende begann die antikommunistische TFP sich für Osteuropa zu interessieren. Delegierte der Organisation reisten zum Beispiel nach Litauen, um die dortigen Unabhängigkeitsbestrebungen zu unterstützen. Ein Abgesandter beschrieb den Besuch wie folgt: »In dieser trostlosen Landschaft voller Sorgen um Litauen ging die brasilianische TFP auf Initiative von Plinio Corrêa de Oliveira Ende Mai 1990 hinaus auf die Straßen, um Unterschriften für Unterstützungsschreiben für die Unabhängigkeit Litauens zu sammeln. Schnell schlossen sich weitere TFP-Niederlassungen auf fünf Kontinenten der Aktion an. Innerhalb von knapp vier Monaten wurde in zwanzig Ländern mit 5.218.520 Unterschriften die zur damaligen Zeit höchste Zahl an Petitionsunterschriften gesammelt.«[365] Die Initiative schaffte es sogar in das Guinnessbuch der Rekorde.

Im Dezember desselben Jahres erschienen TFP-Delegierte auf dem Roten Platz in Moskau, um Gorbatschow (über seine Beamten) die Petition zu übergeben. Dies wird durch ein Foto der Herren in roten Umhängen vor dem Hintergrund der Basilius-Kathedrale bestätigt. Komischerweise erweckt das Rot im Kreml den Eindruck, es handle sich um eine Delegation von Kommunisten aus einer Sowjetrepublik oder einem befreundeten Land.

Die TFP wurde in Litauen gefeiert. Eine Delegation der Organisation wurde von Präsident Vytautas Landsbergis und litauischen Abgeordneten sowie dem Erzbischof von Kaunas empfangen. Die TFPler besuchten zu dieser Zeit viele Städte. Das überlieferte Filmmaterial verdeutlicht ihren Modus Operandi.[366] Sie ziehen mit ihren roten Löwen-Wimpeln in die Kirche ein, bewegen sich zwischen ganz normalen Menschen, die nicht verstehen, was die exotischen

---

[365] https://www.tfp.org/25-years-of-action-by-plinio-correa-de-oliveira-and-the-tfps-on-behalf-of-a-free-lithuania/, letzter Zugriff am 26.03.2023
[366] Siehe: https://www.youtube.com/watch?v=n-Q-KWUpzz4, letzter Zugriff am 26.03.2023.

Ausländer da tun. Alle glatt frisiert, alle in Anzügen. Sie werden mit Brot und Salz begrüßt. Dann ziehen sie im tiefen Schnee durch das Dorf oder die Kleinstadt, mit ihren roten Umhängen, mit feierlichem Gesang. Die Einheimischen, Großmütter mit Kopftüchern, Männer mit Mützen, folgen ihnen. Aus den Aufnahmen wird nicht klar, ob das im Voraus abgesprochen ist oder sie nur aus Neugier folgen.

Mit der Zeit wurden die Besuche von TFP in Litauen im August zur Tradition, offiziell aber wurde der litauische Zweig der Organisation erst 2005 gegründet.[367] Doch schon 1991 machte sich TFP ernsthaft daran, das postkommunistische Europa zu »re-evangelisieren«.

In Polen ist der Beginn der Präsenz von TFP mit der Person Leonard Przybysz (Jahrgang 1942)[368] verbunden. Laut der spärlichen Informationen, die ich finden konnte, ist er ein in Brasilien lebender Pole, der im Alter von sechzehn Jahren der TFP beigetreten ist.[369] Er kam mit einem einzigen Koffer direkt aus São Paulo nach Krakau – so die in TFP-Kreisen kursierende »Gründungslegende«. Viele Leute erzählten, man konnte, wenn er polnisch sprach, einen ausländischen Akzent wahrnehmen – vielleicht wurde er also in Brasilien geboren. Bei einem kurzen Telefongespräch, in dem er mir erklärte, dass er bereits in den Achtzigerjahren in Polen gewesen sei (wir sprachen im März 2019 miteinander), hörte ich diesen Akzent nicht. Er lebte zu dieser Zeit in Paris, wo er auch für TFP aktiv war.

---

367 *Krikščioniškosios kultūros institutas* – https://lituaniachristiana.blogspot.com/%E2%80%93%20Instytut%20Kultury%20Chrze%C5%9Bcija%C5%84skiej, letzter Zugriff am 26.03.2023.

368 PESEL-Daten von Leonard Przybysz im KRS (Nationales Gerichtsregister) der Fundacja Instytutu Edukacji Społecznej i Religijnej im. ks. Piotra Skargi [Stiftung Institut für gesellschaftliche und religiöse Bildung Priester Piotr Skarga], Nr. KRS: 0000055504, http://www.krs-online.com.pl/fundacja-instytut-edukacji-spolecznej-i-krs-52622.html, letzter Zugriff am 26.03.2023.

369 Im notariellen Dokument tauchen die Vornamen seiner Eltern auf: Ludovico und Katarina. Siehe: Uchwała Fundatorow o powołaniu pierwszego Zarządu Fundacji »Instytut Edukacji Społecznej i Religijnej im. ks. Piotra Skargi« [Entschließung der Gründer zur Einberufung des ersten Vorstandes der Stiftung »Institut für gesellschaftliche und religiöse Bildung Priester Piotr Skarga«] vom 1. Juni 2001, unterzeichnet in Krakau in Gegenwart der Notarin Katarzyna Kresek-Urbaniak.

Przybysz hatte einen brasilianischen Reisepass. Dies war zur Zeit der Volksrepublik Polen enorm wichtig, da lateinamerikanische Bürger – wie er mir selbst erzählte – ohne Visum nach Polen einreisen konnten. Dies mag zum Teil erklären, warum TFP in unserem Teil der Welt nach 1989 so stark präsent wurde.

Bei seinen ersten Besuchen kam Przybysz mit der Solidarność in Kontakt, »aber nicht mit dieser ›Solidarność‹ – wie er mir sagte –, sondern mit der echten«, wobei er den konservativen Teil der Bewegung meinte, nicht Adam Michnik und Jacek Kuroń. Im Jahr 1995 – dem Jahr, in dem Plinio starb und die TFP von den Franzosen als Sekte eingestuft wurde – zog er endgültig nach Polen.

Przybysz ist Initiator, Mitglied und Aufsichtsrat von Stowarzyszenie Kultury Chrześcijańskiej im. Ks. Piotra Skargi [Verein für christliche Kultur Priester Piotr Skarga], der 1999 gegründet, aber erst 2002 in das nationale Gerichtsregister eingetragen wurde.[370] Eine ähnliche Rolle spielt die 2001 gegründete Stiftung Instytut Edukacji Społecznej i Religijnej im. Ks. Piotra Skargi [Institut für gesellschaftliche und religiöse Bildung Priester Piotr Skarga].[371] Unter diesen beiden Namen ist die polnische Niederlassung von TFP tätig.

❏ ❏ ❏

In der Stiftung Institut für gesellschaftliche und religiöse Bildung Priester Piotr Skarga sitzen außer Przybysz noch andere TFP-Vertreter für Europa: der Deutsche Mathias Gero von Gersdorff, 1964 in Chile geboren, und der Brasilianer Caio Xavier da Silveira. Es ist

---

[370] Siehe KRS [Nationales Gerichtsregister]: 0000055504. Das Jahr 1999 gibt die Stiftung selbst an: »Stowarzyszenie Kultury Chrześcijańskiej im. ks. Piotra Skargi rozpoczęło działalność w lipcu 1999 roku w Krakowie z inspiracji działających na całym świecie Stowarzyszeń Obrony Tradycji, Rodziny i Własności (TFP).« [Der Verein für christliche Kultur Priester Piotr Skarga wurde im Juli 1999 in Krakau nach dem Vorbild der weltweit tätigen Vereinigungen zur Verteidigung von Tradition, Familie und Eigentum (TFP) gegründet.] Siehe: https://www.piotrskarga.pl/o-nas.html, letzter Zugriff am 27.03.2023.

[371] Przybysz ist zusammen mit Bogusław Bajor und Piotr Kucharski Mitglied des Aufsichtsrates.

immer so, wenn TFP Niederlassungen gründet: Kontrolle von oben muss sein.

Da Silveira ist Plinios Schüler. Er war dem Doktor ein »freiwilliger Sklave« und Liebling seines Meisters. Da Silveira ist sowohl Mitbegründer der brasilianischen TFP als auch Initiator der Initiative, die die Unterschriften für die Unabhängigkeit Litauens sammelte.[372] Da Silveira erzählt in einem Interview:

»Professor Plinio bat mich, eine Fundraising-Abteilung zu organisieren, was ich auch tat. Ende der Siebzigerjahre [1979] ging ich nach Frankreich, um dort die gerade gegründete französische TFP zu unterstützen, die mit einer Verleumdungsoffensive zu kämpfen hatte. Nachdem ich meinen französischen Kollegen in dieser schwierigen Situation geholfen hatte, bat mich Professor Plinio, in Paris zu bleiben, um die Ideale unserer Bewegung nicht nur in Frankreich, sondern in ganz Europa zu verbreiten. 1997 nahm ich die französische Staatsbürgerschaft an und bin heute Präsident der französischen TFP sowie der *Fédération Pro-Europa Christiana*, in der sich Organisationen aus siebzehn europäischen Ländern zusammengeschlossen haben.«[373]

Die Satzung der Piotr-Skarga-Stiftung sagt viel aus. So wird die »Initiativ-, Entscheidungs- und Aufsichtsfunktion«[374] von den bereits erwähnten Ausländern, die den Rat bilden, ausgeübt. Die exekutive und die repräsentative Funktion hingegen werden von Polen ausgeübt, die im Vorstand sitzen und von den Gründern, den Ratsmitgliedern, gewählt werden.

Die brasilianische Organisation, die von wohlhabenden Leuten gegründet wurde, hat den Polen – wie mir jemand aus konserva-

---

372 Siehe: https://www.leadershipinstitute.org/training/contact.cfm?FacultyID=144659, letzter Zugriff am 27.03.2023.
373 *Przyszłość Europy zależy od wierności chrześcijańskim korzeniom*, »Polonia Christiana«, 17. Juli 2018, https://web.archive.org/web/20170825193009/http://www.pch24.pl/przyszlosc-europy-zalezy-od-wiernosci-chrzescijanskim-korzeniom,49871,i.html, nur im Archiv, letzter Screen am 25. August 2017
374 Statut des Instytut Edukacji Społecznej i Religijnej im. ks. Piotra Skargi vom 21. Juli 2014, KRS [Nationales Gerichtsregister] 0000055504.

tiven Kreisen (nennen wir ihn Richard) erzählt hat – »eine Wagenladung Gold in Form von Know-how« geschenkt. Ich schaue mir die polnischen Namen an, die in der notariellen Urkunde des Vereins eingetragen sind: Sławomir Olejniczak, studierter Philosoph (Jahrgang 1968), stellvertretender Vorsitzender Sławomir Skiba, polnischer Philosoph (Jahrgang 1973), Schatzmeister Arkadiusz Stelmach (Jahrgang 1973)[375]. Als die Organisation in Polen gegründet wurde, waren sie alle jung: Der Präsident war im Jahr 2000 zweiunddreißig Jahre alt, die anderen siebenundzwanzig. Die katholische Wochenzeitung *Gość Niedzielny* beschrieb sie in einem Artikel mit dem Titel »Lästige private Laien« folgendermaßen: »Die Mitglieder der Vereinigung sehen aus wie junge Geschäftsleute. Sie sind auch keine ›demütigen Schafe‹, für die das Wort des Bischofs die höchste Autorität hat.«[376]

Das seltsame Wesen der Piotr-Skarga-Institutionen

Menschen auf der anderen Seite des politischen Spektrums schreckt mein Name und die Assoziation mit öffentlichen Aktivitäten oft ab. Manchmal gelingt es mir nicht, sie zu einem Gespräch zu bewegen. Zu meiner Überraschung kam es nach mehreren Versuchen dann doch zu einigen Treffen. Ich muss sagen, dass sich diese Gespräche als die interessantesten Erfahrungen bei dieser Recherche erwiesen haben. Hinzu kommt, dass sie die anhaltende Präsenz der brasilianischen Organisation in Polen bestätigten und zeigten, dass sie immer noch aktiv ist und weiterhin junge Männer rekrutiert. In un-

---

375 In der notariellen Urkunde zur Gründung der Stiftung Instytut Edukacji Społecznej i Religijnej im. ks. Piotra Skargi vom 1. Juni 2001 steht Olejniczaks Adresse. Übrige Adressen in: Uchwała Fundatorow o powołaniu pierwszego Zarządu Fundacji »Instytut Edukacji Społecznej i Religijnej im. ks. Piotra Skargi« [Entschließung der Gründer zur Einberufung des ersten Vorstandes der Stiftung »Institut für gesellschaftliche und religiöse Bildung Priester Piotr Skarga«] vom 1. Juni 2001, unterzeichnet in Krakau in Gegenwart der Notarin Katarzyna Kresek-Urbaniak.
376 Priester Artur Stopka, *Kłopotliwi prywatni swieccy*, »Gość Niedzielny«, 16. August 2005, https://www.gosc.pl/doc/760868.Klopotliwi-prywatni-swieccy/2, letzter Zugriff am 27.03.2023.

serem Land sind das in der Regel Studenten an angesehenen Universitäten.

Mein Gesprächspartner ist in meinem Alter. Ich nenne ihn hier Stanisław. Je näher ich an die TFP-Kreise herankomme, desto mehr Angst haben meine Gesprächspartner davor, ihre wahre Identität preiszugeben. Sie fürchten, dass die Organisation sie vor Gericht bringt oder ihrer Karriere schadet, denn sie wissen, dass sie das kann.

Stanisław erzählt, dass bei der Piotr-Skarga-Stiftung oft Leute aus ihrem monarchistischen Umfeld landen. Aber Sławomir Olejniczak zum Beispiel hat nie dazugehört.

»Noch Ende der 2000er-Jahre hatten wir zu ihnen Kontakt«, erzählt Stanisław, »aber wir verstanden uns schon nicht mehr. Die Gespräche waren im Grunde pessimistisch. Wir machten mit den TFP-Leuten zwei Freunde bekannt, die dann in die Organisation gingen. Als wir sie ein paar Monate später trafen, kannten sie uns nicht mehr. Wir bereuten, dass wir sie dorthin mitgenommen hatten.«

Stanisław ist außerdem verbittert über die Art und Weise, wie die Piotr-Skarga-Institutionen die Leute aus ihrem Umfeld abgeworben haben. Stanisław ist in der Lage, ein Profil der Personen zu beschreiben, die zu Skarga gegangen sind, und die Art und Weise, wie sie angeworben wurden. Er erzählt, wie junge Menschen, und zwar solche, die keinen Plan im Leben haben, zu TFP-Partys auf der ganzen Welt gefahren werden. Luxushotels, Luxusessen. Dieser Glanz gefällt ihnen.

Oft sind das Jungs aus Kleinstädten, aus katholischen Elternhäusern. Ein bestimmter Typ Mann, der Frauen meidet. In der Organisation gibt es ein sehr starkes frauenfeindliches Element. Normalerweise haben die Kandidaten ein Jurastudium oder ein geisteswissenschaftliches Studium abgeschlossen. Zwar abgeschlossen, aber in Wirklichkeit können sie nichts und haben keinen Beruf, denn ein Jurist, der kein Referendariat macht, hat eigentlich noch keinen Beruf. Und da wird ihnen plötzlich ein Lebensplan angeboten. Sie bekommen ein fertiges Ideen-Paket und gute Unterhaltsbedingungen. Und dann antworten sie plötzlich auf jede Frage mit

Plinio. Deshalb hat sich das Umfeld von ihnen abgewandt, sie wollten nicht, dass ihnen weitere junge Menschen ins Netz gehen.

Stanisław fügt dieser Charakteristik hinzu: »Sie sind nicht wohlhabend, sie sind meist zurückgezogen, leise, bescheiden und haben Probleme mit Mädchen.« Die TFP imponiere ihnen, weil dort schicke Anzüge getragen werden, man begegnet in der Organisation Aristokraten, man wird in Schlössern empfangen. Ein Aristokrat ist hundert Personen wert, wenn also dreißig Menschen und ein Herzog da sind, dann zählt das, als wären 130 Menschen anwesend. Sie fliegen mit Privatjets, übernachten in teuren Hotels. Sie werden zu Rittern.

Die Ritter haben einen strengen Dresscode. Spitze Schuhe beispielsweise sind revolutionär, also unpassend. Ähnlich widersprechen Jeans und T-Shirts der Gegenrevolution, für die sie kämpfen.

Seit 2012 finden im Schloss in Niepołomice bei Krakau Sommercamps der TFP-Jugend statt. Organisiert werden sie von der Piotr-Skarga-Stiftung. Zuvor haben sie bereits in anderen Ländern stattgefunden: in Österreich, in Frankreich und in Deutschland.

»Unseren Kollegen aus Westeuropa hat Polen sehr gut gefallen, sodass wir die Tagung nun zum vierten Mal in Niepołomice veranstalten«, sagt Sławomir Olejniczak in einem Video von 2016.[377] Diese Zusammenkünfte werden als Sommerakademie bezeichnet. Die jungen TFP-Ritter aus der ganzen Welt nehmen in Rittersälen an Konferenzen teil, auf denen führende Vertreter der Organisation und auch Priester sprechen, die offen Ansichten vertreten, die den Lehren von Papst Franziskus zuwiderlaufen (zum Beispiel dem nachsynodalen Schreiben von Papst Franziskus *Amoris laetitia* bezüglich wiederverheirateten Geschiedenen). *Polonia Christiana* beschrieb den Kongress 2017 wie folgt: »An der internationalen Konferenz nahmen rund 150 junge Katholiken aus verschiedenen Teilen der Welt teil: aus ganz Europa, aus Nord- und Südamerika

---

377 Siehe: https://www.youtube.com/watch?v=W8p3Vs1ZyoI, letzter Zugriff am 27.03.2023.

und aus China. Innerhalb von fünf Tagen wohnten sie mehr als einem Dutzend Vorträgen, Gesprächen, Präsentationen und Workshops bei, die versuchten, die Krise der christlichen Zivilisation und die entsprechenden Reaktionen darauf zu analysieren.«[378] Hier lernten die jungen Leute, »hauptsächlich Studenten, aber auch Gymnasiasten« (wie Arkadiusz Stelmach berichtete), einander kennen und bauten sich gleichzeitig eine berufliche Zukunft auf.[379]

Stelmach bestätigte, dass die Anwerbung neuer Mitglieder in immer jüngeren Jahrgängen geschieht: »Die entschiedene Mehrheit der Teilnehmer sind junge Menschen, Zwanzigjährige. Das macht uns Katholiken enorme Hoffnung.« Der junge Brasilianer Jose Luiz de Almeida Peixoto sagte, »im Laufe der Jahre kommen immer mehr junge Menschen«.

Die Teilnehmer lauschten den Vorträgen, verehrten das Heiligste Sakrament, beteten zur Figur Unserer Lieben Frau von Fátima und trugen sie nachts mit Fackeln in der Hand durch den Innenhof des Schlosses, wobei sie Gebete auf Latein sprachen.

◻ ◻ ◻

Die jungen Leute sind erst in der Jugendorganisation tätig, die sich Krucjata Młodych [Kreuzzug der Jugend] nennt. Ihre Ziele sind: »Festigung der katholischen Identität Polens durch Gesetze, die ausnahmslos im Einklang mit dem ewigen und unveränderlichen göttlichen Gesetz stehen, das sich im Naturrecht manifestiert. Festigung der Gerechtigkeit und Strenge bei der Anwendung dieses Gesetzes gegen diejenigen, die es brechen, insbesondere wenn die Opfer die Schwächsten sind. Festigung des Respekts und der Zusammenarbeit zwischen dem Staat und der katholischen Kirche, der die nötige Freiheit zur Erfüllung ihres Heilsauftrags garantiert werden muss.«

---

378 *Zakończyła się Akademia Letnia TFP*, 5. September 2017, https://www.piotrskarga.pl/zakonczyla-sie-akademia-letnia-tfp-,11155,i.html, letzter Zugriff am 27.03.2023.
379 Den Bericht kann man sich hier ansehen: https://www.youtube.com/watch?v=dYeS6gM3Crg, letzter Zugriff am 27.03.2023.

Und »in den Medien den Respekt und die Liebe zu Gott und der Kirche zu fördern« und – Achtung! – »sie vor dem zerstörerischen Einfluss von Sekten zu schützen«.[380] Handelt es sich hier nicht um einen weiteren Fall von Schizophrenie, über die Timothy Snyder schrieb, als er das Phänomen des Schizofaschismus analysierte? »Faktische Faschisten nennen ihre Gegner ›Faschisten‹, schieben den Juden die Schuld am Holocaust zu und behandeln den Zweiten Weltkrieg als ein Argument für mehr Gewalt.«[381] Haben wir es hier nicht mit einer ähnlichen Umkehrung der Wortbedeutung zu tun? Schließlich handelt es sich hier um eine Organisation, die vor dem zerstörerischen Einfluss von Sekten schützen soll, während ihrer brasilianischen »Tante« vorgeworfen wird, eine Sekte zu sein. Menschen, die Faschisten blockieren, werden Faschisten genannt, während Faschisten »wahre Patrioten« sind.

Die jungen Ritter verteilen Flugblätter, bringen Zeitschriften in Umlauf, sammeln Unterschriften, verschicken Appelle, Briefe und Erklärungen. Sie nehmen an Demonstrationen teil, protestieren gegen Theaterstücke, organisieren öffentliche Rosenkranzgebete »für die moralische Erneuerung der Nation«, stellen sich vor ein Krankenhaus in Gliwice, in dem Abtreibungen vorgenommen werden, oder stehen mit Lautsprechern auf Protestkundgebungen gegen Homosexuelle. Stanisław erinnert sich, wie aufgeregt sie vor dem Rosenkranzgebet in der Öffentlichkeit waren, weil sie befürchteten, wie in Südamerika von halb nackten Feministinnen angegriffen zu werden. Sie sollten sich auf diesen Fall vorbereiten, die Situation filmen und später in den Medien verbreiten. Aber die Feministinnen kamen nicht. Das erinnert mich daran, dass wir Frauen über diese Rosenkranzgebete gesprochen und beschlossen hatten, uns nicht mit diesen traurigen Typen zu beschäftigen, weil es Energieverschwendung sei. Angeblich waren sie untröstlich.

---

380 *Kim jesteśmy*, Krucjata Młodych, https://www.krucjata.org.pl/o_nas.php, letzter Zugriff im Februar 2019.
381 Timothy Snyder, *Der Weg in die Unfreiheit. Russland, Europa, Amerika*, übers. v. Ulla Höber und Werner Roller, München 2018, S. 153.

»Sie leben nach dem Mythos des ritterlichen Ordens, aber sie sind eine Karikatur davon«, sagt Stanisław noch.

◻ ◻ ◻

Als immer mehr über Ordo Iuris gesprochen wurde, bereitete das Magazin *Black on White* auf TVN Material über die TFP vor. Darin kommt ein brasilianischer Wissenschaftler, Professor Rodrigo Coppe Caldeira von der Universität Belo Horizonte, zu Wort, der sich mit der Organisation beschäftigt hat: »Viele Gelehrte, die sich mit der TFP beschäftigen, sind der Meinung, dass es sich um eine Sekte handelt. Diejenigen, die sie verlassen haben, erzählen von Personenkult um den Gründer und dessen Mutter, von einem System interner Disziplin und von sektentypischen Verhaltensweisen.«[382]

Auch die deutsche Wissenschaftlerin Karin Priester ordnet die TFP als Sekte ein.[383]

Ebenso versuchten die Krakauer Dominikaner, sie als Sekte zu listen, machten aber, wie mir ein Informant sagte, wegen Drohungen der TFP einen Rückzieher.

Auf der Webseite des Dominikanischen Informationszentrums für neue religiöse Bewegungen und Sekten finde ich diese Definition für eine Sekte:

»Sie sind von Natur aus total. Die Anführer der Gruppe maßen sich absolute Autorität und das Recht an, sich in alle Bereiche des Lebens ihrer Mitglieder einzumischen, selbst in die intimsten. Sie werben neue Mitglieder, indem sie zu allen möglichen Tricks und Lügen greifen und wichtige Informationen über die Arbeitsweise, die Ziele und die Doktrin der Gruppe zurückhalten. Sie machen die Teilnehmer durch (psychologische) Manipulation psychisch und wirtschaft-

---

[382] *Ideologia bierze górę nad prawem. Ordo Iuris – kim są?* (http://www.tvn24.pl), 6. April 2017, https://tvn24.pl/polska/czarno-na-bialym-ordo-iuris-kim-sa-ra730020-2502864, letzter Zugriff am 27.03.2023.

[383] Karin Priester, *Die Priesterbruderschaft, die Politik und der Papst* in: »Neue Gesellschaft/Frankfurter Hefte«, März 2009.

lich abhängig – sie beeinflussen die psychische Entwicklung und die sozialen Beziehungen des Anhängers negativ (z.B. Abbruch der Beziehungen zu geliebten Menschen, Abbruch von Arbeit oder Studium).

Sie arbeiten mit Kult im weitesten Sinne, nicht unbedingt mit religiösem. Es kann sich um Personenkult handeln, um Kult von Energien, Gesundheit, Geld, Erfolg usw. Sie erzeugen eine scharfe Trennung der Realität in ›gut‹, d. h. auf die Gruppe bezogen, und ›bedrohlich‹, auf die Außenwelt bezogen (Schwarz-Weiß-Sicht der Realität). Sie impfen ihren Mitgliedern den Glauben an den Elitismus der Bewegung und Abneigung gegen den weltanschaulichen Dialog ein.«[384]

Im Jahr 2011 hielt Pater Tomasz Franc aus demselben Dominikanerzentrum einen Vortrag über Sekten. »Er warnte davor, dass sie sich oft sogar hinter dem Schild der katholischen Kirche verstecken können«, berichtete die Katholische Nachrichten-Agentur: »Pater Tomasz Franc sprach vor allem über die Techniken der Manipulatoren. Er wies darauf hin, dass verschiedene Vereinigungen oder Institute, deren Ziel es ist, Menschen um Geld zu betrügen, oft die Autorität der Kirche oder einer anderen Institution zu diesem Zweck missbrauchen. »Oft verkaufen sie Rosenkränze oder religiöse Bücher und berufen sich auf Gott und den Patriotismus. Zum Teil mögen sie recht haben, denn das Beten des Rosenkranzes kann Wunder bewirken, aber der Gegenstand selbst ist nicht wundersam«, so Pater Franc. Als Beispiel nannte er den Piotr-Skarga-Verein für christliche Kultur aus Krakau, der nicht die Zustimmung der Krakauer Kurie hat. (...) Er sagte, dass sich manche sogar auf Jesus Christus berufen, aber in ihrer Lehre nichts mit dem Evangelium zu tun haben.«[385]

---

[384] Dominikańskie Centrum Informacji o Nowych Ruchach Religijnych i Sektach, https://sekty.dominikanie.pl/poradnik/jak-rozpoznac-sekte-grupe-destrukcyjna, letzter Zugriff am 27.03.2023.
[385] O. Franc: naciągacze często podszywają się pod Kościół, eKAi, 1 luty 2011, https://www.ekai.pl/o-franc-naciagacze-czesto-podszywaja-sie-pod-kosciol/, letzter Zugriff am 27.03.2023.

Die Kirche hat sich auch von dem Piotr-Skarga-Verein distanziert. Die Krakauer Kurie veröffentlichte 2008 ein Kommuniqué: »Der Verein für christliche Kultur Priester Piotr Skarga ist eine private Organisation, die von Laien gegründet wurde, nicht institutionell mit der Kirche verbunden ist und in eigener Verantwortung handelt. Die Vereinigung hat ihre Statuten nicht zur Genehmigung durch die kirchliche Autorität vorgelegt und kann daher nicht als eine von der Kirche anerkannte Vereinigung von Gläubigen behandelt werden (Can. 299 §3).«[386]

Die Vereinigung hat sich auf einen solchen Fall vorbereitet. Sie weist nicht zu Unrecht darauf hin, dass sie sich »aus katholischen Laien zusammensetzt«. Damit ist sie frei von möglichen Angriffen der Kirche und straffrei, falls jemand sie beschuldigen sollte, nicht im Einklang mit den Richtlinien des Vatikans zu handeln.

In Polen ist die Interministerielle Arbeitsgruppe für Neue Religiöse Bewegungen des Ministeriums für innere Angelegenheiten und Verwaltung unter anderem für Sekten zuständig. Halina Wrzosek von der Abteilung für religiöse Glaubensbekenntnisse antwortete auf meine Anfrage: »Mit der Verordnung Nr. 78 des Ministerpräsidenten vom 25. August 1997 (MP Nr. 54, Punkt 513) wurde die interministerielle Arbeitsgruppe für neue religiöse Bewegungen als beratendes Gremium des Ministerpräsidenten eingerichtet. Dieses Team war bis zum 30. März 2001 tätig.«

Zu Beginn des 20. Jahrhunderts wurde in Polen, wie auch in Frankreich, eine Zunahme des Sektenwesens festgestellt, weshalb seinerzeit eine ministerielle Kommission eingerichtet wurde. Es wurde ein Bericht erstellt, und die Kommission wurde aufgelöst. Sekten werden auch von der Polizei verfolgt, allerdings nur in Fällen von Kriminalität, Erpressung und so weiter. Das bedeutet, dass es heute in Polen keinen staatlichen Schutz vor Sekten gibt.

---

386 Priester Dr. Piotr Majer, Kanzler der Kurie, *Komunikat Kurii Krakowskiej. Stowarzyszenie im. ks. Piotra Skargi,* Nr. 507/2008, https://web.archive.org/web/20220206122441/https://diecezja.waw.pl/1094, nur im Archiv, letzter Screen am 6. Februar 2022.

Kapitel 13

FRAUENSTREIK IN BERLIN, 8. MÄRZ 2019

Der Internationale Frauenstreik findet zum dritten Mal statt. Die Welle schwappt inzwischen von selbst über. Der Welt droht Feminisierung, und ich beobachte dies im Jahr 2019 mit dem Gefühl, meine Pflicht getan zu haben. In Polen sind wir von dem dreijährigen Kampf erschöpft.

Ich lasse meine Mitstreiterinnen vom Warschauer Frauenstreik zurück und fahre nach Berlin, um zu recherchieren. In Deutschland geschehen seltsame Dinge. Vor zwei Jahren war es schwierig, die Frauen dort zum Handeln und zum Protest zu bewegen. Sie lebten eingeschlossen in ihrem, wie es schien, wasserdichten Komfort. Ich hatte das Gefühl, dass eine Mauer zwischen uns stand. Die deutschen Frauen haben unseren Protest stark unterstützt, aber eher als bewusste Weltbürgerinnen und Nachbarinnen und nicht als Schwestern in politischer Unterdrückung. Doch die Lage hat sich geändert. Bis vor Kurzem hatte man den Eindruck, dass Anti-Abtreibungsaktionen nur im seltsamen Osteuropa stattfinden können, nicht aber in einem stabilen demokratischen Staat. Doch die Frontlinie des Kampfes hat sich in den Westen verlagert. Es gibt immer mehr Anzeichen für einen Angriff auf die reproduktiven Rechte.

Das Problem in Deutschland ist nicht, dass Abtreibung verboten ist. Paragraf 218 des deutschen Strafgesetzbuches besagt, dass diejenige, die eine Schwangerschaft abbricht, mit einer Freiheitsstrafe von bis zu drei Jahren oder einer Geldstrafe bestraft wird. Aber schon jetzt ist eine Abtreibung nach § 218a straffrei, wenn eine schwangere Frau eine Abtreibung wünscht und eine Bescheinigung darüber vorlegt, dass sie mindestens drei Tage vor dem Eingriff das vorgeschriebene Beratungsverfahren durchlaufen hat und seit ihrer letzten Periode nicht mehr als vierzehn Wochen vergangen sind. Das ist die Mine, über die die deutschen Frauen jetzt gestolpert sind. Das Problem liegt auch in § 219a[387], der Werbung für Abtreibungen verbietet. Gemeint sind damit alle öffentlichen Informationen über Abtreibung im Allgemeinen. Dazu gehört auch der Hinweis, dass eine bestimmte Einrichtung solche Eingriffe vornimmt. Die Veröffentlichung solcher Informationen wird mit einer Freiheitsstrafe von bis zu zwei Jahren oder einer Geldstrafe geahndet. Es gibt also kein Ärzteverzeichnis, kein landesweites Netz, und es gibt immer weniger Ärzte, die Abtreibungen durchführen. Außerdem wird jungen Ärzten nicht beigebracht, wie man einen solchen Eingriff durchführt, sodass es mit der Zeit einfach zu einem Mangel an befähigten Ärzten kommen wird. Aber in Deutschland werden, anders als in Polen, Verhütungsmittel bis zum Alter von zwanzig Jahren erstattet, sodass die Zahl der Schwangerschaftsabbrüche bei Minderjährigen und jungen Frauen zurückgeht. Bislang hat dieses Gesetz keine Probleme verursacht. Doch plötzlich wird es gegen Frauen eingesetzt. Zufall? Da ich die Geschichte bereits kenne, kann ich voraussehen, dass dies erst der Anfang ist und kein Zufall.

Vor dem 8. März 2017 habe ich ein Interview für *Le Monde* gegeben und wurde dabei gefragt: »Warum wirkt der Feminismus in Polen dynamischer als in Frankreich?«, worauf ich vielleicht nicht sehr diplomatisch, aber aus meiner traurigen Erfahrung heraus geantwortet habe: »Ich glaube, die französischen Feministinnen fühlen sich noch nicht physisch bedroht. Sie spüren diese Herausforderung nicht. Sie warten beispielsweise noch auf die Unterstützung der Gewerkschaften, um einen Streik zu organisieren. Das ist überhaupt nicht notwendig. [...] Die französischen Feministinnen arbeiten immer noch nach einem Modell des 20. Jahrhunderts, während das

---

387 Der Paragraf wurde 2022 aufgehoben. (Anm. d. Übers.)

21. Jahrhundert viel dynamischer ist. Man braucht keine Genehmigung oder gewerkschaftliche Unterstützung, um zu demonstrieren. Man muss zur Basis zurück, zu den Menschen, ohne vertikale Strukturen. Die lateinamerikanischen Frauen haben das schneller begriffen. Innerhalb weniger Tage hat Ni Una Menos die Demonstrationen vom 19. Oktober [2016] gegen Macho-Gewalt organisiert. Auch die amerikanischen Feministinnen mussten nach der Machtübernahme durch Trump ihre Lektion schnell lernen.«[388]

Die polnische Frauenrechtlerin Marta Lempart antwortete auf die Frage nach einem Rezept für die Revolution: »Findet eine Regierung, die euch umbringen will.« Das ist der Moment, in dem eine mörderische Entschlossenheit einsetzt. Als ich nach Berlin fuhr, war ich gespannt, was für eine Atmosphäre ich dort vorfinden würde.

Ich nehme den Zug um 5.48 Uhr und bin mittags da. In Berlin regnet es. Ich kann nicht glauben, dass die Frauenstreiks immer bei diesem Wetter stattfinden müssen. Vom Hauptbahnhof laufe ich zu dem Platz, auf dem vor der für 15 Uhr geplanten Hauptkundgebung noch etwas stattfinden soll. Ich komme am Robert-Koch-Platz an. Als Erstes fällt mir das Bettenhaus der Charité auf, ein riesiger Klotz, der die anderen Gebäude überragt. Einige Tage zuvor hatte ich den Fall der Vergiftung von Pjotr Wersilow, dem Ex-Ehemann von Nadeschda Tolokonnikowa von Pussy Riot, verfolgt, deshalb weiß ich, dass er zur Behandlung hierhergebracht wurde. Als mir ein Tumult und Menschenansammlungen auffallen, weiß ich, dass ich hier richtig bin. Viel Violett auf Schildern, Transparenten und Regenschirmen – eine der Farben des zeitgenössischen Feminismus, zusammen mit Grün, der Farbe des argentinischen Kampfes für zugängliche, sichere und kostenlose Abtreibung.

---

388 Angeline Montoya, *Journee des droits des femmes:* »En Pologne, nous savons comment faire les revolutions«, »Le Monde«, 7. März 2017, https://www.lemonde.fr/international/article/2017/03/07/journee-des-droits-des-femmes-en-pologne-nous-savons-comment-faire-les-revolutions_5090840_3210.html, letzter Zugriff am 27.03.2023.

Dies ist einer der Treffpunkte in der Stadt. Ich erfahre, dass sich woanders, vor dem Frauengefängnis, lateinamerikanische Frauen von Ni Una Menos aus Berlin versammeln.

Im November hatten deutsche Frauen einen nationalen Kongress von Frauenorganisationen und Gewerkschaften organisiert und geplant, was sie am 8. März tun wollten. Die Berliner Senat reagierte auf den Aufruhr und erklärte den Frauentag zu einem gesetzlichen Feiertag. Rund um das Robert-Koch-Denkmal sind Stühle aufgestellt, auf denen Flyer vom *Frauenstreik* oder *Frauenkampf* liegen, ein feministisches Camp. Hier sind verschiedene Nationalitäten, und die Sprachen mischen sich. Eine Lehrerin einer internationalen Schule in Bayern spricht: über Feminismus für 99 Prozent der Frauen, nicht für das privilegierte 1 Prozent. Sie erwähnt, dass sich heute auch Frauen in Gaza und Kolumbien versammeln, und fügt etwas hinzu, das mir sehr wichtig ist: »Diese Bewegung gehört niemandem, keiner Feministin, keinem Anführer, keiner Organisation oder Partei, sie ist eine Menschenrechtsbewegung.« Ich sehe mich um. Hier bin ich anonym, und die Polizei kennt glücklicherweise mein Gesicht nicht.

Ein paar Jungs tauchen auf, verteilen belegte Brote und bieten Tee an. Mir ist kalt, denn es regnet und ist windig, deshalb nehme ich dankbar an. Das erinnert mich an die männliche Unterstützung des Frauenstreiks in Warschau am 3. Oktober 2016, als Männer auf dem Schlossplatz Suppe verteilten. Die in Berlin sehen aus wie Anarchisten. Wie übrigens auch die meisten Organisatorinnen. Dann sprechen Therapeutinnen der Charité, die heute streiken. Die Statue wird geschmückt. Robert Koch trägt jetzt einen lila Hut, einen lila Schal, er erhält eine Bürste und Domestos sowie eine Puppe mit blutverschmierter Kleidung. Ich spreche mit einer Frau, mit der ich hier verabredet bin. »Wir sind nicht an dem Punkt wie die polnischen Frauen beim ›schwarzen Protest‹ gegen die rechtsgerichtete Regierung, die Abtreibung verbieten wollte. Aber wir nehmen wahr, dass etwas vor sich geht, und wir versuchen zu üben und zu lernen.«

Ihre Mitstreiterin schaltet sich in das Gespräch ein.

»Das ist auch ein Versuch, eine Bewegung aufzubauen. Wir lernen, wie man streikt. Wie man ein Netzwerk aufbaut. Im Herbst finden in Sachsen Wahlen statt. Es ist gut möglich, dass die AfD dort gewinnt. Die Bewegung *Frauenstreik* diskutiert bereits darüber, wie wir dagegen mobilisieren können. Es gibt etwa vierzig Organisationen in verschiedenen Orten, die wir zu vereinen versuchen. Wir haben bereits zwei nationale Treffen durchgeführt und wollen das fortsetzen. Das ist die größte Frauenbewegung seit den 1990er-Jahren.«

Ich frage, ob sie auch beabsichtigen, Rechtsvorschriften vorzuschlagen. Nein, denn sie seien keine Partei, aber sie wollen die Politik beeinflussen, sie seien bewusst eine feministische politische Bewegung. Doch sie haben nicht nur feministische Ambitionen: »Wir wollen das ganze System ändern.«

☐ ☐ ☐

Auf den Wangen der demonstrierenden Frauen kleben schwarze Pflaster, auf denen »219a« steht. Dabei geht es um zwei Ärztinnen aus Kassel, die vor Gericht standen, weil sie auf ihrer Webseite Informationen über den Schwangerschaftsabbruch veröffentlicht hatten. 2018 wurde die Gießener Gynäkologin Kristina Hänel zu einer Geldstrafe von sechstausend Euro verurteilt, weil sie über die Kosten und den Ablauf dieses Eingriffes informiert hatte. Die Klage gegen sie war von wachsamen »Lebensrechtsaktivisten« eingereicht worden, die jetzt plötzlich überall auf der Welt auftauchen. Und sie haben gewonnen. Einhunderteinunddreißigtausend Menschen unterzeichneten daraufhin eine Petition für Kristina Hänel. In nur vier Wochen. Es wurde die Streichung des Paragrafen 219a aus dem Strafgesetzbuch gefordert, was jedoch von den Konservativen der CDU/CSU-Fraktion und der AfD abgelehnt wurde.[389]

---

[389] Im Juni 2022 beschloss der Deutsche Bundestag die Abschaffung des § 219a StGB und die Rehabilitierung aller wegen des Strafrechtsparagrafen seit 3. Oktober 1990 verurteilten Medizinerinnen und Mediziner. (Anm. d. Übers.)

Unser Gespräch wird von Rufen unterbrochen: Streik, Streik, Streik! Dieses kurze, dynamisch gerufene Wort wirkt bedrohlicher als seine polnische Version. Vom Denkmal aus soll es zum Alexanderplatz gehen. Wir sind bereits dabei aufzubrechen, als plötzlich mehrere Polizisten um die Ecke des Gebäudes gerannt kommen. Das erscheint mir verdächtig. Ich bin nicht von hier, ich weiß nicht, wie die Gepflogenheiten der Polizei hier sind, aber bei mir geht ein rotes Lämpchen an. Dann stellt sich heraus, dass mehrere Personen in einem engen Durchgang blockiert werden. Die Polizei verhält sich ziemlich rücksichtslos. Ich bin als Reporterin hier. Aber trotzdem ziehe ich mich nicht zurück. Vor mir und einer Gruppe von Menschen bildet die Polizei eine Blockade, um uns daran zu hindern, die Eingekesselten zu erreichen. Ich weiß nicht, worum es hier geht. Ich spreche eine Frau in einem Folienmantel mit einem rot-weißen GEW-Schild (Gewerkschaft Erziehung und Wissenschaft) an. Ich erfahre, dass die Koch-Statue mit roter Farbe beschmiert wurde. In der Tat ein Verbrechen – ich lache in mich hinein.

Später stellte sich heraus, dass das Schmücken von Denkmälern ein Motiv des diesjährigen 8. März ist. Ich habe ähnliche Dinge auf Bildern aus Italien gesehen. In Mailand wurde die Statue des Journalisten Indro Montanelli mit rosa Farbe beschmiert. Montanelli ist bekannt für ein Foto, das ihn zeigt, wie er eine zwölfjährige äthiopische Versklavte am Arm hält, die er gekauft hatte und »fügsames Tierchen«[390] nannte.

Am Alexanderplatz sind viele Menschen. Es gibt keinen zentralen Sammelpunkt, es gibt Gruppen und Organisationen verschiedener Nationalitäten. Iranerinnen, Lateinamerikanerinnen, auch Black Lives Matter. Es fand auch eine Fahrrad-Demo durch die Stadt statt. Verschiedene Sprachen sind zu hören. Ich lese Transparente mit der Aufschrift: »Gleiche Rechte für andere bedeutet nicht weniger Rechte für dich. Das ist kein Kuchen.« Oder: »Patriarchat: Game Over«,

---

390 Siehe: https://en.wikipedia.org/wiki/Indro_Montanelli#/media/File:Indro_Montanelli_with_Ethiopian_slave_just_purchased.jpg, letzter Zugriff am 27.03.2023.

»Abandona a tu Diego Rivera« – verlass deinen Diego Rivera, »Revolución feminista«. Die Zerstreuung hat ihren Vorteil und ist ein Zeichen der Zeit: keine Leader, keine Politiker, aber es ist – wenn man von der Seite schaut – nicht ganz klar, worum es eigentlich geht. Dann beginnt die Demo. Am lautesten schreien die Lateinamerikanerinnen. Mir fällt schnell auf, dass die deutschen Frauen es noch nicht gelernt haben zu schreien. Sie glauben noch, dass die ultrakonservative, frauenfeindliche Welle sie ausspart, an ihnen vorbeigeht. Das Schreien auf der Straße wird gebremst von einer psychologischen Schwelle. Ein normaler Mensch macht so was nicht. Um diese Schwelle zu überwinden, muss wirklich Angst oder Wut ins Spiel kommen. Ich muss an einen Auftritt der britisch-türkischen Schriftstellerin Elif Şafak denken, der mir im Gedächtnis geblieben ist. Jetzt lese ich das nach, um es zu zitieren:

»Vor Jahren, als ich noch in Istanbul lebte, besuchte mich eine amerikanische Stipendiatin, die sich mit Autorinnen aus dem Nahen Osten befasste. In unserem Gespräch meinte sie:

›Ich verstehe, warum Sie als Türkin Feministin sind.‹

Ich sagte zu ihr:

›Ich verstehe nicht, warum Sie als Amerikanerin keine Feministin sind.‹

Sie lachte. Sie hielt es für einen Scherz, und der Moment ging vorüber. Die Art und Weise jedoch, auf die sie die Welt in zwei imaginäre Lager, zwei gegensätzliche Lager geteilt hatte, störte mich und ließ mich nicht mehr los. Gemäß dieser imaginären Landkarte waren manche Teile der Welt instabile Länder. Sie waren wie unstete Gewässer, die sich noch setzen mussten. Andere Teile der Welt wiederum, oder auch ›der Westen‹, wurden als solide, sicher und stabil angesehen. Daher waren es die instabilen Länder, die Feminismus, Aktivismus und Menschenrechte nötig hatten. Und all jene, die das Pech hatten, nicht aus so einem Land zu stammen, mussten weiter um diese grundlegenden Werte kämpfen. Doch es gab Hoffnung. Der Lauf der Zeit sollte eines Tages selbst den instabilsten Ländern erlauben, sich zu festigen. In der Zwischenzeit konnten die Bürger stabiler Länder sich am Fortschritt der Geschichte und dem Sieg des Liberalismus erfreuen. Sie konnten andere in ihrem Kampf unterstützen, doch sie selbst brauchten nicht mehr für demokratische Grundwerte zu kämpfen, weil sie diese Etappe bereits bewältigt hatten.

Ich denke, dass im Jahr 2016 diese hierarchische Geografie zerbrochen ist. Unsere Welt kann nicht länger in zwei verschiedene Lager geteilt werden, wie es die Gelehrten gern hätten – falls es überhaupt je so war. Heute wissen wir, dass sich die Geschichte nicht immer unbedingt vorwärts entwickelt. Manchmal verläuft sie im Kreis oder macht sogar Schritte zurück. Spätere Generationen können die gleichen Fehler machen, die ihre Urahnen gemacht haben. Heute wissen wir auch, dass es weder stabile noch instabile Länder gibt. Tatsächlich leben wir alle in instabilen Zeiten, wie der kürzlich verstorbene Zygmunt Bauman so treffend bemerkte. Bauman hatte noch eine Definition für unser Zeitalter. Er sprach davon, dass wir uns alle auf Treibsand bewegen. Sollte das der Fall sein, glaube ich, dass wir Frauen uns mehr als Männer sorgen müssen, denn immer wenn eine Gesellschaft zurück in den Autoritarismus, Nationalismus oder religiösen Fanatismus rutscht, haben Frauen wesentlich mehr zu verlieren. Dann muss dieser Moment nicht nur zum Moment des globalen Aktivismus, sondern auch zum Moment der globalen Schwesternschaft werden.

Ich möchte etwas gestehen, bevor ich mit meinem Vortrag fortfahre. Bei jeder Konferenz, bei jedem Festival, an dem ich bis kürzlich teilnahm, war ich in den meisten Fällen eine der pessimistischen Rednerinnen. Nachdem ich gesehen hatte, wie unser Traum von Demokratie und Gemeinschaft in der Türkei zerschmettert wurde – schrittweise und dennoch wie der Blitz –, fühlte ich mich über die Jahre ziemlich entmutigt. Auf diesen Veranstaltungen traf ich auf andere verdrossene Autoren, die aus Ländern wie Ägypten, Nigeria, Pakistan, Bangladesch, den Philippinen, China, Venezuela oder Russland kamen. Wir lächelten einander zu – der Verein der Verdammten. Wir hätten einen Internationalen Klub der besorgten und depressiven Autoren gründen können. Doch dann begann das Blatt sich zu wenden, plötzlich wurde unser Klub beliebter und bekam Zuwachs. Ich weiß noch, unsere ersten neuen Mitglieder waren Autoren und Dichter aus Griechenland. Die nächsten waren Autoren aus Ungarn und Polen, und später interessanterweise aus Österreich, den Niederlanden und Frankreich. Schließlich aus meiner Heimat Großbritannien, wo ich heute lebe und wo mein Zuhause ist. Dann aus den USA. Auf einmal waren wir viel mehr, die sich Sorgen machten um die Zukunft ihrer Nationen und die unserer Welt. Und vielleicht sind wir nun auch mehr, die sich fremd in ihrem eigenen Heimatland fühlen. Plötzlich passierte etwas Eigenartiges: Jene von uns, die sich für so lange Zeit so entmutigt gefühlt hatten, waren es auf einmal etwas weniger, während unsere neuen Mitglieder es nicht gewohnt waren, sich so zu fühlen, und somit stärker entmutigt waren. Am Ende waren es die Autoren aus Bangladesch, der Türkei oder Ägypten, die ihre Kollegen aus Großbritannien oder den USA nach dem Brexit-Votum oder der Wahl des US-Präsidenten Trost zusprachen.«[391]

So ähnlich erging es mir in Berlin. Nur dass sich die Welt weiterdreht und meine Depression als Polin geringer schien als die der deutschen Kolleginnen, die das noch vor sich hatten. Doch nach dieser Einlassung will ich nun etwas erwähnen, das ich nur zögernd in dieses Buch aufgenommen habe. Beim Polenweiten Frauenstreik folgen wir nämlich dem Prinzip, andere Proteste nicht zu kritisieren. Wenn er dir nicht gefällt, mach deinen eigenen. Aber aus den Szenen, die ich beobachtet habe, folgt doch etwas sehr Wesentliches für den Aktivismus an sich. Ich bitte die Deutschen um Entschuldigung, aber es trifft nun mal sie. Das hätte überall passieren können. Und es scheint mir wichtig für die, die sich dem Internationalen Klub der besorgten und deprimierten Bürgerinnen noch anschließen werden.

---

[391] Siehe: https://www.youtube.com/watch?v=KCr8s57hdzY&t=377s, Übersetzung Alexandra Bauer, letzter Zugriff am 27.03.2023.

Als die Demonstration an der Warschauer Straße zu Ende war und offiziell aufgelöst wurde, begab sich eine recht große Gruppe zur nahe gelegenen Überführung am Ostbahnhof. Die Polizei folgte ihnen. Irgendwann kam es zu einem Tumult. Das gefiel mir nicht, weil die Polizei heftig zu drängeln begann. Ein Polizist entdeckte Personen, die etwas auf den Bürgersteig sprayten: *Kein Gott, Kein Staat, Kein Patriarchat*. Das letzte Wort konnten sie nicht zu Ende schreiben, weil sie abgeführt wurden. Und hier kommt die Lehre. Die Polizei nahm sie mit, die Menge rief: »Lasst sie frei«, blieb aber tatenlos. Niemand dokumentierte, was mit den Frauen geschah, niemand notierte die Autonummer des Mannschaftswagens, mit dem sie weggebracht wurden, niemand fuhr ihnen nach. Stattdessen begannen zwei selbst ernannte Leaderinnen – Juristinnen, wie sich herausstellte – friedliche Verhandlungen mit der Polizei. Sie beruhigten die Menge, dass alles okay sei und die Polizei mitgeteilt habe, sie würde die Frauen freilassen. Seit wann vertraut man der Polizei? Das erste Gebot von Protestierenden: Lass niemals jemanden allein, schon gar nicht in den Händen der Polizei. Auf den Revieren passieren Dinge, die man sich nicht vorstellen kann. Mit Sicherheit werden die Frauen einen Anwalt brauchen. Wer weiß, was ihnen vorgeworfen wird. Selbst wenn nichts weiter passiert, außer dass ihre Personalien festgehalten werden, ist es nicht angenehm, von der Polizei mitgenommen zu werden, nicht jede kommt damit zurecht, besonders dann nicht, wenn es das erste Mal ist.

Das hat nichts zu tun mit der sogenannten Schwesternschaft, ein Begriff, der in mir ambivalente Gefühle auslöst. Ich benutze lieber das Wort »Solidarität«. Erstens, weil es nicht geschlechtsspezifisch ist. Zweitens weckt »Schwesternschaft« die falsche Erwartung, dass eine Frau dir immer helfen wird, weil du eine Frau bist. Dadurch entstehen unnötige Frustrationen und Enttäuschungen. Natürlich haben Frauen ein anderes Modell für den Aufbau von Beziehungen, weshalb es uns gelingt, vieles auf den Kopf zu stellen. Wir können ein antipatriarchales Gesellschaftsmodell vorschlagen, das auf Dialog, Fürsorge und Verantwortung beruht. Aber das erschöpfende

Aktivistin-Sein bringt Menschen in unterschiedliche Zustände, deren Folgen nicht in einer Gemeinschaft zu lösen sind, die sich nur für einen Moment findet, manchmal aufgrund einer »Straßenrazzia«, um über das weitere Handeln zu entscheiden. Wir helfen uns gegenseitig, wir spüren die Verantwortung (deshalb zum Beispiel haben wir das Komitee für juristische und soziale Hilfe »Parasolki« [Schirme] gegründet), wir machen so viel wie möglich in dem Bereich, der mit der Aktion zusammenhängt, wenn oft auch nicht nur, aber irgendwo sind Grenzen. Personen, die sich dann über die Schwesternschaft aufregen, weil sie bei ihr keine Lösung für ihre Probleme gefunden haben, neigen dazu, den Aktivismus aus Enttäuschung aufzugeben. Ich sage immer wieder, dass wir uns treffen, um darüber zu sprechen, was wir tun müssen (jede von uns hetzt von den Kindern zur kranken Mutter, von der Arbeit zu anderen Aktivitäten – unsere Treffen sind so kurz und effektiv wie möglich), aber wir sind kein psychologischer Unterstützungsverein. Ich sage jetzt etwas, das in »Gleichstellungskreisen« vielleicht brutal und unpopulär klingt: Die Probleme der anderen interessieren mich nicht, und es ist nicht meine Aufgabe, sie zu lösen. Weil ich einfach weiß, dass ich sie nicht alle lösen kann. Wenn sich aber eine Freundschaft zwischen mir und einer Person entwickelt, treffen wir uns danach, reden miteinander und helfen uns gegenseitig, wenn wir können. Aber das ist eine individuelle Entscheidung.

Wir müssen auf uns selbst aufpassen, Schwesternschaft ist eine Lebenseinstellung, aber keine Versicherungspolice. Aktivisten müssen sich um ihr reales Leben kümmern, das Leben als Aktivistin ersetzt das reale Leben nicht. Das Adrenalin wird sich eines Tages gegen uns wenden. Wenn jemand ein Problem hat, kann er für eine Weile verschwinden, wird es lösen oder nicht, wird zurückkommen oder nicht, denn Aktivismus ist keine Pflicht, er ist eine Art Mission. Freiwillig. Es gibt keinen Zwang. Jeder tut nur so viel, wie er bewältigen kann. Deshalb kann man keine Rangliste der Vorwürfe erstellen (ich habe so was gesehen), nach dem Motto »Ich habe mehr getan«. Du hast es getan, weil du es wolltest, weil du so empfunden hast, weil du es konntest, aber jemand anderes hat vielleicht nicht die gleichen Voraussetzungen, um so viel zu geben. Mir ist vor allem wichtig, die Menschen so zu akzeptieren, wie sie sind. Deshalb kommentiere ich auch nicht gern die Fehler oder Fehltritte anderer Bewegungen oder Aktivisten. Jeder kann einen Fehler machen, jeden kann die Intuition mal im Stich lassen, Hauptsache, er bleibt anständig und aufrichtig. Und hier kommt die Solidarität ins Spiel: Ich werde ihnen die Hand reichen, wenn es notwendig ist, auch wenn sie anders denken/handeln als ich. Wir handeln gemeinsam in Vielfalt. Hätte der Polenweite Frauenstreik nach einem anderen System funktioniert, hätte ich mich wahrscheinlich nicht darin wiedergefunden.

Nach der Demonstration sehe ich mir die Nachrichten an. In der Türkei wurde Tränengas gegen Tausende von Frauen eingesetzt, die in Istanbul protestierten. Die Menge wurde vor dem Taksim-Platz aufgehalten, der von zahlreichen politischen Protesten her bekannt ist. Ganze Gruppen von Demonstrantinnen mit lila Fahnen wurden von der Polizei eingekesselt. Die Frauen riefen: »Wir sind nicht still, wir haben keine Angst und wir sind nicht gehorsam!«

Von diesem Tag blieb mir das Bild einer unsteten Türkei und eines überfluteten Deutschlands im Kopf.

Kapitel 14
DIE URSPRÜNGE VON ORDO IURIS

Ordo Iuris, die Stiftung, die uns in Polen das Leben schwer macht, hat ihre Wurzeln in der TFP.

Wir schreiben das Jahr 2013: Der Verein der christlichen Kultur Priester Piotr Skarga besteht bereits seit einem Jahrzehnt, und nun entsteht über die von ihm gegründete Stiftung Institut für soziale und religiöse Bildung Priester Piotr Skarga die Ordo-Iuris-Stiftung (vollständiger Name: Ordo-Iuris-Institut für Rechtskultur). Die Mitglieder der neuen/alten Organisation tragen weder die lächerlichen roten Umhänge noch die Wimpel und distanzieren sich damit von ihren Gründern. Doch beide Vereinigungen wurden von denselben Personen gegründet: Sławomir Olejniczak und Arkadiusz Stelmach. Olejniczak ist Vorsitzender des Vereins für christliche Kultur Priester Piotr Skarga, Stelmach war zuvor Schatzmeister und Mitglied des Vorstands des Vereins. Jetzt sind sie auch im Aufsichtsgremium, sprich im Rat von Ordo Iuris, vertreten.[392] Das gemeinsame visuelle Motiv der TFP – der goldene Löwe im Logo – wird beibehalten. Die Änderungen sind im Wesentlichen kosmetischer Art, den Kern stellt dasselbe Ansichten-Set, das von den Piotr-Skarga-Institutionen im Hintergrund angeordnet und von den neuen Gesichtern von Ordo Iuris vertreten wird. Wenn

---

[392] Siehe: http://www.krs-online.com.pl/stowarzyszenie-kultury-chrzescijanskiej-krs-10 6880.html und http://www.krs-online.com.pl/msig-4279-189275.html, letzter Zugriff am 27.03.2023.

wir uns mit Ordo Iuris befassen, dürfen wir also nicht vergessen, dass der polnische Zweig der brasilianischen TFP hinter ihnen steht.

Es gelingt mir nicht, mit den Leuten von Ordo Iuris zu sprechen und sie zu befragen. Auf meine Interviewanfragen reagieren sie nicht. Bis ich kurz vor den polnischen Parlamentswahlen 2018 eine Pressekonferenz besuchte zum Thema »Woher bekommen LGBT-Organisationen ihr Geld?«. Ordo Iuris schimpfte hier, die Stadt Warschau würde Hunderttausende Złoty ausgeben, um das traditionelle polnische Familienmodell zu zerstören. Nach der Konferenz konnte ich mich eine Weile mit dem damaligen Vizepräsidenten Tymoteusz Zych unterhalten. Der junge und selbstbewusste Mann hinter dem Konferenztisch verlor seine Selbstsicherheit im Laufe des Gesprächs. Sobald er den auswendig gelernten juristischen Jargon, in dem er sich bewegte, verließ, wurde er angreifbar. Ich habe ihn gefragt, wie er als junger Jurist reagiert angesichts der Vorwürfe, Ordo Iuris hätte Verbindungen zu einer Sekte, ob er nach den Artikeln des Publizisten Tomasz Piątek noch etwas zu diesem Thema gelesen habe, ob er die in dessen Texten angegebenen Links überprüft habe. Er antwortete, er habe unmittelbar nach diesen Veröffentlichungen die Angelegenheit »sehr gründlich« überprüft und »nichts Fragwürdiges gefunden«, »wir haben es mit Unsinn zu tun«[393]. Er behauptete, zuvor nie mit Sektenvorwürfen konfrontiert worden zu sein. Piątek tat er damit ab, dass es sich bei ihm um einen »Morphin- oder eher Heroinabhängigen«[394] handle, aber als ich ihn fragte, was er tun würde, sollte sich herausstellen, dass der Fall viel ernster sei als das, was Piątek herausgefunden hatte, sagte er: »Ich würde sie [die Materialien] analysieren.« Wir vereinbarten, dass ich ihm einige Links schicken und er versuchen würde, mich mit dem Vorsitzenden Jerzy Kwaśniewski zusammenzubringen. Doch dann

---

393 Die Zitate von Tymoteusz Zych sind nicht autorisiert.
394 Tomasz Piątek war alkohol- und heroinabhängig und machte mehrere Entzugstherapien. Diese Erfahrungen thematisierte er in seinen späteren Romanen. (Anm. d. Übers.)

verstummte er. Ich zitierte noch eine Regel aus der Satzung von Ordo Iuris, die besagt, dass die Piotr-Skarga-Stiftung lediglich eine »ausführende« und »repräsentative« Rolle in Bezug auf Ordo Iuris hat. Zych widersprach mir in diesem Punkt und versicherte mir, dass »alle wesentlichen Entscheidungen, die die Arbeit [von Ordo Iuris] betreffen, vom Stiftungsvorstand auf Grundlage der Satzung getroffen werden«. Ich bohrte weiter, indem ich darauf verwies, dass das Statut etwas anderes besagt. Er widersprach. Er bezweifelte, dass alle Vorstandsmitglieder Mitglieder der Piotr-Skarga-Stiftung seien. Eine seltsame Situation. Es sah so aus, als ob er, ein Jurist, die Satzung der Organisation nicht kannte, in deren Namen er gerade gesprochen hatte. Er bot mir an, sie mir zu schicken, aber ich kannte sie bereits auswendig.

Schließlich gab Zych amüsiert zu, dass das einzig Positive »an den Artikeln von Herrn Piątek ist, dass sie mir die Figur Plinio nähergebracht haben«, den er zwar schon gekannt habe, aber nicht in allen Einzelheiten. Daraufhin bemerkte ich scherzhaft, dass Plinio also keine Pflichtlektüre für Ordo Iuris sei. Sehr ernst antwortete er darauf, ihre Hauptlektüre sei »die Konstitution«.

❑ ❑ ❑

Der Piotr-Skarga-Verein hat zur selben Zeit, als Ordo Iuris ins Leben gerufen wurde, noch andere Institutionen gegründet, unter anderem im Dezember 2012 das Centrum Wspierania Inicjatyw dla Życia i Rodziny [Zentrum der Unterstützung von Initiativen für das Leben und die Familie]. Aber Ordo Iuris erwies sich als das erfolgreichere Gebilde.

Viele junge Mitarbeiter von Ordo Iuris wurden von Aleksander Stępkowski ausgebildet, dem ersten Vorsitzenden von Ordo Iuris. Stępkowski arbeitet an der juristischen Fakultät der Universität Warschau, befasst sich mit dem vergleichenden Privatrecht und dem vergleichenden Öffentlichen Recht. Einer seiner Universitätskollegen beschrieb ihn folgendermaßen: »Aleksander ist anständig, abgesehen von den widerlichen Ansichten, die er vertritt.« Jemand anders nannte ihn einen »verbohrten Konservativen«.

Stępkowski stammt aus einer kinderreichen und sehr konservativen Familie. Sein Bruder Jędrzej Stępkowski gehört der polnischen TFP an. Er ist gleichzeitig Aufsichtsratsmitglied des Vereins Endecja.pl. Seine Schwester Katarzyna Stępkowska hat sich als Studentin der Kardinal-Stefan-Wyszyński-Universität in Warschau im Rahmen des »Diamanten-Stipendiums« mit Forschungen über »Sex als Sucht« beschäftigt. Sie hat auch den Pseudowissenschaftler Paul Cameron an die Hochschule geholt, der behauptet, Homosexuelle würden HIV übertragen.

Ich versuchte, mit Stępkowski Kontakt aufzunehmen, um mir selbst ein Bild von ihm zu machen. Einmal hatte ich ihn auf einer Konferenz erlebt und den Eindruck gewonnen, man könne mit ihm reden. Deshalb schrieb ich ihm eine Mail und bekam schnell eine Antwort. Er war einverstanden, dass ich Fragen stelle, aber nur schriftlich, da er von mir keine Neutralität erwarte, aber so wie ich der Meinung sei, man müsse miteinander reden. Ich beschrieb ihm das Buch, an dem ich gerade arbeitete, und schickte ihm Fragen, es wurde angedeutet, dass ich später Rückfragen würde stellen können, dass wir uns eventuell treffen würden, um manches Thema ausführlicher zu besprechen. Er erläuterte: »Ich habe oft das Gefühl, dass ich gefragt werde, wie es ist, ein Kamel zu sein, das in einer gemäßigten Klimazone lebt, und ob mich die Höcker sehr stören beim Bewegen und wie das Fell mit dem polnischen Wetter zurechtkommt, nicht zu vergessen mit der Diät.«

Wir überwanden diese erste Schwierigkeit und hatten uns miteinander verabredet. Dann erschien mein Artikel zum Gesetzentwurf »Stopp Pädophilie« von der Stiftung Pro – Prawo do Życia [Pro – Recht auf Leben]. Die Initiative für den Gesetzentwurf wurde von dem Juristen Olgierd Pankiewicz vertreten, der Ordo Iuris mit initiiert hatte und noch ein Jahr zuvor für Ordo Iuris tätig gewesen war. Unter der Vorgabe, Kinder vor Pädophilie schützen zu wollen, wurde in dem Entwurf vorgeschlagen, strafrechtliche Regeln einzuführen, die zwei bis drei Jahre Gefängnis für jene vorsehen, die »öffentlich den Geschlechtsverkehr von Minderjährigen fördern oder billigen«. Typisches Verdrehen von Tatsachen, denn de facto geht es darum, nicht etwa Pädophile zu bestrafen, sondern Menschen, die einen Beruf ausüben, der »Erziehung, Bildung und Therapie von Minderjährigen oder der Aufsicht über diese« beinhaltet. Ich wies in dem Artikel auf Verbindungen der Autoren des Entwurfes zu Agenda Europe und der Kreml-Politik hin, und an dieser Stelle reagierte Stępkowski und verweigerte nun vehement den Austausch. Er wollte sich nicht in »ein Gewirr aus Halbwahrheiten, Konfabulationen und Unterstellungen verwickeln lassen, die in der offensichtlichen Absicht verfasst wurden, Leute zu verunglimpfen, die Sie nicht mögen«.

Mein Artikel habe ihn zu der Annahme verleitet, in meinem Buch würden sie »als verdächtige Typen, die für den Kreml arbeiten« beschrieben, eine »These, die völlig erfunden ist«. Als ebenfalls erfunden bezeichnete er »die Behauptung von Herrn Piątek, die TFP hätte mit CWF [ein Fehler, gemeint ist WCF] bei der Organisation des CWF-Kongresses in Russland zusammengearbeitet«. Er behauptete beharrlich: »Sie haben ja diesbezüglich auch keine Anfrage an CWF gestellt, oder?« Tatsächlich habe ich aber Brian Brown vom WCF Fragen gestellt (unter anderem, ob er angesichts der Informationen aus dem Mueller-Bericht[395] keine Angst vor zu engen Beziehungen zu den Russen habe), jedoch keine Antwort erhalten. Doch Stępkowski war überzeugt, dass, wenn ich mich bei der Quelle erkundigt hätte, »Sie eine Antwort erhalten hätten, die Ihre Hauptthese widerlegt hätte«.

Ich erklärte, dass es nicht möglich sei, Ordo Iuris zu rechtfertigen, wenn immer nur das Argument vorgebracht würde, dass es sich dabei um »Halbwahrheiten, Konfabulationen und Unterstel-

---

395 Ermittlungen des ehemaligen Sonderberaters Robert Mueller zu den russischen Bemühungen um eine Einmischung in die Präsidentschaftswahlen 2016 in den Vereinigten Staaten. (Anm. d. Übers.)

lungen« handelte. Jedes Argument, das ich hingegen vorbringe, sei dokumentiert, und sollte ich die Fakten falsch interpretieren, wäre ich gerne bereit, von der anderen Seite zu erfahren, wo genau. Doch das zog nicht mehr.

Das Kreml-Thema löste Wut aus. Die Frage ist also: Sah Stępkowski die beunruhigenden ideologischen Konvergenzen und Verbindungen tatsächlich nicht und wurde er getäuscht, oder tut er nur so? Das ist der entscheidende Punkt: Wie naiv und wie clever sind sie eigentlich? Die Tür wurde zugeschlagen, und ich wurde mit einem Zitat aus dem Matthäus-Evangelium verabschiedet: »Ihr sollt das Heiligtum nicht den Hunden geben, und eure Perlen nicht vor die Säue werfen, auf dass sie dieselben nicht zertreten mit ihren Füßen und sich wenden und euch zerreißen.«

Als »Hund« und »Schwein« blieb mir nichts anderes übrig, als mich auf die Beurteilung Dritter zu verlassen, die Stępkowski als »Kamel« beschrieben hatten.

◻ ◻ ◻

Stępkowski war unter Witold Waszczykowski (ab Herbst 2015) kurzzeitig stellvertretender Außenminister. Im August 2016 wurde er entlassen. Als seine Karriere im Außenministerium zu Ende war, kehrte er als Vorsitzender von Ordo Iuris zurück, aber nicht für lange, denn sein Stellvertreter nutzte geschickt eine Gelegenheit, um Stępkowski loszuwerden (2017). Seit diesem Vorfall sind die Beziehungen zwischen den beiden Herren nicht gut, aber der ehemalige Vorsitzende bekam (2019) einen schönen Posten als Richter am Obersten Gerichtshof. Seit 2020 ist er auch Sprecher des Obersten Gerichtshofs.

Im Ministerium war Stępkowski für vertragsrechtliche Angelegenheiten zuständig, das heißt, er verhandelte, archivierte und bereitete Abkommen zwischen Polen und anderen Ländern vor. Erschreckend ist jedoch, dass er auch zuständig war für die »verfahrensrechtliche Vertretung der Republik Polen vor internationalen

Menschenrechtsgremien«.[396] Im Juni 2016 schloss sich Polen dem von Russland angeführten Block muslimischer Länder und dem Iran an und »blockierte die Formulierung zur Entkriminalisierung [von Homosexualität und Drogenkonsum], die in der von der UNO angenommenen Resolution [zu AIDS] enthalten war.«[397]

Ich fragte verschiedene Leute, ob ihnen beim ehemaligen stellvertretenden Außenminister Stępkowski Interesse an der internationalen Politik schon früher aufgefallen war, aber sie meinten, sie hätten nichts davon bemerkt. Michał Urbanik, ein offen schwuler Kollege von der Universität Warschau, erzählte von einer Diskussionsrunde auf dem Bürgerrechtskongress 2018. Bei einem Gespräch über den offenen Katholizismus sprach Urbanik den Kollegen an: »Herr Professor Stępkowski nimmt hier an einer Podiumsdiskussion über Offenheit teil und arbeitet gleichzeitig für Ordo Iuris, wo man gegen Leute wie mich vorgeht.« Darauf antwortete Stępkowski: »Ich habe nichts gegen den Kollegen Urbanik, ich habe ihn sogar zum Abendessen zu mir nach Hause eingeladen.«

❏ ❏ ❏

»Wir werden oft als Sonderlinge dargestellt, als homophobe Rassisten oder Ähnliches«, beklagte sich der russische Vertreter des World Congress of Families (WCF) Alexej Komow in Chișinău, der Hauptstadt der Republik Moldau, auf dem dortigen WCF-Kongress. Stępkowski hat Ähnliches geäußert. Andere religiöse Fundamentalisten klagten ebenfalls darüber.[398] Vielleicht gerade deshalb, weil sie mit ihrem Versuch, die ihrer Auffassung nach natürliche Ordnung wiederherzustellen, nach den in der Gesellschaft vorherrschenden

---

396 Siehe Seite des Außenministeriums Polens: https://web.archive.org/web/20200807032029/https://www.gov.pl/web/dyplomacja/departament-prawno-traktatowy, nur im Archiv, letzter Screen am 7. August 2020.
397 Siehe: *Russia Leads Effort To Strip Gay Decriminalization From UN Measure*, Radio Free Europe, 9. Juni 2016.
398 Michel Casey, *Christian fundamentalists gathering in Moldova want you to know they're not extremists*, ThinkProgress, 17. September 2018.

Trends und Richtungen etwas Unnatürliches tun. Ordo Iuris muss für ihr Image kämpfen. Es ist nicht einfach, mittelalterliche Ideen zu vertreten und sich gleichzeitig modern zu geben. Auch mit einer Sekte in Verbindung gebracht zu werden ist hinderlich. Eine Zeit lang mied Ordo Iuris Verbindungen zu TFP, ja leugnete sie sogar, doch seit Stępkowski weg ist, gibt der neue Präsident Kwaśniewski diese Beziehungen immer häufiger zu, obwohl er sie zunächst selbst geleugnet hatte.

Subunternehmer des Kremls?

Wir neigen dazu, Geschichten, die Verschwörungstheorien nahelegen, skeptisch zu betrachten. Was aber, wenn eine Verschwörungstheorie sich als wahr erweist? Um die aktuelle Situation zu verstehen, müssen wir uns die Mühe machen und die Signale dechiffrieren. Sonst besteht die Gefahr, dass wir verrückt werden.

Vor allem müssen wir uns mit der Geschichte von Phänomenen und Prozessen beschäftigen, die üblicherweise als »weltanschauliche Fragen« betrachtet werden. Dabei sind das heute rein politische Dinge, die von Populisten ausgenutzt werden. Dies bestätigt Timothy Snyder in seinem Buch *Der Weg in die Unfreiheit*. Er beschreibt hier die Gefahr des Populismus, dessen Promotor der Kreml sei. Snyder macht bewusst, wie naiv wir waren, als wir meinten, der Kalte Krieg sei zu Ende und dass der Autoritarismus uns nicht erreicht.

Snyder beschreibt, wie 2012 in Putins Diskurs faschistisches Gedankengut auftauchte: »Iljins christlicher Totalitarismus, Gumiljows Eurasismus und Dugins ›eurasische‹ Nazi-Ideologie«[399]. Sie tauchten zur gleichen Zeit auf, als Obama sich um die »Reset«-Politik bemühte, sprich, um Verbesserungen in den Beziehungen zu Russland. Das sollte ein großer Schritt nach vorn sein, aber als »der

---

399 Timothy Snyder, *Der Weg in die Unfreiheit,* übers. v. Ulla Höber und Werner Roller, München 2022, S. 99.

große Neustart« ins Leben gerufen wurde, war Putin bereits an etwas anderem interessiert. Er setzte sich ein für das Projekt der Euroasiatischen Union als Alternative zur Europäischen Union. Die Euroasiatische Union könnte in der Zukunft »Staaten zusammenführen, deren EU-Mitgliedschaft sich als nicht praktikabel erwiesen habe […]. Damit waren bereits bestehende und künftige Diktaturen gemeint.«[400] Diese von Putin vorgeschlagene Union würde nicht auf den gleichen Wertvorstellungen beruhen wie die EU. Snyder schreibt: »Unter Putin konnte Russland keinen stabilen Staat etablieren, der auf einem Nachfolgeprinzip und Rechtsstaatlichkeit beruhte. Da Scheitern jedoch als Erfolg ausgegeben werden musste, hatte sich Russland für Europa als Vorbild zu präsentieren statt umgekehrt. Folglich durfte Europa nicht über Wohlstand und Freiheit definiert werden, sondern über eine bestimmte Haltung zur Sexualität und Kultur. (…). Putin vollzog dieses Manöver mit erstaunlicher Geschwindigkeit, als er 2012 das Amt des Präsidenten erneut antrat.«[401] Von da an wurde die Sexualität zu einem Instrument in einem neuen Krieg, der parallel zum Krieg in der Ukraine geführt wird.

Snyder zeigt, wie sich die »russische Politik der Zerstörung der EU« entwickelt: Es wurden Leader und Parteien ausgesucht, die am Zerfall der EU arbeiten könnten und im Einvernehmen mit den Interessen des Kremls standen. In den Medien wurde ein Diskurs unterstützt, der zu Misstrauen den europäischen Institutionen gegenüber führen sollte. In Polen und anderen postkommunistischen Staaten wurden Trolle finanziert. Diese versuchten, vor den polnischen Wahlen 2015 von der Dekadenz Europas zu überzeugen, und bauschten flüchtlingsfeindliche Themen auf. Gleichzeitig erhielten verschiedene extremistische Gruppierungen finanzielle Unterstützung aus dem Kreml. Nach ihren Besuchen in Moskau im Jahr 2013 erhielt Marine Le Pen russische Kredite, worüber die größten Zei-

---

400 Ebd., S. 90.
401 Ebd., S. 87.

tungen der Welt schrieben.[402] Auch die weltanschaulichen Fragen bekamen eine neue Qualität. Plötzlich fanden in Europa überall Referenden bezüglich gleichgeschlechtlicher Ehen, zu Verfassungsänderungen und zu Gesetzentwürfen statt, die Abtreibung verbieten wollen. In Rumänien, in Kroatien, in Slowenien, auch in Frankreich, in Spanien und in Italien. Der Vatikan von Papst Benedikt XVI., der sich parallel für den Kampf gegen LGBT einsetzte, stimmte sich mit der Kreml-Propaganda ab und stärkte dessen Botschaft. Es wird Angst gemacht mit Gender und mit der Sexualisierung von Kindern, und immer tauchte bei der Gelegenheit das Motiv vom kaputten Westen auf.

In Polen hat die PiS-Regierung eine Rhetorik angewendet, die Putin schon Jahre vorher erfolgreich ausprobiert hatte: Es war die Rede davon, »sich von den Knien zu erheben« und die »Souveränität« wiederzugewinnen. Copy-and-Paste-Politik. Kurze Zeit später werden ähnliche Phrasen aus Trumps Mund zu hören sein und dann von Jair Bolsonaro. Die polnischen Kreise russophober Nationalisten, selbst die regierende PiS-Partei, haben aufgehört, rituell über Russland herzufallen, und stattdessen begonnen – gemäß den Bedürfnissen des Kremls –, über die Ukraine und über die Flüchtlinge zu schimpfen sowie sich mit der reproduktiven Gesundheit der Polinnen zu befassen.

❑ ❑ ❑

In diesem Spiel kommt Ordo Iuris eine bedeutende Rolle zu. Inwieweit bewusst oder unbewusst, das werden wir sicherlich nie erfahren. Aber wer sagt, dass ein unbewusst »nützlicher Idiot« nicht gefährlicher ist als ein bewusster? So oder so waren die Behauptungen

---

[402] Siehe beispielsweise: Adam Nossiter, *Marine Le Pen of France Meets With Vladimir Putin in Moscow,* »The New York Times«, 24. März 2017, https://www.nytimes.com/2017/03/24/world/europe/marine-le-pen-of-france-meets-with-putin-in-moscow.html, letzter Zugriff 27.03.2023. Oder: Gabriel Gatehouse, *Marine Le Pen: Who's funding France's far right?,* BBC News, 3. April 2017, https://www.bbc.com/news/world-europe-39478066, zuletzt abgerufen am 22.03.2023.

in der von der Anwaltskanzlei Parchimowicz & Kwaśniewski unterzeichneten vorgerichtlichen Aufforderung an die OKO.press-Redaktion nach meinem Artikel bezüglich dessen, wie sich Ministerin Rafalska bei ihrer Idee (die sogenannte Gewalt+) vom Kreml inspirieren ließ, bizarr. Der Vorwurf betraf »die unwahre und unbefugte [...] Behauptung, Ordo Iuris hätte Verbindungen zum sogenannten Machtlager der Russischen Föderation und dessen Politik, die eindeutig negativ assoziiert wird mit der Missachtung der grundlegenden Menschenrechte«.

Handelte es sich hierbei um Schizorussophobie?

Der Marxismus wurde vom Kreml durch Ultrakonservatismus ersetzt. Dessen Hauptstadt ist heute Moskau. Gruppierungen wie Ordo Iuris sind die Anhänger der neuen Revolution, sprich der – wie sie es nennen – Gegenrevolution. Diese Konterrevolution führen sie in Anzug und Krawatte durch. Und nicht mithilfe von Waffen, sondern mithilfe von Rechtsakten.

Ich will noch einmal daran erinnern, dass seit Erscheinen des Artikels *Ordo Iuris, sekta z Brazylii i… dygnitarze Putina* [Ordo Iuris, eine Sekte aus Brasilien und … Putins Würdenträger] von Tomasz Piątek 2017 in der *Gazeta Wyborcza* die Verbindungen der Gründer von Ordo Iuris zum Weltfamilienkongress (WCF) bekannt waren. Ebenso zur russischen Ausgabe des Kongresses 2014. Das Piotr-Skarga-Institut, verbunden mit Ordo Iuris, war »Partner« der Moskauer Veranstaltung, die 2014 stattfand, zeitgleich mit dem Krieg in der Ukraine.[403] Wegen Sanktionen der USA wurde der Kongress zwar abgesagt, konnte aber unter anderem Namen mit Geldern von Putin-Mitarbeitern dennoch organisiert werden. In den Kongressmaterialien figurierten als Co-Veranstalter neben HazteOir und Alexej Komows FamilyPolicy auch Sławomir Olejniczak und das Instytut Edukacji Społecznej i Religijnej im. Ks. Piotra

---

403 Tomasz Piątek, *Ordo Iuris, sekta z Brazylii i… dygnitarze Putina*, »Gazeta Wyborcza«, 7. April 2017, https://web.archive.org/web/20171009120530/http://wyborcza.pl/7,75968,21605548,ordo-iuris-sekta-z-brazylii-i-dygnitarze-putina.html, nur im Archiv, letzter Screen am 9. Oktober 2017.

Skargi [Piotr-Skarga-Institut][404]. Ich weise noch einmal darauf hin, dass Olejniczak Vorsitzender von Stowarzyszenie Kultury Chrześcijańskiej im. Księdza Piotra Skargi [Verein für christliche Kultur Priester Piotr Skarga][405] und Vorstandsvorsitzender von Fundacja Instytutu Edukacji Społecznej i Religijnej im. Piotra Skargi [Stiftung Piotr Skarga] ist, die Ordo Iuris gegründet hat.[406] Der gleiche Olejniczak sitzt auch im Rat von Ordo Iuris.[407]

Im Programm vom WCF von 2014 war eine Rede von Präsident Putin vorgesehen, aber die Vorgänge in der Ukraine und das Durcheinander mit der Namensänderung für den Kongress sowie die Absage von Gästen aus den USA führten dazu, dass lediglich eine Botschaft von ihm verlesen wurde. Der polnische rechte Journalist Marcin Rey berichtete über die Sitzungen des Kongresses im Kreml auf seinem Blog: »In den Reden wurden die richtigen Dinge gesagt, denen die meisten Polen und ein großer Teil der Europäer, darunter auch ich, zustimmen würden. Das Problem dabei ist, dass sie untrennbar mit der Würdigung der führenden Rolle Russlands bei der moralischen Erneuerung der Welt verwoben sind.«[408]

Nach Putins Botschaft und den Reden von Patriarch Kirill und dem Putin-Vertrauten Wladimir Jakunin war der Oligarch Konstantin Malofejew an der Reihe.[409] Er sprach von »Russland als Leader der Lebensrechtsbewegungen«. Und er merkte an: »Eine Orga-

---

[404] Siehe: https://pl.scribd.com/document/210628324/World-Congress-of-Families- Moscow- 2014-Brochure, zuletzt abgerufen am 22.03.2023.
[405] Siehe: http://www.krs-online.com.pl/stowarzyszenie-kultury-chrzescijanskiej-krs-10 6880.html, zuletzt abgerufen am 27.03.2023.
[406] Siehe: http://www.krs-online.com.pl/fundacja-instytut-edukacji-spolecznej-i-krs- 52 622.html, zuletzt abgerufen am 27.03.2023.
[407] Siehe: http://www.krs-online.com.pl/msig-4279-189275.html, zuletzt abgerufen am 27.03.2023.
[408] Marcin Rey: *Kremlowska oferta dla środowisk prorodzinnych,* 8. Oktober 2014, http://blogpublika.com/2014/10/08/marcin-rey-kremlowska-oferta-dla-srodowisk--prorodzinnych/, letzter Zugriff im Februar 2019.
[409] Ein Teil der Reden ist einsehbar auf der Seite von Jakunins Foundation of St. Andrew and the First-Called: https://web.archive.org/web/20210625005236/http://fap.ru/programs/svyatost-materinstva/forums/mezhdunarodnyy-forum-mnogodetnaya-semya-i-budushchee-chelovechestva/, nur im Archiv, letzter Screen am 25. Juni 2021.

nisation hat viele von uns hier als Nazis und Faschisten bezeichnet, nur weil wir Familienwerte hochhalten. So hat beispielsweise die Ukraine, unser Bruderland, im vergangenen Jahr kein Assoziierungsabkommen mit der Europäischen Union unterzeichnet, weil die Ukrainer erfuhren, dass sie die Verbreitung von Homosexualität und Schwulenparaden akzeptieren müssten.« Das ist offenkundig Unsinn, aber wen interessierte das schon?

Unter den Rednern war auch Jelena Mizulina, bekannt für die Initiierung von schwulenfeindlichen Gesetzen, die sie erfolgreich durch die Duma gebracht hat (ähnliche schwulenfeindliche Aktionen führt derzeit Ordo Iuris in Polen durch).

Als spanische Journalisten, die sich mit der Zusammenarbeit zwischen HazteOir und Russen befassten, ähnliche Befürchtungen bezüglich der Präsenz des Kremls hatten, sagte die Journalistin Ksenia Lutschenko, Spezialistin für Kirchenfragen, *El País*, dass Russland in den vergangenen Jahren zur Hauptstadt der »rechten Internationalen« geworden sei. »Die konservativen russischen Imperialisten sind noch immer sowjetisch. Ihre Methoden und der Zynismus sind geblieben.« Aber Ignacio Arsuaga rechtfertigt sich in einem Interview mit *El País:* »Es gefällt mir nicht, was Putin macht, aber es stimmt, dass er aus Sicht der Familien und für die Fortpflanzung sehr günstige Lösungen gefunden hat. Wenn ich sehen würde, dass sie mich für geopolitische Zwecke manipulieren, um die Interessen der russischen Regierung zu schützen, wäre ich weg.«[410] Doch der Berater für internationale Fragen, Francisco Malavassi, äußerte sich in El País eindeutig: »Sind die Leute von CitizenGO sich ihrer Rolle als russische Einflussagenten bewusst?« Sie hätten damals locker widersprechen und lügen können, weil die Dokumente, die Wikileaks später veröffentlichte, noch nicht bekannt waren. Diese Dokumente zeigen, dass Malofejew nicht nur Marine Le Pen ge-

---

410 Jordi Perez Colome, *La conexion rusa de Hazte Oir,* »El Pais«, 5. September 2017, https://politica.elpais.com/politica/2017/08/03/actualidad/1501774274_152047.html, zuletzt abgerufen am 22.03.2023.

sponsert, sondern auch 100 000 Euro für die Gründung CitizenGO gespendet hat und dann Jacobs vom WCF bezahlte.

Ähnliches schrieb Marcin Rey unter dem Titel *Kreml-Angebot an familienfreundliche Kreise* in seinem Blog: »Der Kreml agiert mit immer größerem Druck, um Gruppierungen für sich zu gewinnen [...]. Jede Gruppierung muss auf der Hut sein; man kann davon ausgehen, dass es letztlich ein ideologisches Angebot für alle quer durch das politische Spektrum geben wird, da der Kreml für solche Aktivitäten ein nahezu unbegrenztes Budget und Ressourcen bereitstellt. Sie werden jede Frustration, jede Sehnsucht und jede Halbbildung ausnutzen. Zwei Generationen des KGB haben daran gearbeitet, die Menschen in der freien Welt zu verwirren; nun hat die dritte Generation beschlossen, die Früchte dieser Arbeit zu ernten.«[411]

▫ ▫ ▫

Neben den indirekten Verbindungen zum Kreml hat Ordo Iuris auch direkte Verbindungen. Dazu gehört die Zusammenarbeit mit Russen, vor allem mit Alexej Komow, im Rahmen von Agenda Europe. Die Stiftung Ordo Iuris arbeitet mit Organisationen zusammen, die die Agenda des Kremls verfolgen und die Europäische Union zerstören wollen. In den Zeitschriften *Polonia Christiana* und *Przymierze z Maryją* [Bündnis mit Maria], die von dem Verein Piotr Skarga herausgegeben werden, wird Europa für die Demoralisierung verantwortlich gemacht und als »Euro-Allianz« bezeichnet. Dies steht im perfekten Einklang mit den Worten von Komow in einem Interview mit den polnischen Nationalen Medien:

»Bist du der Meinung, dass man die Ideologie der Europäischen Union ändern kann? [...] Sollten wir diese Organisation vielleicht verlassen und sie zerstören?«, fragte ein polnischer »Journalist« der Nationalen Medien in schlechtem Englisch.

---

[411] http://blogpublika.com/2014/10/08/marcin-rey-kremlowska-oferta-dla-srodowisk-prorodzinnych/, letzter Zugriff im Februar 2019.

Komow antwortete: »Das ist eine sehr schwierige Frage. Die europäischen Völker sollten selbst entscheiden, wie sie das handhaben wollen. Wenn du aber nach meiner Meinung fragst als außenstehender Beobachter dieser Prozesse, würde ich sagen, dass man nicht erwarten kann, dass die Leute, die die Europäische Union erschaffen und die Kontrolle über die Entwicklung der Dinge haben, die – wie ich finde – sehr negativ ist, das ändern werden. Sie werden von einer Ideologie angetrieben, die antichristlich, antitraditionalistisch und familienfeindlich ist.«

Komow, der im Rahmen des WCF-Kongresses als Repräsentant der Kreml-Politik zu verstehen ist, sagte über die Europäische Union, dass »das eine neue sanftere Form des Totalitarismus ist«. Im Vergleich zu ihr »ist Russland freier«.

Russland ist bei *Polonia Christiana* oft Thema. Es kommen auch häufig antiukrainische Themen vor. Dabei genügt es, einen Blick auf die Titel zu werfen: *Die Ukraine provoziert wieder*[412] und *Polenfeindliche Lügen im Zentrum von Kiew. Eine skandalöse Ausstellung, veranstaltet vom ukrainischen Institut für Nationales Gedenken*.[413] Manchmal polarisiert die Zeitschrift direkt. Um sich davon zu überzeugen, genügt es, Folgendes zu lesen: *Ukraina: antypolonizm przybiera na sile. Kilkaset osob we Lwowie oddało cześć mordercy Polakow* [Ukraine: Polenfeindlichkeit wird stärker. Mehrere Hundert Menschen in Lviv haben Polen-Mördern die Ehre erwiesen].[414]

Dieses Aufflammen antiukrainischer Stimmungen wird in Polen meist vom Kreml geschürt, wie wir am Beispiel des Belarussen

---

412 TK, *Ukraina znowu prowokuje,* »Polonia Christiana«, 28. Februar 2019, https://www.pch24.pl/ukraina-znowu-prowokuje-bez-porozumienia-z-polska-rozpoczeto-ekshumacje-w-hucie-pieniackiej,66453,i.html, zuletzt abgerufen am 22.03.2023.

413 TK, *Antypolskie kłamstwa w centrum Kijowa. Skandaliczna wystawa zorganizowana przez ukraiński IPN,* »Polonia Christiana«, 11. Februar 2018, https://www.pch24.pl/antypolskie-klamstwa-w-centrum-kijowa--skandaliczna-wystawa-zorganizowana-przez-ukrainski-ipn,63881,i.html, zuletzt abgerufen am 22.03.2023.

414 TK, *Ukraina: antypolonizm przybiera na sile. Kilkaset osob we Lwowie oddało cześć mordercy Polakow,* »Polonia Christiana«, 5. März 2018, http://www.pch24.pl/ukraina-antypolonizm-przybiera-na-sile-kilkaset-osob-we-lwowie-oddalo-czesc-mordercy-polakow,58682,i.html#ixzz5pALBH8oJ, zuletzt abgerufen am 22.03.2023.

Aleksander Usowski sehen konnten, der den Polen ukrainefeindliche Demonstrationen mit Geldern von Malofejew bezahlte.

Dazu passt, dass, als das Referendum zu Polens EU-Beitritt bevorstand, der Piotr-Skarga-Verein in Krakau unter anderem zusammen mit der Allpolnischen Jugend eine Demonstration gegen den Beitritt Polens organisierte.[415] Ähnlich EU-feindlich äußert sich Jerzy Kwaśniewski, der Präsident von Ordo Iuris. Im Dezember 2018 teilte er auf seinem Facebook-Profil ein Video mit der Beschreibung »Aufstand gegen den Besatzer« und den Hashtag #Konterrevolution, unter dem französische Rechte das europäische Gesetzbuch auf den Boden werfen.

Auf ihrer Internetseite stellt Ordo Iuris das European Centre for Law and Justice (ECLJ) als Partner vor. Wie wir wissen, hat ECLJ seine Wurzeln im amerikanischen rechten Zentrum, das auch in Moskau ein Büro hat und einen Putin-nahen Chef. Der Chef des Pariser Büros Gregor Puppinck organisierte (über Santiago Mata, der ebenfalls El Yunque zugerechnet wird) im April 2014 einen Besuch in der Wiege der »traditionellen« Werte. Einige Monate bevor die Tagung des WCF geplant war, kam eine französische Delegation nach Moskau.[416] Sie wurde von den Würdenträgern der orthodoxen Kirche empfangen, unter anderem vom Patriarchen Kirill, aber auch in der Duma. Puppinck war von Russland und dessen »moralischen« Gesetzen beeindruckt. Von diesem Besuch nahm man mit, dass man nun »diese Regelungen nach Westeuropa bringen müsse«.[417] Schon früher war der französische Partner von Ordo Iuris begeistert von den homosexuellenfeindlichen Gesetzen und der

---

415 Roberto De Mattei, *Krzyżowiec XX wieku. Plinio Correa de Oliveira,* Instytut im. ks. Piotra Skargi, 2004, Foto daneben, S. 205.
416 Die Delegation setzte sich zusammen aus: Gregor Puppinck von ECLJ, Bischof Marc Aillet und seinem Sekretär Guillaume d'Alancon, Aymeric Pourbaix von »Famille chretienne«, Thierry De La Villejegu von Fondation Jerome-Lejeune und Caroline Roux von d'Alliance VITA.
417 Елена Яковлева, В Москву приехали французские защитники традиционных ценностей, »Российская Газета«, 3. April 2014, https://rg.ru/2014/04/03/zaschitniki-site-anons.html und http://www.blagovest-info.ru/index.php?ss=2&s=3&id= 57033, zuletzt abgerufen am 23.03.2023.

Einführung von drei Jahren Gefängnis für Gotteslästerung.[418] Der Besuch hatte auch das Ziel, in Russland Partner für eine Zusammenarbeit zu finden.

Diese Reise wurde in Frankreich wahrgenommen und von der Bischofskonferenz Frankreichs negativ bewertet. »Mit enormer Überraschung haben wir die Information über diese Delegation zur Kenntnis genommen. Wenn sie der Meinung sind, dass Russland sich um die Menschen sorgt, mögen sie einen Ausflug auf die Krim machen«, kommentierte Denis Viénot von einer Organisation, die sich dem internationalen Frieden widmet und dem Episkopat untersteht.[419]

Ordo Iuris fährt nach Rom

Am 8. März 2019 fuhr Jerzy Kwaśniewski nach Rom, um dort einen amerikanischen Kardinal und die Stiftung Lepanto zu besuchen. Das teilte er natürlich auf Facebook mit, denn er ist leidenschaftlicher User der sozialen Medien. Er veröffentlichte zwei Fotos von Gebäuden, auf dem einen ist der Name der Stiftung zu erkennen, das zweite zeigt eine Gegensprechanlage, auf der der Name »Burke« zu lesen ist. Keines der Treffen wurde von ihm beschrieben. Trotzdem war das Posten der Fotos unvorsichtig, da der Kontakt zu Kardinal Raymond Leo »Breitbart« Burke nicht neutral ist. Der Spitzname »Breitbart« ist von dem rechtsextremen amerikanischen Nachrichtenportal Breitbart News Network abgeleitet, das massenhaft Fremdenfeindlichkeit, Frauenfeindlichkeit und Rassismus ver-

---

418 Miranda Blue, *Religious Right ›Freedom And Liberty‹ Group ACLJ Backed Russian ›Gay Propaganda‹ And Blasphemy Bans*, Right Wing Watch, 19. Mai 2014, https://www.rightwingwatch.org/post/religious-right-freedom-and-liberty-group-aclj-backed-russian-gay-propaganda-and-blasphemy-bans/, zuletzt abgerufen am 23.03.2023.

419 Mikael Corre, *Interrogations autour d'une delegation catholique francaise en Russie*, »La Croix«, 3. April 2014, https://www.la-croix.com/Religion/Actualite/Interrogations-autour-d-une-delegation-catholique-francaise-en-Russie-2014-04-03-1130619, zuletzt abgerufen am 23.03.2023.

breitet. Für dieses Portal stand Steve Bannon, Chef des Präsidentschaftswahlkampfes und ehemaliger Berater von Donald Trump, der Trump auf diesem Portal stark beworben hat. Bannon war Pionier im Bereich digitaler Oligarchie – indem er Gelder von Reichen zum Zwecke der Wählerbeeinflussung im Internet einsetzte. Er war es, der auf dem Portal White Supremacy promotete. Putin wurde offen bewundert. Bannon sagte über ihn: »Putin steht ein für traditionelle Institutionen«, und stimmte ihm darin zu, dass »die Regierung der Vereinigten Staaten (und die Europäische Union, die er als ›ein besseres Protektorat‹ bezeichnete) zerstört werden sollten«.[420] »Indem er [Bannon] Russlands Spiel auf einem niedrigen Niveau spielte, stellte er sicher, dass Russland gewinnen würde.«[421]

Kardinal Burke, der als Leader des konservativen »Anti-Franziskus«-Flügels im Vatikan gilt, machte mit Bannon »Geschäfte«, aber er machte auch persönlich Geschäfte mit Vertretern der europäischen extremen Rechten. Er empfing den Leader der Lega und damaligen Vizeministerpräsidenten Italiens Matteo Salvini, die Presse berichtete von ihrem »freundschaftlichen« Treffen[422]. Salvini postete Videos von Interviews mit Burke, der unumwunden sagte, der Islam sei eine »Gefahr«. Das Treffen zwischen Salvini und Burke war insofern seltsam, als – so *The Guardian* – zu dieser Zeit Ministerpräsident Giuseppe Conte es noch nicht geschafft hatte, sich offiziell mit Papst Franziskus zu treffen. Damit wurde gegen den diplomatischen Kodex verstoßen. In der Presse war sogar die Rede von einer Verschwörung der Tria Bannon, Salvini und Burke, um Papst Franziskus zu stürzen. Diese These brachte das brasilianische Instituto Humanitas Unisinos in Umlauf.

Kardinal Burke, der unter anderem den »radikalen Feminismus«

---

420 Timothy Snyder, *Der Weg in die Unfreiheit,* übers. v. Ulla Höber und Werner Roller, München 2022, S. 251.
421 Ebd., S. 250.
422 Stephanie Kirchgaessner, *Salvini meets Cardinal Burke, staunch critic of Pope Francis,* »The Guardian«, 17. Juni 2018, https://www.theguardian.com/world/2018/jun/17/matteo-salvini-cardinal-burke-critic-of-pope-francis, zuletzt abgerufen am 23.03.2023.

für die Marginalisierung von Männern und ihrer Rolle verantwortlich macht, wird von dem französischen Investigativjournalisten Frédéric Martel in dessen Buch mit dem vielsagenden Titel *Sodom. Macht, Homosexualität und Doppelmoral im Vatikan* plastisch beschrieben. Martel hat innerhalb von vier Jahren Recherche über tausendfünfhundert Interviews in dreißig Ländern geführt. Auf dieser Grundlage erzählt er von der Rolle der Homosexuellen im Vatikan und gleichzeitig von der Homophobie der Priester – meist bei denen, die selbst einen zügellosen Lebensstil führen. In diesem Zusammenhang taucht auch ein Partner beim Aufbau der internationalen Ultrarechten auf: Kardinal Burke.

Martel war zu einem Zeitpunkt in Burkes Apartment, als dieser gerade von Papst Franziskus gescholten wurde. Deshalb traf er ihn nicht an, dafür hatte Martel Zeit, sich umzusehen, wie Burke, den Johannes Paul II. zum Kardinal gemacht hatte, wohnte. Burke, »besessen von der ›Gay Agenda‹ und der Gendertheorie« – wie ihn Martel beschreibt –, liebte es, sich in den sonderbarsten Gewändern zu zeigen, die Martel bereits von Fotos aus dem Internet kannte, wo sie für Furore gesorgt hatten, und die er jetzt auf gemalten Porträts vom Kardinal bewundern konnte.[423] Besonders fiel ihm Burkes Vorliebe für die Cappa Magna auf – eine rote, lange Schleppe, wie bei einer Braut, die andere Kardinäle nicht mehr tragen. »Wenn ich die Cappa Magna sehe, die Roben oder Hüte mit floralen Ornamenten von Kardinälen wie Burke, fällt mir die Übertreibung auf. […] Dieser Bühnenzauber ist sehr charakteristisch für den Drag-Queen-Kodex«, zitierte der Franzose den deutschen Drag-Künstler Julian Fricker.[424]

Hat Kwaśniewski den »Kopf der Homophobie in der römischen Kurie«, dessen »extreme Homophobie selbst die homophobsten italienischen Kardinäle«[425] stört, in dem gleichen Apartment getroffen?

---
423 Frédéric Martel, *Sodom. Macht, Homosexualität und Doppelmoral im Vatikan*, Berlin 2019, S. 52. E-book
424 Ebd., S. 52. E-book
425 Ebd., S. 53 und 54. E-book

◻ ◻ ◻

Die Bekanntschaft war nicht neu. Burke war bereits mehrmals in Polen gewesen. Im Jahr 2016 organisierten das Piotr-Skarga-Institut für Gesellschaftliche und Religiöse Bildung, Polonia Christiana und Krucjata Młodych [Kreuzweg der Jugend] das Treffen mit ihm.[426] In dem Video von der Begegnung ist zu sehen, wie Burke an einem Tisch sitzt unter dem Löwen, dem Wappen von TFP.

2018 ist Burke noch einmal nach Polen gekommen. Mit dem amerikanischen Kardinal hatten die Leute von Ordo Iuris auch zu tun beim Tradfest, einem Festival der Konservativen in Zagreb, das seit mehreren Jahren stattfindet. Burke, der Mussolini lobt und Kontakte zu den Lefebristen unterhält, hat auch Beziehungen zu TFP. Sowohl Stępkowski als auch Kwaśniewski und andere Leute, die mit dem polnischen Zweig von TFP verbunden sind, haben Burkes Aufruf zur Weihe Russlands an das unbefleckte Herz Mariens unterschrieben.[427] Ich weiß, das klingt nach Nonsens. Nie im Leben hätte ich davon erfahren, wäre nicht die Recherche für dieses Buch gewesen. Die ganze Zeit begleitete mich das Gefühl, dass ich in Abgründe eines Wahnsinns eintauchte. In diesem Wahnsinn spielt die Erscheinung in Fatimá eine wesentliche Rolle. Maria soll darum gebeten haben, Russland zu bekehren. Und hundert Jahre später rief Burke dazu auf, damit endlich das Ende und der Triumph im Krieg gegen die Gottlosigkeit eintrete.

---

426 Siehe die Logos im Hintergrund des Berichts auf dem Portal »Polonia Christiana« https://www.youtube.com/watch?v=8pej1bwdfPo, zuletzt aufgerufen am 27.03.2023. Burke dankt u.a. Sławomir Skiba als Herausgeber von »Polonia Christiana«, die die Schirmherrschaft für sein Buch *Boża Miłość stała się Ciałem. Najświętsza Eucharystia, jako Sakrament Miłości* übernommen hat. Ein Bericht von der Veranstaltung erschien in »Polonia Christiana«: *Święta Eucharystia, walka z kryzysem Kościoła i Msza pontyfikalna* – kardynał Burke w Krakowie, https://pch24.pl/swieta-eucharystia-walka-z-kryzysem-kosciola-i-msza-pontyfikalna-kardynal-burke-w-krakowie/#ixzz5sMsREUPk, zuletzt aufgerufen am 27.03.2023. Burke sagt, er sei 2003 zum ersten Mal in Krakau gewesen.

427 Dorothy Cummings McLean, *Catholic leaders sign petition to consecrate Russia*, »Life Site«, 8. August 2017, https://www.lifesitenews.com/news/catholic-leaders-sign-petition-to-consecrate-russia/, zuletzt aufgerufen am 23.03.2023.

Die *Washington Post* beschrieb Burke folgendermaßen: »Er nutzt seine Position innerhalb des Vatikans, um extremistische Kräfte zu legitimieren, die die westlichen liberalen Demokratien stürzen wollen.«[428] Für dieses Ziel darf man selbst die unbefleckte Maria benutzen.

◻ ◻ ◻

Während eines kurzen Abstechers nach Rom schaute Jerzy Kwaśniewski ebenfalls bei der Stiftung Lepanto vorbei, deren Vorsitzender Roberto de Mattei ist. Ihn habe ich bereits im Zusammenhang mit der Geschichte von Plinio erwähnt. De Mattei ist Biograf des Brasilianers, der die Sekte Tradition, Familie und Privateigentum gegründet hat und ihr vorstand. Doch de Mattei einen Biografen zu nennen, obwohl er (Kirchen-)Historiker ist, ist stark übertrieben. In seiner Hagiografie hat Plinio keine schwachen Seiten und lebt ganz für den Kampf gegen den Kommunismus. Und für den Glauben.

De Mattei ist häufig zu Gast bei der polnischen TFP. Über ein Treffen mit ihm informiert auch Jerzy Kwaśniewski auf seinem Facebook-Profil. Das ist ebenfalls ein Beispiel dafür, dass die Kontakte von Ordo Iuris zur polnischen TFP sich nicht auf den Gründungsakt beschränkten.

Professor de Mattei ist neben der Teilnahme der polnischen TFP am Moskauer WCF-Kongress der zweite Beweis für die Verbindungen dieser Leute zum Kreml. Im Zusammenhang mit Malofejew habe ich bereits von einem Treffen geschrieben, das er 2014 in Wien organisiert hat. Mit dabei waren Marine Le Pen und der damalige österreichische Vizekanzler und Chef der Freiheitlichen Partei Österreichs Heinz-Christian Strache. 2019 stand er im Mittelpunkt ei-

---

428 *The pope Francis can cleanse the far-right rot from the Catholic Church*, »Washington Post«, 9. Februar 2017, https://www.washingtonpost.com/news/global-opinions/wp/2017/02/09/how-pope-francis-can-cleanse-the-far-right-rot-from-the-catholic-church/, zuletzt abgerufen am 23.03.2023.

nes Skandals, der zu seinem Rücktritt als Parteichef führte. Er wurde auch von sämtlichen Regierungsfunktionen abgezogen.[429] Es war eine Aufnahme aufgetaucht, die Strache bei einem Treffen mit einer angeblichen Verwandten eines russischen Oligarchen zeigte. Strache soll ihr Staatsverträge im Gegenzug für die Unterstützung seiner Partei im Wahlkampf angeboten haben. Sie sprachen auch darüber, wie man das Gesetz zur Finanzierung politischer Parteien umgehen kann. Als die Sache ans Licht kam, leistete Strache Abbitte: »Es war dumm, es war unverantwortlich, und es war ein Fehler.« Das Mandat, das er einige Tage später bei den Europawahlen gewann, nahm er nicht an.[430]

Malofejews Einladung an Strache hatte also Folgen, ähnlich wie die Finanzierung von Marine Le Pen und ihrer Partei Front National. Damals in Wien traf sich Malofejew im Übrigen auch mit de Mattei. Das war ein Höhepunkt in Malofejews Karriere im Kreml, weil gerade die »grünen Männchen« in die Ukraine eingefallen waren. Seine Rolle in diesem Krieg habe ich bereits mehrfach beschrieben. Welches Anliegen hatte Malofejew damals an de Mattei, oder de Mattei an Malofejew?

Das Treffen diente der Festigung der konservativen Allianz. Es wurde auch über den Marsch für das Leben in Rom gesprochen. An diesen Märschen, einer Tradition der Lebensrechtsbewegung, die bis 1974 zurückreicht, nimmt auch Kardinal Burke teil, und sie werden von der TFP mit organisiert. In Polen und bei der Öffentlichkeitsarbeit werden sie von Ordo Iuris unterstützt.

Es ist höchste Zeit, die Frage zu stellen: In wessen Interesse handelt Ordo Iuris eigentlich? Ordo Iuris nimmt immer stärker Einfluss auf das polnische Recht und beschäftigt von Jahr zu Jahr mehr Men-

---

429 Darüber schreibt auch Piotr Pętlicki, *Alternatywna prawica w Kościele*, xportal, 7. Februar 2017, https://web.archive.org/web/20170208164510/http://bdp.xportal.pl/publicystyka/piotr-petlicki-alternatywna-prawica-w-kosciele/, nur im Archiv, letzter Screen am 8. Februar 2017.

430 *Wicekanclerz Austrii Strache ustępuje. Echa afery korupcyjnej*, »Deutsche Welle«, 18. Mai 2019, https://www.dw.com/pl/wicekanclerz-austrii-strache-ust%C4%99puje-echa-afery-korupcyjnej/a-48785675, zuletzt abgerufen am 23.03.2023.

schen – 2018 waren es 31 Arbeitsverträge.[431] Worin verwickelt Ordo Iuris diese Menschen? Wie wird Kwaśniewski sein Vorgehen erklären? Wird es ihm wie Strache »unangenehm« sein, oder wird er bis zum Schluss der Zyniker bleiben?

Ist Ordo Iuris unabhängig?

Ordo Iuris versucht stets davon zu überzeugen, dass es unabhängig ist von seinem Begründer, der polnischen TFP, sprich der Piotr-Skarga-Stiftung und dem Piotr-Skarga-Verein.

»Wir haben keine direkten Beziehungen zur TFP und machen keine gemeinsamen Aktionen«, sagte Jerzy Kwaśniewski einem Journalisten von der Tageszeitung *Rzeczpospolita* im April 2016. »Wir arbeiten mit anderen juristischen Organisationen, die nicht mit der TFP verbunden sind, enger zusammen, zum Beispiel mit Alliance Defending Freedom oder European Centre for Law and Justice.«[432]

Die Tatsachen widersprechen allerdings dieser Aussage. Stifter von Ordo Iuris war die Stiftung Piotr-Skarga-Institut für gesellschaftliche und religiöse Bildung. Gleichzeitig sitzt die Leitung dieser Stiftung auch im Rat von Ordo Iuris. Das sind Sławomir Olejniczak und Arkadiusz Stelmach. Was darf der Rat von Ordo Iuris und was darf ihr Vorstand? Ich schaue ins Statut, es ist als PDF-Datei auf der Seite von Ordo Iuris einsehbar.[433] Daraus geht klar hervor, dass der Rat alles darf und der Vorstand ihm unterstellt ist.

Paragraf 13 im Statut von Ordo Iuris regelt, dass im Rat mindestens zwei Leute sitzen müssen, die der Stifter ernennt, das heißt, dass die Plätze für Leute von der Piotr-Skarga-Stiftung gesichert

---

431 »Zestawienie szczegołowe do sprawozdania z działalności fundacji za rok 2018«, datiert auf den 14. August 2018: https://ordoiuris.pl/pliki/dokumenty/Zestawienie_%20 szczegolowe_do_sprawozdania_za_rok_2018.pdf, zuletzt abgerufen am 23.03.2023.
432 Wiktor Ferfecki, *Kto stoi za ustawą o zakazie aborcji?*, »Rzeczpospolita«, 12. April 2016, https://www.rp.pl/polityka/art3764101-kto-stoi-za-ustawa-o-zakazie-aborcji , zuletzt abgerufen am 23.03.2023.
433 Siehe: https://ordoiuris.pl/dokumenty, zuletzt abgerufen am 23.03.2023.

sind. Paragraf 13 im Statut der Piotr-Skarga-Stiftung (das mit dem Statut von Ordo Iuris identisch ist) besagt, dass ihre Ratsmitglieder »vom Stifter berufen werden«. Und die Stifter sind brasilianische, deutsche und französische TFP-Mitglieder (Caio Xavier da Silveira, Mathias Gero von Gersdorff, Leonardo Przybysz). Die Ratsmitglieder von Ordo Iuris abberufen kann auch nur der Stifter, das ist de facto wieder die TFP. Mehr noch, die Vorstandsmitglieder von Ordo Iuris werden vom Rat berufen. Was aber darf der Rat und was darf der Vorstand? Paragraf 14, Punkt 1 legt »den Tätigkeitsbereich des Stiftungsrates« fest, das ist: »ein Organ mit Initiativ-, Entscheidungs- und Kontrollbefugnissen«. Zu den Aufgaben des Rates »gehören insbesondere«:

»a) die Ausrichtung der Initiativen der Stiftung,
b) Verabschiedung jährlicher und langfristiger Pläne und Tätigkeitsanweisungen für die Stiftung,
c) Bewertung der Berichte des Vorstands über die laufenden Tätigkeiten der Stiftung und Entlastung desselben,
d) Berufung und Abberufung von Mitgliedern des Stiftungsvorstandes, darunter des Vorstandsvorsitzenden und des stellvertretenden Vorstandsvorsitzenden (der Rat darf auch über die Berufung des Schatzmeisters bestimmen),
e) Festlegung der Gehälter für die Vorstandsmitglieder,
f) Beaufsichtigung aller Tätigkeitsbereiche des Stiftungsvorstandes,
g) Kontrolle der Finanzen der Stiftung«.

Das zeigt, dass die Initiativen, die Entscheidungen und die Aufsicht über Ordo Iuris, darunter die finanzielle, in den Händen der Leute von Piotr-Skarga liegen, die wiederum gemäß dem Statut von TFP-Leuten kontrolliert werden. Bedeutet das nicht, dass die Initiativen von der TFP ausgehen, die Piotr-Skarga-Institutionen sie übernehmen und wiederum Entscheidungen für Ordo Iuris treffen, die diese Entscheidungen dann umsetzt? Auf diese Weise kontrolliert immer ein Element das nächste, aber trotzdem kommt alles von oben. Kann hier also überhaupt von Unabhängigkeit die Rede sein?

Als ob die Kontrolle des aus Mitgliedern der Piotr-Skarga-Stiftung bestehenden Vorstands über Ordo Iuris nicht schon reichen würde, gibt es noch eine weitere Bestimmung in der Satzung: »Der Stiftungsrat hat das Recht, vom Vorstand Erklärungen und Zugang zu allen Dokumenten zu verlangen, die sich auf die Tätigkeit der Stiftung beziehen« (Absatz 14, Punkt 3). Und welche Befugnisse hat der Vorstand von Ordo Iuris? Dies ist in der Satzung in Paragraf 15, Punkt 1 definiert: »Der Stiftungsvorstand leitet die Aktivitäten der Stiftung und vertritt die Stiftung nach außen.« Die Rolle des Vorstandes (ob Jerzy Kwaśniewski, Aleksander Stępkowski oder Joanna Banasiuk) besteht also nur in der repräsentativen und ausführenden Funktion bezüglich der Entscheidungen, die unabhängig von ihnen von einem Rat getroffen werden, der sich aus Mitgliedern der Piotr-Skarga-Stiftung und der TFP zusammensetzt.

Kapitel 15
VERONA STATT CHIŞINĂU

Im September 2018 wollte ich zum World Congress of Families ins moldawische Chişinău, aber davon hielt mich eine Operation an der Wirbelsäule ab, die wegen der Intervention der Polizei beim Protest im August 2018 nötig wurde. Ich musste meine Pläne, auch dieses Buch betreffend, für ein paar Monate verschieben. Zu meiner Überraschung erfuhr ich, dass der nächste WCF-Kongress bereits im März 2019 in Verona stattfinden würde. Was war der Grund für die Eile? Die Wahlen zum Europaparlament?

Italiens Schönheit muss ich nicht beschreiben. Umso mehr als Verona nicht wegen der Geschichte von Romeo und Julia ausgewählt wurde, sondern weil es die Hauptstadt des italienischen Konservatismus ist. Im Herbst 2018 erklärte die Stadtregierung auf einen Antrag von Alberto Zelger hin, einem Abgeordneten der Partei Lega, dass Verona eine »Pro-Life«- und »Pro-Family«-Stadt sein werde. Die Abstimmung fand in Gegenwart protestierender Frauen statt, die als Mägde wie in der US-amerikanischen Fernsehserie *The Handmaid's Tale – Der Report der Magd* gekleidet waren.

Gerade in Italien sind in den letzten Jahren die Einflüsse des Kremls gut zu beobachten. Auch seine finanzielle Unterstützung der radikalen Kräfte. Vor dem WCF-Kongress hatte es eine politische Affäre gegeben, die nach Veröffentlichung der Recherche-Ergebnisse von Giovanni Tizian und Stefano Vergine entflammt war, die einem Abgesandten von Matteo Salvini, dem Parteisekretär der Lega, nach Moskau gefolgt waren. Dort hatten sie Gespräche zwischen

Italienern und Russen aufgenommen, in denen es darum ging, wie der Kreml der Lega drei Millionen Euro für den Wahlkampf übermitteln könnte. Das Buch, in dem sie dies veröffentlichen, trägt den Titel *Il libro nero della Lega* [*Schwarzbuch Lega*] und erschien Ende Februar 2019. Salvini, der in seiner Jugend Kommunist war und ein Che-Guevara-Shirt trug, war zuvor selbst in Moskau gewesen, aber den Vertrag mit den Russen handelte sein Berater Gianluca Savoini aus. Das Treffen fand am 18. Oktober 2018 im Hotel Metropol statt. Das Geld sollte von dem russischen Mineralölunternehmen Rosneft kommen und von der italienischen Firma Avangard Oil & Gas.[434] Sie hat ihren Sitz in demselben Gebäude in Moskau wie Malofejews Group of Companies Tsargrad.

Savoini sagte während des fünfundsiebzig Minuten dauernden Treffens in Moskau: »Das neue Europa muss Russland nah sein. Wir dürfen nicht abhängig sein von Entscheidungen der Erleuchteten in Brüssel oder in den Staaten. Wir wollen Europa verändern, gemeinsam mit unseren Verbündeten wie Heinz-Christian Strache in Österreich, der AfD in Deutschland, Frau Le Pen in Frankreich, Orbán in Ungarn, der Sverigedemokraterna in Schweden.«[435]

Das Geschäft wurde schließlich zwischen Rosneft und dem italienischen Unternehmen Eni abgeschlossen. Die Russen sollten den Italienern Gas mit einem Rabatt von vier Prozent verkaufen. Der Rabatt würde drei Millionen Euro pro Jahr einbringen. Dieses Geld sollte in den Wahlkampf der Lega für das Europäische Parlament fließen. Im Gegenzug waren die Russen an italienischer Lobbyarbeit für die Aufhebung der von der EU nach der Invasion der Krim verhängten Sanktionen interessiert. Die Italiener wollten den Handel mit Russland ausbauen. Aufgrund der Aufmerksamkeit, die die

---

434 Giovanni Tizian, Stefano Vergine, *3 million for Salvini*, »L'Espresso«, 28. Februar 2019, http://espresso.repubblica.it/attualita/2019/02/28/news/3-million-for-salvini-1.332104, zuletzt abgerufen am 23.03.2023.

435 Ich beschreibe die Kulissen nach der Veröffentlichung der Bänder von diesem Treffen: Klementyna Suchanow, *Suwerenność za ruble*, »Gazeta Wyborcza«, »Magazyn Świąteczny«, 20. Juli 2019, http://wyborcza.pl/magazyn/7,124059,25010646,suwerennosc-za-ruble-afera-tasmowa--saliniego.html, zuletzt abgerufen am 23.03.2023.

Journalisten erzeugten, ist anzunehmen, dass es letztlich nicht zur Unterzeichnung des Vertrages kam.

◻ ◻ ◻

Die Kontakte zwischen der Lega und Moskau haben allerdings eine längere Geschichte. Zur »Krönung« Matteo Salvinis zum Sekretär der Lega Nord in Turin im Dezember 2013 kam ein Sondergesandter des Kremls, einer der Protagonisten dieses Buches: Alexej Komow. Er wirkte unschuldig, aber der Eindruck täuscht. Denn Komow steht für Malofejew hinter den Kontakten zu den italienischen Faschisten und ihrem Erfolg. Malofejew selbst war 2015 verwickelt in die Übermittlung von neun Millionen Euro an Marine Le Pen.

Auf der Tagung der Lega Nord im Jahr 2013 lud Komow den Saal zur Moskauer Ausgabe des WCF-Kongresses ein, wobei er suggerierte, dass dort Putin höchstpersönlich auftauchen würde. Seitdem war Komow viele Male in Italien. Er knüpfte Kontakte, wurde auch Ehrenvorsitzender des italienisch-russischen Kulturvereins Lombardia Russia. Hinter diesem russophilen Verein und anderen, über die die italienischen Journalisten recherchiert haben, steht der Berater des Lega-Leaders Gianluca Savoini, der Moskau regelmäßig besuchte und versuchte, dort einen Gas-Deal abzuschließen. Er gilt als »der richtige Mann«, weil er mit einer Russin verheiratet ist und das Land kennt. Die Journalisten Tizian und Vergine schreiben, dass bei dem Kulturverein Lombardia Russia die Entscheidung für den Zusammenschluss als Verein die Intransparenz erleichtert, denn »Organisationen dieser Art sind nicht verpflichtet, ihre Jahresabschlüsse zu veröffentlichen«. Sie können auch ungehindert dazu dienen, »Putins Vision von einer Welt, die auf den Säulen ›Einheit, Souveränität und Tradition‹ beruht, zu verbreiten. Als praktisches Ziel sollen sie den Austausch zwischen unseren Unternehmen und Russland entwickeln.« Italienische Geschäftsleute wurden beispielsweise durch die Krim kutschiert, damit sie sehen konnten, wie attraktiv das Gebiet für Investitionen ist.

Einen ähnlichen Mangel an Transparenz wies die WCF-Webseite bezüglich des Kongresses in Verona auf. Von Anfang an war es so, dass bestimmte Sprecher erst angekündigt wurden und dann wieder verschwanden. Der polnische Botschafter in Italien, Konrad Głębocki, der früher der Partei Recht und Gerechtigkeit angehörte, stand beispielsweise eine Zeit lang auf der Webseite, um dann aus dem Programm zu verschwinden, da er einen Monat nach seiner Einsetzung in Rom zurücktrat. »Die Rolle hat ihn einfach überfordert. Er hatte nie das Zeug zum Botschafter, aber der PiS-Vorsitzende hatte ihm das versprochen. Jetzt ist das natürlich peinlich«, wurde ein anonymer Gesprächspartner vom Webportal Wirtualna Polska zitiert. Es war schwierig, in Erfahrung zu bringen, wer an dem Kongress teilnehmen würde. Auch deshalb, weil seitens der italienischen Öffentlichkeit sehr viel Druck gemacht wurde, als sich herausstellte, dass auf dem Kongress Regierungsmitglieder und sogar Mitglieder des Europäischen Parlaments auftreten sollten. Im Fall des Europaabgeordneten Antonio Tajani führte der Druck sogar dazu, dass er seinen Auftritt absagte.

Zur gleichen Zeit bereitete die italienische LGBT-Organisation All Out ein Gegenprogramm zum WCF-Kongress vor: verona.wtf. Dort wurden Beispiele für Hassreden der künftigen Kongressbesucher angeführt. Zum Beispiel die Schriftstellerin Silvana De Mari: »Der sexuelle Akt zwischen zwei Menschen gleichen Geschlechts ist eine Form der körperlichen Gewalt, die auch als Praxis zur Einführung in den Satanismus eingesetzt wird.« Oder der orthodoxe Geistliche Dmitri Smirnow: »Wir haben uns von ihnen [gemeint sind Homosexuelle] isoliert wie von einer Seuche, denn das ist ansteckend.« Und auch der Abgeordnete Zelger: »Abtreibung ist kein Recht, sie ist ein schreckliches Verbrechen. Mein Beispiel ist Putins Russland.« Trotz öffentlicher Empörung erschien der Vorsitzende der Lega, Matteo Salvini, ein geschiedener Vater zweier Kinder, auf dem Kongress der Ultrakatholiken.

◻ ◻ ◻

Italien hatte die stärkste kommunistische Partei in Westeuropa. Den Kommunismus gibt es nicht mehr, aber die Russophilie ist den Italienern geblieben, zumindest den Ultrarechten. Auch in Russland gibt es keinen Kommunismus mehr, doch der Kampf gegen den angeblich demoralisierten Westen geht weiter.

Die italienische Presse schrieb viel über den WCF-Kongress in Verona und verwies auf die Verbindungen zum Kreml, wobei vor allem zwei Ausdrücke vorkamen: »Mittelalter« und »sfigati« [Verlierer]. Diesen Begriff hatte Italiens Vizeministerpräsident Luigi Di Maio von der 5-Sterne-Bewegung eingeführt. Di Maio, der in Opposition zu Salvini steht, welcher den WCF unterstützt, nannte den WCF-Kongress »eine Tagung der unglückseligen Rechten, auf der mittelalterliche Ideen vertreten werden«. Mein italienischer Kollege Yuri Guaiana erläuterte mir, dass »sfigati«, wie Di Maio es gebraucht, sexistisch und abwertend sei. Es bedeute »ohne Zugang zur Vagina« und wird allgemein benutzt im Sinne von »Loser«.

Bedeutsam ist auch, dass weder Kardinal Parolin noch Papst Franziskus dem WCF-Kongress ihre Unterstützung zusagten. Parolin ließ ausrichten, »dass sie bezüglich des Gegenstandes einverstanden sind, aber nicht hinsichtlich der Methodologie«. Der Vatikan missbilligte die Rhetorik und die konfrontative Atmosphäre. Der Papst sagte, »Homosexualität ist keine Sünde«. »Wenn man zu Zorn neigt, ist das keine Sünde«, so der Papst. »Aber wenn man Zorn empfindet und Menschen verletzt, ist das eine Sünde.«

▫ ▫ ▫

Am Freitag, dem 30. März, stand ich früh auf, zog mich elegant an und lief über das Pflaster zur Piazza Brá. Meine italienische Kollegin Irene glaubte nicht, dass es mir gelingen würde, in den WCF-Kongress hineinzugelangen, und bestellte ein Frühstück in der Annahme, dass ich gleich zurückkäme. Zumal ich am Abend vorher Journalisten aus verschiedenen Ländern getroffen hatte, die allesamt Probleme bei der Akkreditierung gehabt hatten. Wir hatten uns online als Pressevertreter angemeldet, wurden aber nicht akkreditiert oder erhielten gar keine Antwort. Das war auch bei mir der Fall gewesen, also hatte ich meinem »russischen Freund« geschrieben, wie ich Komow spöttisch nannte. Ich hoffte auf Hilfe, schließlich hatte er seine letzte E-Mail an mich mit dem Satz »Wir sehen uns in Verona« beendet. Aber jetzt schwieg er.

Es war früh am Morgen, in der Stadt war es noch ruhig. Um diese Zeit sollte es nach Kaffee duften, aber selbst die Cafés waren noch geschlossen. Auf der Reise aus dem kalten Polen hatte ich von der italienischen Sonne geträumt, die sich aber nicht über Verona zeigen wollte. Der Kongress fand im Gran Guardia Palast statt. Schon vor acht Uhr kamen die ersten Gäste und standen auf den Treppen. Brian Brown, der Präsident des WCF, stand als Gastgeber ganz oben. Er holte ihm bekannte Personen aus der Schlange und ließ sie ein. Für die Presse war ein gesonderter Eingang vorgesehen. An einem Tisch musste ich meinen Ausweis zeigen und wurde auf der Namensliste gesucht, auf der ich nicht stehen konnte. Und auch nicht stand. Ich bat darum, noch einmal die Liste zu prüfen. Alle wurden nervös, ihr Misstrauen war zu spüren. Doch ich trat als selbstbewusste Person auf. Eine elegante Dame kam auf mich zu. Sie fragte mich, ob ich auf der Liste von Joseph Grabowski stünde. Ich hatte keine Ahnung, erinnerte mich aber daran, dass ich an seine Adresse ebenfalls geschrieben hatte. Deshalb bejahte ich. War es das? Offensichtlich, denn meine Antwort änderte alles. Sofort wurde handschriftlich eine Identitätskarte für mich erstellt. Noch während ich darauf am Eingang zum Saal wartete, traf ich den hereinkommenden Komow. Er begrüßte mich mit: »So, you made it in«, worauf ich antwortete: »I am trying«, aber er verzog sich sofort. Kurz darauf wurde ich eingelassen.

Ich hatte Glück. Ein Journalist vom *Guardian* wurde nicht reingelassen, ein LGBT-Aktivist mit Gewalt rausgeworfen, anderen Journalisten wurde Eintritt gewährt, aber nur in den Pressebereich, wo sie den Kongress auf einem Großbildschirm ohne Übersetzung verfolgen konnten und nicht einmal Zugang zu den Toiletten hatten, die sich im Hauptteil des Gebäudes befanden. Manche wurden unter Aufsicht zur Toilette gebracht. Ich durfte mich frei bewegen.

Die Atmosphäre glich einer belagerten Festung und war von der ersten Rede an bei der Eröffnungszeremonie zu spüren. Beinahe jeder sprach »das Mittelalter« und die »Loser« an. Die Redner widersprachen diesen Zuschreibungen oder argumentierten defensiv. Andere attackierten oder versuchten, Kongressgegner lächerlich zu machen: »Mittelalter? Das ist viel älter als das Mittelalter«, sagte jemand über die »natürliche« Familie bei einer Podiumsdiskussion, die von Alessandro Sallusti moderiert wurde.

Die Redner stellten sich auf originelle Weise vor, indem sie die Zahl ihrer Kinder nannten. Das taten vor allem die Männer, und zwar gleich zu Beginn ihrer Rede. Wenn Frauen es taten, dann subtiler, eher in der Mitte ihrer Rede. So hat Federico Sboarina, der Bürgermeister von Verona, beispielsweise 1,5 Kinder. Eins ist auf der Welt, das zweite unterwegs. Brian Brown stellte sich als Vater von neun Kindern und Ehemann von Susan vor. »Das ist die wichtigste Information«, so Brown. Andere hatten fünf, sechs oder sieben Kinder. Nach einer Weile bekam man den Eindruck, an einem Wettbewerb um das größte Auto teilzunehmen.

Über Kinder wurde viel gesprochen. Es war das Leitthema des Kongresses. Beispielsweise sagte Antonio Brandi, langjähriger Freund von Komow und Organisator des WCF-Kongresses: »Kinder sind intelligenter, wenn sie in Familien mit Mutter und Vater aufwachsen.« Brandi blieb mir in Erinnerung als schrecklich laut, apodiktisch, mit kreischender Stimme. Seine diktatorischen Manieren irritierten nicht nur mich.

Das Programm blieb die ganze Zeit variabel, wie die Webseite des WCF. Manche Teilnehmer kamen gar nicht, dafür betraten Unangekündigte die Bühne. Als Überraschung trat der Radiojournalist Giuseppe Cruciani auf. Er griff den Slogan von Salvini (»so uno di voi« [ich bin einer von euch]) auf und sagte: »Ich bin keiner von euch.« Der Sinn seines Wortspiels, für das er Beifall bekam, war, dass er, obwohl er die Standpunkte der Personen, die mit dem WCF verbunden sind, nicht in allem teilte, sie trotzdem unterstützen würde. Schließlich lebten wir in einer Demokratie. Ähnlich äußerte sich die sizilianische Journalistin Maria Giovanna Maglie. Sie gehöre ebenfalls nicht zu den WCF-Leuten, beobachte sie aber aufmerksam. Sie beklagte sich über die politische Korrektheit: »Sie wollen die Freiheit des Wortes einschränken«, »das ist das Ende der Meinungsfreiheit«.

◻ ◻ ◻

Es war nicht möglich, alle Podiumsdiskussionen zu verfolgen, weil manche gleichzeitig stattfanden. Die einzige Stimme, die der allgemeinen Tendenz etwas entgegenstellte, war die von Luca Zaia, dem Präsidenten der Region Venetien, der auf der Bühne sagte, dass »Homophobie eine Krankheit« sei und das Wort »Extremismus« benutzte. Ansonsten sagten alle Redner nahezu das Gleiche. Der Ton war rau. Wiederholt fielen die Begriffe »Krieg«, »Zerstörung«, »Schlacht«, »Angriff«, »Soldaten«.

Es war sonderbar, inmitten von lächelnden Menschen zu sitzen, die von Krieg sprachen. Umso mehr, als ich von ihrer Seite Gesten der Herzlichkeit und Freundschaft empfing. Das erinnerte mich an einen Moment im Gespräch mit Komow, als er seine Kolleginnen und Kollegen vom Kongress als anständige Menschen bezeichnete. Als ich mit ihnen sprach, lächelte ich ebenfalls und grüßte nach links und rechts mit »Buongiorno«. Gleichzeitig war mir bewusst, dass dieselben Menschen Hass säen, dass sie obskure Ansichten haben, dass sie manchen von uns das Leben schwer machen. Ich musste an Hannah Arendt denken und ihre These von der Banalität des Bösen.

Als ich die Kongressteilnehmer aus der Nähe betrachtete, fragte ich mich, wer sie waren. Brian Brown hatte sich mit seiner Macho-Einleitung für mich lächerlich gemacht. Aber wenn er mit seiner Frau Händchen haltend durch die Flure ging, war zu sehen, dass sie Gefühle füreinander haben. Ich fragte mich: Gut, aber wo sind die Kinder? Wer kümmert sich um sie? Wer kann es sich leisten, als Paar durch Europa zu reisen und seine neun Kindern zu Hause zu lassen? Es ist leicht, zum Gebären von Kindern aufzurufen, wenn man zur Elite gehört und ausreichend Geld für ihre Versorgung hat.

Von den Podiumsdiskussionen und Auftritten, die ich gesehen habe, sind mir manche in Erinnerung geblieben. Beispielsweise der Vortrag von Steve Turley, der als amerikanischer Wissenschaftler vorgestellt wurde. Wenn man ihn googelt, stellt sich jedoch schnell heraus, dass er seine Texte meist auf Malofejews *Katechon* veröffentlicht, einem der geopolitischen Sprachrohre des Kremls. Turley ist der Meinung, dass »die weltlichen Liberalen Panik haben«. Er führte Polen an, das »Jesus Christus zum König erklärt hat«, und »die Russische Föderation und ihre orthodoxe Kirche, die eine Erneuerung des Christentums erleben wie seit der Zarenzeit nicht mehr«. Aber das war nur die ideologische Einleitung, nach der Turley zu seinem eigentlichen Thema kam, nämlich zur »demografischen Revolution«, die es den Konservativen ermöglicht »die Welt zu übernehmen«. Nach Turleys Meinung sind Konservative fruchtbarer, weshalb sie in zwei Generationen 75,2 Prozent der Bevölkerung ausmachen werden und in zehn Generationen gar 99,1 Prozent. Hier führte er wieder beispielhaft Polen, Ungarn und Russland an. Abschließend sagte er: »Wir sind keine rechten Loser. Wir sind nicht das Mittelalter. Wir sind die Zukunft, die Zukunft von Pro-Life, Pro-Child und Pro-Family.«

Ich war neugierig auf Ignacio Arsuagi, den Vorsitzenden von HazteOir, der Organisation, der – wie bereits erwähnt – vorgeworfen wird, Verbindungen zur Sekte El Yunque zu haben, die auch hinter der Plattform CitizenGO steht. Er tauchte gleich am ersten Tag auf und machte während der offiziellen Eröffnung sachlich einen Programmvorschlag. Zunächst sprach er davon, dass »überall auf der Welt natürliche Familien angegriffen werden, von fast allen Institutionen und Regierungen. Die Gegner haben die Mehrheit der Medien, sind aber auch in den Parteien. In linken Parteien, und auch in rechten Parteien. Sie betreiben verschiedene Non-Profit-Organisationen, die von George Soros finanziert werden. Sie sind auch bestimmend in internationalen Organisationen wie der UNO und der Europäischen Union.« Als er Soros erwähnte, kochte der Saal kurz auf. Weitere Feinde, die Arsuaga ins Visier nahm, waren »der radikale Feminismus, der jedem seine Ideologie aufzwingen will«, sowie »die LGBT-Totalitaristen«. »In den kommenden Jahren stehen uns viele Schlachten bevor«, denn es fände ein »Kulturkampf« statt.

Der strategische Plan, den er vorstellte, hatte fünf Punkte:

Wir arbeiten effektiv in unseren Ländern und global (Networking, wir treffen uns, wir erarbeiten eine Strategie, wir arbeiten zusammen, globale Kampagnen).

Wir werden die Angst vor politischer Korrektheit überwinden, »habt keine Angst vor der Konfrontation mit Feinden der Familie«, das muss sein, »um den Kulturkampf zu gewinnen«.

»Versuche, das System zu knacken. Zerstöre es nicht, sondern versuche seine Funktionsweise zu ändern.« Finde »einen direkten Weg zur Macht über ausgewählte Politiker und Menschen, die für sie arbeiten und zum Establishment gehören«. Suche »indirekte Wege zur Macht, beginne das Umfeld derer zu kontrollieren, die den direkten Draht haben«.

»Damit der indirekte Weg zur Macht Erfolg hat, müssen zwei Strategien verfolgt werden. Zunächst die amerikanische, die ich selbst viele Jahre angewendet habe: die Mobilisierung von Menschen. Der politische Erfolg wird gemessen an der Zahl und der Effektivität politischer Aktivisten auf beiden Seiten, denkt deshalb bitte an die Personen, die euch unterstützen, und kommuniziert mit ihnen. Die zweite Strategie: Suche die Konfrontation mit Politikern. Versuche zu erreichen, dass liberale Politiker, die Dinge entscheiden, Angst vor dir haben.«

Letzter Punkt: Bete für die natürliche Familie.

❑ ❑ ❑

Unter den Gästen waren deutlich folgende Gruppen zu erkennen: die Amerikaner, die Russen und die Italiener. Ins Englische, Russische und Italienische wurde auch übersetzt. Die Amerikaner waren die gesamte Zeit über präsent und laut. Die italienische Gruppe dominierte den Samstag – der Kongress wurde damit für den Wahlkampf vor den Wahlen zum Europaparlament genutzt. Dafür zog sich die russische Gruppe zurück. Auffällig war insbesondere der Rückzug prominenter Gäste wie der von Pater Dmitri Smirnow (der Kopf der Kommission für Familie und Kinder) und Maxim Obuchow (Gründer des Anti-Abtreibungszentrums Жизнь [Leben]), die nicht zur Pressekonferenz des WCF erschienen (angeblich wurde darüber im letzten Moment entschieden, wie mir zugetragen wurde). Komow ging nicht auf die Bühne, als dort nach Salvinis Rede für Fotos posiert wurde. Zwar saß er in der ersten Reihe, aber er mied die Kameras. Der Auftritt von Minister Fontana bewegte ihn sichtlich, er stand sogar auf, um ihn zu filmen. Er lachte auch immer, wenn vom Kommunismus die Rede war, weil er antikommunistische Anspielungen liebt. Bei einem Workshop hatte er einen Auftritt zum Thema häusliches Lernen. Ich hatte keine Lust, mir noch einmal seine Negation der Evolutionstheorie anzuhören, das hatte ich bereits in Moskau. Wenn wir uns auf den Fluren oder Marmortreppen begegneten, lächelten wir uns zwar höflich an, aber ich spürte, dass ihm meine Anwesenheit nicht passte.

Nach Kreml roch es bei zwei Gelegenheiten. Zum einen bei einer Podiumsdiskussion über »Sicherheit« im Internet. »Sicherheit« setze ich hier in Anführungszeichen, denn der Begriff wurde in Zusammenhang mit der Stiftung St. Basilius der Große gebraucht, die von Malofejew geleitet wird, und ihren Programmen zum Schutz von Kindern und Jugendlichen vor Gefahren im Netz. »Bei uns lehrt man Straßenverkehrsregeln, aber man lehrt keine Regeln, wie man sich im Netz zu bewegen hat.«

Zwischen großen Worten über den Kampf gegen Pädophilie und Drogen, Themen, denen jeder zustimmen würde, warf die Generaldirektorin der Stiftung, Elena Milskaja, in einem etwas emotionaleren Tonfall Informationen ein, die sie vielleicht nicht unbedingt hatte preisgeben wollen. Die Anwesenden erfuhren, dass ihre Stiftung eine Zensur im Internet plante, um so dafür zu sorgen, dass junge Menschen nicht zu Straßenprotesten ermuntert würden und ihre Eltern nicht wegen Korruption denunzieren müssten – hier bezog sie sich auf Alexei Nawalnys Anti-Korruptionsaktionen. Während dieser Rede im Hauptsaal des Gran Guardia Palastes war eine russische Politiker-Delegation anwesend. Ich saß neben der Senatorin Elena Popowa, einer streitlustigen Russin, wir hatten uns kurz angelächelt, als ich mich zu meinem Platz durchdrängelte. Es war auch ein Duma-Abgeordneter von Putins Partei Einiges Russland, Wiktor Zubarew, anwesend, der Erfahrung im Umgang mit europäischen Neofaschisten hatte und die Italiener kannte.

War Milskaja diese Information herausgerutscht? Sie sah nicht aus, als wäre sie naiv. Sie hat an der Akademie für Diplomatie beim russischen Außenministerium und an der Russischen Akademie für Nationale Wirtschaft und Öffentliche Verwaltung beim Präsidenten der Russischen Föderation studiert. Im Rat von Malofejews Stiftung sitzt neben ihr auch der Regisseur Nikita Michalkow. Und zwei Nachkommen der Grafen von der Pahlen, nämlich Sergei Sergejewitsch Palen und Surab Michailowitsch Tschawtschawadse.[436] Letzterer ist Direktor eines Gymnasiums, das von Malofejew eröffnet wurde und zukünftige Eliten ausbildet. Seine Familie gehörte zu dem Kreis um den russischen Philosophen Iwan Alexandrowitsch Iljin, in dem Putin seinen Meister sieht. Die Gedanken von Iljin fasst Snyder so zusammen:

---

436 Palens Vater, Sergei Sergejewitsch von der Pahlen, schloss sich als Weißgardist den deutschen Nationalsozialisten an und trat der Abwehr bei. Russische Emigranten schlossen sich dem Kampfverband von Andrej Wlassow an, der später in der UdSSR wegen Hochverrats verurteilt wurde; Hitler hatte ihn geschickt, um gegen Stalin zu agitieren und die UdSSR von den Bolschewisten zu befreien. Tschawtschawadse ist mit dem Rittmeister der deutschen Wehrmacht Georgi Nikolajewitsch Tschawtschawadse verwandt, der ebenfalls in dem deutschen antikommunistischen Kampfverband diente. Informationen über Palen und Tschawtschawadse siehe Text auf dem Blog von Irina Myzikina: https://web.archive.org/web/20180228010115/https://irinamyzikina.livejournal.com/23710.html, nur im Archiv, letzter Screen am 28. Februar 2018.

1. »So etwas wie gesellschaftlichen Fortschritt gibt es nicht, weil der Staat ein lebendiger Organismus ist. In diesem Organismus bist du eine Zelle, ein Embryo oder ein Organ, und Freiheit bedeutet lediglich, dass du deine Rolle und deinen Platz in diesem Organismus kennst. Eine andere Freiheit gibt es nicht.«
2. Demokratie als »leeres Ritual«. »Wenn die Bürger wählen, dann nicht etwa, um einen von ihnen zum Anführer zu wählen, und auch nicht, um ihm die Erlaubnis zu geben, die Macht zu haben, sondern lediglich, um kollektiv ihre Unterstützung für den Anführer zu manifestieren.«
3. »Realität und Fakten haben keinerlei Bedeutung. Sie existieren nicht.«
4. »Das Einzige, was wirklich von Bedeutung ist, ist der russische Nationalismus. Darin sah [Iljin] die einzige Hoffnung. Russland – das unschuldige Opfer des gesamten Restes der Welt – sollte wieder aufleben in Gestalt eines totalitären Staates und alsdann auf der Welt Ordnung schaffen.«[437]

Während ich meine Beobachtungen aus Verona aufschreibe, kommt die Nachricht, dass Russland sein eigenes Internet einführt – um »ein sicheres und ausgewogenes Netz« zu gewährleisten. Das »Gesetz für ein souveränes Internet« tritt am 1. November 2019 in Kraft.

◘ ◘ ◘

Der WCF-Kongress hatte einen rein politischen Charakter. Das Gerede von »natürlichen Familien« war eine Nebelwand. Die Zusammenkunft wurde aufgrund der bevorstehenden Europawahlen eilig einberufen und sollte die Rechte mobilisieren sowie Salvini als Anführer der europäischen Euroskeptiker fördern. Zur gleichen Zeit wurde versucht, eine euroskeptische Koalition zu bilden. Zu diesem

---

437 Timothy Snyder, *Rosyjski faszysta, patron Putina*, »Krytyka Polityczna«, 27. Mai 2018, https://krytykapolityczna.pl/swiat/iwan-iljin-patron-putina/, zuletzt abgerufen am 23.03.2023.

Zweck traf sich Salvini mit Jarosław Kaczyński in Warschau, und einige Tage nach dem WCF-Kongress in Verona kam Giorgia Meloni von der Partei Fratelli d'Italia – Alleanza Nazionale (Brüder Italiens – Nationale Allianz) zu einem Gespräch in die PiS-Zentrale. Meloni ist stolz, wenn ihre Partei als »faschistisch« bezeichnet wird, erklärte mir Lilia Giugni, Aktivistin und Doktorin der Universität Cambridge, mit der zusammen ich eine Unterkunft an der Etsch, die mitten durch Verona fließt, gemietet hatte. Weder Salvini noch Meloni gelang es jedoch, Kaczyński auf ihre Seite zu ziehen, und sie traten getrennt zur Europawahl an. Als Meloni, die viel schlimmer ist als Salvini, auf dem WCF-Kongress brüllte, erinnerte das stark an den Faschismus der 1930er-Jahre. Zum ersten Mal dachte ich: Was wird, wenn wir verlieren?

Normalerweise haben Faschisten Komplexe, die sie daran hindern, sich selbst als Faschisten zu bezeichnen, und sie werden darin von der liberalen Öffentlichkeit unterstützt, die sagt, dass man verbal nicht übertreiben sollte. Wieder musste ich an das Gespräch mit Komow denken. Wir kamen damals auf Salvini zu sprechen.

»Ihr habt doch Verbindungen zu faschistischen Parteien. Ihr trefft euch mit Matteo Salvini«, habe ich gesagt.

»Salvini ist nicht wirklich Faschist. Salvini ist Vizeministerpräsident, keiner behauptet, er sei Faschist«, erklärte mir der überraschte Komow.

»Doch, viele Menschen behaupten das.«

»Nein, ich halte ihn nicht für einen Faschisten. Ich selbst bin gegen Faschismus, genauso wie ich gegen Diskriminierung aufgrund von Herkunft, Geschlecht und so weiter bin. Ich bin gegen jegliche Form von Diskriminierung und Gewalt. Und das meine ich vollkommen ernst. Die Medien produzieren viel Desinformation, stellen uns als Monster dar, aber das ist reine Propaganda, ähnlich der kommunistischen Propaganda. Wir sind einfach Christen, und Christ zu sein bedeutet für unsere Gegner, Reaktionär und Kryptofaschist zu sein. Der letzte Artikel, den ich dazu gelesen habe, trug sogar den Titel *Crypto-fascists*. Wenn du also an Christus glaubst, bist du in den Augen der anderen Seite ein Kryptofaschist. Daran haben wir uns gewöhnt, schließlich ist das Krieg. Ein ideologischer Krieg.«

Das Phänomen der Verdrängung, für das Komow hier steht, hat Timothy Snyder treffend kommentiert:

»Das war ein selbstverständlicher nächster Schritt einer russischen Ewigkeitspolitik, der zufolge Russland unschuldig war und deshalb kein Russe jemals Faschist sein konnte […]. Den in den 1970er Jahren aufgewachsenen Russen, einschließlich der Machthaber und Kriegspropagandisten der 2010er Jahre, war beigebracht worden, ›faschistisch‹ bedeute ›antirussisch‹. Im Russischen ist der Gedanke, dass ein Russe Faschist sein könnte, nahezu ein grammatikalischer Fehler.«[438]

Ich überlege, ob man nicht einen neuen Begriff etablieren sollte: »Schizochristen«. Schließlich sind sie die dominierende Mehrheit, beklagen sich aber über Verfolgung. Sie vergleichen Abtreibung mit dem Holocaust und der Selektion in Auschwitz, gleichzeitig verbrüdern sie sich mit Faschisten. Eines habe ich in Verona verstanden: Das Gerede über Werte ist Schwindelei. Diese Menschen sind an Macht interessiert. Sie haben politische Ziele. Sie sprechen von »Babycaust« und annektieren die Krim. Die Moral ist nur ein Deckmantel, der es ermöglicht, dass man ihnen Glauben schenkt, obwohl sie gleichzeitig Krieg gegen die Ukraine führen.

❏ ❏ ❏

In Verona wurde die Ukraine von Pawlo Ungurian vertreten, der später Kwaśniewski in den Europarat einführt. Er schlug einen optimistischen und positiven Ton an, ein bisschen im Stil von Komow, mit dem er versuchte zu überzeugen, dass die Ukraine einen dritten Weg wählen würde. »Einerseits wollen wir ein offenes und demo-

---

[438] Timothy Snyder, *Der Weg in die Unfreiheit,* übers. v. Ulla Höber und Werner Roller, München 2022, S. 153/154.

kratisches Land sein. Auf der anderen Seite ist zu sehen, dass der europäische Kontinent sich in die laizistische Richtung bewegt. […] Sie sagen, dass Länder wie die Ukraine, Ungarn, Polen und Moldawien entweder zur UdSSR zurückkehren, zum Kommunismus und zum Totalitarismus, oder sie werden sich den europäischen Werten anschließen, wie Laizismus und Familienfeindlichkeit. Aber das ist nicht wahr. Man hat diese Wahl nicht. Wir kennen Beispiele vieler europäischer Länder, die wahre offene Demokratien sein wollen, die aber auf starken Werten basieren sollen. Über achtzig Prozent der Ukrainer bekennen sich zu konservativen Wertvorstellungen. Auf ihrem Fundament wollen wir unsere Zukunft aufbauen. Ich denke, das ist unser Ziel. Der Krieg zwischen der Ukraine und Russland ist ebenfalls ein Krieg um die Zukunft unseres Landes.« Ähnlich wie bei Komow wird sein Ton hitziger, sobald von Schwulen die Rede ist. Ungurian stellte sich gegen die Organisation der Gleichheitsparade im Jahr 2015 in Odessa und nannte die Homosexuellen »dämonische Kräfte«.[439]

Die inoffiziellen Gespräche während des WCF-Kongresses drehten sich um Politik. Beispielsweise wurde über die Abwesenheit Polens gesprochen. Antonio Brandi hatte 2014 in Moskau gerufen: »Gott, erlöse Russland«, und sich bekreuzigend sprach er von Gaude Mater Polonia und Jan III. Sobieski.[440] Auf Polen angesprochen, sagte mir Brian Brown, er habe eine Einladung an den Präsidenten geschickt, an Ministerin Rafalska und an den Ministerpräsidenten, aber keiner hätte ihm geantwortet. Auf die Vermutung, dass

---

[439] Представители религиозных конфессий выступили против проведения гей-парада в Одессе, »OdessaMedia«, 12. August 2015, https://web.archive.org/web/20170504062142/https://odessamedia.net/press-centr/predstaviteli-religioznih-konfessii-vistupili-protiv-provedeniya-gei-parada-v-odesse-/, nur im Archiv, letzter Screen am 4. Mai 2017.

[440] Antonio Brandi, eine russische Transkription der Rede ist zugänglich auf der Seite von Foundation of St. Andrew The First-Called: https://web.archive.org/web/2019100 3205719/http://fap.ru/programs/svyatost-materinstva/forums/mezhdunarodnyy-forum-mnogodetnaya-semya-i-budushchee-chelovechestva/antonio-brandi-obedinyaytes-organizuytes-borites-i-pobezhdayte-za-boga-zhizn-i-semyu-/, nur im Archiv, letzter Screen am 3. Oktober 2019.

wahrscheinlich der *Russian Factor* zentral sei, antwortete er, dass »schließlich die Ukraine auch bei uns ist«.

In einem inoffiziellen Gespräch bestätigte mir Ignacio Arsuaga all das, was wir über die Agenda Europe und über das Treffen in Warschau 2016 wissen.

»Natürlich sind wir mit Ordo Iuris in Kontakt«, sagte er. »Wir arbeiten gemeinsam bei Agenda Europe, wir sind zusammen in Google Agenda Europe. Vor Kurzen haben wir die Zusammenarbeit mit der Stiftung PRO – Prawo do Życia begonnen [mit Mariusz Dzierżawski – einem der Gesichter des Projektes »Stoppt Abtreibung«]. In Polen arbeiten wir vor allem eng mit Paweł Woliński zusammen, dem Chef von CitizenGO.«

Manchmal wundere ich mich, dass Leute von der TFP solche Dinge einer Unbekannten aus Polen erzählen. Ein gewisser freundlicher Herr begann das Gespräch mit mir, indem er mir von Pilgerfahrten erzählte, die sie in Polen mit Unserer Lieben Frau von Fátima organisiert hatten. Er erwähnte, dass sie eine Vertretung in Warschau, Krakau und Białystok haben. Und er erzählte unbekümmert, dass die TFP ein Häuschen in den Bergen hätte, unweit von Zakopane, in dem sie jedes Jahr zusammenkämen, und dass es in der Ukraine keine TFP gäbe, sie aber dort »muchos amigos« hätten. Er war ehrlich und gutmütig, deshalb will ich seinen Namen nicht veröffentlichen, damit er von den Seinigen nicht abgestraft wird.

◻ ◻ ◻

Schizofaschisten, Schizochristen … Ich habe mich in Verona auch »schizo« gefühlt. Morgens ließ ich mich auf einer Konferenz, zu der mich Irene und Lilia eingeladen hatten, zum Polenweiten Frauenstreik und der internationalen Situation interviewen und nachmittags fand ich mich in einem Sessel neben begeisterten WCF-Teilnehmern wieder. Abends traf ich mich mit Kroatinnen, um etwas auszuhecken.

Am Samstag, als die Italiener den WCF-Kongress dominierten, fand in der Stadt ein transfeministischer Marsch statt, den Non Una Di Meno organisiert hatte. Ich verließ dafür kurz den Kongress und erblickte in einem Wagen mit Lautsprechern in der Menge Marta Dillon aus Argentinien. Marta ist eine der Gründerinnen von Ni Una Menos. Wir hatten im Zusammenhang mit dem internationalen Frauenstreik miteinander zu tun. In Verona heizte sie mit dem Mikrofon in der Hand die Menge an. Es war zu sehen, dass sie das mochte. Ana Pasetto von Non Una di Meno, die ich einmal getroffen hatte, erkannte mich in der Menge und bat mich, zu den Demonstrierenden zu sprechen. Gekleidet wie eine Konservative, in Rock, heller Bluse und silbernen Schuhen, rief ich: »La Polonia è con voi, Polen ist bei euch.« Die Frauen zündeten bunte Leuchtraketen, und die Polizei schloss die Reihen.

Ich hatte nicht einmal Zeit, mit Marta und Ana zu sprechen, weil ich zurückmusste zum Palast, dabei musste ich den Platz weit umgehen, denn der Weg wurde von Panzerfahrzeugen abgeschnitten. Die Polizei schützte den Ort, an dem der WCF seinen Kongress abhielt. Als ich zurück war, sprach gerade Salvini, er rief etwas von Feministinnen, die »dafür bezahlt wurden, nach Verona zu kommen«. Noch ein Schizo. Es ist ja klar, dass sie lügen. Aber wenn du direkt von der Straße in diese unwirkliche Welt hineinplatzt, spürst du das umso stärker. Die bunte Menge schreit, weil sie um ihre Rechte kämpft, und die Herren in Anzügen beraten, wie man sie ihnen nehmen kann. Ich bewegte mich zwischen diesen beiden Welten, und das nahm mich stärker mit als gewöhnlich.

Kapitel 16

DER HERRGOTT UND DAS GELD

Das Reden über Gott verbindet sich bei den Mitgliedern der Organisationen, über die ich schreibe, irgendwie ganz natürlich und problemlos mit einem Händchen fürs Geschäft. Deshalb gehören sie nicht zu den Armen, auch wenn ihre Mitglieder ständig auf George Soros verweisen, der angeblich die »farbigen Revolutionen«, die Homosexuellen-Lobby und so weiter finanziert. Auch mir wurde vorgeworfen, von ihm finanziert zu werden. Soros soll auch den Frauenstreik finanziert haben. Überall sagen sie dir, dass er dich unterstützt, obwohl du noch keinen Cent gesehen hast!

Und woher haben sie ihr Geld? Es ist kaum etwas bekannt über die Finanzen christlich-fundamentalistischer Organisationen, und das, was bekannt ist, ist nicht überprüfbar. Die Finanzberichte sind selten zugänglich, und wenn, dann nur erschwert. Um überhaupt über die Finanzlage schreiben zu können, muss man sich die Informationen einzeln aus Pressemeldungen, Steuererklärungen und Jahresberichten zusammenklauben. Man muss sich behelfen mit durchgesickerten Informationen und den Ergebnissen aus Recherchen investigativer Journalisten verschiedener Länder. Das ist eine mühsame Arbeit, die immer unvollständig bleibt. Dennoch ist sie wichtig, wenn man das Ausmaß finanzieller Operationen verstehen will, die den fundamentalistischen Christen ihre Arbeit ermöglichen.

Beginnen wir beim Familien-Weltkongress (WCF). Zwei englische Journalisten der investigativen Medienplattform *openDemocracy* untersuchten den Geldverkehr zwischen europäischen

Teilnehmern der WCF-Tagungen und amerikanischen Kongress-Partnern.[441] Auf Grundlage einer mühevollen Analyse von neunhundertneunzig Steuererklärungen von vierzehn Organisationen (alle Dokumente wurden kopiert und der Zugriff auf sie über Links in dem Artikel gewährleistet[442]) beschreiben die Autoren, Claire Provost und Adam Ramsay, einen plötzlichen Anstieg von Überweisungen aus den Staaten nach Europa in den Jahren 2008 bis 2017.

Aus dem Dokument, das dem Artikel angehängt ist, geht hervor, dass die beiden Organisationen, die am engsten mit dem WCF verbunden sind, nämlich die Alliance Defending Freedom (ADF) und das American Center for Law and Justice (ACLJ), seit 2008 insgesamt über 20 Millionen Dollar nach Europa transferiert haben. Die ADF überwies 2013 insgesamt 908 000 Dollar, und ein Jahr später stieg die Summe um über eine Million und 400 000 Dollar, im darauffolgenden Jahr um fast 2,5 Millionen. Die ADF rühmte sich 2013 damit, dass ihr jährliches amerikanisches Budget »über 45 Millionen Dollar« betrage und weiter steige. Das bedeutet, dass der Transfer nach Europa einen verhältnismäßig kleinen Teil dieser Gelder ausmachte.[443] Im Falle von ACLJ ist der Anstieg der Überweisungen amerikanischer Gelder nach Europa im Jahr 2013 geringer, aber spürbar: von über 1 100 000 Dollar im Jahr 2013 bis fast 1 500 000 im Jahr 2014. Die ADF-Gelder gingen an europäische Büros in Wien, London, Brüssel, Genf und Straßburg, deren Anwälte seit 2013 vor europäischen Gerichten 35 Fälle verhandelten, in denen Menschenrechte verletzt worden sein sollen.

Die Übereinstimmung der Daten beider Organisationen, also

---

441 Adam Ramsay, Claire Provost, *Revealed: Trump-linked US Christian ›fundamentalists‹ pour millions of ›dark money‹ into Europe, boosting the far right*, openDemocracy, 27. März 2019, https://www.opendemocracy.net/en/5050/revealed-trump-linked-us-christian-fundamentalists-pour-millions-of-dark-money-into-europe-boosting-the-far-right/, letzter Zugriff am 01.04.2023.
442 Siehe: https://docs.google.com/spreadsheets/d/1FmHk17Q9iJskKR9r_DO2vng-wijzp00i1J_Iw4AOYSQ/edit#gid=0, letzter Zugriff im Februar 2019.
443 he:6v9qxdLrteIJ:https://assets2.hrc.org/files/assets/resources/10_Things_You_Should_Know_About_the_Alliance_Defending_Freedom_-_FINAL.pdf+&cd=10&hl=pl&ct=clnk&gl=pl), letzter Zugriff am 01.04.2023.

die Oszillation um 2012/2013, ist vielleicht kein Zufall. Ich erinnere nur daran, dass ACLJ mit Jay Sekulow an der Spitze ein Büro in Brüssel hat und eine juristische Organisation ist, die unter anderem Putin lobte für die Einführung des Gesetzes zur Bestrafung von »schwuler Propaganda«. Außer in Straßburg, wo sie unter dem Namen European Centre for Law and Justice firmieren (eine Partnerorganisation von Ordo Iuris[444]), unterhält ACLJ auch ein Büro in Moskau. Dazu passt, dass Jay Sekulow zum persönlichen Anwalt von Trump wurde, dem während des Wahlkampfes helfende Hände aus dem Kreml gereicht wurden.

Aber das sind nicht die einzigen Verbindungen zum Kreml unter den untersuchten Organisationen. Auch Franklin Graham, Sohn des Baptistenpastors Billy Graham, von der Evangelistic Association, der das meiste Geld in Europa ausgibt, war zu Beginn des Jahres 2019 in Moskau zu Besuch. Dort traf er sich unter anderem mit Vertretern des Kremls, die mit amerikanischen Sanktionen belegt waren. Billy Graham war als geistlicher Berater mehrerer amerikanischer Präsidenten mit seinen evangelisierenden »Kreuzzügen« bereits seit den Achtzigerjahren in Osteuropa aktiv. So organisierte er damals in Kiew und Moskau Massenveranstaltungen in Stadien.[445] Grahams Verein gab zwischen 2008 und 2014 insgesamt über 23 Millionen Euro aus, und das ist sicherlich nur ein Teil des Geldes, denn es existieren nicht für jedes Jahr Finanzberichte. 2013 endet das Register, in dem Jahr, als alle Organisationen plötzlich ein

---

444 Siehe: https://ordoiuris.pl/kim-jestesmy, letzter Zugriff am 01.04.2023.
445 Billy Graham nahm 1982 eine Einladung der Russen zu einer Friedenskonferenz an. Er besuchte damals Auschwitz und war 1988 in Kiew. Sein Besuch in Moskau wurde von der damaligen US-Regierung nicht gutgeheißen. Entgegen den Erwartungen äußerte sich Graham nicht öffentlich zu den Menschenrechtsverletzungen in Russland. Siehe: Rushworth M. Kidder, *How Billy Graham views his controversial Moscow trip*, »The Christian Science Monitor«, 3. Juni 1982, https://www.csmonitor.com/ 1982/0603/060340.html, letzter Zugriff am 01.04.2023; Erasmus, Why Billy Graham went to Russia, »The Economist«, 23. Februar 2018, https://www.economist.com/erasmus/2018/02/23/why-billy-graham-went-to-russia, letzter Zugriff am 01.04. 2023; Dan Wooding, *How a ›Miracle in Moscow‹ brought me back into journalism*, »Assist News Service«, 19. Juli 2015, https://www.assistnews.net/how-a-miracle-in-moscow-brought-me-back-into-journalism-2/, letzter Zugriff im Februar 2019.

Wachstum an Geldern verzeichneten. Deshalb kann die Gesamtsumme durchaus wesentlich höher ausfallen.

Unter den untersuchten Organisationen befindet sich auch die amerikanische TFP. »Diese Gruppierung hat seit 2010 rund 100 000 Dollar in Europa ausgegeben«, schreiben die Verfasser der Analyse. Aus den Steuererklärungen geht nicht hervor, wohin das Geld geflossen ist, aber die TFP ist, wie Provost und Ramsay schreiben, »mit einer umstrittenen Denkfabrik [Ordo Iuris] in Polen verbunden, die rechtsextremen Politikern von Recht und Gerechtigkeit bei der Entwicklung ihrer Strategie geholfen hat«.[446] Der Ruhm Polens wächst, und der Fundamentalismus wird zur Exportware.

»Unter denen, die am meisten ausgegeben haben«, schreiben die Journalisten weiter, »ist eine Gruppe, deren Chef persönlicher Berater von Donald Trump ist: Jay Sekulow. Eine andere Organisation arbeitete mit einem kontroversen ›Institut‹ mit Sitz in Rom [die Rede ist von Dignitatis Humanae Institute] zusammen, das von Steve Bannon unterstützt wird. Manche von ihnen sind mit dem World Congress of Families verbunden.«[447]

Keine dieser Organisationen[448] legt offen, wer ihre Spender sind, aber in zwei Fällen tauchen zwei (der vier) Gebrüder Koch auf, Charles und David, Millionäre, die unter anderem die konservativ-religiöse Tea-Party-Bewegung unterstützt haben. Ihr Vater, der Gründer des Familienunternehmens, unterhielt Geschäftsbezie-

---

[446] Adam Ramsay, Claire Provost, *Revealed: Trump-linked US Christian ›fundamentalists‹ pour millions of ›dark money‹ into Europe, boosting the far right*, openDemocracy, 27. März 2019, https://www.opendemocracy.net/en/5050/revealed-trump-linked-us-christian-fundamentalists-pour-millions-of-dark-money-into-europe-boosting-the-far-right/, letzter Zugriff am 01.04.2023.

[447] Ebd.

[448] Das sind: 1. American Society for the Defense of Tradition, Family, Property (Foundation for a Christian Civilization) 2. Acton Institute for the Study of Religion and Liberty; 3. Alliance Defending Freedom; 4. American Center for Law and Justice; 5. Billy Graham Evangelistic Association; 6. Billy Graham Evangelistic Association (BGEA MN); 7. Family Watch International; 8. Focus on the Family; 9. Heartbeat International; 10. Human Life International; 11. Population Research Institute; 12. The Leadership Institute; 13. Family Watch International (Global Helping to Advance Women & Children); 14. The Leadership Institute.

hungen über ideologische Grenzen hinweg, so zu zwei Diktatoren, Josef Stalin und Adolf Hitler. Ich weiß, das klingt abstoßend, auch wenn man bei dieser Dichte an Sensationsmeldungen ein wenig abgestumpft ist, aber diese Geschichte wurde von der Enthüllungsjournalistin Jane Mayer in ihrem Buch *Dark Money*[449] recherchiert. Dank dieser beiden Diktatoren konnte die Familie Koch ihre Ölindustrie aufbauen und ein unglaubliches Vermögen machen, mit dem auch die extreme Rechte unterstützt wird.

Aus einem 2021 veröffentlichten Bericht von Neil Datta geht hervor, dass die Stiftung der Koch-Brüder zwischen 2009 und 2018 insgesamt 575 Millionen Dollar nach Europa überwiesen hat. Im gleichen Zeitraum flossen auch Gelder der Milliardärsfamilie DeVos, den Eigentümern von Amway, aus den USA nach Europa – insgesamt 691 Millionen Dollar. Betsy DeVos war in Trumps Regierung Bildungsministerin – und kürzte die Ausgaben für die öffentliche Bildung. Betsy stammt aus der Prince-Familie, amerikanische Milliardäre, die 49,8 Millionen Dollar nach Europa überwiesen haben. Eine weitere Stiftung, die rechte Bewegungen in den USA und Europa fördert, ist die John Templeton Foundation, die zwischen 2009 und 2018 insgesamt 1,6 Milliarden Dollar überwiesen hat. Die Stiftung befasst sich, laut ihrer Webseite, mit der Suche nach »wissenschaftlichen Methoden, um das Werk des Schöpfers zu verstehen«, wozu auch die »freie Familienplanung« gehört, wobei das »menschliche Leben mit der Empfängnis beginnt«.

Zwischen 2009 und 2018 flossen insgesamt 81,3 Millionen Dollar aus den USA nach Europa.

◻ ◻ ◻

Der Bericht von Neil Datta zeigt jedoch, dass noch mehr Geld aus einer anderen Richtung geflossen ist. Die Russische Föderation in-

---

[449] Jane Mayer, *Dark money. How a secretive group of billionaires is trying to buy political control in the US*, Scribe Publications, 2016.

vestierte im untersuchten Zeitraum von 2009 bis 2018 eine Summe von 188,2 Millionen in »christliche Werte«, was 26,6 Prozent der gesamten Anti-Gender-Kampagnen-Gelder in Europa entspricht, die sich zählen ließen. Davon sind nur 11,5 Prozent amerikanische Dollars, dafür sind 61,9 Prozent (437,7 Millionen Dollar) europäische Mittel heimischer Kämpfer der Konterrevolution. Datta beschreibt vor allem die Rolle von Jakunin, der in diesem Zusammenhang zum Anti-Soros werden sollte, und von Malofejew, der glaubt, dass es notwendig sei, den »antichristlichen Totalitarismus« zu bekämpfen.

Der Mechanismus der gesamten Operation funktionierte folgendermaßen: Da ist der Kreml, zu ihm gehört die Patriarchalische Kommission zum Schutz von Familie, Mutterschaft und Kindheit [Патриаршая комиссия по вопросам семьи, защиты материнства и детства], die zuständig ist für Aktionen im Bereich »traditionelle Familie« in Russland, obwohl sie auch den Auftrag hat, in anderen Ländern Einfluss zu nehmen, sei es in der Ukraine oder in Spanien.

Darüber hinaus gibt es außerhalb der offiziellen Machtstrukturen der Russischen Föderation einen Experten-Thinktank ehemaliger KGB-Leute, das Russian Institute for Strategic Studies (RISS). Es entwickelt internationale Operationen für den Kreml, dazu gehört, wie sich der religiöse Sektor für geopolitische Zwecke nutzen lässt. Sie stehen auch hinter der spektakulären Einmischung in die US-Präsidentschaftswahlen, so unter anderem hinter der Hillary Clinton-E-Mail-Affäre.

Die RISS-Ideen werden von entsprechenden Unterauftragnehmern umgesetzt, sofern sie Putins Zustimmung finden. Für den religiösen Sektor sind dies vor allem Wladimir Jakunin und Konstantin Malofejew sowie Alexej Komow, die parallel auch in anderen Sektoren eingesetzt werden. Malofejew steckte zum Beispiel hinter dem Putschversuch in Montenegro. Jakunin und Malofejew nutzen ihre Stiftungen für ihre Angelegenheiten, auch für Finanzierungen. Im Fall von Jakunin sind dies: Dialogue of Civilizations (Budget von 18,8 Millionen Dollar im Zeitraum 2009 bis 2018 – laut Datta), die St.

Andrew the First Called Foundation (1,6 Millionen Dollar), Sanctity of the Motherhood, Istoki Endowment Fund, Center for National Glory (90,6 Millionen Dollar). Im Fall von Malofejew gibt es Stiftungen und Medien: die Stiftung St. Basilius der Große (77,3 Millionen Dollar), Katechon, Tsargrad und zahlreiche Offshore-Gesellschaften, mit denen der Oligarch die gegen ihn und andere verhängten Sanktionen umgeht. Über diese Stiftungen und Unternehmen fließen Gelder für die Umsetzung der geopolitischen Ziele des Kremls.

Der Kreml hat Gefallen gefunden an Stiftungen und Nichtregierungsorganisationen, weil sie sich hervorragend für Aktivitäten von unten eignen. Aber auch offizielle russische Kultureinrichtungen im Ausland oder Freundschaftsvereine mit verschiedenen Regionen, zum Beispiel mit der Lombardei, werden für ähnliche Aufgaben genutzt. Die Finanzdaten der russischen Partner bleiben dabei meist geheim.

◻ ◻ ◻

Ab und an gelangen Dokumente zu Finanzskandalen, in die fundamentalistische Einzelpersonen und Organisationen oder Stiftungen verwickelt sind, an die Öffentlichkeit. Das war auch bei den folgenden zwei Operationen der Fall und betraf Überweisungen hoher Beträge aus Russland, von denen ein Teil an europäische Fundamentalisten ging. Zunächst waren Telefonaufzeichnungen an die dänische Zeitung *Berlingske* gelangt, die sie an das Netzwerk Organised Crime and Corruption Reporting Project (OCCRP) weiterleitete.[450] Wie die

---

450 *The Azerbaijani Laundromat*, Organized Crime and Corruption Reporting Project, 4. September 2017, https://www.occrp.org/en/azerbaijanilaundromat/, letzter Zugriff am 01.04.2023. An dem Projekt nahmen außer OCCRP Journalisten von »Berlingske« (Dänemark), »The Guardian« (England), »Süddeutsche Zeitung« (Deutschland), »Le Monde« (Frankreich), »Tages-Anzeiger« »Tribune de Geneve« (Schweiz), »De Tijd« (Belgien), »Nowaja Gaseta« (Russland), »Dossier« (Österreich), Atlatszo.hu (Ungarn), »Delo« (Slowakei), RISE Project (Rumänien), »Bivol« (Bulgarien), »Aripaev« (Estland), Czech Center for Investigative Journalism (Tschechien) und Barron's (USA) teil.

Recherchen des internationalen Journalistenteams ergaben, begannen die Überweisungen im Juli 2011, doch die größte Geldflut wurde zwischen September 2013 und Mai 2014 verzeichnet.

Die eine Affäre wurde von Journalisten als »Aserbaidschanische Geldwäscherei« bezeichnet, die zweite als »Russische Geldwäscherei«. Für unser Anliegen ist wichtig, dass im Falle der Gelder aus Aserbaidschan ein bestimmter Betrag an die Stiftung eines italienischen Politikers der Christdemokratischen Partei ging, an den rechtsgerichteten ehemaligen Europaabgeordneten und WCF-Stammgast Luca Volontè. Zu der Zeit, als das Geld floss, steckte die aserbaidschanische Regierung mehr als neunzig Aktivisten, Oppositionelle, Journalisten und Menschenrechtsaktivisten ins Gefängnis. Sie war jedoch bestrebt, im Europarat, der sich unter anderem mit dem Schutz der Menschenrechte in den Mitgliedstaaten befasst (Aserbaidschan ist seit 2001 Mitglied im Europarat), gute Beziehungen zu unterhalten. Luca Volontè war Mitglied des Rates.

Ähnliche Vorwürfe wurden auch gegen weitere Mitglieder des Europarats erhoben: Russland, die Ukraine und die Türkei. Durchgesickerte Informationen über das Bankkonto von Volontès Stiftung enthüllten, dass er 2.039.000 Euro für seine Stimmabgabe im Europarat zugunsten der aserbaidschanischen Regierung erhalten hatte. In dieser Zeit verpflichtete sich seine Stiftung Novae Terrae unter anderem, die Kosten für die Einladung europäischer Anti-Choice-Politiker zum WCF-Kongress in Moskau zu übernehmen.[451] Darüber hinaus vergab die Stiftung aus den erhaltenen Geldern Zuschüsse. Veröffentlichte E-Mails von HazteOir zeigen, dass CitizenGO 12 000 Euro erhalten hat.

Volontès Bestechung wurde im Jahr 2017 bekannt. Im Jahr 2018 wurde von italienischen Richtern Korruption festgestellt. Ein Teil der über zwei Millionen Euro floss wiederum in Bestechungen von mindestens drei europäischen Politikern, einem Journalisten, der

---

451 *International Planning Committee Meets in Moscow to Plan World Congress of Families VIII (September 10–12, 2014)*, 23. Oktober 2013, http://www.christiannewswire.com/news/7114773046.html, letzter Zugriff am 01.04.2023.

vorteilhafte Artikel schrieb, und einem Geschäftsmann, der die Regierung lobte. »In einigen Fällen«, so die ORCCP-Rechercheergebnisse, »konnten diese einflussreichen Personen wichtige internationale Organisationen wie die UNESCO oder die Parlamentarische Versammlung des Europarats mobilisieren und PR-Erfolge für das Regime erzielen.«

◻ ◻ ◻

Das Geld aus der »Aserbaidschanischen Geldwäscherei« stammte von in England registrierten Scheingesellschaften. Eigentümer existierten nicht. Eines der zwischengeschalteten Unternehmen war das staatliche Unternehmen Rosoboronexport, ein russischer Waffenexporteur. Das Geld wurde von Russland über die estnische Filiale der dänischen Danske Bank geleitet. Von dort ging es ins Vereinigte Königreich und wanderte weiter. »Unter anderem wurde damit Schweigen erkauft«, so die Enthüllungsjournalisten von OCCRP. Darüber hinaus wurde das Geld sehr unterschiedlich eingesetzt: »Millionen von Dollar gingen auf die Konten von Unternehmen und Einzelpersonen in der ganzen Welt, darunter Luxusautohändler, Fußballvereine, Luxusreiseveranstalter und Krankenhäuser. Die Empfänger dieser Gelder wussten möglicherweise nichts von deren problematischer Herkunft und konnten nicht belangt werden. Aber ihre Verwicklung in das Verfahren zeigt, wie geschickt die Leute, die hinter diesen Operationen standen, das Geld investiert haben.«[452]

---

452 *The Azerbaijani Laundromat*, Organized Crime and Corruption Reporting Project, 4. September 2017, https://www.occrp.org/en/azerbaijanilaundromat/, letzter Zugriff am 01.04.2023. An dem Projekt nahmen außer OCCRP Journalisten von »Berlingske« (Dänemark), »The Guardian« (England), »Süddeutsche Zeitung« (Deutschland), »Le Monde« (Frankreich), »Tages-Anzeiger« »Tribune de Geneve« (Schweiz), »De Tijd« (Belgien), »Nowaja Gaseta« (Russland), »Dossier« (Österreich), Atlatszo.hu (Ungarn), »Delo« (Slowakei), RISE Project (Rumänien), »Bivol« (Bulgarien), »Aripaev« (Estland), Czech Center for Investigative Journalism (Tschechien) und Barron's (USA) teil.

Die Überweisungen im Zusammenhang mit der »Russischen Geldwäscherei« geschahen auf ähnliche Weise: Insgesamt tauchten dreiunddreißig Unternehmen aus der Aserbaidschan-Affäre auch im Enthüllungsbericht über Russland auf. Personen aus dem FSB (Nachfolger des KGB) und Putins Familie waren verwickelt.[453] Es wird geschätzt, dass zwischen 20 und 80 Milliarden Dollar über ein Netz internationaler Banken geflossen sind. Manchmal kamen die Gelder von einem Konto bei der Danske Bank, die bei Überweisungen von zehn Millionen Dollar pro Tag ein Auge zudrückte. Die Transfers wurden zwischen 2012 und 2014 getätigt.

Zur gleichen Zeit gewährte Russland dem französischen Front Nationale der Le Pens ein geheimes »Darlehen«, doch dann ging die Partei in Konkurs und konnte das Geld nicht »zurückgeben«.

◻ ◻ ◻

Der Kreml ist ein Meister darin, Chaos zu stiften. Ein ehemaliger russischer Diplomat formulierte es in einem Interview mit Mark Galeotti folgendermaßen: »Wir betreiben Außenpolitik wie einen Krieg, mit allen Mitteln, mit allen Waffen, mit jedem Tropfen Blut.«[454] Galeotti ist ein britischer Historiker, der sich auf internationale Kriminalität und russische Sicherheitspolitik spezialisiert hat. Eine Grafik, die mit einem seiner Berichte über den Krieg, den Russland in Europa führt, veröffentlicht wurde, zeigt deutlich, wie der Kreml verschiedene Sektoren für Auslandsaktio-

---

453 [Über die estnische Danske Bank und eine russische Geldwäscherei], Organized Crime and Corruption Reporting Project, nur im Archiv: https://web.archive.org/web/20190503073144/https://www.occrp.org/en/projects/28-ccwatch/cc-watch-indepth/7698-report-russia-laundered-billions-via-danske-bank-estonia, 3. Mai 2019.

454 Mark Galeotti, siehe: *Controlling Chaos: How Russia manages its political war in Europe,* European Council on Foreign Relations, 1. September 2017, https://ecfr.eu/publication/controlling_chaos_how_russia_manages_its_political_war_in_europe/, letzter Zugriff am 25.02.2023.

nen mobilisiert. In erster Linie treten dabei Putin selbst und seine Regierung auf. Auch die Diplomatie, die Botschaften, die Geheimdienste (FSB, GRU, SWR), manchmal das Verteidigungsministerium und die Medien. Aber auch das organisierte Verbrechen, Lobbyisten, Denkfabriken und Organisationen für den kulturellen Austausch können einbezogen sein. Sogenannte Experten und Freunde können ausgenutzt werden, und der Kanal *Faith Community, Religious Activity*, die religiösen Bewegungen. Alle »Vorgehensweisen« sind den Aktivitäten der Regierung untergeordnet. Sie gehören zu inoffiziellen Abteilungen des »Außenministeriums«. Doch es ist nicht so, dass die Aktivitäten aufeinander abgestimmt sind. Im Gegenteil, ein Großteil sind Initiativen von »Soldaten an der Front«. Nur in den wichtigsten Angelegenheiten geht die Initiative von der Spitze aus, und dazu gehören mit Sicherheit die Finanzen.

Dies ist eine Konstruktion, wie wir sie in demokratischen Ländern nicht kennen. Die Bestechung von Politikern, Spenden für religiöse Bewegungen oder die Ultrarechten sind Teil der Ausgaben, die den ausländischen Interessen der Russischen Föderation dienen. Diese Ausgaben sind insbesondere seit Beginn des Krieges in der Ukraine 2014 notwendig geworden. Da kennt der Kreml keine Grenzen. Wie es so schön heißt: Um einen Krieg zu führen, braucht man Geld; um ihn zu gewinnen, braucht man noch mehr Geld.

Die ACAB-Gang

Im Jahr 2017 startete die ACAB-Gang (Abkürzung von »All Cops are Bastards«) einen Angriff auf den Server von HazteOir. Ihre Aktion haben sie folgendermaßen begründet: »Wir finden es ethisch verwerflich, wie HazteOir arbeitet. Sie missachten die Rechte von LGBT-Personen, operieren illegal, haben Verbindungen zur Sekte El Yunque und manipulieren die Gesellschaft.« Die ACAB-Gang wollte zeigen, »was mit dieser Art von Spaltungen, die zunehmen, wirklich bezweckt wird«.[455] Um »das verborgene Gesicht von Unternehmen zu enthüllen, muss man an ihre Festplatte gelangen«, sagte ein Mitglied der ACAB-Gang in einem Interview.[456]

Dank der Hacker wissen wir jetzt, dass das spanische CitizenGO sich bei Putins Mann Konstantin Malofejew um finanzielle Hilfe bemüht hat.[457] Malofejew »wurde von einem Kreml-Insider«, hieß es auf dem Newsportal Bloomberg, »als der russische George Soros bezeichnet«.[458] Die ACAB-Gang machte unter anderem die Korrespondenz von Malofejew öffentlich, in der eine E-Mail von Ignacio Arsuaga auftauchte, in der Arsuaga ihn ausdrücklich um viel Geld bittet.

CitizenGO dementierte diese Informationen. Man muss sich jedoch nur die Besetzung des Vorstands der Organisation anschauen, in dem Luca Volontè und Alexej Komow, der »Botschafter« des WCF, aber auch Malofejew sitzen, um dieses Dementi fragwürdig zu finden.

Wie bereits erwähnt, erklärte Arsuaga in einem Interview mit *El País*: »Es gefällt mir nicht, was Putin macht, aber es stimmt, dass er aus Sicht der Familien und für die Fortpflanzung sehr günstige Lösungen gefunden hat. Wenn ich sehen würde, dass sie mich für

---

455 Interview mit den Hackern: Merce Molist, *Hablamos con los ›hackers‹ del ataque masivo a Hazte Oir. Quienes son y como actuan?*, »El Confidencial«, 6. April 2017, https://www.elconfidencial.com/tecnologia/2017-04-06/hazte-oir-acab-acabgang-hackers-y0null-hackedhypapuh-y0darko-encryptcp_1361892/, letzter Zugriff am 01.04.2023.
456 Imilla Hacker, *El hackeo a un grupo antiderechos ultraconservador,* Wambra, 8. Juni 2017, https://wambra.ec/hackeo-hazteoir/, letzter Zugriff am 01.04.2023.
457 Über die durchgesickerten Daten schreibt unter anderem »El Confidencial«, siehe: C. Otto, *›Hackeo‹ masivo a HazteOir: sus finanzas, bases de datos y denuncias, al descubierto,* 5. April 2017, https://www.elconfidencial.com/tecnologia/2017-04-05/hackeos-hazte-oir-ignacio-arsuaga-hormonas-yunque-acab_1361758/, letzter Zugriff am 01.04.2023. Das Konto der ACAB-Gang wurde auf TT gesperrt, es sieht auch danach aus, dass die Seite mit dem durchgesickerten Material blockiert wurde. Dafür kann man den Tweet mit dem Hashtag #HazteOirHackeado auf TT verfolgen.
458 Ilya Arkhipov, Henry Meyer, Irina Reznik, *Putin's ›Soros‹ Dreams of Empire as Allies Wage Ukraine Revolt,* »Bloomberg«, 15. Juni 2014, https://www.bloomberg.com/news/articles/2014-06-15/putin-s-soros-dreams-of-empire-as-allies-wage-ukraine-revolt, letzter Zugriff am 01.04.2023.

geopolitische Zwecke manipulieren, um die Interessen der russischen Regierung zu schützen, wäre ich weg.«

Francisco Malavassi, spanischer Berater für internationale Angelegenheiten, schrieb dazu in derselben Zeitung: »Sind sich die CitizenGO-Leute ihrer Rolle als russische Einflussagenten bewusst? Wissen sie das, aber es ist ihnen egal, weil sie auf diese Weise ihre Ziele erreichen können? Oder anders gefragt: Ist es möglich, dass sie dies nicht wissen und blind an ihre Arbeit glauben?«[459]

Im selben Artikel wurde auch Heather A. Conley, Autorin von *The Kremlin Playbook*, zitiert, die diese Kreml-Aktionen als »eine Strategie der Einflussnahme anstelle roher Gewalt« bezeichnete.

◻ ◻ ◻

HazteOir und CitizenGO standen im Jahr 2016 gemeinsam 4,3 Millionen Euro zur Verfügung. Das ist ganz schön viel. Nach den durchgesickerten Informationen der ACAB-Gang hat HazteOir 7000 Mitglieder.[460] Auf der Webseite von CitizenGO wird beteuert, dass ihr Vermögen zu hundert Prozent aus Mitgliedsbeiträgen und privaten Spenden stammt und zu keiner Zeit aus öffentlichen Geldern oder von politischen Parteien.[461] Wer aber sind die großzügigen Unterstützer? Ich habe eine Liste der »großen Spender« gefunden. Im Jahr 2012 zahlte der spanische Unternehmer David Álvarez Díez, Gründer von EULEN, ein Gigant in der Dienstleistungsbranche, 20 000 Euro ein. Im selben Jahr wurde CitizenGO von der Firma IBM unterstützt, die einen Betrag in Höhe von 2050 Euro für

---

459 Jordi Perez Colome, *La conexion rusa de Hazte Oir*, »El Pais«, 5. September 2017, https://elpais.com/politica/2017/08/03/actualidad/1501774274_152047.html, letzter Zugriff am 01.04.2023.

460 Siehe: *El lider de Hazte Oir podria haber hormonado a sus hijos para que no fueran homosexuales*, »Los recopilantes«, 6. April 2017, https://www.losreplicantes.com/articulos/hazteoirleaks-grupo-hackers-deja-ignacio-arsuaga-descubierto/, letzter Zugriff am 01.04.2023.

461 Siehe: https://www.citizengo.org/hazteoir/modelo-100x100, letzter Zugriff am 01.04.2023.

eine Praktikums-Kampagne überwies. Die übrigen Namen der Liste kennen wir nicht, denn hier endet der gehackte Screenshot. Auf einem anderen Screenshot taucht ebenfalls der Name Luca Volontè auf, allerdings ist die Summe nicht zu erkennen.

Man muss zugeben, dass HazteOir die Akquise von privaten Spendern beherrscht. Wichtig dafür ist, Datenbanken aufzubauen. Arsuaga nutzte das hoch entwickelte Programm Marketo, das es ermöglicht, automatisch von jedem, der in die Datenbank aufgenommen wird, ein Profil zu erstellen. Diese Personen erhalten Nachrichten, die auf sie zugeschnitten sind, in entsprechend errechneten Zeitabständen. Jeder ihrer Klicks entscheidet darüber, ob die Person eine Mail nach fünf Tagen oder nach fünfzehn erhält, abhängig auch davon, wie viel sie eingezahlt hat.

Die Leader von CitizenGO bilden heute Leute aus, die auf Fundraising für konservative Unternehmungen spezialisiert sind. Unter anderem am Leadership Institute in den USA, an dem zum Beispiel Mike Pence, ehemaliger Vizepräsident der Vereinigten Staaten, einen Abschluss gemacht hat. Das Institut organisiert Workshops auch in Europa.[462] Der Bericht über den Geldfluss aus den USA nach Europa, um den es oben ging, legte auch offen, dass das Leadership Institute 2012/2013 mehr Mittel für Europa bereitgestellt hat als in den Vorjahren. Besonders 2016 mussten sie intensiv geschult haben, denn da wurde der größte Geldbetrag nach Europa überwiesen: mehr als 123 000 Euro.

Im Sommer 2018 nahmen Spezialisten von CitizenGO zusammen mit Kevin Gentry, Berater bei Koch Companies, an einer Schulung vom Leadership Institute in Rom teil. Viele Aktivisten aus verschiedenen Ländern haben das Institut besucht. Auf der Webseite entdecke ich auch eine Spur nach Polen. Sławomir Olejniczak, Vorsitzender des Piotr-Skarga-Vereins, tritt als Former *Guest Speaker*

---

[462] Siehe: nur im Archiv: https://web.archive.org/web/20210301140933/https://omny.fm/shows/mornings-on-the-mall/wmal-intervie-w-morton-blackwell-03-04-19, 1. März 2021.

auf.[463] Eine der wichtigsten Informationen über ihn, die auf der Webseite des Instituts zu finden sind, betrifft die Finanzen: »Unter seiner Leitung hat die Organisation zusätzlich zu ihren öffentlichen Aktivitäten im Jahr 2001 Spendenkampagnen gestartet und innerhalb von acht Jahren mehr als 200 000 Spender gewonnen.«[464]

◻ ◻ ◻

In einer weiteren Recherche 2019 gelang es openDemocracy, über Arsuaga an Informationen über die Zusammenarbeit von CitizenGO und Brian Brown, dem Vorsitzenden des WCF, zu kommen. Seit 2012 unterstützt er CitizenGO darin, »alle paar Monate Ratschläge von einem Experten in Sachen Fundraising zu erhalten. Brown zahlt für dessen Dienstleistung.«[465] »Dieser Experte ist Darian Rafie«, berichtete openDemocracy, »Browns Partner in einer amerikanischen Organisation namens ActRight, die sich auf ihrer Webseite als ›Clearinghouse for Conservative Action‹ bezeichnet.«

Rafie gab in einem Interview mit openDemocracy zu, dass er zuvor »eine Menge politisches Fundraising für Trump gemacht hat«, und er erwartete, dass seine Firma im Wahlkampf 2020 in den meisten Staaten tätig sein würde.

Arsuagas Berater ist also ein Mann, der für die Alt-Right-Bewegung arbeitet und dabei half, Wahlkampf für einen Kandidaten zu machen, der auch vom Kreml unterstützt wurde. Einmal mehr kreuzen sich die Wege der Abtreibungsgegner mit denen der extremen Rechten und des Kremls.

---

463 Siehe: https://www.leadershipinstitute.org/training/contact.cfm?FacultyID=139901, letzter Zugriff am 01.04.2023.
464 Ebd.
465 Adam Ramsay, Claire Provost, *Revealed: the Trump-linked ›Super PAC‹ working behind the scenes to drive Europe's voters to the far right*, openDemocracy, 25. April 2019, https://www.opendemocracy.net/en/5050/revealed-the-trump-linked-super-pac-working-behind-the-scenes-to-drive-europes-voters-to-the-far-right/, letzter Zugriff am 01.04.2023.

Im Falle Spaniens handelt es sich um ein Bündnis zwischen HazteOir und CitizenGO und der nationalistischen Partei Vox. Als ich anfing, Material für dieses Buch zu sammeln, und mich nach Vox erkundigte, kümmerte man sich nicht um diese nationalistische Bewegung und gab ihr bei den Wahlen keine Chance. Doch die Rubelspritze und die Touren von Steve Bannon trugen dazu bei, dass die kleine Partei bekannt wurde. OpenDemocracy unternahm eine verdeckte Recherche zu ihren Aktivitäten und ihrer Finanzierung. Im Vorfeld der Wahlen zum Europäischen Parlament 2019 wollte eine vorgeschobene Person angeblich Geld an Vox spenden und nahm für diesen Zweck Kontakt zu Arsuaga auf. Der vermeintliche Spender »befragte Arsuaga, wie er die spanischen Gesetze zur Wahlkampffinanzierung umgehen kann, um Vox mehr zu spenden, als es die gesetzliche Obergrenze erlaube – und wie er das anonym tun kann«.

Arsuaga erklärte, dass es zwar Grenzen für Parteien gebe, aber nicht für Organisationen wie CitizenGO. »Wenn Sie also privat Geld an eine gemeinnützige Organisation spenden, müssen Sie es nicht offenlegen.«[466] Arsuaga fügte hinzu, dass es auch andere Möglichkeiten der Unterstützung gebe, wie zum Beispiel »Sendezeit oder Werbung zur Unterstützung von Kampagnen, von Kandidaten oder von politischen Parteien«.

Bei der sogenannten Agenda Europe, zu deren Lobbyisten Arsuaga gehört, wird auch finanzielle Unterstützung von »Aristokraten, Milliardären und Oligarchen, korrupten Politikern und Leugnern der Klimaerwärmung«[467] angenommen. Trotzdem behauptet Arsuaga, dass ihr Vermögen zu 100 Prozent aus Spenden von Mitgliedern und Sympathisanten stamme.[468] Er sagte, sie hätten

---

466 Ebd.
467 Nach: Neil Datta und seiner Analyse »*Restoring the Natural Order*«: The religious extremists' radical vision to mobilize European societies against human rights related to sexuality and reproduction, Dezember 2017, S. 17.
468 Jose Luis Barberia, *Los secretos del Tea Party espanol*, »El Pais«, 2. Januar 2011, https://elpais.com/diario/2011/01/02/domingo/1293943954_850215.html, letzter Zugriff am 01.04.2023.

2008 auf diese Weise 350 000 Euro und im darauffolgenden Jahr 800 000 Euro eingenommen. Diese Gelder, so erklärte er, verwendeten sie für T-Shirts, Gadgets, Wahlkampfbusse und für Bücher, die sie kostenlos verteilen.

Wie sieht das in Polen aus?

Wenn ich in Polen frage, woher die Gelder des Krakauer Piotr-Skarga-Vereins stammen könnten, behaupten meine Gesprächspartner, nichts darüber zu wissen. Aber sie betonen immer das Know-how des Vereins, was die Akquise von Geldern betrifft. Das Wichtigste sei die Erstellung von Datenbanken der Personen, denen man Publikationen, Kalender oder »wunderbare Medaillons« zukommen lässt. Bei der Gelegenheit bittet man auch gleich um eine Spende. Das ist ein wesentliches Element, weil man von Spenden keine Steuern abführen muss. Dieses Angebot wird zumeist Menschen gemacht, die nicht wohlhabend sind. Das bestätigen Briefe von Spendern, die die polnische TFP in ihrer Zeitschrift *Przymierze z Maryją* [Bündnis mit Maria] publizierte.

Joanna schreibt darin: »Ich möchte mich bei euch entschuldigen, dass ich einen so geringen Betrag schicke, aber es war schwierig für mich, ihn zusammenzukriegen. Ich lebe mit meinen sechs Geschwistern, den Eltern und den Großeltern auf dem Land.«[469]

Weronika schreibt: »Sie haben mir mit *Przymierze z Maryją* und Ihrem freundlichen Brief eine große Freude gemacht, dafür möchte ich mich bedanken. Gott segne Sie. Ich bin Rentnerin, 70 Jahre alt, ich habe die erste Pflegestufe und eine kleine Rente. Ich kann mir nicht viel leisten, aber mithilfe meiner Schwester Bronisława schicke ich 50 Złoty.«[470]

Regina aus Brańsk schreibt: »Ich möchte Ihnen von ganzem Herzen danken für das Bild von Unserer Lieben Frau von Fatima

---

469 »Polonia Christiana«, Oktober/November 2001, S. 7.
470 »Polonia Christiana«, Dezember 2001, S. 7.

und auch für Mariä Verkündigung. Ich schicke Ihnen 40 Złoty, das ist der Betrag, den ich derzeit leisten kann, mein Mann ist sehr krank, wir geben viel Geld für Ärzte und Medikamente aus. Aber ich werde dieses Werk im Rahmen meiner Möglichkeiten unterstützen. Oft denke ich darüber nach, was die Krankheit und die hohen Ausgaben bedeuten sollen. Das Geld dafür könnte ich für andere Zwecke ausgeben, aber offensichtlich ist es Gottes Wille, das zu teilen, was übrig bleibt.«[471]

Bei den Spendern handelte es sich offensichtlich eher um ältere Menschen, überwiegend Frauen. Es sagt eigentlich alles, dass eine Organisation, die Frauen ausschließt, bereit ist, Geld von ihnen zu nehmen. Der Vorsitzende der Organisation, Sławomir Olejniczak, ein Philosoph, der an der Päpstlichen Akademie für Theologie studiert hat, der die Briefe mit der Spendenbitte unterzeichnet, wählt einen emotionaleren Ton, um Frauen zu erreichen. Aber originell ist er nicht; 1996 haben sich bereits Gläubige in der französischen Presse über TFP-Briefe, die einen ähnlichen Tonfall hatten, beklagt.[472] Und in Polen? Hier eine Geschichte von 2018, die in der Tageszeitung *Gazeta Wyborcza* abgedruckt wurde:

»Verehrte Marzena, ich mache mir Sorgen um Sie. Ich habe seit einiger Zeit keine Nachrichten mehr von Ihnen erhalten und bin beunruhigt. Geht es Ihnen gut? Ich hoffe, Sie haben keine ernsthaften gesundheitlichen oder persönlichen Probleme … Sollte dies der Fall sein, bitte ich Sie, mir davon zu berichten. Vielleicht kann ich Ihnen einen Rat geben oder zumindest ein Gebet sprechen?«[473]

---

471 »Polonia Christiana«, Oktober/November 2001, S. 7.
472 Bertrand Lethu, *Collecte de fonds*, »La Croix«, 4. September 1996, https://www.la-croix.com/Archives/1996-09-04/Collecte-de-fonds-_NP_-1996-09-04-411630, letzter Zugriff am 01.04.2023.
473 Weronika Bruździak-Gębura, *Pani Marzena dostaje niechciane listy od Instytutu im. ks. Skargi. »Namawiają, by przekazać datek«*, »Gazeta Wyborcza«, 25. Juni 2018, http://wiadomosci.gazeta.pl/wiadomosci/7,114883,23592810,pani-marzena-dostaje-niechciane-listy-od-katolickiego-instytutu.html, letzter Zugriff am 01.04.2023.

Marzena spendete 30 Złoty. »Und das war mein größter Fehler«, gab sie zu. »Seitdem erhalte ich regelmäßig Briefe, im Durchschnitt einen pro Monat.«

Marzena weiß nicht, woher das Piotr-Skarga-Institut ihre Daten hat. Sie erzählte weiter: »Dem Brief war ein Rosenkranz beigelegt. Ich bin jemand, der nichts umsonst annimmt, deshalb beschloss ich, dafür etwas zu zahlen.« Marzena spendet ab und an für verschiedene Stiftungen. Einmal überprüfte sie, was das für ein Institut ist, das sie derart nachdrücklich um Spenden bat. Wenn Marzena nicht reagierte, war der nächste Brief emotionaler und von Olejniczak unterschrieben.

»Ihre Hilfe wird gebraucht, damit wir die Druckkosten für unsere kommende Ausgabe decken können und die Nächsten erreichen, die es sich nicht leisten können, *Przymierze* zu unterstützen […] Sie warten sehnsüchtig auf diese Schrift, schauen immer wieder in den Briefkasten und freuen sich riesig, wenn sie sie alle zwei Monate vorfinden.«

Marzena sagte: »Eine Zeit lang hat mich das nicht sonderlich gestört, aber nach einer Weile begann es mich mächtig zu ärgern.« Sie schrieb mithilfe ihrer Tochter einen Brief, in dem sie darum bat, ihre Daten bei der Organisation zu löschen. Zweimal schrieb sie diesen Brief. Und sie bekam eine Bestätigung, dass ihre Daten gelöscht worden seien. Dennoch kamen weiterhin die Briefe und Sendungen.

Diese Vorgehensweise wurde in dem zitierten französischen Bericht über Sekten analysiert. »Die Operation besteht drin, eine Datenbank mit Adressen anzulegen, Briefe an Personen zu verschicken, die in der Vergangenheit bereits etwas gespendet haben und deshalb am ehesten zu weiteren Spenden bereit sind, dann die Anzahl an Vereinen zu vergrößern, die die gleiche Datenbank benutzen, um den Gewinn zu vergrößern, und schließlich die Auswahl von Kandidaten, die für jeden dieser Vereine zu festen Spendern werden können. Diese Kette hat das Ziel, die Spenden flächendeckend zu vervielfachen.« Sektenartige Organisationen richten sich, so die Autoren des Berichtes, vor allem »an Hausfrauen, einsame Menschen und junge Arbeitslose.«[474]

Der Kanzler der Metropolitankurie in Krakau, Pater Jerzy Dziewoński, räumte ein, dass man dort zahlreiche Anfragen von Personen erhalten habe, »die wegen der für sie hohen Geldbeträge besorgt sind, deren Einzahlung der Verein ihnen als Empfänger ihrer Werbematerialien nahelegt«[475]. Schließlich gab die Krakauer Kurie eine offizielle Erklärung ab. Darin ist die Rede von Beschwerden von Gläubigen über »den aufdringlichen Ton der Briefe, in denen der Verein auf lästige Weise die Aufrechterhaltung des Kontaktes und die Bestellung weiterer Materialien erzwingt«.[476]

Die französische TFP hatte ähnliche Probleme mit der Kirche. Als sie beschuldigt wurde, illegal mit Devotionalien zu handeln, beschwerte sie sich über »Streitigkeiten«. Schließlich sollte die Kirche froh sein, dass die Medaillons »in ganz Frankreich verbreitet würden«. Sie betonte auch, sie sei eine katholische Laienorganisation, weshalb es »ungerechtfertigt« sei, vor ihr zu warnen. Im Klartext: Die Kirche kann uns nichts anhaben.

Als der Fernsehsender TF1 und die Tageszeitung *Le Parisien* der TFP vorwarfen, die Gläubigen zu täuschen, verteidigte sich die Organisation mit dem Argument, dass das Bild auf dem Medaillon niemandem gehöre. Und sie hat den Fall vor Gericht gewonnen.[477] Doch die staatliche La Banque Postale, deren Dienste die

---

474 Bericht von Assemblee Nationale vom 10. Februar 2009 auf die Anfrage von M. Mariani Thierry von der Union pour un Mouvement Populaire aus Vaucluse, http://questions.assemblee-nationale.fr/q13/13-24712QE.htm, letzter Zugriff am 26.03.2023.
475 *Kłopotliwi prywatni świeccy*, »Gość«, 16. August 2005, http://gosc.pl/doc/760868.Klopotliwi-prywatni-swieccy, letzter Zugriff am 01.04.2023.
476 Siehe: nur im Archiv: https://web.archive.org/web/20190907071948/https://diecezja.waw.pl/1094, 7. September 2019.
477 Siehe die Urteile des französischen Berufungsgerichts in der Rechtssache gegen TF1: Cour d'appel de Versailles, 3. November 2010, 09/09779 sowie »Le Parisien«: Cour d'appel de Paris, 14. Januar 2010, n° 09/02468.

TFP dreißig Jahre in Anspruch genommen hatte, kündigte ihr plötzlich das Konto.[478]

Eine ähnliche Geschichte ereignete sich 2018 auch in Polen. Die Piotr-Skarga-Stiftung veröffentlichte Broschüren mit dem Titel *In Seinem Blut unsere Erlösung*. Die Missionare vom Kostbaren Blut und die Anbeterinnen des Blutes Christi reagierten: »Wir hatten und haben nichts mit der Piotr-Skarga-Stiftung zu tun [...]. Sie handeln weder in unserem Namen noch haben sie uns für die Veröffentlichung oder wegen des Inhalts der Broschüre konsultiert.« In dem Schreiben wird auch darauf hingewiesen, dass nicht klar ist, wohin die gesammelten Spenden gehen, und die Gläubigen werden mit dem Hinweis auf die Mitteilung der Krakauer Kurie gewarnt.

◻ ◻ ◻

Die Art und Weise, wie der Verein Mittel beschafft, wurde auch in Artikelüberschriften aufgegriffen: *Ein Imperium für ein Scherflein der Witwe* oder *Zwischen Gott und dem Buchhalter*. Letzter Artikel gibt folgende Informationen und Szenen wieder: »Überall im Land melden sich ältere Menschen bei Stellen des *Dominikanischen Informationszentrums für Sekten und neue religiöse Bewegungen*, die brieflich dazu gedrängt wurden, Spenden zu überweisen. Einige fühlen sich nun betrogen, weil das Geld, anstatt in die Verteidigung christlicher Werte zu fließen, zum Beispiel für antieuropäische Werbung ausgegeben wurde.

›Ich habe etwas eingezahlt, weil ich dachte, dass das für die Kirche ist‹, beklagte sich mit Tränen in den Augen eine alte Dame, die von ihrem Enkel ins Dominikanische Zentrum gebracht wurde, nachdem sich herausgestellt hatte, dass die Großmutter, statt Medi-

---

478 Siehe Urteil des französischen Berufungsgerichts: Cour d'appel de Paris, Pole 5 – chambre 6, 7. Juni 2012, n° 08/22352.

kamente für sich zu kaufen, ihre bescheidenen Geldmittel dem Verein übersendete.«[479]

Die Journalisten sprachen mit Pater Tadeusz Ferenc, einem Dominikaner aus Wrocław: »Die Briefe des Vereins sind in einer suggestiven, emotionalen, regelrecht manipulativen Sprache gehalten. Sie zielen ab auf patriotisch-religiöse Gefühle, berufen sich auf beinahe intime Beziehungen zur Muttergottes. Ältere Menschen, für die Religion und Vaterland die höchsten Werte darstellen, sind nach dem Lesen äußerst bewegt. […] Wir sagen allen, dass das betrügerische Marketingaktionen sind.«

Der Artikel stellt eine weitere Sache klar: »Ein Teil der Vereinsmitglieder war bei *Nasz Dziennik*« und »neben dieser Zeitung gab es eine Buchhandlung, die auch einen Versandhandel betrieb, sie verfügte also über eine Datenbank ihrer Kunden. Ihr Chef war Arkadiusz Stelmach.«[480]

Stelmach ist Vorstandsmitglied des Vereins. »Die Stiftung rühmte sich schon mal damit, dass sie 120 000 Adressen habe«, schrieb *Gazeta Krakowska*.[481]

»Der Vorgang ist einfach«, informierte das katholische Nachrichtenmagazin *Gość Niedzielny* über die Vorgehensweise. »Über die polnische Post verschicken sie sogenannte unadressierte Mailings, Briefe, die die Briefträger einfach in die Briefkästen werfen. Auf dem neuesten Rundbrief ist auf der ersten Seite ein Bild von Maria, ›dem wunderbaren Medaillon‹ und eine große Aufschrift ›Sie wird dir helfen‹.«[482]

---

479 Magdalena Kula, Jarosław Sidorowcz, *Między Bogiem a księgowym. Stowarzyszenie Kultury Chrześcijańskiej im. ks. Piotra Skargi*, »Gazeta Wyborcza« (Kraków), 11. März 2005, http://krakow.wyborcza.pl/krakow/1,42699,2596307.html, letzter Zugriff am 01.04.2023.
480 Marek Bartosik, *Imperium za wdowi grosz*, »Gazeta Krakowska«, 27. November 2009, https://gazetakrakowska.pl/imperium-za-wdowi-grosz/ar/191057, letzter Zugriff am 01.04.2023.
481 Ebd.
482 Ebd.

❏ ❏ ❏

Die polnische Piotr-Skarga-Stiftung veröffentlicht keine Angaben zu ihren Finanzen, aber einem internationalen Team von Investigativjournalisten ist es gelungen, an Gerichtsdokumente zu kommen. Sie fassten die Analyse in einer Publikation 2020 zusammen: »Fast zehn Millionen Euro haben die Gründerväter von Ordo Iuris innerhalb weniger Jahre von Polen aus an ultrakatholische Organisationen in der ganzen Welt überwiesen.« Aus den Recherchen geht hervor, dass »Polen den globalen Kreuzzug mitfinanziert«, den die TFP führt.

All das kam nach Jahren nur deshalb an die Öffentlichkeit, weil es einen internen Konflikt gab zwischen dem bisherigen Vorsitzenden Olejniczak und seinen brasilianischen Vorgesetzten. »Olejniczak beklagte in einer E-Mail an andere Mitglieder der Bewegung, dass seit 2004 die größte Belastung der polnischen Organisation ihr Anteil an der Unterhaltung der Organisation in Brasilien und Frankreich gewesen sei: ›Diese Summen belaufen sich jährlich auf 500 000 Euro‹, rechnete er vor«, so die Reporter. Diese Gelder waren meist steuerfrei. Das bedeutete, dass Polen jahrelang die Zentrale in São Paulo mitfinanziert hat. »Aus Finanzunterlagen der Piotr-Skarga-Stiftung wissen wir beispielsweise, dass die Krakauer Organisation 2017 295 000 Euro auf das Konto des Instituto Plínio Corrêa de Oliveira (IPCO) überwiesen hat, dabei handelte es sich um die zuvor erwähnte Organisation ›alter‹ Aktivisten […]. 2019 hingegen überwies sie allein im Februar und im März dem IPCO 67 500 Euro. Gelder aus Krakau erhielten auch zwei brasilianische Organisationen, die mit der TFP-Bewegung verbunden sind (Associação Dos Fundadores da TFP und Associação Devotos De Fatima). Aus unseren Berechnungen ergibt sich, dass in den Jahren 2009 bis 2019 (die Daten aus den Verzeichnissen, über die wir verfügen, betreffen diesen Zeitraum) die Krakauer Organisation 9,3 Millionen Euro ins Ausland überwiesen hat. Gleichzeitig geht aus der Mail von Olejniczak hervor, dass er bereits früher (seit 2004)

Gelder nach Brasilien und Frankreich gesendet hat, was bedeutet, dass viel mehr Geld aus Krakau ins Ausland geflossen ist. Wie viel genau, das bleibt unklar.«

Die Rentnerinnen, die Geld an Olejniczak überwiesen, wussten nicht, dass sie damit eine weltweite Bewegung moderner Kreuzritter finanzierten.

»Ein Zentrum errichtet sofort andere Zentren. Jedes Zentrum überweist einen Teil seiner Einnahmen an die Zentrale in Brasilien«, erklärte mir ein Interviewpartner, »und einen Teil an sein Mutterzentrum im Land. Je mehr Filialen eine Einrichtung also gründet, desto mehr Mittel erhält sie, weil sie von allen eine Abgabe bezieht.«

Aus den Berichten der französischen TFP, die unter dem Namen Fédération Pro Europa Christiana tätig ist, erfährt man noch andere Dinge. Aus der Analyse der französischen Dokumente von 2011/2012 sowie 2016 und 2017 geht hervor, dass die gesammelten Spenden von den gesamten offengelegten Geldern nicht dargestellt werden. Von über zwei Millionen Euro netto (2012) stammen nur 604 000 Euro aus öffentlichen Sammlungen und 568 000 Euro aus »anderen Privatfonds«. Aus welchen, wird nicht gesagt. Im Jahr 2016 ist es mehr Geld, nämlich 2.801.000 Euro netto. 2017 sind es 2.850.000 Euro, von denen 1.526.276 Euro aus öffentlichen Spendenaktionen stammen, und 267 290 aus »anderen Privatfonds«.

Die französische TFP besitzt mehrere Immobilien (in Brüssel, in Jaglu, in Creutzwald), deren Unterhalt einen großen Teil der Mittel schluckt. Das sind natürlich Immobilien, die dem elitären Geschmack entsprechen. In Jaglu, nicht weit von Chartres, handelt es sich um ein Château. Das Schlösschen mit seinen 2,5 Hektar Grundstück kostete über fünf Millionen Franc.[483] Hier finden Sommerkur-

---

[483] Gilles Gaetner, *L'argent caché des sectes*, »L'Express«, 19. September 2002, https://www.lexpress.fr/societe/l-argent-cache-des-sectes_498058.html, letzter Zugriff am 01.04.2023.

se statt, an denen auch Polen teilgenommen haben. Hier wohnte auch Caio Xavier da Silveira.[484]

Mit der Immobilie in Creutzwald war ein Deal verbunden, den ein Banker entdeckte, der in internationalen Finanzinstitutionen tätig war. Ich bat ihn darum, mir die Steuerberichte zu erläutern: »Sie haben in ihrem Jahresabschluss 2017 plötzlich die Immobilie in Creutzwald angegeben, die schon einmal vor vierzehn Jahren angegeben wurde. Das geht aus den Unterlagen von 2012 hervor. Sie haben dieselben Informationen, denselben Text eingefügt. Sie nutzten den Fakt, dass sie die Immobilie zehn Jahre abschreiben konnten, sodass sie danach aus den Büchern verschwunden war. Dann tauchte sie wieder als Spende auf mit dem gleichen Wert wie zuvor, obwohl sie nach so vielen Jahren nicht genauso viel gekostet haben kann, nämlich 1.190.000 Euro. Dies könnte bedeuten, dass sie entweder Vermögen verloren hatten und in Gefahr waren, in Konkurs zu gehen, oder dass sie Geldtransfers hatten, die nicht in den Jahresberichten angegeben wurden, und dass sie das Loch füllen wollten, indem sie die Immobilie in die Finanzen einbrachten. Ein Beweis dafür, dass die Berichte gefälscht sind, ist auch, dass die Bilanz Ende 2016 die Vermögenswerte für Ende Juni 2016 ausweist. In der Bilanz für 2017 werden die Höhe und die Positionen der Aktiva vom Ende des Jahres 2016 angegeben. Die Positionen und Beträge stimmen einfach nicht überein. Beide Berichte (für 2016 und 2017) wurden von demselben Wirtschaftsprüfer unterschrieben (aber von einem anderen als 2012), also war er entweder an der Sache beteiligt oder hat die Berichte gefälscht.«

---

484 Über die Sommerkurse, siehe: https://www.tfp.org/a-summer-course-in-the-shadow-of-chartres/, letzter Zugriff am 01.04.2023. Über die Wohnung von Caio Xaviera da Silveira, siehe: Tomasz Piątek, *Zamek we Francji, willa nad strumieniem ... Dobrze sobie żyją założyciele Ordo Iuris. Chyba że policja wpadnie zrobić rewizję*, Arbinfo, 27. November 2019, https://arbinfo.pl/zamek-we-francji-willa-nad-strumieniem-dobrze-sobie-zyja-zalozyciele-ordo-iuris-chyba-ze-policja-wpadnie-zrobic-rewizje/, letzter Zugriff am 01.04.2023.

Kurz gesagt: Jahresberichte wurden gefälscht, indem der Wert einer Immobilie, die nach der Abschreibung aus den Jahresabschlüssen verschwunden war, noch einmal angegeben wurde.

Vergessen werden dürfen aber auch nicht die Vermögen wohlhabender Adliger, die testamentarische Überschreibungen zugunsten der TFP veranlassen.

Die Finanzen von Ordo Iuris

Der Vorstand von Ordo Iuris, Jerzy Kwaśniewski, gab gegenüber der Journalistin Ewa Siedlecka zu, dass »Piotr Skarga[485] regelmäßiger Spender seiner Stiftung ist«. Zu den Konten von Ordo Iuris befragt, bestritt er, dass sie Geld aus dem Ausland erhielten. Er behauptete, dass alle Gelder von Ordo Iuris ausschließlich Spenden von Polen seien. Der ehemalige Vorstand von Ordo Iuris, Professor Aleksander Stępkowski, sagte, dass »das Institut intensiv Aktivitäten betreibt, um Spender zu gewinnen. Wir leben von der Wohltätigkeit von Privatpersonen.«[486]

Erst als die Presse begann, der Organisation mangelnde Transparenz vorzuwerfen, veröffentlichte Ordo Iuris die Finanzberichte auf ihrer Webseite.[487] Wie bei HazteOir wurde jedoch nicht angegeben, von wem die Spenden stammten.

❏ ❏ ❏

Die Frage, wer Ordo Iuris finanziert, stellen sich viele Menschen. Selbst Jerzy Kwaśniewski schrieb am 3. Juni 2019 auf Twitter: »Täg-

---

485 Gemeint sind die beiden in diesem Buch häufig erwähnten Institutionen: die Stiftung Institut für soziale und religiöse Bildung Priester Piotr Skarga und der Verein für christliche Kultur Priester Piotr Skarga. (Anm. d. Übers.)
486 Wiktor Ferfecki, *Skąd instytut Ordo Iuris wziął 3 miliony złotych*, »Rzeczpospolita«, 8. Oktober 2017, https://www.rp.pl/spoleczenstwo/art2403261-skad-instytut-ordo-iuris-wzial-3-miliony-zlotych, letzter Zugriff am 01.04.2023.
487 Siehe: https://ordoiuris.pl/sites/default/files/inline-files/Sprawozdanie%20finansowe%20za%20rok%202016.pdf, letzter Zugriff am 01.04.2023.

lich fragt jemand die Anwälte von @Ordo Iuris ›Wer finanziert euch?‹.« Und er erläuterte: »Wir antworten dann stolz: Unsere Freunde und Spender! Ohne sie gäbe es @Ordo Iuris nicht.« Er fügte noch hinzu: »Das ist eine ganz klare Beziehung«, und lud ein, ebenfalls zu spenden.

Schauen wir uns die von Ordo Iuris veröffentlichten Finanzberichte genauer an. Aus ihnen geht hervor, dass Ordo Iuris im Jahr 2014, gleich nach Aufnahme ihrer Arbeit, über 840 000 Złoty »Einnahmen aus satzungsgemäßer Tätigkeit« hatte. Es kam also von Beginn an viel zusammen. Darüber schrieb Ewa Siedlecka: »Das ist viel. Nichtregierungsorganisationen in Polen sammeln jährlich Spenden in Höhe von durchschnittlich 9000 Złoty, und ihr Jahresbudget beträgt jährlich 27 000 Złoty (Angaben des Vereins Klon/Jawor).« Im Jahr 2015 gab es bei Ordo Iuris »Spenden von physischen Personen aus dem Inland« von über 500 000 Złoty und »Zuschüsse von juristischen Personen« von 1.240.000 Złoty. Zusammen ergibt das über 1.700.000 Złoty. Drei Mal so viel Geld stammte von – sogenannten – »organisatorischen Einheiten«, das können Institutionen sein, Unternehmen, staatliche Einrichtungen, Kapitalgesellschaften, Banken, Genossenschaften, Stiftungen, Vereine.[488] Welche Vereinigungen oder Institutionen, das wissen wir nicht, lediglich, dass – so gab Kwaśniewski zu – Ordo Iuris Zahlungen vom Piotr-Skarga-Verein und der Piotr-Skarga-Stiftung erhält. Ist die Summe von 1.240.000 Złoty im Jahr 2015 ihre Einzahlung? Das wissen wir nicht. Ein Jahr später, 2016, steigen die Spenden auf 3.321.928 Złoty, und 2018 auf 4.457.213 Złoty.[489] Für das Jahr 2019 wies der Jahresbericht schon zwei Millionen mehr auf, 6.348.804 Złoty, und 2020 waren es 6.970.482 Złoty. Wie man daran sieht, geht es Ordo Iuris gut.

Der Bericht für 2015 zeigt das Verhältnis der Einzahlungen: Fast

---

488 Eine »juristische Person« definiert das Bürgerliche Gesetzbuch, siehe: Gesetz vom 23. April 1964 des Bürgerlichen Gesetzbuches (DzU 2019.1145).
489 Siehe: https://ordoiuris.pl/pliki/Sprawozdanie_finansowe_za_rok_2017.pdf, letzter Zugriff am 01.04.2023.

drei Viertel stammten von juristischen Personen, und nur etwas über ein Viertel von physischen Personen. Ein Jahr später verschwand der Punkt, der die privaten Spenden von denen der juristischen Personen getrennt aufführte, aus den Berichten. Hatte er zu viel verraten?

Ein großes Plus an Einnahmen konnte Ordo Iuris 2016 verzeichnen. Als Ordo Iuris ihren Gesetzentwurf zum Abtreibungsverbot vorlegte, waren die Spenden beinahe doppelt so hoch. Das ist »über drei Mal mehr, als alle Frauenorganisationen zusammen an ausländischen Zuschüssen erhalten haben.«[490]

Doch 2017 schloss Ordo Iuris trotz der enormen »Spenden« mit einem satten Minus von 134 345 Złoty ab. Wahrscheinlich hatte das mit der Entlassung von Aleksander Stępkowski aus dem Vorstand zu tun, wie *Newsweek* im November 2017 berichtete: »Eine Prüfung hatte offengelegt, dass die Verwaltung nicht zufriedenstellend war und das Institut sich nicht so entwickelte, wie es sollte, erklärte eine mit der Situation der Stiftung vertraute Person.«[491]

▫ ▫ ▫

Manchmal taucht plötzlich und unerwartet ein bislang fehlendes Element auf. Ich fand es bei der Lektüre des Buches *Delfin. Mateusz Morawiecki* von Piotr Gajdziński und Jakub N. Gajdziński. Dort geht es um finanzielle Unterstützung, unter anderem für Ordo Iuris, und zwar von der Stiftung BZ WBK aus Zeiten, als Mateusz Morawiecki, der spätere Ministerpräsident, noch Vorstand der Bank war.

---

490 Anton Ambroziak, *Ordo Iuris szuka zagranicznych pieniędzy stojących za Czarnym Protestem. Ale nie chce ujawnić, skąd sam dostał 3,3 mln zł*, OKO.press, 4. Oktober 2017, https://oko.press/ordo-iuris-szuka-zagranicznych-pieniedzy-stojacych-czarnym-protestem-chce-ujawnic-skad-dostal-33-mln-zl/, letzter Zugriff am 01.04.2023.

491 Łukasz Rogojsz, *Są nazywani intelektualnym i prawnym zapleczem PiS-u. Ich prezesem został właśnie współtwórca projektu »Stop Aborcji«*, »Newsweek«, 30. November 2017, https://www.newsweek.pl/polska/spoleczenstwo/nowy-prezes-instytutu-ordo-iuris-mecenas-jerzy-kwasniewski/2hby7hy?fbclid=IwAR3x8JPKsj3luD3fjpI-697vc6a-kPz2SRDclDyV9ED-NbKRaOSBWxxu06b0, letzter Zugriff am 01.04.2023.

Morawiecki war von 2007 bis 2015 Vorstandsvorsitzender bei BZ WBK, es konnte also nur die Jahre 2013 bis 2015 betreffen.

Einen größeren Deal deckte Anna Mierzyńska auf, als sie über die »finanzielle Prosperität von Ordo Iuris zu Zeiten der PiS-Regierung« schrieb. »Das katholische Institut Ordo Iuris rühmte sich damit, dass es seine Tätigkeit aus Spenden finanziert und keine Gelder aus dem Staatshaushalt erhält. Doch zwei andere Organisationen, die mit Ordo Iuris personell und projektbezogen verbunden sind, erhalten durchaus Geld aus dem Staatshaushalt. Im Jahr 2019 erhielten sie Zuschüsse von fast zwei Millionen Złoty. Die mit Ordo Iuris verbundenen Organisationen wurden hauptsächlich von der Regierungsorganisation Narodowy Instytut Wolności [Nationales Institut für Freiheit] unterstützt, in deren Rat damals der Vizevorsitzende von Ordo Iuris und Mitglied der Vorstände beider Organisationen [die Rede ist von der Stiftung Zentrum für Juristische, Wirtschaftliche und Soziale Analysen Hipolit Cegielski und dem Verband Konföderation von Nichtregierungs-Initiativen der Republik Polen] Tymoteusz Zych saß.«[492] Sowohl Zych als auch Kwaśniewski sind im Vorstand dieser Organisationen. Aber Ordo Iuris beteuerte: »Wir verzichten bewusst auf öffentliche Zuschüsse und Förderungen, die unsere Unabhängigkeit beeinträchtigen könnten.«[493]

❏ ❏ ❏

Ordo Iuris erstellte Berichte über LGBT-Organisationen und wirft diesen vor, von der Stadt Warschau oder der Europäischen Union Gelder zu erhalten.[494] Wenn aber Informationen zu ihren Geldzu-

---

492 Anna Mierzyńska, *Tak ludzie Ordo Iuris zachowują finansową »niezależność od władzy«. Dotacje z rządu i państwowych społek*, 14. Januar 2020, OKO.press, https://oko.press/tak-ludzie-ordo-iuris-zachowuja-finansowa-niezaleznosc-od-wladzy-dotacje-z-rzadu-i-panstwowych-spolek/, letzter Zugriff am 01.04.2023.
493 https://przyjaciele.ordoiuris.pl/, letzter Zugriff am 01.04.2023.
494 Der Bericht ist zugänglich auf der Seite von Ordo Iuris: https://ordoiuris.pl/ochrona-zycia/skad-organizacje-lgbt-biora-pieniadze-nagranie-z-konferencji-prasowej, letzter Zugriff am 01.04.2023.

flüssen auftauchen, verweisen sie sofort auf George Soros. Die Anti-Soros-Manie gehörte zu einer Kampagne, die in Ungarn durchgeführt und von Spezialisten vorbereitet wurde, die zuvor der israelischen Likud – der größten rechtskonservativsten Partei Israels – dabei geholfen hatten, die Wahlen zu gewinnen. BuzzFeed-News berichtete im Januar 2019 unter dem Titel *The Unbelievable Story of the Plot Against George Soros* darüber, dass Arthur Finkelstein, der die Konservativen bei ihrem Wahlsieg unterstützt hatte, und dessen »Schüler« George Birnbaum nun Orbán darin unterstützen sollten, einen neuen Feind zu finden, gegen den die Menschen mobilisiert werden konnten. Denn alle Feinde Orbáns waren bereits besiegt.

Finkelstein kam auf die Idee, dass sich George Soros für diese Rolle eignete. Dass Orbán dank eines Stipendiums von Soros in Oxford Philosophie studiert hatte, blieb hierbei ungenannt. Die Devise der Kampagne für Ungarn schien zu lauten: Eigentlich einer von uns (Ungar), aber trotzdem ein Fremder (Jude). Die beiden Amerikaner »trugen Meinungen über Soros zusammen, aus dem Osten und dem Westen, von links und rechts, und vermischten sie«. Sie machten sich damit verantwortlich für eine Welle des Antisemitismus.[495] »Sie haben dabei geholfen, ein Monster zu konstruieren«, ist auf BuzzFeedNews zu lesen. Birnbaum sagte: »Soros war der perfekte Feind.«[496]

Sie hatten Erfolg. Orbáns Kampagne begann im August 2013, nach dem Arabischen Frühling und kurz vor dem Euromaidan (November 2013 bis Februar 2014) in der Ukraine, sie kam also auch Putin zugute. Beide, Orbán wie Putin, griffen gern das Motiv vom Juden und Millionär auf, der die farbigen Revolutionen finanzierte.

---

[495] Hannes Grassegger, *The Unbelievable Story Of The Plot Against George Soros*, BuzzFeedNews, 20. Januar 2019, https://www.buzzfeednews.com/article/hnsgrassegger/george-soros-conspiracy-finkelstein-birnbaum-orban-netanyahu, letzter Zugriff am 01.04.2023.
[496] Ebd.

Auf ähnliche Weise wurde George Soros auch als Feindbild bei den Protesten vor dem polnischen Sejm benutzt. Einer der Abgeordneten nannte ihn »den gefährlichsten Menschen der Welt«. Man benutzte ihn, um Schrecken zu verbreiten, auch – paradoxerweise – in Israel, wo Netanjahus Sohn ein antisemitisches Meme postete, auf dem Soros als Reptil dargestellt war, das die Welt kontrolliert. Das Soros-Narrativ passte auch den religiösen Fundamentalisten bei der Mobilisierung von Spendern. Sie stellten sich gern als die Armen in einer Welt dar, die von Soros »korrumpiert« wird. Ich erinnerte mich, wie Komow sich beklagte, dass Soros »17 Millionen Dollar dafür ausgegeben hat, um Drogen zu legalisieren und die Abtreibung und Frauenrechte zu fördern. Ist das nicht gewaltig? Wir haben solche Mittel nicht.«

Doch wie wir gesehen haben, verfügen sie durchaus über eine Menge Geld. Auch wenn es schwierig ist herauszufinden, wie viel genau sie haben.

Kapitel 17
EXPANSION

Kroatien. Es darf in diesem Buch nicht fehlen. Von Anfang an wusste ich, dass ich dorthin würde fahren müssen, und dann tat ich es im Frühjahr 2019.

Innerhalb der letzten Jahre haben die drei katholischen Länder Polen, Italien und Kroatien ein Dreieck gebildet. Jedes der drei Länder hat seine spezielle Vergangenheit, aber heute ähneln sie einander immer mehr. Im Fall von Kroatien werden die Ähnlichkeiten mit seinem Beitritt zur Europäischen Union im Juli 2013 sichtbar. Wenige Monate später, im Dezember, fand dort ein Referendum statt, das darüber entscheiden sollte, ob die Definition der Ehe als Verbindung von Mann und Frau in die Verfassung aufgenommen werden soll. Das Referendum ging zurück auf eine Initiative der Organisation *U Ime Obitelji* [Im Namen der Familie], die dafür über 700 000 Unterschriften sammelte. Inspiriert hatte sie eine Aktion in Frankreich, die im gleichen Jahr stattgefunden hatte. Ein Jahr zuvor war ein entsprechender Eintrag in die Konstitution von Ungarn vorgenommen worden.

◻ ◻ ◻

Ich komme im Mai 2019 in Zagreb an, mal wieder in der Hoffnung auf besseres Wetter als in Polen. Aber ich habe auch hier Pech, überall treffe ich auf Kälte. Bereits am ersten Tag muss ich mir eine Regenjacke kaufen. Zagreb erinnert mich an Krakau. Auf den Berggipfeln am Horizont ist noch Schnee zu sehen. Schnell finde ich eine Konditorei mit köstlichem Orangenkuchen. Hier schlage ich meine Basis auf.

Bereits vor meiner Reise hatte ich kroatische Aktivistinnen kennengelernt, sodass es mir nicht schwerfiel, neue Kontakte zu knüpfen. Bei einer Zusammenkunft von Aktivistinnen im Juni 2017 in Belgrad war ich Marina Škrabalo begegnet. Das war ein paar Monate nach dem »schwarzen Montag«, Marina kam auf mich zu, um zum Erfolg der Polinnen zu gratulieren. Sie wirkte lebhaft, herzlich und vertrauenerweckend. Aber sie hatte auch etwas Widerspenstiges, weshalb wir uns auf Anhieb verstanden.

Marina kann strategisch denken, und das gefällt mir ebenfalls an ihr. Wir haben eine ähnliche Herangehensweise an die Dinge. Wir sind nicht zimperlich. Als ich erfuhr, dass ich sie wiedersehen würde, beschloss ich, mit ihr ein Gespräch für mein Buch zu führen. Zu Beginn meinte sie, dass die Polinnen heute die erfahrensten Kämpferinnen in Europa seien. Die Kroatinnen stehen ihrer Meinung nach zwischen den Polinnen und den Italienerinnen.

Marina stammt aus einer Dissidenten-Familie, liberal, aber religiös. Sie ist mit dem katholischen Glauben aufgewachsen. Sie erzählte, dass zu Zeiten von Tito die katholische Kirche in Kroatien, ähnlich wie in Polen, hinter den Menschen stand. Hier wie dort wurden Kirchen von Spenden der Gläubigen gebaut.

Marina ist ein paar Jahre älter als ich. Das Gymnasium hat sie in den Achtzigerjahren besucht, als in Jugoslawien mehr Freiheit herrschte als in anderen kommunistischen Ländern. Als Sechzehnjährige ging sie für zwei Jahre nach Italien und lernte dort weiter. Als ich das Gymnasium besuchte, studierte sie bereits Ethnologie. Sie war also schon volljährig, als der Krieg auf dem Balkan begann, und hat das Ganze bewusst erlebt. Sie wohnte in Zagreb, das von größeren Kriegshandlungen verschont blieb. Doch die Stadt erlebte mehrere Flüchtlingswellen aus Bosnien und Herzegowina.

»Für mich ist die Freiheit mit Beginn der Neunzigerjahre und der Regierung des Nationalisten Franjo Tuđman und dem Krieg zu

Ende gegangen«, sagt sie. »Damals probierten Fundamentalisten zum ersten Mal, ein Gesetz zu initiieren, dass das menschliche Leben mit der Empfängnis beginnt.«

Damals engagierte sie sich für Friedensaktionen. Sie arbeitete auch in Schutzzonen mit Serben, den damaligen Feinden der Kroaten.

Marina erinnert sich aus ihrer Schulzeit an den Film *Der stumme Schrei*. Irgendwie war er eingeschmuggelt worden. Sie war erschüttert.

»Ich kam nach Hause und sagte zu meiner Mutter, dass ich niemals Sex haben werde. Meine Mutter sah mich an und sagte: ›Marina, über Sex werden wir in etwa zwei Jahren sprechen, wenn du dich wirklich für Sex interessieren wirst.‹ Und als dann die Zeit gekommen war, sagte sie mir, dass ich verhüten sollte. Verhütungsmittel waren damals kostenlos oder sehr billig, jedenfalls konnte ich mir das leisten.«

◻ ◻ ◻

Wie aus den Berichten einer Kollegin von Marina, der kroatischen Journalistin Ana Brakus, hervorgeht, verband *Der stumme Schrei* Kroatien mit Polen in gewisser Weise. Für den Vertrieb des Films war die fundamentalistische Organisation Human Life International, ein Pionier der amerikanischen Lebensrechtsbewegung, zuständig. Sie war gleich nach dem Fall der Berliner Mauer in Osteuropa aufgetaucht.

Ich fragte Marina, wie sie zur Feministin geworden sei. Sie sagte, dass sie durch ihre Tätigkeit in der Friedensbewegung diese Richtung eingeschlagen habe. Der Feminismus begann in Kroatien in den Achtzigerjahren, und in den Neunzigerjahren dominierten Feministinnen praktisch alle aktivistischen Bewegungen. Als Aktivistin sammelte Marina mündliche Kriegsberichte. Ganz unterschiedliche, aber sie erinnerte sich an eine Frau, die sieben Abtreibungen hatte.

»Die Lage der Frauen während des Krieges war fürchterlich, sie kämpften verzweifelt ums Überleben, sie waren Opfer von Vergewaltigungen. Aber die Männer verkrafteten die Kriegserfahrung wesentlich schlechter. Sie verfielen massenhaft dem Alkoholismus, flüchteten sich in Gewalt, litten unter posttraumatischem Stress und konnten keine Arbeit finden. Ich sah, wie der Nationalismus die Menschen zerstört.«

Als ich in Zagreb war, fand gerade eine Konferenz von *Centar za žene žrtve rata* [Zentrum für Frauen-Kriegsopfer] ROSA statt. Hier erfuhren wir von einem Programm, das 2015 gestartet wurde. Eine ministeriale Sonderkommission verfügte über Mittel zur Entschädigung von Opfern von Vergewaltigungen (schließlich ist Vergewaltigung ein Kriegsverbrechen). Doch die an der Konferenz teilnehmenden Frauen sagten, dass diese Hilfe zu spät käme, ein Jahrzehnt nach dem Krieg. Wahrscheinlich haben sich deshalb seit 2015 nur 249 Frauen gemeldet. Jede von ihnen ist ein anderer Fall, sie kennen viele solcher Geschichten, nennen aber nur ein Beispiel. Es handelt sich um eine Frau, die von einem jungen Mann vergewaltigt wurde, so alt wie ihr Sohn. Dafür schämte sich die Frau am meisten. Die Repräsentantin von Herzegowina wies auf noch ein Problem hin: Die Verbrecher sind gleichzeitig Männer, die in ihren Ländern als Helden gefeiert werden.

Ich höre mich in das Kroatische ein. Es stellt sich heraus, dass es drei Wörter für Krieg gibt: *rat* – das ist das Hauptwort. Als Adjektiv existiert das dem Polnischen ähnliche Wort *vojna*. Aber es gibt auch eine aus dem Russischen stammende Form: *borba*. Am meisten beschäftigt mich die mir unbekannte Form *rat*. Ich überprüfe die Etymologie des Wortes, als könnte ich dadurch den Krieg verstehen. *Rat* hat slawische, genauer gesagt protoslawische Wurzeln. Es stammt aus dem Urslawischen, der gemeinsamen linguistischen Quelle der Slawen. In dieser Sprache schreibt sich das Wort so: **ortь*. Doch das ist eine Form, die mit einer geschichtswissenschaftlichen Methode rekonstruiert wurde, weil diese Sprache in keiner schriftlichen Quelle überliefert ist, deshalb wird das Sternchen vorangestellt, um die Rekonstruktion zu markieren. Im Kroatischen haben sich viele urslawische Wörter erhalten. Doch die Wurzeln des Urslawischen liegen im Urindoeuropäischen, der gemeinsamen Sprache aller Völker, die sich in Europa und einem Teil Asiens niedergelassen haben. In diesem Protoindoeuropäischen wird die Form rat als *h_3er- rekonstruiert, was »angreifen« bedeutet. Im Sanskrit bedeutet es »Überfall« (कृति – rti). Bei Wikipedia steht unter dem kroatischen rat ein Beispielsatz: »*Samo idioti misle da rat r(j)ešava probleme* – Nur Idioten glauben, dass Krieg Probleme löst.« Besser kann man es wohl nicht ausdrücken.

◻ ◻ ◻

Mit den Kroatinnen verstehe ich mich auf Anhieb. Sie sind erfahrene Aktivistinnen, man muss ihnen nicht viel erklären, sie sind imprägniert gegen Manipulation und Bullshit. Tiefgründig, intelligent, dynamisch, mit einem sehr eigenen Humor. Ich brauche nicht zu befürchten, dass ich falsch verstanden werde. Hier ist keine Zeit für Gespräche über Feminismustheorien, hier wird gehandelt, hier wird Feminismus gemacht. Jedenfalls empfinde ich das so.

Als ich mit Marina spreche, die die ganze Zeit nervös eine Zigarette nach der anderen raucht, frage ich nach:

»Haben wir es jetzt mit einem Krieg zu tun?«

»Ja, das ist Krieg. Ein Krieg um Werte. Die Fundamentalisten produzieren Paranoia. Pausenlos. Sie produzieren Angst. Angst und Entsetzen sind die Hauptemotionen, die politisch eingesetzt werden.«

»Wenn ich sage, dass Krieg ist, antworten die Menschen in Polen mir: Sie wissen nicht, was Krieg ist. Sie haben keinen Krieg erlebt. Du hast einen Krieg erlebt, und trotzdem nennst du das, was jetzt geschieht, einen Krieg?«

»Natürlich ist das Krieg. Denn Krieg bedeutet ständige Angst.«

Marina gesteht, dass in diesem Krieg ihre Ansichten immer radikaler werden.

»Ich weiß, dass das aus dem Mund einer Friedensaktivistin schlimm klingt. Aber ich erzähle dir, wie ich radikal geworden bin. Wenn du dich für den Frieden einsetzt, musst du einen gemeinsamen Nenner finden, der dich mit den Menschen auf beiden Seiten der Front verbindet. Aber ich habe die Fundamentalisten enthumanisiert. Ich habe keine Lust, in ihnen Menschen zu sehen. Ich sehe nur noch den Feind, nicht mehr den Menschen. Auch deshalb sage ich, dass das Krieg ist.«

Marina schießt diese Worte wie mit einem Maschinengewehr aus sich heraus, es ist nicht einfach, sie später zu transkribieren.

»Das ist für mich sehr schwer, aber ich bin nicht in der Lage, Respekt vor ihnen zu haben. Zum Beispiel Željka Markić, die heute eine der wichtigsten Abtreibungsgegnerinnen ist. Während des Krieges hat sie nicht zu den Nationalisten gehört, sie hat Reportagen über Menschenrechtsverletzungen geschrieben. Und heute steht sie auf der anderen Seite der Front. Es ist für mich unglaublich, dass sie das heute macht. Wie ist das möglich?«

Wir sitzen in einer Kneipe, wo Vorbereitungen für einen Tanzabend laufen. Ältere Damen stellen Kuchen und Limonade bereit. Es herrscht eine ganz eigene Atmosphäre. Marina schießt weiterhin die Worte aus sich heraus.

»Krieg ist ein geistiger Zustand. Du spürst, dass du jemanden zerstören musst oder dass du dich verteidigen musst. Die Polarisierung heute geht so tief, dass die Menschen in Kroatien nicht mehr miteinander sprechen. Bestimmte Themen zu vermeiden ist die einzige Möglichkeit, damit sie gemeinsam zu Mittag essen können.«

Das Motiv vom gemeinsamen Mittagessen, das droht, mit Zoff zu enden, und von Problemen bei gemeinsam verbrachten Feiertagen ist vielleicht das erste Anzeichen dafür, dass in einer Gesellschaft etwas schiefläuft, denke ich und erinnere mich an meine ersten Konflikte mit meiner Mutter. Meine Schwester und ich mussten lernen, mit ihr nicht über Politik zu sprechen. Sonst wären wir nicht in der Lage gewesen, den Kontakt mit ihr aufrechtzuerhalten. Aber wie sollen wir nicht über Politik sprechen, wenn ich eine politisch engagierte Tochter bin? Nun, irgendwie haben wir es gelernt, damit umzugehen.

»Diese Leute«, so Marina weiter, »zerschlagen die Gesellschaft. Indem sie versuchen, eine Ideologie zu etablieren, eine Ideologie von der natürlichen Ordnung, weil sie angeblich gottgegeben ist, zerstören sie den Zusammenhalt der Gemeinschaft. Das ist sehr gefährlich. Da bleibt kein Raum für Verhandlungen. Das ist ein totalitäres Konzept. Sie dämonisieren bestimmte soziale Gruppen, Geflüchtete, Homosexuelle, Feministinnen, Journalisten und Transsexuelle. Du weißt nie, wer als Nächstes dran ist. Deshalb müssen wir Widerstand leisten, wir müssen kämpfen, müssen ihre Lügen aufdecken. Krieg heißt heute Informationskrieg, da gibt es keine Bomben.«

Marinas Monolog ist kaum zu unterbrechen.

»Deshalb müssen wir mehrere Taktiken parallel anwenden«, geht sie zum Konkreten über. »Vor allem müssen wir zeigen, wer sie wirklich sind. Und wir müssen zeigen, dass das ebensolche Fundamentalisten sind wie die Islamisten. Die zweite Sache ist, dass wir sie nicht dämonisieren dürfen und auch nicht behaupten, dass alle Gläubigen dumm sind oder selbst Fundamentalisten. Man muss auch zeigen, wer sie finanziert, wie sie demokratische Institutionen für ihren Profit korrumpieren und was für Heuchler sie allgemein sind. Und dass sie gleichzeitig andere dafür angreifen, ›Politik zu machen‹ oder Geld aus dem Ausland zu bekommen. Fundamentalisten machen genau das, und sie machen es nicht transparent.«

Marina erzählt, dass sie kürzlich an einer Fernsehdiskussion teilgenommen habe.

»Das war eine Diskussion über die Istanbul-Konvention. Es nahm ein gewisser Bischof daran teil. Ich sagte, dass ich ein religiöser Mensch sei, dass ich an Gott glaube und dass ich nicht will, dass die Botschaft von Jesus Christus von diesen Menschen verfälscht wird. Ungleichheit als ein Wert, für den sich Fundamentalisten aussprechen, widerspricht der christlichen Botschaft. Was sie propagieren, ist ein feudales, ein elitistisches System.«

Endlich gelingt es mir, Marina eine für mich zentrale Frage zu stellen:

»Wie hast du erfahren, dass Ordo Iuris in Kroatien tätig ist?«

»Zuerst habe ich mit Gordon Bosnac, einem Aktivisten-Kollegen, eine Karte von Pro-Life-Gruppierungen erstellt. Dabei stellte sich heraus, dass das System von ein paar Familien getragen wird. Ehefrau und Ehemann leiten eine Gruppe, eine andere Gruppe wird von einem anderen Ehepaar geleitet. Alle sind miteinander verbunden. Dann hat die Regierung eine Kommission gegründet, die die Ratifizierung der Istanbul-Konvention vorbereiten sollte. Es stellte sich heraus, dass Ordo Iuris Mitglied dieser Kommission ist. Und zwar als kroatische Initiative Ordo Iuris. Wir waren entsetzt, weil wir wussten, dass Ordo Iuris in Polen tätig ist und womit sie sich befassen. Auch erfuhren wir aus dem Umfeld des progressiven kroatischen Theaterregisseurs Oliver Frljić, dass dieser in Polen in Schwierigkeiten geraten war. Wir verstanden schnell, dass der Piotr-Skarga-Verein, Ordo Iuris und die kroatische Organisation Vigilare zusammenarbeiten. Das lag auf der Hand, denn Zagreb ist Gastgeber des konservativen TradFest-Festivals, auf dem auch Gäste aus Polen dabei sind.«

❐ ❐ ❐

Wie kam es dazu, dass Ordo Iuris in Kroatien tätig wurde? Ein Teil der Geschichte erzählt mir Ana Brakus, die sich mit diesem Thema auskennt, daneben entdeckte ich einiges auf Twitter.

Es begann mit dem konservativen Festival TradFest, das zum ersten Mal in Zagreb stattfand, im Hotel Dubrovnik, im November 2016, kurz nach dem Frauenstreik. Dort waren auch polnische Gäste von Ordo Iuris. Das Hotel befindet sich im Stadtzentrum, deshalb schaute Ana Brakus vorbei und beschrieb die Veranstaltung folgendermaßen:

»John Batarelo, ein neunundvierzigjähriger Australier mit kroatischen Wurzeln, ein ergebener Katholik, lächelte breit und richtete seine Worte an das Publikum, in dem auch der amerikanische Kardinal und Kritiker von Papst Franziskus, Raymond Leo Burke, saß.«

Die erste Rede an diesem Abend, so kündigte Batarelo an, würde Sławomir Olejniczak halten, der Vorsitzende des Piotr-Skarga-Vereins in Polen.

»Ich liebe Polen, wir sind glücklich zu sehen, wie man dort versucht, Lebenskultur zu etablieren, insbesondere die Kultur, die den vollkommenen Schutz des Lebens betrifft«, sagte Batarelo. »Polen wird zum Licht der Hoffnung für den Westen.«[497]

Vice John Batarelo ist Vorsitzender der kroatischen TFP, dem sogenannten Zaklada Vigilare, gegründet von Mitgliedern des polnischen Piotr-Skarga-Vereins. Er zahlte bei seiner Registrierung symbolisch 100 Euro ein – das hatte Ana Brakus im Register des Ministeriums für öffentliche Verwaltung einsehen können. Der Piotr-Skarga-Verein hingegen zahlte 5400 Euro. Außerdem besetzten Leute des Vereins (nämlich Sławomir Olejniczak und Arkadiusz Stelmach) den Stiftungsvorstand, die auch im Vorstand von Ordo Iuris sitzen.[498] Im Rat von Vigilare wurde – naheliegend – ein ähnliches Schema angewendet wie bei der Gründung von Ordo Iuris: Sławomir Olejniczak als Vorsitzender und als Vizevorsitzender Arkadiusz Stelmach. Außer ihnen gibt es noch den Venezolaner Valdis Grinsteins, der in Europa lebt und Sekretär der Stiftung ist. Sie sind verantwortlich für die Entscheidungen und die Finanzen der kroatischen TFP. Die Gelder rotieren durch das gesamte TFP-Netz. So geht zum Beispiel im Falle des Scheiterns der kroatischen TFP bei Auflösung das gesamte Vermögen nicht an den polnischen

---

497 Ana Brakus, *Poland's Hidden Hand Behind Croatian Catholic Lobby Group*, »Balkan Insight«, 30. Oktober 2018, https://balkaninsight.com/2018/10/30/poland-s-hidden-hand-behind-croatian-catholic-lobby-group-10-29-2018/, letzter Zugriff am 03.04.2023.

498 Siehe: Ana Brakus, *Croatian Ultraconservative Foundation Takes Orders from Poland*, »Novosti Weekly«, 12.10.2018, https://balkaninsight.com/2018/10/30/poland-s-hidden-hand-behind-croatian-catholic-lobby-group-10-29-2018/, letzter Zugriff am 03.04.2023.

Gründer, sondern an die niederländische TFP – Stichting Civitas Christiana.[499]

Zaklada Vigilare wurde im Juli 2016 in Zagreb registriert. Das heißt, als Stępkowski das TradFest besuchte, gab es bereits den Vertrag. Wie man sieht, läuft es derzeit für die brasilianische Organisation in Osteuropa. TFP-Ableger aus Deutschland, Österreich, Frankreich, Polen und Portugal gründeten im Jahr 2002 eine Organisation namens Fédération Pro Europa Christiana. Die Verbindungen dieser Organisationen zur TFP sind auf Anhieb nicht zu erkennen, da sie in jedem Land unter einem anderen Namen firmieren. »Nicht jede Organisation trägt die TFP in ihrem Namen, aber jede von ihnen bekennt sich zu den drei grundlegenden Elementen unserer Zivilisation«, lese ich in einem Interview mit Caio Xavier da Silveira in Polonia Christiana. Im Jahr 2002 trafen sich Aktivisten dieser Organisationen und »beschlossen (...), eine europäische Föderation zu gründen. Ziel war es, eine Plattform für Zusammenarbeit und Erfahrungsaustausch zu schaffen. Natürlich gab es auch vorher schon Kontakte zwischen diesen Organisationen, aber die Gründung der Föderation eröffnete neue Möglichkeiten. So konnten wir uns nun Regelungen zunutze machen, die von den Feinden christlicher Werte seit Langem angewandt wurden, die nämlich koordiniert und international agieren. [...] 2009 richtete Pro Europa Christiana eine Repräsentanz in Brüssel ein, die von Herzog Paul von Oldenburg geleitet wird. Sie setzt sich bei den verschiedenen Institutionen und Gremien der Europäischen Union (Europäische Kommission, Europäisches Parlament, Europarat, Europäischer Ausschuss der Regionen, Europäischer Bürgerbeauftragter usw.) für christliche Werte ein.«[500]

---

499 Ebd.
500 [Interview mit Caio Xavier da Silveira], Przyszłość Europy zależy od wierności chrześcijańskim korzeniom, »Polonia Christiana«, 17. Juli 2018, http://www.pch24.pl/przyszlosc-europy-zalezy-od-wiernosci-chrzescijanskim-korzeniom,49871,i.html#ixzz-5p8AlS100, letzter Zugriff im Februar 2019.

Die Föderation nutzt das Schloss im französischen Creutzwald, aber auch das Schloss im polnischen Niepołomice. Darüber hinaus »haben wir auch Forschungsteams gebildet, die sich mit den Herausforderungen befassen, vor die die moderne Welt das Christentum stellt, wie beispielsweise früher den Kommunismus und die Befreiungstheologie und heute die Förderung homosexueller Beziehungen und die Gender-Ideologie«, heißt es weiter in Polonia Christiana.

Wen empfängt TFP im Schloss in Niepołomice? Als Ana Brakus zu Vigilare recherchierte, entdeckte sie in einem Film von einem Sommerkurs das Gesicht eines ihr bekannten Kroaten. Es kommen auch junge Männer aus Südamerika nach Polen, aus Chile und Ecuador, aber auch aus westlichen Staaten, den USA, Italien, England und Österreich. Im Juli 2013 tauchten junge Belgier auf. Einer von ihnen war der Chef der studentischen neofaschistischen Gruppe Schild & Vrienden, Dries Van Langenhove. Über die rechtsextreme und separatistische Partei Vlaams Belang (Flämische Interessen) zog er ins Europaparlament ein (2019–2023).[501]

Aber Ordo Iuris ist inzwischen eine Marke und hat in Kroatien ebenfalls eine Filiale gegründet, wie ich bei Twitter erfahre. Ordo Iuris rühmte sich damit auch auf Facebook am 23. November 2018: »Wir freuen uns mitteilen zu können, dass die Gründungsdokumente des Kroatischen Instituts für Rechtskultur Ordo Iuris soeben in Zagreb unterzeichnet wurden. ZAKLADA ZA PRAVNU KULTURU ORDO IURIS.«[502]

Die Information wurde illustriert von Fotos des Ordo-Iuris-Logos, des Vertrages und einer Aufnahme mit den Unterzeichnenden. Darauf sitzen an einem Tisch Jerzy Kwaśniewski, der Präsident von Ordo Iuris, Sławomir Olejniczak vom Piotr-Skarga-Verein, Tymo-

---

[501] Tom Cochez, *Het duistere netwerk achter Dries Van Langenhove*, »Apache«, 14. Januar 2019, https://www.apache.be/2019/01/14/duistere-netwerk-achter-dries-van-langenhove, letzter Zugriff am 03.04.2023.

[502] Siehe Tweet vom 23. November 2018 auf dem Profil von »Instytut Ordo Iuris«, https://twitter.com/OrdoIuris/status/1065951679596646400, letzter Zugriff am 03.04.2023.

teusz Zych als Vorstandsmitglied von Ordo Iuris sowie der Vorsitzende von Vigilare Vice John Batarelo[503] und der Vizevorsitzende Tomislav Čunović. Meine kroatische Quelle erwähnte, dass die Leute von Vigilare fast jede Woche nach Warschau fliegen. Diese Kontakte tragen, wie man sieht, Früchte.

Der Piotr-Skarga-Verein und Ordo Iuris expandieren auch in andere osteuropäische Länder: Litauen und Estland. Die litauische Abteilung haben die Polen in den vergangenen Jahren mit der beachtlichen Summe von 56 000 Euro unterstützt, obwohl ein Teil der Mitarbeiter mit Losungen wie »Litauen für Litauer« marschierte und antipolnische[504] Aktionen durchführte. Offensichtlich stört das nicht. Nationalisten aller Länder, vereinigt euch!

◻ ◻ ◻

Am ersten Tag in Zagreb begebe ich mich gleich zum Sitz von Zaklada Vigilare. Es nieselt, unterwegs lese ich auf meinem Telefon die Nachrichten über die Affäre mit den Marienbildern in Regenbogenfarben, die in Polen losgetreten wurde. Dabei handelt es sich um Aufkleber, die seit einiger Zeit im Land kursierten. Die Muttergottes hat darauf einen regenbogenfarbenen Heiligenschein. Anfang 2019 hat PiS damit begonnen, die LGBT-Bewegung frontal anzugreifen

---

503 Manchmal unterschreibt er als Vice John Batarelo, manchmal taucht er als John Batarelo auf.
504 Über die litauische Abteilung siehe: Karol Wilczyński, *Wspołpracownicy Pro Patrii pracują obecnie w finansowanym z Polski Instytucie Kultury Chrześcijańskiej*, Deon.pl, https://deon.pl/kosciol/instytut-ks-piotra-skargi-wspiera-antypolonijnych-dzialaczy-na-litwie,505503, letzter Zugriff am 03.04.2023: »Litewska młodzież nacjonalistyczna – podsumowuje Černiauskas – znalazła teraz swoje miejsce w Instytucie Kultury Chrześcijańskiej, ktory jest niejako filią krakowskiego Instytutu Piotra Skargi.« [»Die litauische nationalistische Jugend‹, fasst Černiauskas zusammen, ›hat nun ihren Platz im Institut für christliche Kultur gefunden, das gewissermaßen eine Zweigstelle des Krakauer Piotr-Skarga-Instituts ist.‹«] Der Artikel von Šarūnas Černiauskas siehe: *Protestuotojų prieš LRT kišenėse – pinigai iš Lenkijos*, 15min, 26. Oktober 2018, https://www.15min.lt/naujiena/aktualu/lietuva/protestuotoju-pries-lrt-kisenese-pinigaiis-lenkijos-56-1049524?copied=, letzter Zugriff am 03.04.2023.

und wegen der Aufkleber die Affäre angeheizt. Am 6. Mai morgens drangen Polizisten in die Wohnung von Elżbieta Podleśna ein, kassierten ihre Geräte (Computer, Telefon, Festplatten) ein, nahmen die Delinquentin, die sich erdreistet hatte, in Płock einen Aufkleber zu kleben, mit zur Vernehmung in eine Ortschaft, die hundert Kilometer von ihrem Wohnort entfernt war.

Ich stehe noch einen Moment vor dem Haus in der Janka Grahora 4, in der sich das Büro von Vigilare befindet, und lese weiter die Nachrichten aus Polen. An einem Gebäude gegenüber ist ein Graffito: *A gdje je revolucija stoko?* Und wo ist die Revolution, Dummköpfe? Ich weiß es nicht, ich suche sie selbst, denke ich. Wir müssen wohl noch warten. Ich mache ein Foto. Marina erklärt mir später, dass das der Titel eines Theaterstückes war, das vor drei Jahren in Zagreb aufgeführt wurde. Ich betätige die Gegensprechanlage des Büros von Vigilare.

◻ ◻ ◻

In dem Gebäude, in dem sich das Büro befindet, muss zuvor ein Geschäft oder ein Betrieb mit einem Schaufenster gewesen sein, das jetzt verhängt ist. Meist sind es keine prestigeträchtigen Orte, an denen sich die Büros von TFP befinden. Eine junge, große, lächelnde junge Frau öffnet mir. Ich trete ein. Ich erkläre, dass ich eine E-Mail mit der Bitte um ein Gespräch geschickt hatte, aber bislang keine Antwort erhielt. Vielleicht würde ja doch jemand mit mir sprechen? Die junge Frau ist freundlich und verschwindet »im Hinterzimmer«. Ich sehe mich um. Auf dem Boden stehen Kartons mit T-Shirts und Flyern. Nach einer Weile kommt ein junger Mann in einem Anzug zu mir. Wäre ich nicht sowieso in der Zentrale des kroatischen TFP-Ablegers gewesen, hätte ich schon von Weitem erkannt, dass er mit dieser Organisation in Verbindung stehen musste. Ich wiederhole, was ich der jungen Frau gesagt habe. Er antwortet, er könne mich nicht empfangen. Er werde mir schriftlich antworten. Zwei Tage später erhalte ich eine Nachricht:

»Sehr geehrte Frau Suchanow,

vielen Dank für Ihre Nachricht und die Informationen über Ihr Projekt, aber wir sind nicht an einer Teilnahme interessiert.

Hochachtungsvoll, Ivan Mihanović«

Željka Markić, Star der kroatischen Lebensrechtsbewegung, lehnte ebenfalls ab. Am Telefon teilte mir eine weibliche Stimme freundlich mit, dass ich mich verziehen solle. Ich fragte, ob sie mir jemanden empfehlen könne, einen Wissenschaftler, einen Historiker, einen Experten, der mir etwas über die Geschichte der kroatischen Lebensrechtsbewegung erzählt. »Nein, ich kann niemanden empfehlen. Aber Sie finden bestimmt selbst jemanden.« Tja, inzwischen kenne ich solche Reaktionen schon. Sie verteidigen sich wie eine belagerte Festung.

▫ ▫ ▫

Željka Markić will nicht mit mir sprechen, das verschafft mir zusätzlich Zeit. Ich treffe mich mit Jelena. Sie wurde mir von vielen empfohlen. Jelena Veljača ist Schauspielerin, eine Prominente, die auf dem Balkan aus vielen Serien bekannt ist. Ich habe nicht wirklich daran geglaubt, dass sie für mich Zeit findet, aber es hat geklappt.

Es gießt in Strömen. Jelena kommt verspätet zu unserem Termin, sie ist unterwegs nass geworden, später wird sie genauso plötzlich wieder aufbrechen und damit das Interview beenden. Im März 2019 organisierte sie eine riesige Demonstration gegen Gewalt in der Familie. Es war ihr gelungen, verschiedene Gruppierungen unter einem gemeinsamen Zeichen zu vereinen. Sie erzählt, dass das für sie nicht überraschend kam, da sie seit einem Jahrzehnt Feuilletons schreibt, in denen sie sich mit Themen befasst, die mit Feminismus zu tun haben. Es gab jedoch einen konkreten Auslöser. In den Nachrichten kam, dass ein Vater seine Kinder aus dem Fenster geworfen hatte. Sie ist selbst Mutter einer dreijährigen Tochter. Dieser Vorfall erinnerte sie an einen anderen, zu der Zeit, als sie schwanger war. Damals hatte eine Mutter ihrem dreijährigen Sohn Schlafmittel gegeben, weil sie zur Saisonarbeit ausreisen wollte, aber das Kind durchkreuzte ihre Pläne. Der Sohn überlebte das Schlafmittel, deshalb ertränkte sie ihn.

»Ich weiß bis heute seinen Namen, Denis«, sagt Jelena. »Es stellte sich heraus, dass die Nachbarn und die Familie alles gewusst hatten, aber niemand hatte etwas getan. Das wurde zu meiner Nemesis. Es veränderte mein Leben. Ich dachte: Ich will nicht eines Tages sterben und wissen, dass ich nichts getan habe.«

Jelena schrieb einen Post, dass sie bereit sei, auf die Straße zu gehen, und fragte: »Wer kommt mit?« Es entstand eine Gruppe, die mit jedem Tag größer wurde und die sie nicht mehr überschaute. Freunde halfen ihr. So entstand eine Bewegung, die zu den Märzdemonstrationen in Zagreb, Split und Dubrovnik führte. Und das alles innerhalb von zwei Wochen.

»Ich spürte, dass ich als Prominente Einfluss auf die Öffentlichkeit habe. Aus diesem Grund habe ich auch die Pflicht, diese Position zu nutzen, um Veränderungen in der Gesellschaft zu initiieren, in der ich mein Kind großziehe«, erklärt sie und erzählt von vielen Menschen, Produzentinnen, Theaterregisseurinnen, die sich mit ihr zusammen für die Sache einsetzten. Ich frage, woher sie finanzielle Unterstützung bekamen.

»Wir hatten nichts. Wir nutzten Crowdfunding, aber nur für die Bühne und die Anlage. Das waren 10 000 Kun, etwa 1300 Euro. Die Künstler traten gratis auf.«

Aber der Protest war das eine. Jelena wollte konkrete Lösungen, die so schnell wie möglich umgesetzt werden könnten.

»Ich wollte nicht in ein Gespräch mit der Regierung gehen und nur voller Wut und Empörung sein, ich wollte mit einer konkreten Idee auf Papier kommen. Dabei half mir eine befreundete Juristin.«

Der konservative Ministerpräsident war mit einem Treffen einverstanden, obwohl Jelena seine Partei nicht unterstützt. Sie ist als Anhängerin der Linken bekannt.

»Das wäre in Polen nicht möglich«, kommentiere ich.

Innerhalb von zwei Monaten entstand eine Kommission, die sich mit Gewalt in der Familie befasst. Gewalt betrifft nicht nur Frauen, sondern auch Kinder. An den Gesprächen nahmen Frauenorganisationen, Politiker, Jelena und Experten teil. Die Istanbul-Konvention wurde in Kroatien ratifiziert, ist aber noch immer nicht in Kraft getreten. Ich frage später verschiedene Leute, was sie von der Prominenten halten, die Aktivistin geworden ist. Alle sprechen respektvoll von Jelena und sind ihr dankbar.

Ich schaue mir Fotos von den Märzdemonstrationen an. Jelena mit erhobener Faust auf dem Platz der Opfer des Faschismus. Das ist der Hauptplatz, auf dem in Zagreb Proteste organisiert werden, erklärt mir Paula Zore vom Kollektiv fAKTIV. Das Kollektiv agiert ähnlich wie der Frauenstreik, obwohl die Kroatinnen keinen Streik organisiert haben. Dafür organisieren sie zum 8. März seit einigen Jahren den Nächtlichen Marsch. Sie erklären mir, dass die Frauen tagsüber arbeiten und erst abends auf die Straße gehen können. Ich lese die Transparente auf den Fotos. Manche Losungen gefallen mir. An der Spitze der Demonstration: »Laut und kämpferisch«. Aufschriften auf Karton: »Den 8. März feiert man auf der Straße und nicht im Restaurant.« Eine elegante Dame im Rollstuhl hält ein Transparent: »Faschismus und Primitivismus sind Beschränktheiten.«

◻ ◻ ◻

Mit Bojan Glavašević traf ich mich an dem einzigen Tag, an dem es während meines Aufenthalts in Zagreb nicht geregnet hat. Trotzdem setzten wir uns in ein Lokal. Doch ich hatte vergessen, dass man hier an öffentlichen Orten noch immer rauchen darf, und mir fällt es schwer, den Qualm zu ertragen. Ich lobe mir die Vorschriften der EU, die, wie man sieht, in Kroatien noch nicht eingeführt wurden, obwohl Kroatien 2013 beigetreten ist.

Bojan ist dreißig Jahre alt, voller Energie und mit viel Humor. Er ist Politiker, früher war er Aktivist für Kriegsveteranen. Er gehörte zu einer Gruppe, die sich für das Gesetz für die Rechte von Opfern von sexualisierter Gewalt während des Krieges eingesetzt hat. Er antwortet schnell und genau auf meine Fragen. Ich befrage ihn zu der politischen Szene, nach Verbindungen Kroatiens zu anderen Ländern. In Bezug auf Russland verhält sich Kroatien ähnlich wie Polen: Es bleibt auf Distanz. Die Serben sind Russland näher.

Bojan sagt, dass man in Kroatien die Öffentlichkeit mit Polen als warnendes Beispiel einschüchtern kann, wenn man auf gewisse Ähnlichkeiten bei der Vorgehensweise heimischer Politiker mit polnischen verweist. Wenn Bestrebungen hochkommen, Gesetze restriktiver und fundamentalistischer zu gestalten, wird daran erinnert, was gerade in Polen vor sich geht.

Es ist ein Tag vergangen seit der Marien-Aktion in Polen, und ich denke, dass Bojan damit wieder etwas haben wird, was er seinen Landsleuten als Drohkulisse vorhalten kann, denn die internationalen Medien berichten gerade über den Vorfall in Polen.

Wir kommen zu Vigilare. Bojan hat von Vigilare durch Aktivisten erfahren, unter anderem von Marina. Er hat sofort eine Konferenz deshalb im Parlament organisiert, das sich auf dem ruhigen Marktplatz im oberen Teil der Stadt befindet, wunderschön saniert von EU-Geldern.

Bojan erzählt:

»Ich stand vor den Medien und sagte: ›Wir haben bei uns eine Organisation, die versucht, die Verfassung unseres Landes zu ändern, und die vollständig kontrolliert wird von Bürgern eines anderen Staates.‹ Dass Polen dahinterstecken, war bereits bekannt. Im Statut von Vigilare steht, dass die Entscheidungsgewalt bei den Leuten vom Piotr-Skarga-Verein liegt und dass, sollte Vigilare aufgelöst werden, das Vermögen nach Holland geleitet wird. Das Ganze nennt sich ›Agent eines fremden Staates‹. Agenten eines fremden Staates versuchen, die kroatische Verfassung zu ändern. Ich habe mich verbal nicht zurückgehalten und ging davon aus, dass Vigilare mich juristisch belangen würde. Aber sie haben mich weder angezeigt noch meinen Worten öffentlich widersprochen. Hinzu kam, dass sie, als ich sie direkt nach ihren Verbindungen zum Piotr-Skarga-

Verein fragte, die Antwort verweigerten. Das ist krank. Das ist ihre Taktik.«

Ich frage, was die Medien dazu sagten und was das Parlament tat.

»Im Parlament schauten mich sogar die Leute von der Linken so an, als wären sie der Meinung, ich sei paranoid. Auch die Medien waren skeptisch. Aber als Journalisten zu recherchieren begannen, zeigte sich, dass etwas dran war. Nach einer Woche war das Thema im Parlament wieder auf dem Tisch. Bei der Sitzung war Ministerpräsident Andrej Plenković anwesend. Der Ministerpräsident gehört zu den gemäßigten Konservativen, er ist Pragmatiker. Ich erinnere mich, dass ich die Formulierung ›radikale fundamentalistische Neokonservative, die im Rahmen eines internationalen Netzes agieren und wollen, dass die Menschenrechte entkräftet und die Rechte von Frauen und LGBT eingeschränkt werden‹ benutzte. Der Ministerpräsident benutzte eine ähnliche Rhetorik. Seitdem ist er zum Ziel von Angriffen geworden. Es sind zahlreiche Artikel erschienen und es wurde viel über das Thema gesprochen.«

»Wurde eine Kommission gebildet, die die Angelegenheit untersucht hat?«

»Nein. Dafür braucht man die Mehrheit. Die Regierung fürchtet um ihren Ruf in Europa, dass sie Radikale in ihren Reihen hat und nichts gegen sie unternimmt. Aber bisher ist in dieser Sache tatsächlich nichts passiert.«

Ich fragte mich, was ist, wenn eine Regierung sich keine Gedanken um ihre Reputation macht, weil die ohnehin schon schlecht ist?

Nachwort
DISKREDITIERUNG UND AUSLÖSCHUNG

Als Russland 2022 die Ukraine angriff, initiierte Ordo Iuris ein Projekt zur Beweissammlung für russische Kriegsverbrechen. Das gab mir sehr zu denken. Ich beschloss, nach ihrer Methodik zu fragen, nach dem Verifizierungssystem für Meldungen, Fotos, Videomaterial, für deren Auswertung Spezialwissen, Programme und Experten erforderlich sind. Die Information über »zahlreiche Freiwillige«, die bei dieser Unternehmung helfen, schien mir nahezulegen, dass hier von Professionalität nicht die Rede sein kann. Aber ich beschloss nachzufragen. Als ich mich mit einer Frage zu »Stop War Crimes« an Ordo Iuris wandte, bekam ich eine kuriose Antwort:

»Sehr geehrte Frau Suchanow, aufgrund der sehr beunruhigenden Informationen über Sie in der Öffentlichkeit bezüglich Ihrer Verbindungen zur Russischen Föderation im Zusammenhang mit Ihrem Auftritt am 02.02.2019 in Moskau, bei dem Sie die polnische Regierung kritisiert und sich mit der der Spionage verdächtigen und sich in Russland vor der Auslieferung an die USA versteckenden Alexandra Elbakyan getroffen haben, und weil uns das Wohl und das Ziel unseres Projektes am Herzen liegen, nämlich die Hilfe für die Ukraine bei der Aufarbeitung russischer Kriegsverbrechen, werden wir uns mit Ihnen nicht verständigen.«

Nachdem ich jahrelang die Verbindungen von Organisationen religiöser Fanatiker zum Kreml, darunter Ordo Iuris, recherchiert hatte, wurde der Spieß nun umgedreht, und ich war in dem Moment, da Russland die Ukraine überfiel, im Rahmen ihrer Tarnungstaktik zur »Agentin« geworden. Es wurde mir nie vorgeworfen, dass ich mit jemandem wie Alexej Komow gesprochen hatte, der ganz klar ein Mann des Kremls ist, sondern es wurde eine vollkommen unbekannte Person vorgeschoben.

Um die Tarnungsstrategie dieser Organisationen verstehen zu können, die plötzlich einstimmig die russischen Verbrechen verurteilen, während sie die ganze Zeit als russische Einflussagenten tätig waren, muss man die ganze Geschichte kennen. Mit großem Interesse verfolge ich das Narrativ von Ordo Iuris seit Kriegsbeginn. Dem Anschein nach wichen sie an keinem Punkt vom Ton der allgemeinen Empörung ab, der in ganz Polen zu vernehmen war. Bis Ordo Iuris ab dem 1. März 2022, in diesem hitzigen Zeitraum der ersten Kriegstage, sich plötzlich mit meiner Person zu beschäftigen begann, obwohl es kein Geheimnis ist, dass ich für sie seit Jahren ein Problem darstelle.

Es begann mit einem Tweet des Direktors der juristischen Abteilung von Ordo Iuris, Bartosz Lewandowski, der seit Ende 2021 Vizevorsitzender von Ordo Iuris und Rektor der rechten Privatuniversität Collegium Intermarium ist. Er tritt auch als Vertreter von Ordo Iuris in einem Verfahren gegen mich auf, das Ordo Iuris angestrengt hat im Zusammenhang mit der polnischen Originalausgabe von *Das ist Krieg* und wegen zahlreicher Interviews und Tweets, in denen ich die engen Verbindungen von Ordo Iuris und ihren Gründern mit internationalen Organisationen aufdecke, die im Sinne des Kremls agieren oder sogar vom Kreml finanziert werden. Ordo Iuris hält den Rekord beim europäischen SLAPP-Wettbewerb 2021, strengt also die meisten strategischen Klagen an. Dennoch ist es ihnen nicht gelungen, gerichtliche Verfügungen zu erwirken, die den Verlag gezwungen hätten, das Buch vom Markt zu nehmen oder mit einem Korrekturverzeichnis zu versehen.

Lewandowski begann zu suggerieren, ich hätte »Verbindungen zum russischen Geheimdienst«, nämlich im Zusammenhang mit meinem Aufenthalt in Moskau 2019, wo ich Material für *Das ist Krieg* gesammelt hatte. Bei der Gelegenheit hatte ich im Sacharow-

Zentrum (Physiker und Nobelpreisträger, der sich für die Menschenrechte einsetzte) einen Vortrag über den Frauenstreik gehalten. Die Veranstaltung wurde von Tatjana Sucharewa organisiert, was ich auch im Buch beschrieben habe. Dieser Ort ist einer der wenigen Treffpunkte für den oppositionellen Gedankenaustausch in Russland. Das wurde dann als Grund für die Unterstellung angeführt, ich hätte mich angeblich mit einer Spionin getroffen, und zwar mit Alexandra Elbakyan, und das war der Anlass für tendenziöse Spekulationen wie: wer mir die Reise bezahlt und worüber ich mit der vermeintlichen Spionin gesprochen hatte. Ich gestehe, dass ich es bisher noch nie mit einer derart schmutzigen Kampagne zu tun gehabt hatte. Lewandowski lancierte diese Unterstellungen in die Wochenzeitschrift *Tygodnik Solidarność*. Dadurch schufen sie sich eine Quelle, die Ordo Iuris nun zitieren konnte, wenn sie Desinformationen verbreiteten, die als Informationen getarnt waren. Das ist die Grundregel in der Fibel für Desinformation.

Die Kampagne zog sich eine Woche hin, ihr Hauptmotor war der gleiche Jurist, aber die Tweets wurden auch auf den Profilen von Ordo Iuris und Kwaśniewski geteilt. Diese Unterstellungen werden bis heute sporadisch immer mal wieder zitiert. Später recherchierte ich, dass die Vereinigten Staaten Alexandra Elbakyan wegen der Verletzung geistigen Eigentums verfolgten, weil sie wissenschaftliche Artikel gehackt und diese gratis auf Sci-Hub, einer Plattform, die wohl von den meisten Studierenden genutzt wird, gestellt hatte. Im Jahr 2019 wurde gegen Elbakyan von US-amerikanischen Strafverfolgungsbehörden auch wegen angeblicher Zusammenarbeit mit dem russischen Militärgeheimdienst GRU ermittelt. Sie soll Daten an den russischen Geheimdienst weitergegeben haben, an die sie gelangt war, als sie auch die Artikel geleakt hatte. Ich konnte in dieser Sache keine neuen Nachrichten finden. Und ich habe Elbakyan nie persönlich kennengelernt (es gibt eine Aufzeichnung von meinem Auftritt im Sacharow-Zentrum, das lässt sich also leicht nachprüfen), obwohl in dem Programm, das Tatjana entworfen hatte, stand, dass die Schattenbibliothek Sci-Hub vorgestellt werden würde. Soweit ich mich erinnere, kam es dazu aber nicht, weil sich die Veranstaltung in die Länge zog und es spät geworden war, sodass wir das Sacharow-Zentrum schließlich verlassen mussten.

Was heute ein Detail ist, das an Bedeutung gewinnt, ist der Umstand, dass Lewandowski an einer überaus seltsamen Operation beteiligt war. Nämlich als der Russe Denis Lisow seine beiden Töchter aus einer Pflegefamilie in Schweden entführte und mit ihnen auf dem Flughafen in Warschau landete, wo er auf magische Weise die Telefonnummer der Juristen von Ordo Iuris erhielt, oder, wie Lewandowski in einem Interview erzählte, das von der *Rossijskaja Gaseta* im Juli 2019 gedruckt wurde: »Die Information stammt von der Stiftung Ordo Iuris […]. Aber wie die Stiftung davon erfahren hat, darf ich nicht sagen. Die Leute, die uns darüber informiert haben, waren polnische Gesetzeshüter, sie hätten das nicht tun dürfen.«

Mit dem Fall Lisow beschäftigten sich polnische Gerichte, es setzten sich polnische Institutionen dafür ein, die in Russland gelobt wurden, im Gegensatz zu den Institutionen des »verdorbenen« Westens, wie Schweden, das Lisows Töchter in die Pflege einer muslimischen Familie gegeben hatte. Lisow wurde von Lewandowski und dessen armenischem Kanzleipartner, Babken Khanzadyan, vertreten, in den Fall schaltete sich aber auch die russische Botschaft ein. »Ich habe sofort Kontakt aufgenommen zum Beauftragten für Kinderrechte und zu Spezialisten, die helfen könnten«, sagte Lewandowski. »Von acht Uhr abends bis drei Uhr nachts waren wir auf dem Polizeirevier auf dem Flughafen – wir bemühten uns darum, dass die Mädchen bei ihrem Vater bleiben konnten. Es halfen uns zwei Vertreter von der russischen Botschaft.« Darunter Wladislaw Wybornow, wie aus Presseartikeln hervorgeht. Wybornow war jahrelang Pressesprecher der russischen Botschaft, aber interessanterweise kam er in der polnischen Presse kaum vor. Im Jahr 2021 muss er Warschau verlassen haben, weil er nicht mehr auf der Personalliste der Botschaft der Russischen Föderation in Warschau steht.

Auf russischer Seite gab es enormes Interesse aller Kreml-Medien an dieser Angelegenheit (Russia Today, NTW, RIA Novosti, die

Nachrichtenagenturen TASS, Regnum, Ruptly, das Medienunternehmen Sputnik und auch Konstantin Malofejews Tsargrad TV). Darüber hinaus schaltete sich auch die damalige Kinderrechtsbeauftragte des Präsidenten der Russischen Föderation Anna Kusnezowa ein. Schließlich entschied das polnische Gericht, dass Lisow mit seinen Töchtern Polen verlassen muss, und sie wurden nach Russland abgeschoben, wobei Lewandowski und dessen Geschäftspartner Khanzadyan sie begleiteten. Im November 2019 landeten sie in Moskau, wo sie sogleich von den Medien belagert wurden (in der beliebten russischen Suchmaschine yandex.ru hat diese Nachricht mehrere Seiten), die Juristen wurden hochgelobt und Ordo Iuris als Stiftung gefeiert, die Familien hilft. Mehrere Tage zuvor war ähnlich großartig die Ankunft von Maria Butina gefeiert worden, die nach dem Abbüßen ihrer Strafe aus den USA ausgeflogen worden war.

Die ganze Angelegenheit wurde von der russischen Propaganda genutzt, um über den Niedergang des »Euro-Kolchos« zu berichten und damit die russische Bevölkerung zu bestätigen, dass sie die wahren Verfechter der »familiären Werte« sind. Polen wurde als eine »Oase der Tradition« dargestellt – im Gegensatz zum linken Schweden. Bei der Gelegenheit wurde ein islamfeindliches Narrativ befeuert: »Denis Lisows Anwalt Babken Khanzadyan sagte, dass sich die christlichen Kinder in der muslimischen Familie gefährdet gefühlt haben. Sie haben geweint und hatten Angst«, so die Nachrichtenagentur, die mit Konstantin Malofejew verbunden ist und derzeit Desinformationen über die Ukraine verbreitet. Diese kremltreue Agentur organisierte auch die Pressekonferenz, auf der eine der Töchter sagte, sie wolle in Russland keine Gesetze wie in Schweden, auch wenn ein Elternteil mal mit dem Kind schimpfen würde, sei es ja immer noch der Elternteil. Diese Äußerung fiel vor dem Hintergrund einer Kampagne gegen Änderungen des Gesetzes zu häuslicher Gewalt. Bei dieser Pressekonferenz sagte Lewandowskis Partner Khanzadyan auf Russisch, die libanesische Familie habe sich der Mädchen nur angenommen, weil sie dafür Geld bekam.

Kurzum: Schweden ist ein perfides Land, und Russland ist die wahre Liebe, und dass hier manchmal geschlagen wird – tja, was soll's. Keiner erwähnte die Mutter, die – wie die unabhängige russische Internetzeitung *Meduza* mit Sitz in Riga angab – das Krankenhaus verlassen hatte, als Lisow und die Kinder noch in Schweden waren, und dass das Paar sich getrennt hatte. Was ist also mit der Mutter der Kinder?

Es hatte schon früher Versuche gegeben, ähnliche Fällen zu Präzedenzfällen zu machen. So war 2018 die Norwegerin Silje Garmo mit ihrer kleinen Tochter nach Polen geflohen, die ihr vom norwegischen Kinderschutzdienst Barnevernet sonst weggenommen worden wäre, und ihr war ebenfalls von Ordo Iuris geholfen worden. Ordo Iuris konnte dann später sagen: »Die Fälle Silje Garmo und Denis Lisow sind nur zwei von zahllosen Beispielen für die Intervention skandinavischer Behörden in das Familienleben.«

Genau dieser Mensch, der in diesen medialen putinschen Zirkus involviert war, unterstellt mir heute, geheime Mitarbeiterin des russischen Geheimdienstes zu sein. Es ist Ordo Iuris' neue Taktik, seitdem Russland die Ukraine überfallen und einen Krieg begonnen hat, den Spieß umzudrehen, indem sie versuchen, Personen zu diskreditieren und mundtot zu machen, die zu viel wissen, was ihre Nähe zur Russischen Föderation betrifft, die seit Jahren fundamentalistische Bewegungen unterstützt.

NAMENSREGISTER

A
A.A. 126f.
Abascal, Santiago 50
Abramson, Seth 82
Acevedo, Soledad 168
Adamczyk, Małgorzata 21
Aderholt, Robert 233
Adorno, Theodor W. 150
Ağca, Ali 257, 259
Aguirre, Genaro 265f.
Aksjonow, Sergei 127
Alandete, Davis 31
Alcaraz, María Florencia 175
Alexander III., Zar 119
al-Gaddafi, Muammar 101, 232
Aljochina, Marija 62, 64, 66f., 195, 214f.
Almeida Peixoto, Jose Luiz de 284
Amin, Idi 101
Angeles, Roberto María de los 168
Antonow, Anatolij 92, 95f., 110, 112, 116, 136f., 155

Arendt, Hannah 333
Arruzza, Cinzia 176
Arsuaga, Ignacio 32, 36f., 42, 46, 49, 50ff., 56, 158f., 211, 218, 227f., 313, 335, 342, 355, 357ff.

B
Bałtroszewicz, Jakub 229
Banasiuk, Joanna 325
Bang, Hyelin 165
Bannon, Steve 52, 318, 347, 359
Bartosch, Alexander 135
Bas, Jean-Christophe 181ff.
Batarelo Vice, John 382ff., 386
Bauman, Zygmunt 296
Beloborodow, Igor 72ff., 117f.
Benedikt XVI., Papst 218, 224, 310
Berdjajew, Nikolai 120
Beresowski, Boris 195
Bergoglio, Jorge → Franziskus, Papst
Beusekom, Guido van 228, 231

Bhattacharya, Tithi 176
Biden, Joe 84
Birnbaum, George 373
Bismarck, Otto von 35
Blas de Gómez, Ana María 178
Bodnar, Adam 207
Bolsonaro, Jair 247, 310
Bonny, Rémy 79
Borodai, Alexander 137
Bosnak, Gordon 382
Brakus, Ana 377, 382f., 385, 388
Brandi, Antonio 332, 341
Bratinka, Pavel 97
Braun, Grzegorz 211
Brown, Brian 13f., 56, 116f., 138, 219, 305, 331ff., 341
Burke, Raymond Leo 317ff., 383
Burleigh, Doug 102, 104ff.
Bush, George W. 36, 57, 58
Butina, Maria 94, 102, 104ff., 233f., 237, 397

C

Cameron, Paul 304
Campoy, Alejandro 44
Carlson, Allan 84, 94ff., 108, 110ff., 116f.
Casey, Michael 94
Castro, Fidel 139
Castro Mayer, Antônio de 276
Cervantes, Miguel de 31
Chodorkowski, Michail 114, 205
Chruschtschow, Nikita 64

Clancy, Tom 85
Clinton, Hillary 73, 85, 349
Cobb, Ty 112
Coe, Doug 98ff., 103, 232
Cohen, Michael 236
Coleman, Paul 220
Conley, Heather A. 356
Conte, Giuseppe 318
Coppe Caldeira, Rodrigo 286
Corn, David 70, 84
Corrêa de Oliveira, Plinio 229, 241ff., 265, 267, 274ff., 279f., 283, 303, 321, 366
Cruciani, Giuseppe 332
Čunović, Tomislav 386

D

Darczewska, Jolanta 132ff.
Datta, Neil 50, 218, 348f.
Davis, Angela 175f.
De Mari, Silvana 329
Debrjanskaja, Jewgienija 88
Delgado Ceretta, Álvaro Luis 41
DeVos, Betsy 348
Di Maio, Luigi 330
Dillon, Marta 168f., 175, 343
Doesburg, Leo van 231f.
Duda, Marian 34f.
Dugin, Aleksander 88ff., 92, 102, 128, 131, 138, 308
Dzierżawski, Mariusz 211, 342
Dziewoński, Jerzy 363
Dziwisz, Stanisław 258

E

Einstein, Albert 211
Eisenhower, Dwight 99

F

Falco Leandri, Jean-Michel di 270
Feder, Don 147
Finkelstein, Arthur Jay 373
Fiodorowa, Oksana 82
Fiore, Alessandro 229
Fischer, Bryan 101
Fischer, Joschka 181
Flynn, Michael 236
Folena, Giulio 249, 251
Fox, Vicente 41
Franc, Tomasz 287
Franco Salgado y Bahamonde Pardo, Francisco Paulino Hermenegildo Teódulo 41, 50
Franziskus, Papst 245, 283, 318f., 330, 383
Fraser, Nancy 175f.
Freud, Sigmund 150, 224
Frljić Oliver 382

G

Gajdziński, Jakub N. 371
Gajdziński, Piotr 371
Galeotti, Mark 133, 353
García, Juliá Ignacio 27, 42
García, Juliá Immaculada 49
Gentry, Kevin 357
Gerassimow, Waleri Wassiljewitsch 69f.
Gersdorff, Mathias Gero von 279, 324
Gessen, Masha 88
Giugni, Lilia 339
Glavašević, Bojan 390
Głebocki, Konrad 329
Golden, Daniel 239
Gombrowicz, Witold 16, 32, 122, 138
Gorbaniewska, Natalia 200
Gorbatschow, Michail 139, 277
Goulart, João 245f.
Grabowski, Joseph 331
Graham, Billy 107, 346
Graham, Franklin 102, 346
Gramsci, Antonio 150
Grinsteins, Valdis 383
Grot, Jürgen 181
Guaiana, Yuri 330
Guevara, Che 327
Gundiajew, Władimir,
 → Kirill
Gwozdz, Fiona 168

H

Habsburg-Lothringen, Imre von 218
Habsburg-Lothringen, Kathleen von 218
Hall, Steven L. 91, 107f.
Hänel, Kristina 293
Hanick, Jack 110, 117

Helson, Kevin 105
Hertfelder, Eduardo 38
Hitchcock, Alfred 144
Hitler, Adolf 100f., 150, 227, 255, 348
Horkheimer, Max 150
Hunter, James Davison 35

I
Iljin, Iwan 120f., 308, 337f.
Isikoff, Michael 70, 84

J
Jacobs, Larry 110, 114ff., 157f., 314
Jakunin, Wladimir 15, 75, 113ff., 118, 131ff., 135, 158f., 180ff., 185ff., 234, 312, 349
Jakunina, Natalia 115, 159
Janajew, Gennadi 32
Janiszewski, Jerzy 29
Jankowski, Henryk 259
Janukowytsch, Wiktor 82f.
Jaruzelski, Wojciech 258
Jasionowska, Aleksandra (Ola) 171
Jedrzejewska, Agniesza 167
Jelzin, Boris 57
Jerofiejewa, Lubow 197
Johannes Paul II., Papst 34, 39f., 256ff., 271, 273, 276, 319
Joya, Gádor 48, 51f.
Juárez, Benito 39

K
Kaczyński, Jarosław 17, 28, 71, 76, 131, 234, 339
Kaczyński, Lech 76, 112
Kasperski, Jewgeni 124
Katharina die Große, Zarin 124
Kelechsajewa, Inga 196, 199
Kendzior, Sarah 83
Keruzam, Ksenia 166
Kirill, orthodoxer Patriarch 65f., 77, 137, 161, 195, 312, 316
Kiszczak, Czesław 258
Klaus, Václav 181
Koch, Charles 347f.
Koch, David 347f.
Kollontai, Alexandra 150, 191f., 224
Kolpakow, Iwan 203
Komorowski, Bronisław 77
Komow, Alexej 14f., 56, 115ff., 128f., 136ff., 180, 195, 219, 221, 224, 229f., 307, 311, 314f., 328, 331ff., 336, 339ff., 349, 355, 374, 394
Komow, Juri 143f.
Konstantin, B. 81
Korolczuk, Elżbieta 77
Korybko, Andrew 129, 131
Kowalewska, Ewa 74, 118, 157
Kowalski 223, 226ff.
Krohn, Fernández Juan 257ff.
Kuby, Gabriela 223ff.
Kuby, Sophia 220, 223, 225, 227f., 230

Kugler, Gudrun 220, 223, 225, 230f.
Kurkiewicz, Roman 67
Kurón, Jacek 279
Kwaśnicka, Natalia 166
Kwaśniewski, Jerzy 13, 28, 172, 223, 227f., 302, 308, 311, 316f. 319f., 323, 325, 340, 369f., 372, 385, 395

L
Łagodzka, Dorota 166
Landsbergis, Vytautas 277
Le Pen, Marine 88, 128, 309, 313, 321f., 327f., 353
Leblic, Amoroso Pedro 49
Lefebvre, Marcel 258, 276
Lempart, Marta 22f., 167f., 170, 291
Lenin, Wladimir Iljitsch 100, 191, 243
Levintova, Hannah 147
Lewandowski, Bartosz 394ff.
Lindenberg, Adolpho 252
Litwinenko, Oksana 20
López Luengos, Fernando 44ff., 48, 55
Losado Pescador, Luis 32, 46, 235
Lund Paz, Alesia 168
Lusinchi, Jaime 267
Lutschenko, Ksenia 313
Luxx, Marina 164, 171

M
Machado, Campos 246
Maciel Degollado, Marcial 40
Macierewicz, Antoni 76, 233f.
Macri, Mauricio 174
Maglie, Maria Giovanna 333
Malavassi, Francisco 313, 356
Malofejew, Konstantin 14, 80f., 91, 110, 115f., 118ff., 138f., 158f., 180f., 230, 237, 239, 312f., 316, 321f., 327f., 334, 336f., 349f., 355, 397
Mamontow, Arkadi 161, 195
Manafort, Paul 82f., 85, 234, 236
Mandela, Nelson 211
Marcelo Pérez, Nadia 168
Marcuse, Herbert 150
Maréchal-Le Pen, Marion 128
Mariana 246
Markić, Željka 219, 380, 388
Martel, Frédéric 319
Martín Alcoff, Linda 176
Marx, Karl 150, 224, 243, 255
Mata, Santiago 46, 52, 316
Mattei, Roberto de 321f.
Mayer, Jane 348
McCarthy, Joseph 176
McKeegan, Terrence 220
Medkow, Wiktor 96
Medwedew, Dmitri 59, 116, 158
Medwedewa, Swetlana 116, 198

Meloni, Giorgia 339
Mengele, Josef 255
Michalik, Józef 77
Michalkow, Nikita 337
Michnik, Adam 279
Mierzyńska, Anna 372
Mihanović, Ivan 388
Miller, Jerzy 76
Milskaja, Elena 336f.
Mizulina, Jelena 213
Montanelli, Indro 294
Mook, Robby 85
Moon, Yewon 165
Morawiecki, Jędrzej 64, 77
Morawiecki, Mateusz 371f.
Morley, Peter 182f., 188
Moskalkowa, Tatjana 213f.
Moss, Jesse 98, 232
Mozart, Wolfgang Amadeus 37
Mueller, Robert S. 84, 106, 305

N

Napier, Doug 228
Nawalny, Alexei 180, 337
Nemzow, Boris 190f., 204, 212
Netanjahu, Jair 374
Nogo, Srđan 147
Nowicka, Ewa 166

O

Obama, Barack 59, 84, 99, 118, 156, 308
Obuchow, Maxim 157, 336
Odeh, Yousef Rasmea 175f.

Oldenburg, Paul von 384
Olejniczak, Sławomir 281f., 301, 311f., 323, 357, 361f., 366f. 383, 385
Orbán, Viktor 327, 373
Orléans-Braganza, Bertrand von 241
Orléans-Braganza, Luiz von 241

P

Pahlen (Grafengeschlecht) 337
Palen, Sergei 337
Palmeiro, Cecilia 175
Pancewicz, Natalia 22, 167f.
Pankiewicz, Olgierd 304
Parchimowicz, Michal 311
Parfentjew, Pawel 229
Parolin, Petro 330
Pasetto, Ana 343
Patterson, Paige 112
Pavés, José Rico 49
Pence, Mike 108, 357
Pérez, Nadia 164, 167f.
Piątek, Tomasz 234, 302f., 305, 311
Pinochet, Augusto 244f.
Pius VI., Papst 244
Platzeck, Matthias 185
Plenković, Andrej 392
Podleśna, Elżbieta 387
Popowa, Aljona 192, 200, 202ff., 207, 210
Popowa, Elena 337
Priester, Karin 286

Provost, Claire 345, 347
Przybysz, Leonard 278f., 324
Puppinck, Gregor 220, 316
Putin, Władimir 14f., 50, 56ff.,
　70, 72ff., 81f., 84f., 87ff., 93,
　97, 101ff., 105, 110, 112ff.,
　117ff., 122, 125, 127, 132f.,
　160, 174, 180ff., 187, 189ff.,
　194ff., 198, 201f., 204, 207,
　212, 215, 230, 233, 237ff.,
　308ff., 318, 328, 337, 346, 349,
　353ff., 373

R

Rafalska, Elżbieta 311, 341
Rafie, Darian 358
Rahr, Alexander 186
Ramsay, Adam 345, 347
Ransby, Barbara 176
Ratajczak, Mikołaj 90
Reagan, Ronald 175
Reschetnikow, Leonid 73, 81f.
Ribas, Santiago 54f.
Richard 281
Rivera, Diego 294
Robespierre, Maximilian de 243
Rohrabacher, Dana 233f.
Rohrer, Sam 102
Romanow 122
Romanowa, Jewdokia 207ff.
Roussof, Dilma 174
Ruiz, Jill 168
Rurikiden (Fürstengeschlecht)
　122

Ruse, Austin 156
Rzeczkowski, Grzegorz 71f.

S

Sacharow, Andrei 210ff.
Şafak, Elif 295
Sallusti, Alessandro 332
Salvini, Matteo 89, 129, 318,
　326ff., 332, 336, 338f., 343
Samuzewitsch, Jekaterina
　62, 67
Sautow, Petr 107
Savoini, Gianluca 327f.
Sboarina, Federico 332
Schechowzow, Anton 88ff.
Schewkunow, Georgij (p. Tichon)
　122
Schewtschenko, Anastasia 205,
　207
Schewtschenko, Iwan 96
Schirinowski, Wladimir 89f.
Schtschogolew, Igor 122
Schwimmer, Walter 181
Scorsese, Martin 271
Sekulow, Jay 109, 346f.
Selenskyj, Wolodymyr 84
Senzow, Oleh 211
Sese Seko Mobutu 82
Shandra, Alia 123, 130
Sharlet, Jeff 99
Siedlecka, Ewa 369f.
Siljander, Mark 232
Silveira, Caio Xavier da 278,
　324, 368, 384

Simonian, Margarita 203
Simpson, Glenn 94
Skiba, Sławomir 281
Škrabalo, Marina 376
Słowiński, Sebastian 147
Sluzki, Leonid 202f.
Smagliy, Kateryna 72, 186f., 237ff.
Smirnow, Dmitri 137, 155, 157, 329, 336
Snyder, Timothy 85, 120, 173, 285, 308f., 337, 340
Sobieski, Jan III. (König) 341
Sobtschak, Xenia 194
Solonewitsch, Iwan 120
Solschenizyn, Alexander 120, 211f.
Sonntag, Rainer 88
Sorbin, Fabrice 147
Soros, George 129, 131, 148f., 160, 335, 344, 355, 373ff.
Stalin, Josef 59, 71, 121, 150, 192, 215, 348
Stanciu, Bogdan 230
Stanisław 282f., 285f.
Steele, Christopher David 87
Stelmach, Arkadiusz 281, 284, 301, 323, 365, 383
Stępkowska, Katarzyna 304
Stępkowski, Aleksander 303ff., 320, 325, 369, 371, 384
Stępkowski, Jędrzej 304
Strache, Heinz-Christian 89, 128, 321ff., 327

Strelkow, Igor, eigentl. Igor Girkin 126ff.
Sucharewa, Tatjana 165, 168, 192ff., 201, 210, 395
Surkow, Wladislaw 122f., 130
Suworow, Wiktor 92f., 144
Sviagina, Natalia 194, 199, 204
Szatkowski, Robert 234

T

Tajani, Antonio 329
Taylor, Keeanga-Yamahtta 175f.
Temer Michel 174
Thurn und Taxis, Gloria von 181
Tolokonnikowa, Nadeschda 62f., 67, 195, 197, 214f., 291
Torkunow, Anatoli 238
Torschin, Alexander 103ff., 107, 233f., 237
Trotzki, Lew 150
Trouslard, Jacques 270f.
Trump Donald 11, 51f., 67, 71, 82ff., 87, 94, 104, 106, 108f., 117, 172ff., 176, 233f., 236f., 291, 310, 318, 346ff., 358
Tschawtschawadse, Surab Michailowitsch 337
Turley, Steve 334
Twomey, Karen 168

U

Unger, Craig 85
Ungurian, Pawlo 340f.
Urbanik, Michał 307